जीवन-दर्शन

रवीन्द्र नाथ प्रसाद सिंह

राधाकृष्ण प्रकाशन

ISBN : 978-81-19092-21-5

जीवन-दर्शन

पहला संस्करण : 2023

मूल्य : ₹350

प्रकाशक

राधाकृष्ण प्रकाशन प्राइवेट लिमिटेड
जी-17, जगतपुरी, दिल्ली-110 051
शाखाएँ : अशोक राजपथ, साइंस कॉलेज के सामने, पटना-800 006
पहली मंजिल, दरबारी बिल्डिंग, महात्मा गांधी मार्ग, प्रयागराज-211 001
वेबसाइट : www.radhakrishnaprakashan.com
ई-मेल : info@radhakrishnaprakashan.com

मुद्रक

बी.के. ऑफसेट
नवीन शाहदरा, दिल्ली-110 032

JEEVAN-DARSHAN
by Ravindra Nath Prasad Singh

परमपिता परमेश्वर
श्री श्री एक हजार आठ बाबा सिंहेश्वर नाथ के
चरण कमलों में सादर समर्पित
जिनके दर्शन मात्र से जीवन धन्य हो जाता है।

चरणाभिलाषी
—रवीन्द्र

क्रम

जीवन-दर्शन के द्वारा जगदर्शन का सफल प्रयास

व्यक्ति और समाज के जीवन को सांसारिक क्रिया-कलापों में अपनी लेखनी के माध्यम से अग्रसर और उत्प्रेरित करने वाले लेखकों के बीच रवीन्द्र नाथ प्रसाद सिंह ने अपनी पहचान और प्रसिद्धि बना ली है। प्रकाशित होने जा रही प्रस्तुत पुस्तक 'जीवन-दर्शन' लेखक की सोलहवीं पुस्तक है। उनकी पूर्व प्रकाशित पुस्तकें पाठकों और विद्वानों के बीच ख्याति अर्जित कर चुकी हैं। इस सफलता ने ही उन्हें इस 319 से अधिक पृष्ठों के श्रमसाध्य कार्य को संपन्न करने में संबल प्रदान किया है। प्रस्तुत पुस्तक चार अध्यायों में विभक्त है।

पहला अध्याय—जीवन अनमोल है

इस अध्याय के अन्तर्गत विद्वान लेखक ने तीन शीर्षकों को विभिन्न उपशीर्षकों के माध्यम से विस्तार दिया है। ये शीर्षक हैं—(1) अनमोलता का अर्थ एवं औचित्य (2) जीवन अनमोल है, कैसे एवं (3) परोपकार करने की शक्ति। इसमें दूसरे शीर्ष को लेखक ने सोचने-समझने की शक्ति, निर्णय लेने की शक्ति, असम्भव को सम्भव कर दिखाने की शक्ति, गरीब से अमीर बनने की शक्ति, परिस्थितियों को परखने की शक्ति, सीखने एवं सिखाने की शक्ति, नई राह दिखाने की शक्ति, सुन्दर बनने और सुन्दर दिखने की शक्ति, संयम एवं सहनशीलता की शक्ति तथा दुर्भावनाओं से ऊपर उठने की शक्ति जैसे बारह उपशीर्षकों में विवेचित किया है। इन शक्तियों की समझ एवं सार्थकता साबित कर जीवन की अनमोलता को साकार कर कोई भी व्यक्ति खुद को अनमोल बना सकता है।

दूसरा अध्याय—जीवन कला है

इसके भीतर लेखक ने कला का अर्थ एवं परिभाषा, जीवन एक कला है, कैसे, जिन्दगी जीना एक कला है, कार्य करना एक कला है, दाम्पत्य-जीवन जीना एक उत्कृष्ट कला है, जीने की कला कैसे सीखें, जीवन के विभिन्न रंग एवं जीवन एक कला को महत्त्व आदि उपशीर्षकों पर विस्तारपूर्वक विचार किया है।

तीसरा अध्याय—जीवन के विभिन्न आयाम

इस अध्याय के शीर्षक को विस्तार देते हुए लेखक ने तेरह उपशीर्षकों का उल्लेख किया है। ये उपशीर्षक हैं—(1) जीवन : एक अवसर, (2) जीवन : एक सीख, (3) जीवन : एक सौभाग्य, (4) जीवन : एक लक्ष्य, (5) जीवन : एक अवसर, (6) जीवन : एक सीख, (7) जीवन : एक खेल, (8) जीवन : एक सौन्दर्य, (9) जीवन : एक दर्द, (10) जीवन : एक चुनौती, (11) जीवन : एक खतरा, (12) जीवन : एक चुनाव और समझौता एवं (13) जीवन : एक रहस्य, जिनका अध्ययन कर व्यक्ति जीवन के विभिन्न आयाम को जान सकता है।

चौथा अध्याय—सुखद एवं सफल जीवन के सात सोपान

इन सात सोपानों का विस्तृत विवेचन करते हुए लेखक ने सुखद एवं सफल जीवन की आधार-शिला रखने का कार्य किया है। पहले अपने शीर्ष का विश्लेषण करने के उपरांत वह इन सात सोपानों पर आगे बढ़ता है और जीवन के सात सोपान में—(1) जीवन-शैली, (2) शिक्षा, (3) व्यक्तित्व-निर्माण, (4) मूल्यों की समझ, (5) व्यवसाय, (6) कर्तव्य एवं दायित्व तथा (7) अतिरिक्त क्रिया-कलाप की विस्तृत चर्चा की है।

एक क्षण के लिए हम जरा पुस्तक के शीर्षक—'जीवन-दर्शन' पर विचार करें। जीवन का अर्थ तो सर्वविदित है। हमारा इस संसार में होना, सक्रिय दिखना, दैनंदिन कार्य-कलाप संपन्न करना या कहें कि हमारी ज्ञानेन्द्रियों और कर्मेन्द्रियों का व्यक्ति, समाज एवं परिवेश के साथ क्रियाशीलित होते रहना हमारे जीवित होने का लक्षण है। दर्शन देखने की क्रिया भी है और दृष्टि भी। हम जीवन को जिस दृष्टि, दृष्टिकोण, मनोविचार एवं भावना से देखते-समझते हैं, वही जीवन-दर्शन कहलाता है। वह नकारात्मक, सकारात्मक, अनुकूल, प्रतिकूल, हर्ष, विषाद जैसे सैकड़ों मनोभावों और विचारों से युक्त हो सकता है। इस पुस्तक के लेखक का इस सम्बन्ध में क्या विचार है, इससे भी हम अवगत हो लें। लेखक कहता है—"मैं कोई लेखक नहीं पर महान विभूतियों की अमर वाणी, धर्मशास्त्रों में लिखी बातें तथा जीवन के कुछ खट्टे-मीठे अनुभव, श्रेष्ठ जनों के विचार, मित्रों की प्रेरणा एवं मार्गदर्शन से जीवन को जानने एवं समझने का अवसर प्राप्त हुआ, जिस कारण 'जीवन-दर्शन' जैसी पुस्तक को लिपिबद्ध कर आपके समक्ष रखने का साहस कर पाया।"

ध्यान देने योग्य बातें ये हैं कि रवीन्द्र नाथ प्रसाद सिंह की यह 16वीं प्रकाशित पुस्तक है। किसी लेखक की इतनी सारी पुस्तकों का लगातार प्रकाशित होते जाने का यह अर्थ संकेत है कि पाठकों के बीच उसकी स्वीकृति और पहचान दोनों की निरंतरता बनी हुई है। यही किसी लेखक की सक्रियता और सृजन-शक्ति का कारण और पर्याय दोनों है। अगर हम जीवनोत्कर्षक, प्रेरणार्थक अथवा मोटिवेशनल साहित्य

की बात करें, तो संस्कृत के श्रीमद्भगवद गीता, चाणक्य-नीति, सुभाशितावलियों के संग्रह, पंचतंत्र की कहानियाँ आदि ग्रंथों के बाद कम ही पुस्तकें सामने आईं। आरंभ में तो अंग्रेजी लेखकों की पुस्तकों के हिन्दी अनुवाद से ही काम चलाना पड़ रहा था। रिच डैड, पुअर डैड (Rich Dad, Poor Dad) रॉबर्ट कियोस्की; रहस्य (The Secret) Rhonda Byrne; अलकेमिस्ट (The Alchemist) Paulo Coelho; जिंदगी वो, जो आप बनाएँ, प्रीति शेनाय; जैसा तुम सोचते हो (As you think) जेम्स एलेन; जीत आपकी (You can win) शिव खेड़ा; अग्नि की उड़ान (Wings of fire), A.P.J Abdul Kalam; The 7 habits of highly effective people, स्टेफन कोवे; सकारात्मक सोच की शक्ति, नार्मन विन्सेंट पील; जैसा तुम सोचते हो (As you think), जेम्स एलेन; संकट सफलता की नींव है, विली जाली; बड़ी सोच का बड़ा जादू, David J. Schwartz; संन्यासी जिसने अपनी संपत्ति बेच दी, रोबिन शर्मा; लक्ष्य (Goal), Brian Tracy; अतिप्रभावकारी लोगों की सात आदतें (The 7 habits of highly effective people) स्टीफन कोवी (Stephen Covey) एवं लोक व्यवहार (Lok Vyavhar) ये सभी पुस्तकें इसी बात का प्रमाण हैं।

प्रवचन और धर्मोपदेश के द्वारा जीवन-निर्माण सम्बन्धी बातों की परंपरा अवश्य थी लेकिन लोगों के सामने साहित्य-विद्या के रूप में उसकी पृथक पहचान नहीं बन पायी थी। आधुनिक काल या भारतीय पुनर्जागरण काल के साथ राजाराम मोहन राय, दयानंद सरस्वती, स्वामी विवेकानंद, अरविंद, महात्मा गाँधी, विनोबा भावे, आचार्य रजनीश, आनन्द मूर्ति, रविशंकर, माँ आनन्दमयी, जग्गी वसुदेव सदृश महापुरुषों, तत्त्व-चिंतकों और धर्माचार्यों ने इसे एक स्वस्थ एवं समृद्ध परंपरा प्रदान की। अब तो इसकी जीन काफी उर्वरा हो चुकी है। साथ ही हिन्दी में इसे साहित्यिक विद्या के रूप में पहचान भी मिल चुकी है।

कुछ बातें धर्मोपदेश और प्रेरणाप्रद या मोटिवेशनल साहित्य पर करें, तो एक बात स्पष्ट दिखती है कि दोनों का उद्देश्य मानव-जीवन को स्वस्थ, समुन्नत, सन्तुलित, सार्थक एवं कामयाब बनाना है। दोनों के बीच मात्र इतना अन्तर है कि धर्मोपदेशक धार्मिक-सांस्कृतिक कथा-कहानियों के माध्यम से उसका मानसिक-चारित्रिक उत्थान करना चाहता है, जब कि एक उत्प्रेरक या मोटिवेटर (मोटिवेशनल गुरु) सामाजिक, राजनीतिक, आर्थिक, धार्मिक, दार्शनिक सभी प्रकार के प्रसंगों और उदाहरणों के द्वारा उसके आंतरिक सदगुण, साहस और आत्म-बल को जाग्रत कर उसकी सकारात्मक ऊर्जा को बढ़ाता है। धर्म-गुरु मंच पर बैठकर या रेडियो, टेलीविजन, सोशल मीडिया के माध्यम से अपने प्रभावकारी प्रवचन या उपदेश-शैली में अपना कार्य संपन्न करता है, तो एक प्रेरणादायक साहित्य का लेखक अपने घर के कमरे में बैठ अपनी लेखनी के दम पर यह कार्य करता है। लेकिन इसके लिए भी उसकी भाषा-शैली में प्रभविष्णुता एवं वर्णन-शैली में सटीकता अनिवार्य है। दोनों की शैली सामने बैठे

व्यक्ति को संबोधित करने की संवाद-शैली होती है और वह अपने लेखन या प्रवचन में बार-बार इस बात की याद भी दिलाता चलता है कि वह किसी समूह विशेष को संबोधित कर रहा है। इस तरह के साहित्य और संवाद की एक यह कमजोरी या सीमा अवश्य होती है कि प्रायः एक ही बात, कथा या उदाहरण अनेक बार आते रहते हैं। उस लेखक-उपदेशक की कई कृतियों और प्रवचनों में भी वे प्रसंग दुहराए जाते हैं। पढ़ने-सुनने वाले को लगता है कि यह तो इनकी अमुक पुस्तक या प्रवचन में भी पढ़-सुन चुका हूँ। सामान्य तौर पर यह साहित्य में पुनरुक्ति दोष का उदाहरण बनता है, लेकिन मोटिवेशनल साहित्य में यह उसकी शक्ति का परिचायक बन जाता है।

आज की तारीख में यह एक फायदेमन्द और यशदायी कारोबार भी हो गया है। रेडियो, दूरदर्शन, सोशल मीडिया प्लेटफॉर्म एवं विविध व्यावसायिक प्रतिष्ठानों के मंचों पर इस तरह के मोटिवेशनल कार्यक्रम भी चलते रहते हैं। अभी अगर देश के ग्यारह प्रसिद्ध उत्प्रेरक वक्ताओं के नाम लिये जाएँ, तो वे इस प्रकार है—संदीप माहेश्वरी, विवेक बिन्द्रा, सुभाष चन्द्रा, उज्ज्वल पाटनी, सदगुरु जग्गी वासुदेव, गौर गोपाल दास, सिमरजीत सिंह, अनुराग ऋषि, मिस प्रिया कुमार, हिमेश मदान एवं भूपेन्द्र सिंह राठौड़।

वर्तमान में हिन्दी भाषा में भी मोटिवेशनल साहित्य-लेखन की प्रवृत्ति बढ़ी है। आज के समय और आवश्यकता को देखते हुए यह एक शुभ संकेत है। रवीन्द्र नाथ प्रसाद सिंह ने इस क्षेत्र में एक महत्त्वपूर्ण और सफल स्थान प्राप्त किया है। उत्प्रेरक साहित्य के लक्ष्य के अनुरूप ही उन्होंने आधुनिक व्यक्ति और समाज की नकारात्मक सोच और दिशा को सकारात्मक ऊर्जा और लक्ष्य की ओर प्रेरित किया है। उदाहरणस्वरूप लेखक की 'जीवन-दर्शन' पुस्तक के कुछ उदाहरण द्रष्टव्य हैं—

"हमारे अन्दर इतनी सामर्थ्य एवं शक्ति है कि हम अपने अन्दर छुपी शक्तियों की पहचानकर, निहित गुणों को निखारकर, दुर्गुणों का त्यागकर, मानव से महामानव बन सकते हैं।"

"सफलता का एक ही मूल मंत्र है, विश्वास! विश्वास!! विश्वास!!! खुद पर विश्वास!"

आत्मविश्वास के अभाव और नकारात्मक सोच के प्रभाव के कारण आज का समाज अनेक प्रकार के तनावों का शिकार बना हुआ है। वह अपने भाग्य पर रोने के साथ ही सही अवसर नहीं प्राप्त होने का राग अलाप रहा है। वैसे लोगों के लिए लेखक रवीन्द्र नाथ जी का संदेश है—"आपका जन्म गरीब परिवार में हो या अमीर परिवार में, यह आपके वश में नहीं है। लेकिन अमीर बनना, बड़े-बड़े पदों को सुशोभित करना तथा वैश्विक ऐश्वर्य के साधनों की प्राप्ति करना आपके वश में है। इसके लिए आपको खुद पर विश्वास तथा अपनी शक्तियों की पहचान कर कड़ी मेहनत करनी होगी।"

लेखक मानव के भीतर की ऊर्जा और युयुत्सु-वृत्ति का उल्लेख करते हुए समुचित सलाह देता है—"परिस्थिति से हार मानना जीवन की नियति नहीं है। परिस्थिति से सीखने और उत्पन्न हालात का मुकाबला साहसपूर्वक करें। आपको हर परिस्थिति में नए अवसर मिल जाएँगे।" एक प्रकार से वह अपने पाठकों को सर्वाधिक महत्त्वपूर्ण संदेश देते हुए कहता है—"जो व्यक्ति हालात से बाहर निकलने की बात ही नहीं सोचेगा, वह हालात से बाहर कैसे निकल पाएगा?" और लेखक का मास्टरस्ट्रोक है—"खुद के माइनस पॉइंट को प्लस पॉइंट में बदलना ही व्यक्तित्व-निर्माण की प्रक्रिया है।"

अपनी उत्प्रेरणादायिनी 319 पृष्ठों वाली सोलहवीं पुस्तक 'जीवन-दर्शन' में लेखक रवीन्द्र नाथ प्रसाद ने व्यक्ति और समाज की अनेकशः नकारात्मक दिशाओं को रेखांकित करते हुए उससे निकलने के विविध सकारात्मक और ऊर्जस्वित मार्गों की पड़ताल की है तथा आज की पीढ़ी के भीतर संजीवनी-शक्ति के संचार का कार्य किया है। लेखक की भाषाभिव्यक्ति पहले से अधिक प्रांजल और वैचारिक स्पष्टता ज्यादा प्रभावी हुई है। यह पुस्तक भी पाठकों, विद्वानों और चिंतकों के बीच ज्यादा स्वीकृति और सम्मान प्राप्त करेगी, इस का मुझे पूर्ण विश्वास है। जीवन की मंगल सुरसरि को समस्याओं की ज्वाला में ध्वस्त होते समाज तक उतारने और प्रवाहित करने के लिए मैं इस भगीरथ लेखक श्रीप्रसाद को इन पंक्तियों में शुभकामना देना चाहता हूँ :

इस पथ का उद्द्देश्य नहीं है, शांत भवन में टिक जाना,
किन्तु पहुँचना उस सीमा तक, जिसके आगे रहा नहीं है।

एवमस्तु।

डॉ. परमेश्वर भक्त
से.नि.अध्यक्ष, स्नातकोत्तर हिन्दी विभाग,
एम.जे.के. कॉलेज, बेतिया

दो शब्द

दोस्तो!

मैं कोई लेखक नहीं, पर महान विभूतियों की अमरवाणी, धर्मशास्त्रों में लिखी बातें तथा जीवन के कुछ खट्टे-मीठे अनुभवों, श्रेष्ठ जनों के विचार, मित्रों की प्रेरणा एवं मार्गदर्शन से जीवन को जानने एवं समझने का अवसर प्राप्त हुआ, जिस कारण 'जीवन-दर्शन' जैसी पुस्तक को लिपिबद्ध कर आपके समक्ष रखने का साहस कर पाया। मैंने अनुभव किया कि अगर व्यक्ति खुद को जान ले, पहचान ले तो उसे ब्रह्म का ज्ञान हो जाएगा। दुर्भाग्य यह है कि हम अनमोल जीवन प्राप्त करने के उपरान्त भी खुद के तार को परम सत्ता से जोड़ने का प्रयास नहीं करते। हम कौन हैं, कहाँ आए हैं और क्यों आए हैं? हमारी रचना किसने और क्यों की है? यदि हमारी रचना ब्रह्म ने की है, तो वह कैसा है, उसकी दिव्य सत्ता, दिव्य ज्ञान एवं प्रकाश पुंज कितना अथाह है? हम खुद के जीवन का दर्शन कर उस परमसत्ता के दिव्य ज्ञान, प्रकाश एवं आनन्द का दिग्दर्शन कर सकते हैं।

यह पुस्तक चार अध्याय में विभक्त है, जिसका पहला अध्याय—जीवन अनमोल है, दूसरा अध्याय—जीवन कला है, तीसरा अध्याय—जीवन के विभिन्न आयाम एवं चौथा अध्याय—सुखद एवं सफल जीवन के सात सोपान है। मेरा मानना है कि अगर व्यक्ति खुद के अन्दर छुपे अपरिमित शक्ति एवं गुणों को जान ले तो उसे ब्रह्म-सत्ता की दिव्य शक्ति को जानने में कोई कठिनाई नहीं होगी। दिव्य सत्ता की शक्ति, ऊर्जा, आनन्द एवं प्रकाश को जानने के लिए खुद के जीवन का दर्शन अनिवार्य है।

पहला अध्याय—जीवन अनमोल है

इस अध्याय में जीवन की अनमोलता का विस्तृत वर्णन किया गया है और बताया गया है कि यह जीवन अनमोल है। इसका कारण इसके अन्दर सोचने-समझने की शक्ति, निर्णय लेने की शक्ति, असम्भव को सम्भव कर दिखाने की शक्ति, परिस्थितियों को परखने की शक्ति, सीखने एवं सिखाने की शक्ति, नई राह दिखाने की शक्ति, गरीब से अमीर बनने की शक्ति, दुखद हालात को सुखद हालात में बदलने की शक्ति, मूल्यों को समझने की शक्ति, सुन्दर बनने की शक्ति, संयम एवं सहनशीलता की

शक्ति, दुर्भावनाओं से ऊपर उठने की शक्ति, परोपकार करने की शक्ति और महान बनने की शक्ति है। इन शक्तियों के अलावा अपरिमित गुण जैसे—दया, क्षमा, त्याग, सद्भाव, प्रेम, सहनशीलता, धैर्य, संयम सन्निहित हैं। इसे किसी भी सम्पदा से खरीदा या बेचा नहीं जा सकता। मनुष्य प्राणी ही एक ऐसा प्राणी है, जिसकी कोई कीमत नहीं, मूल्य-ही-मूल्य केवल है। यह जीवन ईश्वर प्रदत्त वह अनमोल अनुपम उपहार है, जो अपरिमित शक्तियों एवं गुणों से परिपूर्ण है। इस सृष्टि में मानव-जीवन के अतिरिक्त कुछ भी अनमोल नहीं है। मानव खुद की अन्तर्शक्तियों की पहचान कर और उसकी परीक्षा लेकर उस दिव्य सत्ता, दिव्य प्रकाश एवं आनन्द का दर्शन कर सकता है।

दूसरा अध्याय—जीवन कला है

इस अध्याय में कला के व्यापक अर्थ, परिभाषा एवं महत्त्व की चर्चा की गई है। यह बताने का प्रयास किया गया है कि जिन्दगी जीना एक कला है, कैसे? और यह अन्य कलाओं में श्रेष्ठ है, तो कैसे? हम जीवन एक कला का अर्थ एवं मर्म समझ सृष्टि के रचनाकर और उत्कृष्ट कलाकार का दिग्दर्शन कर सकते हैं। जीवन एक कला है और हर कार्य एक कला है तथा यह समस्त कलाओं में विशिष्ट है, आदि बातों की व्यापक चर्चा की गई है। दामपत्य जीवन खुद को सुखद एवं सफल बनाने की कला है। हम इन क्षेत्रों में जिन्दगी जीने की कला कैसे सीखें और उत्कृष्ट कलाकार कैसे बनें? जीवन के विभिन्न रंग क्या हैं? और किन रंगों में जीवन को आनन्दमय बना सकते हैं और इन रंगों का प्रभाव व्यक्तित्व को कैसे निखारता है? इत्यादि बातों की चर्चा करते हुए यह स्पष्ट किया गया है कि अगर व्यक्ति को जिन्दगी जीने की कला आती है, तो जीवन अनमोल बन जाता है और नहीं आती है, तो अनमोल जीवन भी नीरस एवं बदरंग बन जाता है।

तीसरा अध्याय—जीवन के विभिन्न आयाम

इस अध्याय में जीवन के विभिन्न आयामों की विस्तृत चर्चा की गई है और यह बताने का प्रयास किया गया है कि जीवन केवल सौभाग्य या ईश्वर प्रदत्त अनमोल उपहार नहीं, बल्कि बहुत कुछ है। आप जो भी चाहते हैं, वह सब कुछ आपके अन्त:करण में स्थित है। जैसे—यह जीवन अवसर है, लक्ष्य है, संघर्ष है, सीख है, सौन्दर्य का सागर है, चुनाव और समझौता है, चुनौती है तो कला भी है, खेल है तो दर्द भी है, सुख है तो दुख भी है, खतरा है, रहस्य है और कला भी है। कहने का अभिप्राय है कि आप जीवन को किस रंग में रंगना चाहते हैं, इसके विभिन्न आयामों को जानकर किस क्षेत्र में कला बिखेरना चाहते हैं? जीवन के दर्शन को कितनी गहराई तक छूना चाहते हैं। यह आपकी सोच और नजरिये पर निर्भर करता है कि आपकी दृष्टि कितनी पैनी और गहरी है। आप कितने द्रष्टा है और आपका संकल्प कितना मजबूत है।

चौथा अध्याय—सुखद एवं सफल जीवन के सात सोपान

इस अध्याय में सुखद एवं सफल जीवन के सात सूत्र बताए गए हैं। इन सूत्रों को आत्मसात् कर कोई भी व्यक्ति खुद के अन्त:करण में छुपे दिव्य सौन्दर्य एवं प्रकाश का आत्म-साक्षात्कार कर जीवन की अनमोलता एवं खुद का औचित्य साकार कर सकता है। सात सूत्रों में जीवन-शैली, शिक्षा, व्यक्तित्व निर्माण, मूल्यों की समझ, व्यवसाय, कर्तव्य एवं दायित्व तथा अतिरिक्त क्रिया-कलाप की विस्तृत चर्चा की गई है। हमारी जीवन-शैली कैसी होनी चाहिए और उत्कृष्ट जीवन-शैली के लिए किन-किन बातों पर ध्यान देने की जरूरत है। शिक्षा का अर्थ एवं औचित्य क्या है? सुखद एवं सफल जीवन हेतु इसका महत्त्व क्या है? व्यक्तित्व-निर्माण से हमारा अभिप्राय क्या है? हम सुन्दर, आकर्षक एवं प्रभावशाली व्यक्तित्व के मालिक कैसे बनें, इत्यादि सन्दर्भों की चर्चा की गई है, ताकि व्यक्ति अपनी अमिट छाप छोड़ सके। मूल्यों की समझ के सन्दर्भ में वर्णित है कि यदि व्यक्ति को जीवन-मूल्य, कर्म-मूल्य एवं समय-मूल्य की समझ हो, तो उसे अन्य मूल्यों की समझ स्वत: हो जाती है। ये मूल्य उसे जीवन का दर्शन कराने में सहायक हैं। व्यक्ति अपने कर्तव्यों एवं दायित्वों को जान कर खुद को खुशहाल एवं दूसरों के लिए आदर्श एवं उदाहरण बन सकता है। व्यवसाय से तात्पर्य जरूरतों की पूर्ति हेतु धनोपार्जन से है। आप अकर्मण्य न बने रहें, किसी-न-किसी व्यवसाय से जुड़ें, जो मूल्यवान हो। आप अपने अन्दर की रुचि, अभिरुचि को जीवन्त रखें, ताकि आप आनन्दमय जीवन जी सकें।

कहने का अभिप्राय है कि आप चारों अध्याय में उल्लिखित बातों को अध्ययन कर और उन्हें जीवन में आत्मसात् कर ख़ुद का, खुद से आत्म-साक्षात्कार कर सकते हैं।

रवीन्द्र नाथ प्रसाद सिंह

जीवन अनमोल है
Life is Precious

अनमोलता का सामान्य अर्थ एवं औचित्य

अनमोलता का समान्य अर्थ है, जिसकी कोई कीमत न हो, अर्थात् वैसी चीजें जिन्हें किसी भी सम्पदा यथा सोना, चाँदी, हीरे-जवाहरात आदि से खरीदा या बेचा नहीं जा सके। यदि आपकी नजर में कोई वस्तु अनमोल है, परन्तु बिकाऊ है, तो वह अनमोल नहीं हो सकती। अनमोलता दृश्य, अदृश्य और अमूर्त है। यह है हमारा विश्वास, दया, क्षमा, त्याग, प्रेम, सहयोग, सद्भाव जैसे गुण, जिसे खरीदा या बेचा नहीं जा सकता। यह हमारा अन्तःसौन्दर्य, दिव्य ज्ञान, दिव्य प्रकाश और दिव्य शक्ति का एहसास है। ईश्वर प्रदत्त अपरिमित शक्तियों का खजाना है। दया, क्षमा, त्याग की मूर्ति और प्रेम का अथाह सागर है। यह अमृत की धारा और विश्वास का स्रोत है। कुछ कर दिखाने का जज्बा और उत्कृष्ट कर्म करने की क्षमता है। कहने का तात्पर्य है कि अनमोलता का व्यापक अर्थ है—हमारे व्यक्तित्व में निहित वह गुण जो अमूल्य, श्रेष्ठ एवं सर्वोतम हो। इस दुनिया के समस्त प्राणियों में मानव को अनमोल प्राणी बताया गया है। अतः विचारण हेतु महत्त्वपूर्ण बिन्दु यह है कि हम इसकी अनमोलता एवं श्रेष्ठता को कैसे साकार करें?

जीवन की अनमोलता को साकार करने के लिए खुद को जानें-पहचानें। ईश्वर प्रदत्त शक्तियों पर विश्वास रखें। उमंग, उत्साह, उल्लास एवं आनन्द से खुद को जीवन्त रखें। निराशा के तिमिर से बाहर निकलें और आशा का संचार करें। अपने अन्दर स्थित दिव्य सौन्दर्य एवं प्रकाश का दर्शन करें। सम्यक दृष्टि रखें, द्रष्टा बनें एवं संकल्प को दृढ़ करें। दया, क्षमा, त्याग, प्रेम से अभिभूत रहें और खुद को सद्गुणों एवं उत्तम विचारों से सुशोभित करें। खुशी की बात यह है कि ये सारी चीजें बाहर नहीं, आपके अन्दर हैं। आप इसे अपने अन्दर ढूँढ़ें और खुद को इन गुणों से सुसज्जित करते हुए इसका सदुपयोग जग कल्याणार्थ करें।

सन्त कबीर इसी को लक्षित करते हुए कहते हैं—

इस घट-अन्तर बाग-बगीचे, इसी में सिरजनहारा

इस घट-अन्तर सात समुंदर, इसी में नौ लख तारा
इस घट-अन्तर पारस मोती, इसी में परखनहारा।

इस जीवन के अन्दर क्या नहीं है? यह जीवन दिव्य ज्ञान का पुँज है, दिव्य प्रकाश का स्रोत है, दिव्य सौन्दर्य का संगम और विलक्षण प्रतिभा की खान है। इसके अन्दर विकट-से-विकट परिस्थिति से बाहर निकलने की क्षमता और हर समस्या का समाधान है। आप सिर्फ अपने अन्दर झांककर देखें। आपके अन्दर अपरिमित शक्ति, अपरिमित ज्ञान एवं ज्योति का पुंज है, जरूरत है केवल उसे बाहर निकालने की। यह अनमोल खजाना सिर्फ आपके अन्दर है, लेकिन आप इसे स्व के अन्दर नहीं ढूँढ़ते, तो इसमें दूसरों का क्या दोष? दोष तो आपका है कि आप इसे अपने अन्दर नहीं, बाहर ढूँढ़ते हैं। मैं तो सिर्फ इतना कहूँगा कि आप खुद को जानें-पहचानें और अपना कीमती समय एवं ऊर्जा का सदुपयोग करें। आप अपनी क्षमता को पहचानें। आपके अन्दर असम्भव को सम्भव कर दिखाने की क्षमता, मूल्यों को जानने-समझने एवं परिस्थितियों को परखने की समझ तथा बेहतर कर दिखाने का जज्बा है। अच्छे-बुरे, सही-गलत, उचित-अनुचित के बीच निर्णय लेने की शक्ति है। न्याय-अन्याय के बीच विभेद करने की क्षमता एवं सन्मार्ग पर चलने का विवेक है। नई राह दिखाने की क्षमता एवं नए अवसर निर्माण करने की योग्यता है। दुर्भावनाओं से ऊपर उठने की शक्ति और सद्गुणों को ग्रहण करने की शक्ति है। इतनी सारी शक्ति एवं क्षमता के बावजूद आप खुद को अनमोल नहीं बना पा रहे हैं, तो खुद पर धिक्कार है। आप खुद की शक्तियों को पहचानें और निहित शक्तियों पर विश्वास कर साधारण से असाधारण एवं मानव से महामानव बनें।

आप खुद सोचें—अगर हमें यह जीवन नहीं मिला होता तो क्या हम विभिन्न शक्तियों की बात करते? दिव्य एवं विराट बनने की बात सोचते? सपने देखने या सपने को साकार करने की बात करते? विभिन्न प्रकार की सुख-सुविधाओं को प्राप्त करने की बात करते? सही-गलत, उचित-अनुचित, अच्छा-बुरा, धर्म-अधर्म, पाप-पुण्य की बात करते? हम उपर्युक्त बातें नहीं करते। हम उपर्युक्त बातें इसलिए करते हैं कि हमें यह अनमोल जीवन मिला है, जिसके अन्दर सोचने-समझने की शक्ति, कुछ कर दिखाने का जज्बा एवं निर्णय लेने की क्षमता है। अगर हमें यह शक्ति प्राप्त नहीं होती, तो उपर्युक्त बातें नहीं करते। दुनिया के अन्य प्राणी उपर्युक्त सन्दर्भ में बातें नहीं करते, क्योंकि उन्हें यह शक्ति प्राप्त नहीं है। मानव ही एक ऐसा प्राणी है, जिसे सोचने-समझने की शक्ति प्राप्त है, इसलिए हम पुण्य और पाप के भागी बनते हैं। हम जो भी कार्य करें, सोच-समझकर और उसकी परिंणति और प्रभाव के सन्दर्भ में विचारोपरान्त करें, जिससे हम खुद की अनमोलता को साबित कर सकें। यदि हम ऐसा नहीं करते, तो मानव होकर भी पशु तुल्य हैं। अत: महत्त्वपूर्ण यह है कि हम खुद की शक्ति को पहचानें और खुद पर विजय प्राप्त करें।

भगवान महावीर ने कहा है—

खुद पर विजय प्राप्त करना, लाखों शत्रुओं पर विजय प्राप्त करने से बेहतर है।

खुद पर विजय प्राप्त करने का मतलब दुर्भावनाओं से ऊपर उठना है। खुद को नियमित, संयमित तथा विविध इन्द्रियों पर नियंत्रण रखना है। लोभ-लालच, ईर्ष्या-द्वेष, क्रोध एवं अहंकार पर विजय प्राप्त करना है। सही मायने में स्व के अन्दर निहित दुर्गुणों का परित्याग और सद्गुणों को ग्रहण करना ही श्रेष्ठता है। दूसरों पर विजय प्राप्त करने से बेहतर है कि आप अपने अन्दर छुपे शत्रुओं पर विजय प्राप्त करें। स्व के अन्दर निहित अवगुणों को दूर करें तथा सद्गुणों को धारण करें, ताकि आप साधारण से असाधारण एवं मानव से महामानव बन सकें। दानवीय गुणों का त्याग कर देवत्व के गुणों को धारण कर सकें। आम से खास तथा मानव से महामानव बनें। यही तो जीवन की अनमोलता, मानव जीवन की श्रेष्ठता और अनमोल जीवन का औचित्य है।

याद रखें—

हमारे अन्दर इतनी सामर्थ्य एवं शक्ति है कि हम अपने अन्दर छुपी शक्तियों की पहचान कर, निहित गुणों को निखार कर, दुर्गुणों का त्याग कर मानव से महामानव बन सकते हैं।

आप भी खुद की श्रेष्ठता और जीवन की अनमोलता को साकार करना चाहते हैं, तो उपर्युक्त बातों को जीवन में आत्मसात करें। आपके अन्दर इतनी क्षमता है कि आप असम्भव को सम्भव कर सकते हैं, खुद के जीवन का इतिहास लिख सकते हैं। नए-नए अवसर की खोज कर सकते हैं। खुद और दूसरों के लिए नई राह बना सकते हैं। आप केवल अपने अन्दर छुपे भय, भ्रम और संशय को बाहर निकालें और ईर्ष्या-द्वेष, अहंकार का परित्याग करें। आप कायर नहीं, साहसी हैं। आप निर्बल, कमजोर एवं दीनहीन नहीं, सबल हैं। अगर आपके मन में कोई संशय है, तो संशय किस पर कर रहे हैं—

खुद की अनमोलता पर या ईश्वर की सर्वश्रेष्ठ कृति पर या उनके द्वारा प्रदत्त शक्तियों पर?

आप भूलकर भी सर्वेश्वर द्वारा रचित कृति पर सन्देह न करें। खुद तथा ईश्वर प्रदत्त शक्तियों पर विश्वास करें और विश्वास को संकल्प में बदलें। मैं तो सिर्फ इतना कहूँगा कि—"उठो! जागो! खुद को पहचानो। भागो नहीं, दुनिया को बदलो। तुम्हारे अन्दर इतनी शक्ति और दिव्यता है कि तुम खुद प्रकाशित होकर पूरी दुनिया को प्रकाशित कर सकते हो। तुम साधारण नहीं, असाधारण हो। तुम तो उस दिव्य

सत्ता, सौन्दर्य, सत्य की सन्तान हो कि जो चाहो कर सकते हो। यह तो तुम्हारा सौभाग्य है कि तुम्हें यह अनमोल जीवन मिला है। इसका मूल्य समझो और जीवन का औचित्य साकार करो।"

इस अनमोल जीवन के अन्दर बहुत सारे अनमोल रत्न छुपे हैं। इनमें विनम्रता, शिष्टता, व्यवहार कुशलता, दया, क्षमा, त्याग, सेवा-भाव और प्रेम-भाव ऐसे रत्न हैं, जिन रत्नों से सुशोभित होकर हम किसी भी शत्रु पर विजय प्राप्त कर सकते हैं। इन्हें हम अपना मित्र बनाकर दुनिया के चहेता और अनमोल बन सकते हैं। आप नजर उठाकर देख लें—इन रत्नों में से मात्र एक-दो रत्न भी किसी ने धारण कर लिये, तो वह लोगों के लिए आदर्श एवं उदाहरण बन गया। उसे लोग देवता, महापुरुष, सन्त आदि शब्दों से नवाजते हैं। उदाहरण स्वरूप मर्यादा पुरुषोत्तम राम, भगवान महावीर, गौतम बुद्ध, मदर टेरेसा, माँ जानकी, सन्त कबीर आदि आज भी पूज्य एवं आदर्श हैं।

हम सभी जानते हैं कि इस सृष्टि के समस्त प्राणियों में मानव ईश्वर की सर्वश्रेष्ठ कृति है। ईश्वर ने हमें यह अनमोल जीवन बेहतर करने एवं बेहतर पाने के लिए दिया है। खुद की सार्थकता साकार करने और दूसरों का परोपकार करने के लिए दिया है। खुद प्रकाशवान बन दूसरों को प्रकाशित करने के लिए दिया है। सकारात्मक सोचने एवं रचनात्मक करने के लिए दिया है। दूसरों की भावनाओं को ठेस पहुँचाने या दूसरों का अहित करने के लिए नहीं कल्याण करने के लिए दिया है। ईर्ष्या-द्वेष, अहंकार से ऊपर उठने तथा सद्गुणों को धारण करने के लिए दिया है। आप प्रकृति से सीख लें। सृष्टि के शाश्वत नियमों को बनाए रखने के लिए खुद और दूसरों से सीख लें। सदैव बेहतर सोचें एवं बेहतर करें। उपर्युक्त कार्यों को उत्कृष्ट ढंग से करने के लिए ही ईश्वर ने हमें सोचने-समझने की शक्ति दी है, ताकि हम सोच-समझ कर समुचित निर्णय ले सकें। जीवन में बेहतर कर सकें और बेहतर पा सकें। यह तो हमारा सौभाग्य है कि ईश्वर ने हमें इस योग्य समझा। इसके लिए ईश्वर को लाख-लाख शुक्रिया करें कि उन्होंने हमें यह अनमोल जीवन दिया।

याद रखें—

ईश्वर प्रदत्त यह शक्ति अद्‌भुत एवं अनमोल है, जिसे किसी कीमत पर खरीदा और बेचा नहीं जा सकता।

आप इस अनमोल जीवन का मूल्य समझें और निहित शक्ति की परीक्षा लें। आपको खुद पता चल जाएगा कि यह जीवन कितना मूल्यवान है। ईश्वर ने इसकी सार्थकता साबित करने के लिए विवेक दिया है। प्रेम, सहयोग, सद्‌भाव, दया, क्षमा, त्याग का भाव तथा उत्साह, उमंग एवं आनन्द का संवेग दिया है, ताकि हम विभिन्न भावों एवं संवेगों से नियंत्रित रहते हुए ईश्वर रचित सर्वश्रेष्ठ कृति की अनमोलता को साकार कर सकें। हम ईर्ष्या-द्वेष, क्रोध, अहंकार के आवेश में खो न जाएँ। सुखद

स्थिति में हम अपने रचयिता को ही भूल न जाएँ और परोपकार की जगह ऐश्वर्यिक साधनों को भोगने में रम न जाएँ। अगर हम मूल्यों से भटक जाएँगे और विलासितापूर्ण जिन्दगी में खो जाएँगे तो उस स्थिति में जीवन की अनमोलता को कैसे साकार कर पाएँगे? हम खुद समाज के लिए बोझ बन जाएँगे। कहने का आशय है कि यदि आप इस अनमोल जीवन का औचित्य साकार करना चाहते हैं, तो खुद को पहचानें एवं जीवन का मूल्य समझें।

यह जीवन सुख-दुख, हार-जीत, जय-पराजय, क्षमा-त्याग, दया-क्रोध, मिलन-विरह, हर्ष-विषाद, रोमांच-समर्पण का अनोखा संगम है। मन में उठ रहे समस्त भाव, समस्त सुख-दुख, इहलोक-परलोक, आत्मा-परमात्मा, दुनियादारी की समझ एवं सर्वशक्तिमान की समझ मानव जीवन प्राप्त होने के कारण ही आती है। इनको समझने में खुद की सोच और परिस्थितियों की भूमिका महत्त्वपूर्ण है। सुख और दुख जीवन की नियति है, जो जीवन के गूढ़ रहस्यों को समझने के लिए जरूरी है। हम सन्मार्ग से भटक कर अहंकारी न बन जाएँ, जीवन के मूल उद्‌देश्यों से भटक न जाएँ। अपने-पराए और सही-गलत का बोध बना रहे, इसके लिए दु:खद स्थिति का होना जरूरी है। दु:खद स्थिति में ही हमें अपने-पराए का बोध होता है और हम जिन्दगी जीने का गुर एवं जिन्दगी जीने की कला सीख पाते हैं।

सही मायने में—

> *यह जीवन अमृत है तो विष भी, स्वर्ग है तो नरक भी, सद्‌गुणों की खान है, तो अवगुणों का भंडार भी, आनन्द का सागर है, तो दुख का दरिया भी है। संघर्ष है, तो सुख भी और चुनाव है, तो समझौता भी है।*

अगर हमें यह जीवन नहीं मिला होता, तो हम विभिन्न भावों एवं संवेगों को नहीं समझ पाते। उपर्युक्त बातों की समझ होने के उपरान्त ही हम समझ पाते हैं कि जीवन क्या है? हम जीवन के विभिन्न आयामों के बारे में जानते हैं। जीवन का उद्‌देश्य एवं औचित्य समझते हैं। इसके अन्दर छुपी शक्तियों एवं गुणों की पहचान कर पाते हैं। अगर हमें उपर्युक्त बातों का ज्ञान है, तो हम गुणवान, रूपवान और मूल्यवान हैं। जिन लोगों को उपर्युक्त बातों का ज्ञान नहीं है, उन्हें यह अनमोल जीवन भी मूल्यहीन एवं औचित्यहीन दिखाई देता है।

कहने का अभिप्राय है कि जिन व्यक्तियों को इस जीवन का मूल्य एवं औचित्य मालूम होता है, छुपी शक्तियों का एहसास होता है, उन्हें यह जीवन स्वर्ग से सुन्दर, अमृत, आनन्द और अनमोल दिखता है। उदाहरण स्वरूप प्रकृति के विविध रंग हैं और जीवन के भी विविध रंग हैं। हम खुद को किन रंगों से रंग कर जीवन को सुन्दर बनाते हैं, यह महत्त्वपूर्ण है। दूसरे शब्दों में हम कह सकते हैं कि यह जीवन अद्‌भुत रंगों का संगम है। इस दुनिया में जितने भी रंग हैं, उन सभी रंगों में हमारे जीवन का

रंग अद्‌भुत एवं विशिष्ट है। अगर हम सुखद रंगों की बात करें तो हर्ष, उल्लास, उमंग, सौन्दर्य, उत्साह, चाहत, प्रेम, प्रसन्नता का रंग है। वहीं दुखद रंगों की बात करें, तो निराशा, उदासी, दर्द, बदनसीबी, दुर्भाग्य का रंग है। इसके अलावा दया, क्षमा, त्याग, करुणा का रंग, साहित्य, विज्ञान, इतिहास, नृत्य, संगीत इत्यादि रंगों से जीवन भरा पड़ा है। महत्त्वपूर्ण यह है कि हम खुद को किस रंग में रंगना चाहते हैं और किस रंग से रंगकर खुद सुन्दर दिखना चाहते हैं।

मानव-जीवन अनमोल है। इसकी सार्थकता साकार करने के लिए हमें इसके अन्दर छुपी प्रतिभा और अन्तर्निहित शक्तियों की दिव्यता को देखने, सुनने और समझने की जरूरत है। शान्त चित्त के साथ ध्यानस्थ होकर इसकी महत्ता पर गहन विचार करने की जरूरत है। इसकी अनमोलता को साकार करने के लिए मूल्यों को जानने-समझने तथा अपने अन्दर छुपी शक्तियों को पहचानने की जरूरत है। उन शक्तियों को बाहर निकाल, उसकी सार्थकता सिद्ध करने की जरूरत है। परन्तु, दुख की बात है कि आज का मानव शान्त चित्त नहीं है। वह सदैव उद्वेग और संवेग के सागर में गोता लगाता रहता है। वह स्व में चूर रहता है और व्यर्थ की बातों में अपना समय एवं ऊर्जा बर्बाद करता है, परन्तु खुद की अनमोलता के बारे में जानना नहीं चाहता। इसका कारण है कि उसे खुद का मूल्य और जीवन का औचित्य मालूम नहीं होता है। नतीजन वह आजीवन भटकता रहता है, परन्तु खुद को जान नहीं पाता।

अतः प्रत्येक मानव को अपने अहं, ईर्ष्या-द्वेष, क्रोध, लालच का त्याग कर खुद की महत्ता जाननी होगी, ताकि वह खुद को अनमोल बना सके। परन्तु दुख की बात यह है कि अपरिमित गुणों और शक्तियों से विभूषित मानव खुद को कमजोर, दीनहीन एवं निर्बल मानता है। इसका कारण है कि वह खुद का मूल्य नहीं समझता, ईश्वर रचित अनुपम कृति के अन्दर छुपी शक्तियों को नहीं पहचानता, प्राप्त शिक्षा और दीक्षा का मर्म नहीं समझता। जो व्यक्ति इन बातों को जानता है, वह विभिन्न दुर्भावनाओं से ऊपर उठकर सद्‌गुणों को ग्राह्य कर सन्त, महासन्त, महापुरुष बन जाता है। महापुरुषों के व्यक्तित्व से स्पष्ट झलकता है कि उनका जीवन कितना सभ्य, सुसंस्कृत, अनुशासित एवं आत्मसम्मान से परिपूर्ण था। उनकी जीवन-शैली सारगर्भित एवं अनुकरणीय थी। उन्हें विविध मूल्यों की समझ और जीवन का औचित्य मालूम था। उनके अन्दर आत्मविश्वास, धैर्य, दया, क्षमा, त्याग, संवेदना, साहस जैसी उदात्त भावनाएँ थीं और विचार उत्तम एवं सर्वमान्य थे। इन गुणों ने उन्हें मानवता के शिखर पर पहुँचा दिया। कहने का अभिप्राय है कि जिन लोगों ने जीवन की अनमोलता को जाना-समझा और परखा, वे साधारण से असाधारण एवं मानव से महामानव बन गए।

जरा सोचें—इस दुनिया का ऐसे कौन से माता-पिता होंगे, जो यह नहीं चाहेंगे कि उनके बच्चे सुसंस्कृत बनें, सभ्य समाज की कड़ी बनें, लोगों की आकांक्षाओं पर खरे उतरें, खुद तथा परिवार का नाम उज्ज्वल करें। इसके लिए महत्त्वपूर्ण है कि आप

बच्चों को बाल्यकाल से ही अच्छी शिक्षा एवं अच्छे संस्कार दें। उन्हें जीवन-कौशल, ज्ञान-कौशल, व्यवहार-कौशल के साथ-साथ सभ्य एवं सुसंस्कृत बनानेवाली शिक्षा एवं संस्कार दें। उन्हें जीवन की अनमोलता के बारे में बताएँ कि यह जीवन अनमोल है, तो कैसे? इस जीवन की सार्थकता क्या है? इस जीवन का उद्‌देश्य एवं औचित्य क्या है? ध्यान रखें—परमपिता परमेश्वर ने मानव-जीवन के निर्माण में कोई कोताही नहीं बरती है। उन्होंने हमें विभिन्न नैसर्गिक गुणों तथा अपरिमित शक्तियों से परिपूर्ण बनाकर इस धराधाम पर भेजा है, फिर भी हम खुद का मूल्य नहीं समझ पाते। इसका कारण है कि हम अहंकार, ईर्ष्या, द्वेष, आलस्य, स्वार्थ, लालच में डूबे रहते हैं। जीवन-मूल्य और मानवता के विरुद्ध कर्म करते रहते हैं। हम संघर्ष करते हैं, परन्तु सार्थक संघर्ष नहीं करते। हम कर्म करते हैं, परन्तु निष्काम कर्म नहीं करते। हम हर कर्म स्वार्थ, लोभ, लालच में करते हैं और जब स्वार्थ की पूर्ति नहीं होती अर्थात् मनोनुकूल फल की प्राप्ति नहीं होती, तो चिन्ता में खोये रहते हैं। यही कारण है कि हम खुद को अनमोल नहीं बना पाते हैं।

याद रखें—

संघर्षों के पथ में किसको, कब बिखरे फूल मिले।
पर्वत पर चढ़ने वालों को, मौसम कब अनुकूल मिले॥
प्राणों के प्रण के बल ही ऊपर चढ़ना पडता है।
तप से आतप को पिघलाकर, आगे बढ़ना पड़ता है॥

आप उपर्युक्त पंक्तियों का मर्म समझें तथा उससे सीख लें। विराट बनने की जिनकी आकांक्षा है, वे ही महात्त्वाकांक्षी हैं। बिना महत्त्वाकांक्षा के व्यक्ति मनुष्य होकर भी मानव नहीं बन पाता, जबकि उसके अन्दर महामानव बनने की शक्ति निहित होती है। जो मनुष्य अपनी आंतरिक शक्तियों को पहचानकर सदैव रचनात्मक एवं कल्याणकारी कार्य में लगा रहता है, वही सुन्दर व्यक्तित्व का निर्माण कर पाता है। खुद की अनमोलता को साकार कर पाता है। आप जमीन में दबे बीज को देखें, वह कैसे अपनी सारी शक्तियों को एकत्रित कर भूमि की सतह भेदकर बाहर निकलने में सफल होता है। सूर्य दर्शन की प्रबल महत्त्वाकांक्षा उसे विशाल वृक्ष बना देती है और वह परमात्मा को पाने के लिए निरन्तर ऊपर की ओर बढ़ता रहता है। दिव्य और विराट बनने की कहानी इतनी-सी ही है। ऐसी ही महात्वाकांक्षा पालने की आवश्यकता है।

मानव जीवन ईश्वर रचित सृष्टि की सर्वोत्तम कृति है, जिसमें विविध रंग, ऐश्वर्य एवं दिव्य गुणों का समावेश है। हम अपनी सोच के बल पर, उत्कृष्ट कर्म कर, इस जीवन को सुखद एवं सुन्दर रंगों में रंग सकते हैं। दिव्य गुणों से सँवार कर व्यक्तित्व को सुन्दर एवं प्रभावशाली बना सकते हैं। साहित्य के नौ रस, संगीत की मधुर तान और गीत के झंकार एवं 64 कलाओं से हमारा जीवन भरा पड़ा है। श्रृंगार, प्रेम,

वात्सल्य और वीर रस की धारा से खुद को सराबोर कर हम समाज और परिवार को अलंकृत् कर सकते हैं। वहीं रौद्र रस, बीभत्स एवं अहंकार के रस में डुबकी लगाकर समाज द्वारा तिरस्कृत हो सकते हैं। यह हमारी सोच, विवेक एवं संगत पर निर्भर करता है कि हम अलंकृत होना चाहते हैं कि तिरस्कृत।

सचमुच जीवन अनमोल है, सुन्दर है, ईश्वर की सर्वोत्तम कृति है, इसमें कोई संशय नहीं है। यह सिर्फ मैं नहीं कह रहा, हमारे सन्तों, महात्माओं एवं महापुरुषों ने भी यही कहा है। हमारे धर्मशास्त्रों में भी इस बात का उल्लेख है कि मानव समस्त प्राणियों में श्रेष्ठ है। यह हमारा सौभाग्य है कि ईश्वर ने हमें यह अनमोल जीवन दिया है, जिसकी सुन्दरता, निहित गुणों एवं शक्तियों की जितनी भी प्रशंसा की जाय, वह कम है। इस जीवन में छुपी शक्तियों एवं गुणों को जानकर-निखारकर हम जो चाहें, कर सकते हैं और जो चाहें, प्राप्त कर सकते हैं। हमारे महापुरुषों ने मानव जीवन की श्रेष्ठता को न केवल शब्दों से, बल्कि उत्कृष्ट कर्मों के द्वारा भी सिद्ध किया है कि मानव जीवन अनमोल और अन्य प्राणियों से श्रेष्ठ है।

इस दुनिया में मानव से अनमोल कुछ भी नहीं है। जिन लोगों ने माना कि यह जीवन अनमोल है, अन्य प्राणियों से श्रेष्ठ है, अमृत का सागर है, प्रकृति प्रदत्त अनुपम उपहार है, अपरिमित शक्ति एवं सौन्दर्य की खान है, उन्होंने खुद और दुनिया के लिए नई राह बनाई। समाज और दुनिया को नई दिशा दी तथा असम्भव को सम्भव कर दिखाया। विज्ञान, तकनीक एवं प्रौद्योगिकी के क्षेत्र में अद्‌भुत कारनामे कर दिखाए। नई-नई खोज एवं आविष्कार कर दूसरों को अचम्भित कर डाला। दुर्भावनाओं से ऊपर उठ तथा सद्‌गुणों को धारण कर उत्कृष्ट कर्म कर डाला। नतीजा, वे दूसरों के लिए आदर्श एवं उदाहरण बन गए। यही कारण है कि दुनिया आज भी उन्हें याद करती है। ऐसा नहीं है कि उन्हें ईश्वर ने अलग हटकर बनाया या उन्हें विशिष्ट शक्तियों से परिपूर्ण कर पृथ्वी लोक पर भेजा। वे भी हमारे और आपके जैसे ही थे, परन्तु वे उत्कृष्ट कर्म कर दुनिया के अनमोल सितारे बन गए और हम ऐसा नहीं कर पाए। हम जहाँ खड़े थे, वहीं रह गए। इसका कारण है कि उन्होंने खुद को जाना-पहचाना और अपनी शक्ति को निखारा। इस अनमोल जीवन का मूल्य समझा और मूल्यों पर चलकर जीवन की अनमोलता को साकार किया। हम ऐसा नहीं कर पाए।

कविवर जानकीवल्लभ शास्त्री के अनुसार—

जीना भी एक कला है, इसे बिना जाने ही, मानव बनने कौन चला है?

आप जीवन एक कला का अर्थ एवं मर्म समझें और जिन्दगी जीने की कला सीखें। जिन्दगी की कला के अनेकों रंग हैं। आप किन रंगों से खेलना और खुद को किन रंगों से रंगना चाहते हैं, यह विचारणीय है। आप जिस रंग से खेलेंगे, वैसा ही बनेंगे। मैं तो सिर्फ इतना कहूँगा कि आप खेलने का मर्म समझें और रंगने की कला

सीखें। आप खुद को अच्छे रंगों में रंगकर ही जीवन को सुखद एवं सुन्दर बना सकते हैं, तो दुःखद रंगों में रंगकर खुद को दुखी। आप जीवन को सुखद बनाना चाहते हैं कि दुःखद, आनन्दित बनाना चाहते हैं कि बोझिल। यह आपकी जिन्दगी जीने की कला पर निर्भर करता है। अगर आप सुन्दर रंगों से खेलना चाहते हैं तो पहले सोच के रंग को बदलें। नकारात्मक रंग को सकारात्मक रंग से रंगे और दुर्भावनाओं से ऊपर उठें। आप जैसे ही नकारात्मक रंग को सकारात्मक रंग में रंग लेंगे, आपको जीवन हसीन, रंगीन एवं अनमोल दिखेगा। ठीक इसके विपरीत जिन व्यक्तियों ने जीवन के विविध रंगों का मर्म नहीं समझा, वे बेकार के रंगों में रंगकर खुद को बदरंग बना लेते हैं। ऐसे व्यक्ति इस अनमोल जीवन के अन्दर छुपे दिव्य सौन्दर्य को देख नहीं पाते और बाह्य सौन्दर्य के रंग में रंगने की अभिलाषा में भटकते रहते हैं।

याद रखें—

अच्छे रंगों से खेलना और खुद को अच्छे रंगों से रंगना ही जिन्दगी जीने की सर्वोतम कला है। जो व्यक्ति इस कला को जानते हैं, उन्हीं के लिए जीवन अनमोल है।

प्रकृति ने खुद की सृष्टि को विभिन्न रंगों में रंगकर बेहद सुन्दर, आकर्षक, रोमांचक एवं हसीन बनाया है। इसका रंग इतना चटक, मनभावन, मनमोहक एवं आकर्षक है कि उसकी सुन्दरता देखते ही बनती है। प्रकृति के इस अद्‌भुत सौन्दर्य को देखकर मन विभोर और चित्त आनन्दित हो उठता है। प्रकृति में खिल रहे रंग-बिरंगे फूल, हरे-भरे पेड़-पौधे, नाना प्रकार के पशु-पक्षी, पहाड़ों का अद्‌भुत दृश्य, झरनों से बहते जल-प्रपात, प्रकृति की छटा में चार चाँद लगाते हैं, जिन्हें देखकर मन आह्लादित हो उठता है। हम परमसत्ता की दिव्यता में खो जाते हैं। ईश्वर ने हमें भी दिव्य सौन्दर्य दिया है। जरूरत है, उसे बाहर निकालने और खुद को अनुपम बनाने की। खुद के सौन्दर्य को निखारने की। इसी के लिए ईश्वर ने हमें चैतन्य शक्ति दी है कि हम अपने जीवन को सुन्दर रंगों से रंग सकें। आप भी जीवन के अनमोल रंग की महत्ता समझें और जीवन को सुन्दर रंगों में रंगकर खुद को सुन्दर बनाएँ।

दोस्तो! यह जीवन सौन्दर्य का पिटारा है। जिस दिन आप अपने अन्दर छुपे दिव्य सौन्दर्य का दर्शन कर लेंगे, आपको खुद समझ में आ जाएगा कि जीवन कितना अनमोल एवं सुन्दर है। किसी भी व्यक्ति के चेहरे का रंग, उसके व्यक्तित्व के बारे में बहुत कुछ कह जाता है। जैसे—किसी व्यक्ति के चेहरे की आभा, होंठों की मुस्कान, वाणी की मधुरता और शरीर के विभिन्न अंगों का हाव-भाव, उसके सुखद जीवन के बारे में बहुत कुछ कह जाता है। ठीक इसके विपरीत चेहरे पर शिकन, उदासी, होंठों की चुप्पी, दुःखद रंगों के बारे में बहुत कुछ बता जाता है।

याद रखें—

जीवन को सुखद रंगों में रंगने के लिए जीवन-मूल्य, कर्म-मूल्य एवं समय-मूल्य की महत्ता समझें।

जो व्यक्ति उपर्युक्त मूल्यों की महत्ता समझते हैं और उन मूल्यों पर चलते हैं, वे ही जीवन को सुखद एवं हसीन रंग में रंग पाते हैं। ठीक इसके विपरीत जो व्यक्ति इन मूल्यों की महत्ता नहीं समझते, वे बेकार के रंगों में रंगकर खुद को बदरंग बना लेते हैं। दोस्तो! सचमुच यह जीवन अनमोल है और इसकी अनमोलता को अन्तर्मन से जानने एवं समझने की जरूरत है। इसके अन्दर छुपे दिव्य सौन्दर्य का दर्शन करने की जरूरत है। निहित गुणों को निखारने एवं खुद की शक्तियों पर विश्वास करने की जरूरत है। आप खुद को जानें और विविध मूल्यों की महत्ता समझें। कृत्य कार्य को मूल्यों की कसौटी पर कसें, मूल्यों के साथ चलें और मूल्यों पर खरा उतरें। आपको खुद समझ में आ जाएगा कि यह जीवन कितना सुन्दर, हसीन एवं अनमोल है।

याद रखें—

किसी भी व्यक्ति के जीवन का सर्वाधिक महत्त्वपूर्ण क्षण वह है, जिस दिन वह स्व के अन्दर छुपी शक्तियों को पहचान लेता है और आत्मा के दिव्य सौन्दर्य को देख लेता है।

कुछ ही लोग ऐसे भाग्यशाली होते हैं, जो अपने अन्दर छुपी हुई शक्तियों तथा ईश्वरीय गुणों को पहचान लेते हैं। अपने अन्दर छुपे दिव्य सौन्दर्य को देख पाते हैं और उसे बाहर निकाल पाते हैं। ऐसे बिरले ही लोग होते हैं, जो खुद को जान और पहचान पाते हैं। अधिकांश लोग खुद को जानने और पहचानने में आजीवन भटकते रह जाते हैं, परन्तु खुद को नहीं जान पाते हैं। ऐसे व्यक्ति न तो खुद का मूल्य समझ पाते हैं और न ही दूसरों का मूल्य समझ पाते हैं। नतीजा वे जिन्दगी एक रहस्य के उलझन में उलझ कर रह जाते हैं।

दोस्तो! याद रखें—

यह जीवन रहस्यों में उलझने के लिए नहीं, रहस्य से बाहर निकलने के लिए मिला है।

अत: जीवन एक रहस्य से बाहर निकलने के लिए खुद को जानें।

याद रखें—

जो व्यक्ति जीवन के रहस्य को जानते और खुद को पहचानते हैं। उनके लिए जीवन अनमोल, अवसर, उत्सव और आनन्द बन जाता है।

दुख की बात यह है कि प्राय: व्यक्ति खुद को जानने का प्रयास नहीं करता और दूसरों को जानने में समय बर्बाद करते रहता है। महत्त्वपूर्ण दूसरों को नहीं, खुद को

जानना है। जिस दिन आप खुद को जान लेंगे, छुपी शक्तियों को पहचान लेंगे, मूल्यों की महत्ता समझ लेंगे और मूल्यों पर चलेंगे, आपकी जिन्दगी सुन्दर, अनमोल, आदर्श एवं उदाहरण बन जाएगी। कहने का आशय है कि दूसरों की खामियों को जानने से अच्छा है कि आप खुद की खामियों को जानें। खुद की खामियों को दूर करें। आप ऐसा करके देखें, आप सुन्दर व्यक्तित्व के मालिक और दूसरों के लिए उदाहरण बन जाएँगे। दोस्तो! यह अनमोल जीवन याचक बनने के लिए नहीं, दूसरों का कल्याण करने के लिए मिला है। आप याचक नहीं, दाता बनें। आप दूसरों से लेने की नहीं, देने की इच्छा रखें और देने के योग्य बनें। आपके अन्दर इतनी क्षमता है कि आप खुद की गरीबी को अमीरी में, दुखद स्थिति को सुखद स्थिति में, विकट परिस्थिति को अनुकूल परिस्थिति में और शत्रुता को मित्रता में बदल सकते हैं।

इसी सन्दर्भ में अमेरिकी विद्वान क्लीमेंट ने कहा है—

> *यदि किसी व्यक्ति का जन्म गरीब परिवार में हुआ है, तो वह जीवन पर्यन्त गरीबी में जीने के लिए अभिशप्त नहीं है। निःसन्देह पैदा होने में उसका कोई वश नहीं, परन्तु अन्त-अन्त तक यदि उसकी दशा विपन्नों जैसी बनी रहे, तो यही कहना पड़ेगा कि उसके प्रयास एवं पुरुषार्थ में कोई-न-कोई कमी अवश्य रह गई, क्योंकि आदमी अपना तो क्या पूरे समाज एवं संसार का भाग्य बदलने में समर्थ है।*

आप खुद को पहचानें। आपके अन्दर इतना सामर्थ्य है कि कुछ भी कर सकते हैं। असम्भव को सम्भव में बदलने की शक्ति आप में निहित है, परन्तु दुख की बात है कि आप खुद को नहीं पहचानते। बिरले व्यक्ति ही खुद को पहचान पाते हैं। जो व्यक्ति खुद को पहचान लेते हैं, अपने अन्दर छुपी शक्तियों को जान लेते हैं, उनके लिए जीवन अनमोल बन जाता है। ठीक इसके विपरीत जो व्यक्ति खुद को नहीं पहचान पाते और गरीबी, भाग्य या संसाधनों की कमी का रोना रोते रहते हैं, वे आजीवन रोते रह जाते हैं। ऐसे व्यक्ति को खुद और दूसरों के जीवन में घटित घटना, इतिहास और महापुरुषों की जीवनी से सीख लेनी चाहिए। अगर कोई व्यक्ति इतिहास रच सकता है, असम्भव को सम्भव कर सकता है, खुद और दुनिया को बदल सकता है, तो आप क्यों नहीं? आप भी ऐसा कर सकते हैं, इतनी शक्ति एवं क्षमता आपके अन्दर निहित है। जब एक छोटे से बीज में विशाल वृक्ष बनने की शक्ति निहित है, तो आपके अन्दर भी महान बनने और असम्भव को सम्भव में बदलने की शक्ति निहित है। अगर आपको अपनी अनमोल शक्ति का एहसास और खुद पर विश्वास है, तो आप असम्भव को सम्भव कर सकते हैं।

याद रखें—

अगर कोई व्यक्ति दिव्य एवं विराट बन सकता है, तो आप क्यों नहीं? आप भी बन सकते हैं, बशर्ते आप खुद की दिव्यता को देखें और अनमोलता का मर्म समझें।

आप दिव्य और विराट हैं, परन्तु आप दिव्य और विराट नहीं बन पाते हैं। इसका कारण है कि आपको अपने अन्दर छुपी शक्ति का एहसास नहीं है। आपको अपने अन्दर छुपे दिव्य सौन्दर्य एवं प्रकाश का ज्ञान नहीं है। आपको खुद पर विश्वास नहीं और कहते हैं कि ईश्वर ने मुझमें बेहतर करने की शक्ति नहीं दी। कितने दुर्भाग्य की बात है कि आप दिव्य ज्ञान, ऊर्जा एवं शक्ति की खान हैं, फिर भी खुद को निर्बल, नि:सहाय, दीनहीन एवं भाग्यहीन मानते हैं। खुद उत्कृष्ट कर्म नहीं करते और दूसरों पर दोषारोपण करते हैं। अपरिमित शक्ति एवं विविध गुणों का मालिक होकर भी कहते हैं कि ईश्वर ने मुझे सौभाग्यशाली नहीं बनाया। उन्होंने मेरा भाग्य अच्छा नहीं लिखा। अगर ईश्वर ने मेरा भाग्य अच्छा लिखा होता, तो मैं भी अच्छा करता। मेरे अन्दर भी अब्राहम लिंकन और रूजवेल्ट जैसी शक्ति होती, तो मैं भी बेहतर कर दिखाता। इस प्रकार की बातें करना नकारात्मक सोच और अविश्वास की ऊपज है।

याद रखें—

सफलता का एक ही मूल मंत्र है—विश्वास! विश्वास!! विश्वास!!! खुद पर विश्वास।

आप खुद सोचें—जिस व्यक्ति को खुद और ईश्वर प्रदत्त शक्ति पर विश्वास न हो, वह जीवन में बेहतर कैसे कर सकता है? अगर कोई कहता है कि मेरे भाग्य में सफलता नहीं लिखा है, मैं बदनसीब और गरीब हूँ, मेरे भाग्य में अमीर बनना लिखा ही नहीं है, तो मैं अमीर कैसे बन सकता? मुझसे यह काम नहीं होगा। मैं यह नहीं कर सकता। मैं वह नहीं कर सकता। इस तरह की नकारात्मक सोच में उलझा व्यक्ति जीवन में कुछ भी नहीं कर पाता। आप खुद बताएँ—ऐसा व्यक्ति गरीबी की दलदल से कैसे बाहर निकल सकता है? अपने सपने को कैसे साकार कर सकता है? जो खुद को निर्बल, नि:सहाय एवं दीनहीन मानता हो। आप खुद सोचें—जिसे खुद और ईश्वर प्रदत्त शक्तियों पर विश्वास न हो, वह व्यक्ति बेहतर कैसे कर पाएगा? जिसे यह नहीं मालूम कि जीवन अनमोल है, सुन्दर है, सौभाग्य है, इसके अन्दर अपरिमित शक्ति और विविध गुणों का खजाना छुपा है, वह अनमोल कैसे बन सकता है?

आप गौर करें तो पाएँगे कि जिन व्यक्तियों ने सफलता का इतिहास रचा और मानवता की मिसाल कायम की, उन्होंने खुद पर विश्वास किया। अपने अन्दर छुपे दिव्य सौन्दर्य का दर्शन किया एवं अन्त:प्रकाश से खुद को प्रकाशित किया। जिन व्यक्तियों ने ऐसा नहीं किया, वे असफलता के गर्त में समा गए। अगर किसी व्यक्ति को यह विश्वास हो जाय कि उसके अन्दर इतनी रोशनी है कि वह खुद को क्या पूरी

दुनिया को प्रकाशित कर सकता है तो वह कदापि दुर्भाग्य का रोना नहीं रोयेगा और न ही अपनी समस्याओं के लिए दूसरों पर दोषारोपण करेगा। ठीक इसके विपरीत जिस व्यक्ति को खुद पर विश्वास न हो, वह जीवन को सौभाग्य नहीं, दुर्भाग्य मानता है। अपनी गरीबी और असफलता के लिए दूसरों पर दोषारोपण करता है। नतीजा दुर्भाग्य उसके जीवन की नियति बन जाती है।

दोस्तो! याद रखें—

यह अनमोल जीवन दुर्भाग्य पर रोने या दूसरों पर दोषारोपण करने के लिए नहीं मिला है। यह जीवन जंग हारने के लिए नहीं, जीतने के लिए मिला है।

जिस दिन व्यक्ति को यह विश्वास हो जाय कि उसके अन्दर ईश्वर प्रदत्त असीम शक्ति है, जिसकी पहचान कर वह खुद के लिए नई राह बना सकता है और दूसरों को नई राह दिखा सकता है तो वह हर नामुमकिन को मुमकिन कर सकता है और हर मातम को खुशी में बदल सकता है। ऐसा व्यक्ति ही जीवन का इतिहास रच पाता है। ध्यान रखें—

इस दुनिया में जितने भी असम्भव कार्य हुए हैं, उसे किसी-न-किसी व्यक्ति ने ही सम्भव कर दिखाया है।

अतः समस्या आने पर परेशान होने की जरूरत नहीं है, बल्कि खुद पर विश्वास करते हुए आगे बढ़ने की जरूरत है।

याद रखें—

किसी भी परिस्थिति में इतना साहस नहीं है, जो आपके बढ़ते कदम को रोक दे।

आप परिस्थिति का रोना न रोयें। परिस्थिति को परखें-समझें और उत्पन्न हालात का मुकाबला करें। उत्पन्न हालात का मुकाबला नहीं करना तथा गरीबी या दुर्भाग्य पर आँसू बहाना कायरता है। परिस्थितियाँ हमें बहुत कुछ सिखाती हैं। ये अपने साथ केवल विपदा नहीं, अवसर लेकर भी आती हैं। आप संसाधनों की कमी, गरीबी या भाग्य का रोना न रोयें। आपदा में भी अवसर की तलाश करें। परिस्थिति से सीख लें और हालात से बाहर निकलें। हर परिस्थिति से बाहर निकलने की क्षमता आपके अन्दर है। आपके अन्दर परिस्थिति को परखने तथा उत्पन्न हालात से बाहर निकलने का साहस होना चाहिए। आप समस्त वैभव को प्राप्त करने के उत्तराधिकारी हैं और इसे प्राप्त करने के सवर्था योग्य हैं। यदि आपके अन्दर चुनौती को स्वीकार करने का साहस एवं आगे बढ़ने की ललक है, तो विषम परिस्थिति भी आपके बढ़ते कदम को रोक नहीं पाएगी। ईश्वर ने आपको यह अनमोल जीवन बेहतर करने एवं बेहतर पाने

के लिए दिया है, दूसरों का परोपकार एवं जग का कल्याण करने के लिए दिया है। जीवन की सार्थकता साबित करने एवं खुद की श्रेष्ठता साबित करने के लिए दिया है, खोने और पाने का मर्म समझने के लिए दिया है। रचनात्मक कार्यों को मूर्त रूप देने के लिए दिया है। उपर्युक्त कार्यों को करने के लिए ईश्वर ने आपको सोचने-समझने की शक्ति दी है, ताकि आप सोच-समझ कर किसी विषय पर उचित निर्णय ले सकें।

याद रखें—

> *ईश्वर प्रदत्त यह जीवन अद्भुत एवं अनमोल है, जिसे किसी भी कीमत पर खरीदा और बेचा नहीं जा सकता।*

आप इस जीवन की अनमोलता को समझें। इसके अन्दर बहुत सारी शक्तियाँ छुपी हुई हैं, जिसमें सबसे महत्त्वपूर्ण सोचने-समझने की शक्ति है, चुनौतियों से लड़ने की शक्ति है, विकट परिस्थितियों से बाहर निकलने की शक्ति है। दुर्भावनाओं से ऊपर उठने और निर्णय लेने की शक्ति है। जो व्यक्ति इन शक्तियों को जानता है और उनकी परीक्षा लेता है, उसके लिए जिन्दगी अवसर, सीख, आनन्द, अमृत, सौन्दर्य और दिव्य बन जाती है। ऐसे व्यक्ति के लिए जीवन सौभाग्य और अनमोल है। यह तो आपका सौभाग्य है कि ईश्वर ने आपको इस योग्य समझा। आप उनका शुक्रिया अदा करें कि उन्होंने आपको यह अनमोल जीवन दिया। इसके अन्दर असीम शक्ति का भंडार और नैसर्गिक गुणों की खान है। जरूरत है खुद पर विश्वास रखने, अपने अन्दर छुपी शक्ति को पहचानने तथा अन्त:करण में स्थित दिव्य सौन्दर्य के दर्शन करने की। जिन लोगों ने ऐसा किया, वे साधारण से असाधारण तथा मानव से महामानव बन गए। आप भी साधारण से असाधारण बन सकते हैं, खुद का इतिहास लिख सकते हैं। इतनी शक्ति आपके अन्दर है। आप खुद पर विश्वास रखें और अपनी शक्ति को पहचानें। इस जीवन की अनमोलता को साबित करने के लिए ईश्वर प्रदत्त शक्तियों का सदुपयोग सकारात्मक दिशा एवं रचनात्मक कार्यों में करें। दीन दुखियों की सेवा और जग कल्याण में करें। आप उपर्युक्त कार्यों को करके देखें, आप दुनिया के लिए अनमोल बन जाएँगे।

याद रखें—

> *आम लोग जीवन को संयोग मानते हैं और खास लोग अवसर, जो व्यक्ति इसे संयोग मानते हैं उनके लिए जीवन बोझ और जो अवसर मानते हैं, उनके लिए जीवन अनमोल।*

जीवन अनमोल है कैसे?

जीवन अनमोल है, क्योंकि इसे किसी भी दौलत से खरीदा या बेचा नहीं जा सकता। इसके अन्दर असीम शक्तियाँ छुपी होती हैं, जिन्हें पहचान कर, निखार कर और उनकी

सार्थकता सिद्ध कर आप केवल खुद के लिए नहीं, पूरी दुनिया के लिए अनमोल बन सकते हैं। आप खुद को जानें-पहचानें और निहित शक्तियों की परीक्षा लेकर खुद की सार्थकता साबित करें। सदैव सकारात्मक सोचें, रचनात्मक और निष्काम कर्म करें तथा खुद और दूसरों का परोपकार करें। ऐसा कर आप खुद और दूसरों के लिए अनमोल बन जाते हैं। आइए! हम उन शक्तियों की चर्चा करें, जो मानव जीवन को अनमोल बनाती हैं। ये शक्तियाँ निम्न हैं—

- सोचने-समझने की शक्ति।
- निर्णय लेने की शक्ति।
- कुछ कर दिखाने की शक्ति।
- परिस्थितियों को परखने की शक्ति।
- सीखने एवं सिखाने की शक्ति।
- नई राह दिखाने की शक्ति।
- गरीब से अमीर बनने की शक्ति।
- मूल्यों को समझने की शक्ति।
- महान बनने की शक्ति।
- सुन्दर बनने एवं सुन्दर दिखने की शक्ति।
- संयम एवं सहनशीलता की शक्ति।
- दुर्भावनाओं से ऊपर उठने की शक्ति और
- परोपकार करने की शक्ति।

दोस्तो! उपर्युक्त शक्तियों से परिपूर्ण यह जीवन अनमोल नहीं तो क्या है? ये शक्तियाँ हर व्यक्ति के अन्दर निहित होती हैं। जो व्यक्ति इन शक्तियों को जानता है, इन शक्तियों का सदुपयोग खुद और दूसरों के कल्याणार्थ करता है, वह अनमोल बन जाता है। शेष व्यक्ति केवल देखते रह जाते हैं। उन्हें यह पता ही नहीं होता कि इतनी अद्‌भुत शक्तियाँ उनके अन्दर निहित हैं, जो जीवन को अनमोल बनाती हैं।

दुनिया का हर व्यक्ति इस जीवन को अनमोल मानता है, लेकिन सिर्फ वे ही जीवन की अनमोलता साकार कर पाते हैं, जिन्हें खुद पर विश्वास होता है। जो निहित शक्तियों का सदुपयोग सकारात्मक दिशा एवं रचनात्मक कार्यों में करते हैं। ठीक इसके विपरीत जो व्यक्ति खुद पर विश्वास नहीं करते और निहित शक्तियों को नहीं जानते, वे भाग्य को अनमोल मानते हैं। उनकी नजर में विविध सुख-सुविधाओं से परिपूर्ण, ऊँचे पदों पर सुशोभित व्यक्ति तथा अमीर घराने में जन्म लेने वाले व्यक्ति अनमोल हैं। यही कारण है कि वे खुद की अनमोलता साबित नहीं कर पाते हैं। आप खुद सोचें—अनमोल जीवन है, धन और पद नहीं।

आप गौर करें, तो पाएँगे कि यदि धन, पद एवं सुख-सुविधाएँ अनमोल होते, तो

महात्मा बुद्ध, महावीर जैसे महापुरुष राजमहल की ठाट-बाट छोड़कर भिक्षुक नहीं बनते। ज्ञान की प्राप्ति और मोक्ष का मार्ग ढूँढ़ने के लिए सुविधाओं का त्याग नहीं करते। ध्यान रखें—ऊँचे पदों, विभिन्न ऐश्वर्यों या सफलता की ऊँचाइयों को वे ही व्यक्ति छूते हैं, जो अपने अन्दर छुपी शक्तियों को पहचानते हैं। खुद तथा ईश्वर पर विश्वास रखते हैं। अपने अन्दर की प्रतिभा को निखारते हैं और निहित शक्तियों की परीक्षा लेते हैं। दिन-रात कड़ी मेहनत करते हैं। ऐसा नहीं है कि आप अपनी शक्तियों को पहचानें नहीं, खुद पर विश्वास नहीं करें और अकर्मण्य बने रहें तो अनमोल बन जाएँगे। ऐसा भी नहीं है कि आपका भाग्य खराब है, तो दूसरा व्यक्ति आपका भाग्य अच्छा लिख देगा। इसके लिए आपको कड़ी मेहनत करनी होगी।

याद रखें—

> *आपका जन्म गरीब परिवार में हो या अमीर परिवार में, यह आपके वश में नहीं है, लेकिन अमीर बनना, बड़े-बड़े पदों को सुशोभित करना तथा ऐश्वर्यिक साधनों की प्राप्ति करना आपके वश में है। इसके लिए आपको खुद पर विश्वास तथा अपनी शक्तियों की पहचान कर कड़ी मेहनत करनी होगी।*

यदि आप जीवन को नहीं, भाग्य को अनमोल मानते हैं, तो भी भाग्य को अनमोल बनाने के लिए ईश्वरीय शक्ति की पहचान करनी होगी। दिन-रात अथक परिश्रम करने होंगे। निहित शक्तियों की परीक्षा लेनी होगी। ऐसा नहीं है कि आप अकर्मण्य बने रहें, कड़ी मेहनत नहीं करें और निहित शक्तियों को बाहर निकालने की दिशा में सार्थक प्रयास नहीं करें, तब भी आपका भाग्य आपका साथ देगा। भाग्य का साथ पाने के लिए आपको कड़ी मेहनत करनी होगी, खुद की शक्तियों पर विश्वास करना होगा और अच्छा भाग्य खुद अपने हाथों लिखना होगा। कहने का अभिप्राय है कि आप अपना भाग्य कैसा लिखना चाहते हैं—अच्छा या बुरा? यह आप पर निर्भर करता है, दूसरों पर नहीं। परन्तु प्रायः लोग मानते हैं कि हर व्यक्ति का भाग्य ईश्वर लिखते हैं। मैं भी इससे सहमत हूँ। ब्रह्मा जी ने हमारा भाग्य यह लिखा कि तुम दुनिया के सर्वश्रेष्ठ प्राणी हो। उन्होंने आपको अनमोल जीवन और अपरिमित शक्ति दी कि तुम खुद और दूसरों का कल्याण करो, दीन-दुखियों की सेवा करो और आनन्दमय जीवन जीयो। इतना सुन्दर भाग्य होने के बावजूद भी आप ईश्वर प्रदत्त शक्ति पर विश्वास नहीं करते, अपनी क्षमता को नहीं पहचानते, अपने कर्तव्यों को भूल जाते हैं, तो इसमें सृष्टि के रचयिता का क्या दोष? दोष तो आपका है कि आपने खुद तथा ईश्वर प्रदत्त शक्ति पर विश्वास नहीं किया। कड़ी मेहनत नहीं की और खुद की प्रतिभा को बाहर निकालने का प्रयास नहीं किया।

आप खुद सोचें और बताएँ—जब ब्रह्मा जी ने आपका भाग्य सर्वश्रेष्ठ प्राणी

के रूप में लिखा, आपको अपरिमित शक्ति एवं गुणों से परिपूर्ण किया, फिर भी आप भाग्य का रोना रोते हैं तो आपके जैसा भाग्यहीन व्यक्ति दुनिया में कोई नहीं होगा। आप खुद को नहीं पहचानते और अपनी श्रेष्ठता साबित नहीं करते, खुद को दीन-हीन एवं भाग्यहीन मानते हैं, तो इसमें उनका क्या दोष? दोष तो आपका है कि आप उनकी बातों को झुठला रहे हैं। विभिन्न शक्तियों एवं नैसर्गिक गुणों से सम्पन्न होने के बावजूद खुद को भाग्यहीन मान रहे हैं। व्यर्थ की बातों में उलझकर खुद को सारहीन बना रहे हैं। खुद को पहचानें और व्यर्थ की बातों में उलझने के बजाए, अपने अन्दर छुपी शक्ति को पहचानें। कड़ी मेहनत करें और उत्कृष्ट कर्म कर इस अनमोल जीवन का औचित्य साकार करें।

याद रखें—

कर्म ही भाग्य है और कर्मयोगी व्यक्ति अपना भाग्य जैसा चाहे लिख डालते हैं।

ध्यान रखें—आपको अपना भाग्य सार्थक संघर्ष, कड़ी मेहनत एवं आत्म-विश्वास के बल खुद लिखना होगा। इसके लिए महत्त्वपूर्ण है कि आप खुद की नकारात्मकता से बाहर निकलें और कड़ी मेहनत करें। कर्मयोगी बनें और इस अनमोल जीवन का मूल्य समझें। कर्मयोगी व्यक्ति अपना भाग्य खुद लिखते हैं और जीवन की अनमोलता को साकार करने में सफल होते हैं। आप भी अपने अन्दर छुपी अपरिमिति शक्ति को बाहर निकालें तथा उसका औचित्य साकार कर जीवन को अनमोल बनाएँ। इसकी अनमोलता और औचित्य को साकार करें। उपर्युक्त तथ्यों से स्पष्ट है कि जीवन अनमोल है, इसके अतिरिक्त कुछ भी अनमोल नहीं है। आइए हम इस बात की चर्चा करें कि यह जीवन किन-किन विशेषताओं के कारण अनमोल है।

सोचने-समझने की शक्ति

दोस्तो! सोचने-समझने की शक्ति किसी अन्य प्राणी को नहीं, सिर्फ मनुष्य प्राणी को प्राप्त है। आप इस शक्ति के विराट स्वरूप को पहचानें और इसका सदुपयोग सकारात्मक दिशा एवं रचनात्मक कार्यों में करें। इस अद्भुत शक्ति की सार्थकता साबित करके ही आप जीवन को अनमोल बना सकते हैं। अत: इस शक्ति की महिमा समझें तथा सोच को सकारात्मक, रचनात्मक, दूरदर्शी एवं व्यापक बनाएँ। सोच की दिशा को सही गति दें। इसका सदुपयोग खुद और दूसरों के कल्याण के लिए करें, नई खोज एवं अविष्कार के लिए करें, नई राह एवं नए अवसर निर्माण के लिए करें। सही-गलत, उचित-अनुचित, धर्म-अधर्म, आदि सन्दर्भ की व्याख्या करने तथा समुचित निर्णय लेने के लिए करें। यह तो आपका सौभाग्य है कि ईश्वर ने आपको सोचने-समझने की शक्ति दी है। आप किसी भी विषय, परिस्थिति एवं सन्दर्भ पर

बेहतर सोच सकते हैं और सोच-समझ कर उचित निर्णय ले सकते हैं। सही-गलत की पहचान कर सकते हैं, उचित-अनुचित में विभेद कर सकते हैं, न्याय-अन्याय के बीच का अन्तर समझ सकते हैं। आप खुद को पहचानें तथा अपने अन्दर छुपी प्रतिभा को निखार कर स्व के अन्दर निहित शक्तियों की सार्थकता सिद्ध करें। इस प्रकार हम देखते हैं कि सोचने-समझने की शक्ति अनमोल और अद्वितीय है, जिसकी तुलना किसी अन्य शक्ति से नहीं की जा सकती है।

याद रखें—

सोचने-समझने की शक्ति अद्वितीय, अतुलनीय एवं अद्‌भुत है। इसकी महता समझें और इसकी सार्थकता खुद और जग कल्याणार्थ सिद्ध करें।

यही अद्‌भुत शक्ति, हमें अन्य प्राणियों से अलग करती है और विशिष्ट पहचान एवं सम्मान दिलाती है। जरा सोचें—यदि हमें यह शक्ति नहीं मिली होती तो क्या हम अच्छा करने एवं अच्छा बनने की बात करते? क्या हम सही-गलत, उचित-अनुचित, न्याय-अन्याय में विभेद कर पाते? क्या हम पाप-पुण्य, धर्म-अधर्म की बात करते? क्या हम विविध क्षेत्रों में इतिहास रचने की बात करते? क्या हम नैतिकता एवं मूल्यों की बात करते? क्या हम बड़े-बड़े सपने देखते और सपनों को पूरा करने की बात करते? क्या हम खुद और दूसरों के कल्याण की बात करते? ये समस्त बातें इसलिए करते हैं कि ईश्वर ने हमें सोचने-समझने की शक्ति दी है। इसी शक्ति के बल पर लोगों ने अपने जीवन का इतिहास रचा और खुद की सार्थकता को साकार किया। आप ही बताएँ कि जिन प्राणियों के अन्दर सोचने-समझने की शक्ति नहीं है, क्या वे अच्छा करने एवं अच्छा बनने की बात करेंगे? क्या वे सही-गलत, उचित-अनुचित, न्याय-अन्याय, धर्म-अधर्म की बात करेंगे? आपका भी जबाव होगा—कदापि नहीं, क्योंकि उन्हें यह शक्ति प्राप्त नहीं है।

अगर हमें भी यह शक्ति प्राप्त नहीं होती, तो हम भी अन्य प्राणियों की तरह मूक दर्शक बने रहते। हम जैसे थे, वैसे ही रह जाते। हम जहाँ थे, वहीं के हो कर रह जाते। हम जिस खूँटे में बँधे रहते, उसी खूँटे में बँधकर रह जाते। जो हमें मिलता, उसी में सन्तुष्ट रहते। हम क्या करें और क्या नहीं करें? क्या खाएं और क्या नहीं खायें? क्या पहनें और क्या नहीं पहनें? कहाँ रहें और कैसे रहें? इत्यादि बातों पर विचार नहीं करते। हम उपर्युक्त बातों या किसी सन्दर्भ में इसलिए विचार करते हैं कि हमारे पास सोचने-समझने की शक्ति है। जिसका सदुपयोग कर हम जीवन की सार्थकता साबित कर, दूसरों के लिए अनमोल बन सकते हैं।

याद रखें—

जैसी हमारी सोच होगी, उसी अनुरूप हमारा कृत्य और जैसी हमारी सोच, उसी अनुरूप दुनिया।

आप खुद को और दुनिया को किस नजरिए से देखना चाहते हैं? यह आपकी सोच की सार्थकता एवं क्षमता पर निर्भर करता है। जैसी हमारी सोच होगी, वैसे ही हमारे कृत्य एवं आचरण होंगे और जैसा कृत्य एवं आचरण होगा, वैसा ही हमारा व्यवहार एवं व्यक्तित्व। जैसा सोच, वैसा नजरिया और जैसा नजरिया, वैसी ही उपलब्धि। हमारा खोना और पाना, खुद की श्रेष्ठता या नीचता, मूल्यों की समझ, संसाधनों की सार्थकता, सब कुछ हमारी सोच से अभिधारित होता है। महत्त्वपूर्ण यह है कि हम इस विशिष्ट शक्ति का सदुपयोग कहाँ और कैसे करते हैं? क्या खोने और क्या पाने में करते हैं? इसका उत्तर जानने के लिए निम्न प्रश्नों पर मनन करने की जरूरत है, ताकि हम खुद की सार्थकता एवं जीवन की अनमोलता को बेहतर बनाने के सन्दर्भ पर बेहतर सोच सकें। सोच को उन्नत, व्यापक एवं दूरदर्शी बनाकर इस शक्ति की महत्ता सिद्ध कर सकें। हमें प्रकृति एवं पर्यावरण संरक्षण के विषय में सोचना होगा। खुद और दूसरों के बारे में सोचना होगा। यदि आप उपर्युक्त सन्दर्भ पर सोचते हैं, तो इसका मतलब है कि आपको अपनी शक्ति का एहसास है।

याद रखें—

यदि आप इस विशिष्ट शक्ति का दुरुपयोग दूसरों को हानि पहुँचाने में करते हैं, तो आप कदापि अनमोल और श्रेष्ठ नहीं बन सकते।

कहने का अभिप्राय है कि आप अनमोल और श्रेष्ठ बनना चाहते हैं, तो चेतन शक्ति का सदुपयोग जग कल्याणार्थ करें। खुद की श्रेष्ठता साबित करने में करें। सुन्दर व्यक्तित्व निर्माण, अच्छे संस्कार निर्माण एवं दूसरों का परोपकार करने में करें। ऐसा करके ही आप श्रेष्ठ और अनमोल बन सकते हैं।

दोस्तो! इस दुनिया में ऐसा एक भी व्यक्ति नहीं मिलेगा, जो अच्छा करना और अच्छा बनना नहीं चाहता हो। धन, यश, समृद्धि प्राप्त करना नहीं चाहता हो, मान-सम्मान एवं प्रशंसा पाना नहीं चाहता हो, खुद का इतिहास लिखना नहीं चाहता हो। इन चीजों की चाहत हर व्यक्ति को होती है और हर व्यक्ति अपने सपने को साकार करना चाहता है। हर व्यक्ति चाहता है कि मैं एक अच्छा आदमी बनूँ। नाम, धन, यश अर्जित करूँ। खुद का इतिहास लिखूँ और जीवन का औचित्य साकार करूँ। परन्तु ऐसा वही व्यक्ति कर पाता है, जो सोच रूपी शक्ति की महत्ता समझता है। आप भी ऐसा चाहते हैं, तो सोच का दायरा विकसित करें। सोच को सकारात्मक, रचनात्मक, व्यापक, उन्नत एवं दूरदर्शी बनाएँ। अगर आप ऐसा नहीं करेंगे, तो इस अद्‌भुत शक्ति की महत्ता साकार नहीं कर पाएँगे।

जैसे—आप बहुत ज्ञानी हैं, परन्तु ज्ञान को विवेक में नहीं बदलें। उसकी सार्थकता जन-मानस के कल्याण में न करें, उसका रचनात्मक सदुपयोग न करें, तो प्राप्त ज्ञान एवं डिग्री व्यर्थ है। प्राप्त ज्ञान की सार्थकता साबित करने के लिए सोच की दिशा

बदलनी होगी, इसे ओज देना होगा, ताकि आप प्राप्त ज्ञान की सार्थकता साबित कर सकें। बेहतर जीवन जीने तथा जीवन का औचित्य साकार करने में सोचन-शक्ति की भूमिका महत्त्वपूर्ण है। हमें इस शक्ति का सदुपयोग निम्न प्रश्नों का उत्तर ढूँढ़ने में करने होंगे—

- हमें यह जीवन क्यों मिला?
- इस जीवन का उद्देश्य एवं औचित्य क्या है?
- क्या हम जीवन को अनमोल बना पा रहे हैं?
- क्या हम खुद की श्रेष्ठता साबित कर पा रहे हैं?
- क्या हमारी जीवन-शैली आदर्श एवं उन्नत है?
- क्या हमारा व्यक्तित्व सुन्दर है?
- क्या हम दूसरों के लिए आदर्श एवं उदाहरण बन पाए हैं?
- परिवार, समाज और देश के विकास में हमारा योगदान क्या है?
- क्या हम अपने कर्तव्यों एवं दायित्वों को जानते हैं और उसका निर्वहन सम्यक रूप से करते हैं?
- क्या हम एक अच्छा समाज और अच्छी दुनिया बनाने में सफल हैं?

यदि हम उपर्युक्त प्रश्नों पर सोचते-समझते हैं और सोच को मूर्त रूप देते हैं, तो एक बेहतर आदमी बनने में सफल होते हैं। हम इन प्रश्नों पर केवल सोचें ही नहीं, इसका उत्तर ढूँढ़ कर जीवन में आत्मसात् करें, ताकि हम जीवन की अनमोलता को साकार कर सकें। हमें क्या करना चाहिए और क्या नहीं करना चाहिए? हमें कैसे जीवन जीना है? इत्यादि प्रश्नों पर गम्भीरतापूर्वक सोचने की जरूरत है, अन्यथा विशिष्ट शक्ति से परिपूर्ण होने के उपरान्त भी हम शक्तिहीन बनकर रह जाएँगे। हमें कोई जानने-पहचानने एवं याद करने वाला नहीं मिलेगा। कहने का अभिप्राय है कि जो व्यक्ति जिस स्थिति में और जैसा है—अच्छा या बुरा, सफल या असफल आम या खास सब कुछ उसके सोच का कमाल है।

आप खुद सोचें और बताएँ—अगर ईश्वर ने हमें सोचने-समझने की शक्ति नहीं दी होती, तो क्या हम बेहतर जीवन-शैली की बात करते? सुन्दर व्यक्तित्व निर्माण एवं बेहतर पाने की बात करते? विविध क्षेत्रों में विकास की कहानी लिखने की बात करते? अपनी रुचि और अभिरुचि के क्षेत्र में इतिहास रचने की बात करते? हम समस्त बातें इसलिए करते हैं कि हमारे अन्दर सोचने-समझने की शक्ति है और यही शक्ति हमारे जीवन को अनमोल एवं श्रेष्ठ बनाती है। यही शक्ति हमें अन्य जीव-जन्तुओं से अलग करती है। खुद की सोच के कारण ही कोई व्यक्ति सफल और कोई असफल, कोई पराक्रमी, कोई डरपोक तथा कोई ज्ञानी तो कोई मूर्ख होता है। कोई सुन्दर व्यक्तित्व का मालिक बनता है तो कोई निम्न व्यक्तित्व का मालिक।

किसी को सर्वत्र प्रशंसाा मिलती है तो किसी को दुत्कार अर्थात् जिस व्यक्ति ने जैसा सोचा, वैसा बना। कहने का अभिप्राय है कि आप अच्छा बनना चाहते हैं कि बुरा, यह आपकी सोच पर निर्भर करता है।

दोस्तो! सचमुच आप इस जीवन की अनमोलता को साकार करना चाहते हैं, खुद की सार्थकता साबित करना चाहते हैं, खुद का इतिहास लिखना चाहते हैं तो सोचन-शक्ति की महता समझें। सोच रूपी शक्ति का सदुपयोग सकारात्मक दिशा एवं रचनात्मक कार्यों में करें। इस विशिष्ट शक्ति का ही कमाल है कि जो व्यक्ति जैसा चाहता है, वैसा कर दिखाता है और जैसा चाहता है, बन जाता है। आज हम विविध क्षेत्रों में प्रगति का जो इतिहास रच रहे हैं, चाहे वह कला का क्षेत्र हो या विज्ञान तकनीकी का, प्रौधोगिकी का क्षेत्र हो या स्थापत्य, संगीत, नृत्य का क्षेत्र हो। भू-तल, जल-तल या नभ-तल में विकास की कहानी लिखने की बात हो। समस्त क्षेत्रों में प्रगति का इतिहास रचने में किसी-न-किसी व्यक्ति के सोच का कमाल है। उपर्युक्त तथ्यों से स्पष्ट है कि सोचने-समझने की शक्ति अद्‌भुत है, जो इस जीवन को अनमोल बनाती है।

निर्णय लेने की शक्ति

किसी भी व्यक्ति के व्यक्तित्व में निर्णय लेने की शक्ति अद्वितीय और अद्‌भुत है, जो व्यक्ति को आम से खास बनाती है। उसे अलग पहचान एवं विशिष्ट स्थान दिलाती है। यही शक्ति उसे साधारण से असाधारण, असफल से सफल एवं मानव से महामानव बनाती है। यदि आपको इस शक्ति का एहसास है तो आप अच्छे-बुरे, सही-गलत, उचित-अनुचित, न्याय-अन्याय के बीच विभेद करने में सक्षम होते हैं। आप बेहतर निर्णय लेने में सफल होते हैं। अगर आपको इस शक्ति का एहसास नहीं है तो आप दर-दर की ठोकर खाते हैं। महत्त्वपूर्ण यह है कि आप इस शक्ति का महत्त्व समझें और निर्णय लेने के योग्य बनें। आपका निर्णय ही आपको साधारण या असाधारण बनाता है। कहने का अभिप्राय है कि आप जो भी निर्णय लें, सोच-समझकर लें। अन्यथा गलत निर्णय आपको परेशानी में डाल देगा। अगर आप सोच-समझ कर सही निर्णय लेते हैं तो आपका निर्णय आपको सफलता के शिखर पर ले जाता है। अत: निर्णय लेने में जल्दबाजी न करें। कोई भी निर्णय अच्छी तरह सोच-समझ कर तथा काल, समय और परिस्थिति को ध्यान में रखकर करें, ताकि आपको अपने निर्णय पर पछतावा न करना पड़े।

याद रखें—

निर्णय लेने की शक्ति ही हमें निर्णायक बनाती है और अलग पहचान दिलाती है। सही निर्णय हमें सफलता की ऊँचाइयों पर ले जाता है तो गलत निर्णय असफलता के गर्त में ले जाता है।

अत: निर्णय लेने में जल्दबाजी न करें, सोच-समझ कर निर्णय लें। दोस्तो! निर्णय लेने की शक्ति अद्भुत है, इसकी महत्ता समझें। आपका हर एक निर्णय आपके जीवन की दिशा एवं दशा को बदल सकता है। हर एक निर्णय खुद और दूसरों को प्रभावित कर सकता है। आपका कोई निर्णय आपको बेईमान बना सकता है और कोई निर्णय आपको न्यायप्रिय बना सकता है। कोई निर्णय आपको सद्मार्ग पर ले जा सकता है और कोई पथभ्रष्ट बना सकता है। आपका कोई निर्णय समाज के लिए नजीर बन सकता है और कोई निर्णय आपको घृणा का पात्र बना सकता है। कोई निर्णय आपको सफलता के शिखर पर ले जा सकता है और कोई निर्णय आपको असफलता के गर्त में ले जा सकता है। निर्णय लेना एक सोची-समझी रणनीति है। अत: सोच-समझकर निर्णय लें। निर्णय लेने की शक्ति भी आपके अन्दर निहित है। आप किसी भी विषय, परिस्थिति, घटना और सन्दर्भ पर निर्णय ले सकते हैं। चाहे वह विषय कितना भी गम्भीर क्यों न हो। उत्पन्न हालात कितने भी प्रतिकूल क्यों न हों। महत्त्वपूर्ण यह है कि आप निर्णय लेने के कितने योग्य हैं और आपका निर्णय कितना सार्थक एवं तार्किक है। आपके अन्दर परिस्थितियों को परखने की समझ कैसी है?

याद रखें—

आपका निर्णय केवल आपको नहीं, आपके परिवार, समाज एवं देश को प्रभावित करता है। अत: कोई भी निर्णय सोच-समझकर लें और इस शक्ति का सदुपयोग खुद और दूसरों के कल्याण में करें।

निर्णय लेने की शक्ति हमारी सोच, संगत एवं विवेक से प्रभावित होती है। यदि हमारी सोच सकारात्मक, रचनात्मक, उन्नत, व्यापक एवं दूरदर्शी है तो हम किसी विषय पर समुचित निर्णय लेने में सफल होते हैं। ठीक इसके विपरीत हमारी सोच नकारात्मक, संकीर्ण एवं अदूरदर्शी है तो हम सही निर्णय नहीं ले पाते हैं। हमारा निर्णय खुद के लिए घातक एवं दूसरे के लिए नुकसानदायक होता है। महत्त्वपूर्ण यह है कि हम निर्णय लेने के योग्य बनें तथा सोच-समझकर सार्थक, तार्किक एवं समुचित निर्णय, ससमय लें, ताकि हमें अपने निर्णय पर पछताना न पड़े। बिना सोचे-समझे हम कोई भी निर्णय न लें और न ही निर्णय लेने में जल्दबाजी करें। आप निर्णय लेने के लिए स्वतंत्र हैं और निर्णय लेने का अधिकार भी आपको है। इसका मतलब यह नहीं है कि आप मूल्यों के विरुद्ध, नैतिकता के विरुद्ध, मानवता के विरुद्ध या क्रोध एवं अहंकार के आवेश में आकर निर्णय लें।

याद रखें—

कोई भी निर्णय लेने के पूर्व अच्छी तरह सोचें-समझें, तदुपरान्त निर्णय लें, ताकि भविष्य में आपको अपने निर्णय पर पछताना न पड़े।

इतिहास भी इस बात का साक्षी है कि जिन व्यक्तियों ने सोच-समझकर निर्णय नहीं लिया, वे पश्चात्ताप की अग्नि में जलते रहे। उनके निर्णय ने पूरे समाज को तहस-नहस कर डाला। उदाहरण के तौर पर भीष्म पितामह का शासन के प्रति समर्पित रहने का निर्णय, दुर्योधन का अपने पाण्डव भाइयों की 5 ग्राम की माँग ठुकराने का निर्णय, महाभारत जैसे युद्ध का कारण बना। हिटलर का गलत निर्णय द्वितीय विश्वयुद्ध का कारण बना। अत: किसी भी प्रकार का निर्णय लेने से पूर्व उसकी परिणति एवं प्रभाव का विश्लेषण करें। तदुपरान्त परिवार, समाज और देश हित में जो उचित हो, वह निर्णय लें। इस बात का भी ध्यान रखें कि जो निर्णय आपको लेने हैं, वे आप खुद लें। यह अधिकार किसी दूसरों को न दें, अन्यथा दूसरों द्वारा थोपा गया निर्णय आपको दुर्भाग्य पर रोने के लिए विवश कर देगा।

याद रखें—

> *आपका सही निर्णय, समुचित निर्णय और ससमय निर्णय ही आपके जीवन को अनमोल बनाता है।*

अगर आप ससमय सही निर्णय नहीं लेते हैं, तो यह अनमोल जीवन भी नरक बन जाता है। आप इस शक्ति का सदुपयोग अपनी क्षमता एवं सामर्थ्य बढ़ाने में करें। निर्णय लेने की क्षमता ही आपको दूसरों से अलग पहचान दिलाती है। यदि आपके अन्दर यह सामर्थ्य नहीं है तो आपका अनमोल जीवन सौभाग्य की जगह दुर्भाग्य बन जाएगा। अत: विचारण हेतु महत्त्वपूर्ण बिन्दु यह है कि हम जीवन को अनमोल बनाने के लिए क्या, कब और कैसा निर्णय लें? हम समुचित निर्णय लेने के योग्य कैसे बनें और सही निर्णय लेने के लिए हमें क्या करने की जरूरत है? हमें किन-किन बातों पर ध्यान देने की जरूरत है? हमारा निर्णय खुद और दूसरों के लिए कितना महत्त्वपूर्ण है? इत्यादि प्रश्नों पर मनन करें, ताकि हम सही और समुचित निर्णय लेने के योग्य बन सकें। आइए, हम इस बात की चर्चा करें कि निर्णय लेने के योग्य बनने के लिए किन-किन बातों पर ध्यान देने की जरूरत है। सही निर्णय लेने के लिए मेरे विचार से समुचित निर्णय लेने के लिए निम्न बातों पर विचार करें—

- क्या हम निर्णय लेने के योग्य है?
- क्या हमारा निर्णय खुद और दूसरों के लिए महत्त्वपूर्ण है?
- क्या हमारा निर्णय खुद, परिवार, समाज और राष्ट्रहित में है?
- क्या हमारा निर्णय मूल्यों के विरुद्ध तो नहीं है?
- क्या हमारा निर्णय तार्किक, सारगर्भित एवं सामयिक है?

यदि आपको उपर्युक्त प्रश्नों का उत्तर मालूम है और आपका निर्णय उपर्युक्त

कसौटियों पर खरा उतरता है तो इसका अभिप्राय है कि आपको अपनी शक्ति का एहसास है और आप निर्णय लेने के योग्य हैं। परन्तु, आप उपर्युक्त प्रश्नों पर बिना विचार किए निर्णय लेते हैं तो आपका निर्णय गलत हो सकता है। आपको इस अनमोल शक्ति का एहसास नहीं है। जिन व्यक्तियों को खुद तथा ईश्वर प्रदत्त शक्तियों पर विश्वास नहीं होता, अपनी क्षमता की पहचान नहीं होती, वे इस शक्ति का महत्त्व नहीं समझ पाते। यही कारण है कि वे किसी विषय पर सही निर्णय लेने की स्थिति में नहीं होते हैं।

याद रखें—

निर्णय लेना एक सोची-समझी रणनीति है, जो आपके लिए सुनहले भविष्य का दरवाजा खोलती है। यह आपको बेहतर जीने तथा जीवन का औचित्य साकार करने में मदद करती है।

अत: महत्त्वपूर्ण यह है कि आपका निर्णय खुद और दूसरों के लिए कितना महत्त्वपूर्ण एवं प्रसांगिक है। यदि आप अपनी क्षमता, संसाधन, काल, समय एवं परिस्थितियों को ध्यान में रखकर निर्णय लेते हैं तो निश्चित रूप से आपका निर्णय खुद और दूसरों के लिए महत्त्वपूर्ण है। आप निर्णय लेने के योग्य हैं और आपके अन्दर निर्णय लेने की क्षमता है। आपको खुद की अनमोलता का एहसास है। ध्यान रखें—

जिस व्यक्ति के अन्दर सारगर्भित एवं समुचित निर्णय लेने की क्षमता होती है, उनके व्यक्तित्व में बहुत सारे गुण स्वत: शामिल हो जाते हैं।

जैसे—नेतृत्व करने की क्षमता, कुछ बेहतर कर दिखाने का जज्बा, न्याय करने की क्षमता, परिस्थितियों को परखने की समझ। दुर्भावनाओं से बाहर निकलने का संकल्प, अच्छे आदमी बनने का निश्चय आदि। ठीक इसके विपरीत जिन व्यक्तियों के अन्दर निर्णय लेने की क्षमता नहीं होती, वे जीवन में बेहतर नहीं कर पाते हैं। वे सदैव सशंकित और भ्रमित रहते हैं, जिस कारण उनके व्यक्तित्व में अनेक दुर्गुण आ जाते हैं।

क्या आपको मालूम है—निर्णय लेने की अद्‌भुत शक्ति सिर्फ मानव प्राणी को ही प्राप्त है। यही शक्ति आपको अन्य प्राणियों से अलग करती है और आपको अनमोल बनाती है। अगर आप इस शक्ति का सदुपयोग समुचित एवं सही निर्णय लेने में करते हैं तो आपका निर्णय जीवन की दिशा एवं दशा बदल देता है। आपका जीवन खुशियों से भर जाता है। आपका जीवन हसीन एवं रंगीन बन जाता है। आप दूसरों को नई राह दिखा जाते हैं और दूसरों के लिए आदर्श एवं उदाहरण बन जाते हैं। अत: इस विशिष्ट शक्ति की महत्ता समझें और निर्णय लेने के योग्य बनें।

याद रखें—

सही और सामयिक निर्णय लेकर आप खुद बेहतर करते हैं और दूसरों के लिए आदर्श एवं उदाहरण बन जाते है।

असम्भव को सम्भव कर दिखाने की शक्ति

दोस्तो! ईश्वर ने आपको अनेक अद्‌भुत शक्तियाँ दी हैं, जिनके बल पर आप जो चाहें कर सकते हैं। जैसे—असम्भव को सम्भव कर दिखाने की शक्ति। यह ऐसी शक्ति है, जिसे जानकर आप असम्भव को सम्भव कर सकते हैं। आपको अपनी शक्ति का एहसास तथा ईश्वर प्रदत्त शक्तियों पर विश्वास होना चाहिए। आत्मविश्वास से परिपूर्ण व्यक्ति के लिए दुनिया में कुछ भी नामुमकिन नहीं है। इस दुनिया में जितने भी असम्भव कार्य हुए हैं, उन्हें किसी-न-किसी मनुष्य ने ही किया है। असम्भव को सम्भव कर दिखाने की शक्ति आपके अन्दर है और ईश्वर ने यह शक्ति सिर्फ मानव प्राणी को ही दीया है। अगर आपको इस शक्ति का एहसास एवं खुद पर विश्वास है, तो आपके लिए असम्भव कुछ भी नहीं है। आप हर असम्भव को सम्भव कर सकते हैं, इसमें कोई संशय नहीं।

कुछ कर दिखाने का जज्बा आपके अन्दर अतिरिक्त ऊर्जा, उमंग एवं उत्साह का संचार करता है। कार्य को उत्कृष्ट ढंग से पूरा करने तथा उत्पन्न हालात को चुनौती के रूप में स्वीकार करने का साहस देता है। यह आपकी हिम्मत बढ़ाता है और विपरीत हालात में धैर्य रखने की सीख देता है। कुछ कर दिखाने का जज्बा ही आपको बहुत कुछ करने के लिए प्रेरित करता है। यह आपके सपने को साकार करने में मदद करता है। आप भी अपने सपने को हकीकत में बदलना चाहते हैं और कुछ अलग करना चाहते हैं तो इस जज्बे को बनाए रखें। हिम्मत न हारें और धैर्य रखें। खुद को कदापि कमजोर, असहाय एवं असमर्थ न समझें। आपके अन्दर इतनी शक्ति है कि आप विपरीत हालात को अनुकूल बना सकते हैं। दुखद हालात को सुखद हालात में बदल सकते हैं। आप कुछ भी कर सकते हैं, इतनी क्षमता आपके अन्दर है, इस विश्वास को बनाए रखें। हमारे-आपके बीच का ही व्यक्ति असम्भव को सम्भव कर दिखाता है। इसका कारण है कि वे हालात का रोना नहीं रोते और न ही हालात से भागते हैं। वे आगत हालात का मुकाबला पूरी हिम्मत और धैर्य से करते हैं। नतीजा वे हालात से बाहर निकल, दूसरों के लिए नजीर बन जाते हैं।

ठीक इसके विपरीत जिस व्यक्ति के अन्दर कुछ कर दिखाने का जज्बा नहीं होता, वे हाथ पर हाथ रखकर बैठे रहते हैं। उन्हें खुद पर विश्वास नहीं होता और न ही अपने अन्दर छुपी शक्ति का एहसास होता है। ऐसे व्यक्ति कार्य करने में नहीं, होने में विश्वास रखते हैं। नतीजा वे आलसी, कामचोर एवं अकर्मण्य बन जाते हैं। ऐसे व्यक्ति भूल जाते हैं कि उनका जीवन अनमोल है और वे दुनिया के सर्वश्रेष्ठ प्राणी हैं। सर्वश्रेष्ठ होने के नाते उनका यह कर्तव्य है कि वे खुद की श्रेष्ठता साबित

करें। मैं तो सिर्फ इतना कहूँगा कि आप खुद की शक्ति पर विश्वास रखें और कुछ कर दिखाने का जज्बा रखें। सदैव यह सोचें कि—"मैं दुनिया का सर्वश्रेष्ठ प्राणी हूँ। मैं समस्त वैभव को प्राप्त करने का उत्तराधिकारी हूँ। दुनिया में ऐसा कोई काम नहीं है, जिसे मैं नहीं कर सकता। हमारे अन्दर इतनी क्षमता है कि मैं कुछ भी कर सकता हूँ। आप केवल सोचें ही नहीं, बल्कि कर डालें।" आपके अन्दर इतनी शक्ति है कि आप असम्भव को सम्भव कर सकते हैं। विकट परिस्थिति से बाहर निकल सकते हैं। खुद और दूसरों के लिए नई राह बना सकते हैं। विपदा में भी नए अवसर की तलाश कर दूसरों के लिए अवसर बन सकते हैं। यदि कोई व्यक्ति विभिन्न प्रकार की प्रोग्रामिंग कर नाम और धन कमा सकता है, गरीबी के दलदल से बाहर निकल अमीर बन सकता है, तो आप क्यों नहीं? आप भी ऐसा कर सकते हैं। आपके अन्दर भी समस्त वैभव प्राप्त करने की क्षमता है। आप तो वह कर सकते हैं, जिसे आज तक किसी ने नहीं किया है। इस सोच को दृढ़ करें और बेहतर कर दिखाने का जज्बा रखें।

दोस्तो! याद रखें—

कुछ कर दिखाने का जज्बा ही आपके अन्दर बेहतर करने और बेहतर पाने की ललक पैदा करता है। अगर आपके अन्दर कुछ करने की ललक न हो, तो कुछ भी नहीं कर पाएँगे।

आपके सपने, निहित असीम शक्ति निरर्थक और व्यर्थ साबित होंगे। आपका यह अनमोल जीवन मूल्यहीन बनकर रह जाएगा। आप इस अनमोल जीवन का मूल्य समझें। यह अमूल्य है, इसके अन्दर छुपी शक्ति को पहचानें और उसकी परीक्षा लें। सदैव बेहतर करने का जज्बा रखें। ऐसा नहीं है कि जिन व्यक्तियों ने जीवन में बेहतर किया और खुद का इतिहास रचा, उन्हें ईश्वर ने अलग बनाया या उन्हें विशेष शक्ति प्रदान की है। उन्हें भी वही शक्ति दी है, जो आपके अन्दर है। अन्तर इतना है कि उन्होंने अपनी शक्ति को जाग्रत किया और निहित शक्ति को सकारात्मक दिशा में मोड़ा। कुछ कर दिखाने के जज्बे को रचनात्मकता में बदला। नतीजा वे असम्भव को सम्भव कर दिखाने में सफल रहे। ऐसे बहुत सारे उदाहरण मिल जाएँगे, जो गरीबी में पले-बढ़े, कद में बौने या दिव्यांग थे, परन्तु खुद का इतिहास रच डाला। संसाधन की कमी के बावजूद भी वे अपना नाम इतिहास के पन्नों पर स्वर्णाक्षरों में लिख गए।

परिस्थितियों को परखने की शक्ति

हर व्यक्ति के जीवन में विविध परिस्थितियाँ आती हैं। ये परिस्थितियाँ सुखद, दु:खद, अनुकूल, प्रतिकूल, सामान्य और विपरीत कुछ भी हो सकती हैं। ऐसा नहीं है कि किसी व्यक्ति के जीवन में केवल सुखद परिस्थितियाँ आती हैं और किसी के जीवन में केवल दुखद परिस्थितियाँ आती हैं। ऐसा भी नहीं है कि विकट परिस्थिति का

सामना केवल गरीब व्यक्ति को ही करना पड़ता है। अमीर व्यक्ति को दुखद स्थिति का सामना नहीं करना पड़ता है। हर व्यक्ति को विविध परिस्थितियों का सामना अपने जीवन के सफर में कभी-न-कभी, किसी-न-किसी मोड़ पर करना पड़ता है। यह प्रकृति का नियम है कि दिन के बाद रात और रात के बाद दिन, पतझड़ के बाद बसन्त और बसन्त के बाद पतझड़ आएगा। उसी प्रकार जीवन में विभिन्न प्रकार की परिस्थितियाँ आती और जाती हैं। इसके लिए परेशान होने की नहीं, धैर्य रखने की जरूरत है। आप परिस्थितियों को परखें-समझें और तदनुरूप कार्रवाई करें। परिस्थितियों को परखने और उत्पन्न हालात को समझने तथा विपरीत हालात से बाहर निकलने की शक्ति आपके अन्दर है।

याद रखें—

परिस्थितियों से बाहर निकलने की शक्ति आपके अन्दर है और आप किसी भी परिस्थिति से बाहर निकल सकते हैं।

परिस्थितियाँ तुच्छ हैं और परिस्थितियों से बाहर निकलने की क्षमता आपके अन्दर है। आप परिस्थितियों के दास नहीं, स्वामी हैं। आप हालात को परखें और उत्पन्न हालात से बाहर निकलें। जिन व्यक्तियों के अन्दर परिस्थिति को परखने की समझ तथा उत्पन्न हालात से मुकाबला करने का साहस होता है, वे हर परिस्थिति का सामना मुस्कराते हुए करते हैं। वे हालात का रोना नहीं रोते और न ही उत्पन्न हालात के लिए दूसरों पर दोषारोपण करते हैं। यही कारण है कि वे विपरीत हालात में भी नए अवसर की खोज कर, दूसरों के लिए अवसर बन जाते हैं। ठीक इसके विपरीत जिन व्यक्तियों के अन्दर परिस्थिति को परखने की समझ नहीं होती, वे उत्पन्न हालात में उलझ कर रह जाते हैं। नतीजा वे जीवन से हताश, निराश एवं उदास हो जाते हैं।

दोस्तो! याद रखें—

यह जीवन परिस्थितियों का रोना रोने, निराश होने या हार मानने के लिए नहीं मिला है। आप हालात से सीख लें और हालात से बाहर निकलें।

आपके अन्दर परिस्थितियों को परखने की समझ तथा अवसर को पहचानने की दूरदृष्टि होनी चाहिए। आप हर परिस्थिति से सीख लेकर नए-नए अवसर का निर्माण कर सकते हैं। खुद के लिए नई राह बना सकते हैं और दूसरों को नई राह दिखा सकते हैं। प्रतिकूल परिस्थितियाँ भले ही कुछ देर के लिए आपके बढ़ते कदम को रोक दें, लेकिन हालात से बाहर निकलने से रोक नहीं सकतीं। किसी भी हालत से बाहर निकलने की शक्ति आपके अन्दर है। आप स्व के अन्दर निहित शक्ति को देखें, आपको हर परिस्थिति में अवसर दिखाई देगा, जिसका लाभ उठाकर आप दूसरों के लिए अवसर बन जाएँगे। परन्तु, दुख की बात है कि प्राय: व्यक्ति उत्पन्न हालात

को भांप नहीं पाते और धैर्य खो देते हैं। उनके अन्दर हालात से बाहर निकलने की हिम्मत नहीं होती। नतीजा वे हालात में उलझकर रह जाते हैं।

इसी सन्दर्भ पर आर.सी. प्रसाद सिंह ने लिखा है—

यह जीवन क्या है? निर्झर है,
मस्ती ही इसका पानी है।
सुख-दुख के दोनों तीरों से
चल रहा राह मनमानी है॥

जो व्यक्ति विपरीत परिस्थिति से बाहर निकलने का प्रयास नहीं करते, वे उत्पन्न हालात के भँवर जाल में उलझ कर रह जाते हैं। इसके लिए वे खुद को नहीं, भाग्य या अन्य कारणों को दोषी मानते हैं। ऐसे व्यक्ति को खुद पर विश्वास नहीं होता और न ही परमपिता परमेश्वर द्वारा प्रदत्त शक्तियों पर विश्वास होता है। उसे लगता कि मेरे अन्दर इतनी शक्ति नहीं है कि हम विपरीत परिस्थिति से बाहर निकल सकते हैं। ऐसे व्यक्ति विभिन्न भय से भयभीत, अकर्मण्य एवं कामचोर होते हैं और अन्ततः हार को जीवन की नियति मान लेते हैं।

आप खुद सोचें—

जिस व्यक्ति को खुद पर तथा ईश्वर प्रदत्त शक्तियों पर विश्वास न हो, भला वह दुखद हालात से बाहर कैसे निकल सकता है?

विपरीत परिस्थितियों का सामना कैसे कर सकता है? खुद के लिए नई राह कैसे बना सकता है? शायद ऐसे व्यक्ति को यह नहीं मालूम कि परिस्थितियां तुच्छ हैं, आती और चली जाती हैं, परन्तु अपना प्रभाव छोड़ जाती हैं। अतः महत्त्वपूर्ण यह है कि आप परिस्थिति को कैसे भाँपते हैं और उत्पन्न हालात का सामना कैसे करते हैं? उसके प्रभाव से बाहर कैसे निकलते हैं?

याद रखें—

परिस्थिति से हार मानना जीवन की नियति नहीं है। परिस्थिति से सीख लें और उत्पन्न हालात का मुकाबला साहसपूर्वक करें। आपको हर परिस्थिति में नए अवसर मिल जाएँगे।

आप गौर करें, तो पाएँगे कि प्रायः लोग विपरीत परिस्थिति से सीख नहीं लेते और धैर्य खो देते हैं। वे हिम्मत हार जाते हैं और उनका साहस जबाब दे देता है। उन्हें लगता है कि हम हालात से बाहर नहीं निकल सकते। हमारे अन्दर चुनौतियों को स्वीकार करने का साहस नहीं है। यही कारण है कि वे उत्पन्न हालात से बाहर नहीं निकल पाते हैं। वे यह नहीं सोच पाते कि आगत परिस्थिति एवं उत्पन्न हालात से बाहर कैसे निकला जाए? उसका सामना कैसे किया जाय? नतीजा वे हालात को

जीवन की नियति मान लेते हैं।

आप खुद सोचें—

जो व्यक्ति हालात से बाहर निकलने की बात ही नहीं सोचेगा, वह हालात से बाहर कैसे निकल पाएगा?

ऐसा भी नहीं है कि दूसरा व्यक्ति आपको हालात से बाहर निकाल देगा या आपके दु:खद हालात को सुखद हालात में बदल देगा। हालात से बाहर निकलने के लिए आपको खुद पहल करना होगा। खुद संघर्ष करने होंगे और आत्मविश्वास के साथ आगे बढ़ना होगा। अगर आपको खुद पर विश्वास तथा अपनी शक्ति का एहसास है, तो सहजतापूर्वक विपरीत हालात से बाहर निकलने में सफल होंगे। ठीक इसके विपरीत आपको खुद पर विश्वास और छुपी शक्तियों का एहसास नहीं है, तो आप हालात से बाहर नहीं निकल पाएँगे। हालात का रोना रोते रह जाएँगे और जीवन में कुछ भी नहीं कर पाएँगे।

याद रखें—

हालात पर रोना मूर्खता है। आप हालात पर आँसू बहाने नहीं, हालात से बाहर निकलने आए हैं।

आप हालात को परखें और हालात का सामना करें। आप हालात से सीख लें और भविष्य में आने वाली विपदा से सावधान रहें। आप किसी भी हालत से बाहर निकल सकते हैं, इतनी क्षमता आपके अन्दर है परन्तु इसके लिए सार्थक प्रयास आपको खुद करने होंगे। उत्पन्न हालात की समीक्षा खुद करनी होगी और हालात से बाहर निकलने के लिए दृढ़ इच्छाशक्ति के साथ आगे बढ़ना होगा। हालात से बाहर निकलने के लिए कार्य योजना बनानी होगी तथा कार्य योजना को मूर्त रूप देने होंगे। ऐसा सम्भव नहीं है कि दूसरा व्यक्ति आपकी योजना को मूर्त रूप देकर आपको हालात से बाहर निकाल दे। हाँ, यह सम्भव है कि दूसरा आपको राह दिखा दे, परन्तु उस राह पर आपको ही चलना होगा। अगर आप ऐसा नहीं करते और हालात का रोना रोते हैं तो हालात से बाहर नहीं निकल पाएँगे और दु:खद हालात आपके जीवन की नियति बनकर रह जाएँगे। मैं तो सिर्फ इतना कहूँगा कि—

आप हालात में उलझने नहीं, हालात से बाहर निकलने आए हैं। आप हिम्मत न हारें, धैर्य रखें और अपने जज्बे को बनाए रखें। विपरीत हालात भी आप जैसे साहसी व्यक्ति के लिए नए अवसर का दरवाजा खोलने को तैयार हैं।

जीवन में कुछ ऐसी भी परिस्थितियाँ आती हैं, जिनमें आपको चुनाव करने की

आजादी नहीं होती। वहाँ समझौता करना ही बुद्धिमानी है। जैसे—नाते-रिश्ते, दाम्पत्य जीवन। आप देखेंगे कि दाम्पत्य-जीवन में बहुत सारे खट्टे-मीठे अनुभव प्राप्त होते हैं। परन्तु, आपके अन्दर मीन-मेख निकालने की आदत, एक-दूसरे के विचारों का सम्मान न करने की आदत तथा आपसी सहयोग सद्भाव, शिष्ट आचरण प्रदर्शित करने की आदत नहीं है तो रिश्तों में तनाव पैदा होंगे। यह तनाव धीरे-धीरे तकरार में बदल जाता है। नतीजा, अनमोल जीवन बोझ और जीवन जीना दुष्कर हो जाता है। ऐसी परिस्थिति में हालात से समझौता करना और सामंजस्य बनाए रखना ही बुद्धिमानी है। मैं तो सिर्फ इतना कहूँगा कि आप किसी भी हालत से बाहर निकलने के लिए परिस्थितियों को परखें—समझें और धैर्य रखें। उत्पन्न हालात का मुकाबला बुद्धिमतापूर्वक साहस के साथ करें। आप देखेंगे कि विकट परिस्थितियाँ भी आपके जीवन में सुख, आनन्द की धारा बन जाएँगी।

सीखने एवं सिखाने की शक्ति

सीखना जीवन की नियति है और ईश्वर ने हमारे अन्दर सीखने की अद्भुत शक्ति दी है। इस शक्ति के सहारे हम जटिल-से-जटिल प्रक्रिया को भी सहजतापूर्वक सीखने में कामयाब होते हैं। अगर हमारे अन्दर सीखने की इच्छाशक्ति तथा सीखने की शक्ति का एहसास हो तो हम कुछ भी सीख सकते हैं।

याद रखें—

सीखने की कोई उम्र, समय एवं परिस्थिति नहीं होती।

अत: सीखने की प्रवृत्ति रखें और सीखने की आदत डालें। हर उम्र में हर व्यक्ति और हर परिस्थिति से सीख लें। सीखने का कोई उम्र और समय नहीं होता। आप किसी भी उम्र में, किसी भी परिस्थिति में, किसी भी व्यक्ति से बहुत कुछ सीख सकते हैं। सीखने को जीवन की नियति बनाएँ और किसी भी व्यक्ति से सीखने में कोई संकोच न करें। चाहे वह व्यक्ति आपसे छोटा हो या बड़ा और न ही सीखने में कोई जाति, धर्म का बन्धन रखें। हर व्यक्ति से सीख लें। किसी भी क्षेत्र में आगे बढ़ने के लिए सीखना जरूरी है। आप केवल सीखने की प्रवृत्ति रखें और हर व्यक्ति, हर वस्तु एवं हर घटना से सीख लें। सीखने की प्रवृत्ति ही आपको आगे बढ़ने में मदद करती है तथा जिन्दगी जीने का गुर सिखाती है।

याद रखें—

किसी भी क्षेत्र में बेहतर करने एवं बेहतर पाने के लिए सीखना जरूरी है।

सीखने का नाम जीवन है। सीखने से जी न चुराएँ। सीखने के सन्दर्भ पर हमारे सन्तों एवं दार्शनिकों ने बताया है कि मानव गर्भावस्था से ही सीखना शुरू कर देता

है। इस बात का साक्षी महाभारत में अभिमन्यु का सन्दर्भ है। जब बच्चे का जन्म होता है तो वह बैक्टीरिया, वायरस, गुरुत्वाकर्षण शक्ति, वायुमंडलीय दबाव एवं विपरीत वातावरण से संघर्ष करता है। यह हमें प्रतिकूल माहौल में खुद को समायोजित करने की कला सिखाता है। जब वह बड़ा होता है तो बोलना, चलना, पढ़ना सीखता है। इस प्रकार हर व्यक्ति प्रतिदिन कुछ-न-कुछ सीखता है और सीखने की कला ही हमें बेहतर करने और बेहतर बनने में मदद करती है। यही हमें जिन्दगी जीने का गुर सिखाती है और जीवन को अनमोल बनाती है।

अगर हमारे अन्दर सीखने की इच्छा-शक्ति न हो तो हम जीवन में बेहतर नहीं कर पाएँगे। हमें इस शक्ति का महत्त्व समझना होगा और इस शक्ति का सदुपयोग बेहतर सीखने और बेहतर पाने में करना होगा, रचनात्मक कार्यों एवं प्रगतिशीलता को कायम रखने में करना होगा, नई खोज, नया आविष्कार एवं नई राह बनाने में करना होगा। यदि हम सीखने की विधि की बात करें, तो पाते हैं कि हम पढ़कर, सुनकर, देखकर और इच्छा को मूर्त रूप देकर अर्थात् कार्य पूरा कर बहुत सारी बातें सीखते हैं। हम पढकर, सुनकर, देखकर सैद्धान्तिक ज्ञान प्राप्त करते हैं, तो अर्जित ज्ञान को मूर्त रूप देकर व्यावहारिक ज्ञान पाते हैं। सचमुच सैद्धान्तिक और व्यावहारिक ज्ञान प्राप्त करना ही सीखने की कला है। विचारणीय बिन्दु यह है कि हम क्या सीखें, कब सीखें, कैसे सीखें और क्यों सीखें? सीखने का औचित्य क्या है? हमारा सीखना खुद और दूसरों के लिए कितना महत्त्वपूर्ण है? इन प्रश्नों पर गम्भीरतापूर्वक विचार करें। उपर्युक्त प्रश्नों पर विचार करने के लिए ही ईश्वर ने हमें चैतन्य बनाया है, ताकि हम सोच-समझकर बेहतर सीख सकें और बेहतर कर सकें।

याद रखें—

सीखना जीवन की नियति है, परन्तु अच्छी बातें सीखना जीवन का सार।

अतः हम जो भी सीखें, सार्थक और रचनात्मक सीखें। खुद और दूसरों के कल्याण के लिए सीखें। हमारा सीखना कितना सार्थक, रचनात्मक एवं उपयोगी है, इस पर विचार करें और जो बातें सार्थक, रचनात्मक एवं उपयोगी हैं, उन्हें जरूर सीखें।

याद रखें—

किसी भी क्षेत्र में बेहतर करने के लिए सीखना जरूरी है।

जीवन सीखने का नाम है। बेहतर करने और बेहतर पाने के लिए सीखना जरूरी है। सीखना जीवन की नियति है और इसका कोई विकल्प नहीं है। मैं तो सिर्फ इतना कहूँगा कि सीखने की इच्छाशक्ति रखें और सीखने को जीवन की नियति बनाएँ। प्रतिदिन कुछ-न-कुछ सीखें। सीखने के लिए इस दुनिया में बहुत सी चीजें भरी पड़ी हैं। जो व्यक्ति सीखने की इच्छा नहीं रखते, वे जीवन में बेहतर नहीं कर पाते हैं।

अत: सफलता प्राप्त करने तथा जीवन का औचित्य साकार करने के लिए सीखना जरूरी है। आइए हम इस सन्दर्भ पर विचार करें कि सीखना क्यों जरूरी है? मेरे विचार से सीखना जरूरी है—

- ज्ञान अर्जन के लिए।
- ज्ञान को विवेक में बदलने के लिए।
- खुद और दूसरों को जानने के लिए।
- खुद और जग का कल्याण करने के लिए।
- खुद को सजाने एवं सँवारने के लिए।
- सुन्दर व्यक्तित्व निर्माण के लिए।
- अच्छा करने और अच्छा बनने के लिए।
- बेहतर समाज बनाने के लिए और
- जीवन का औचित्य साकार करने के लिए।

उपर्युक्त तथ्यों से स्पष्ट है कि सीखना जरूरी है। यदि हमारे अन्दर सीखने की शक्ति नहीं होती तो हम चाहकर भी कुछ नहीं सीख पाते। हम पशु की तरह जिस खूंटे में बंधे होते, वहीं के होकर रह जाते। दूसरा जैसा नचाता, वैसा ही नाचते। कोई हमें कुछ सिखाता भी नहीं और न ही सीखने के लिए बाध्य करता। यह तो हमारा सौभाग्य है कि ईश्वर ने हमें सीखने की शक्ति दी है। हम इस शक्ति की महत्ता समझें और इसका सदुपयोग खुद को सफल बनाने तथा जीवन का औचित्य साकार करने में करें।

याद रखें—

> *सीखने के लिए उम्र, समय का कोई बन्धन नहीं होता और न ही परिस्थितियाँ बाधक होती हैं। यदि बाधक हैं तो हमारे अन्दर सीखने की इच्छाशक्ति का नहीं होना।*

जीवन में बेहतर करने एवं बेहतर पाने के लिए सीखना आवश्यक है। बिना सीखे हम बेहतर जीवन नहीं जी सकते और न ही दूसरों का कल्याण कर सकते हैं। इस दुनिया में जितने भी व्यक्ति सफल हुए हैं और जीवन का औचित्य साकार किया है, उन सबों ने सीखने को जीवन का मूलमंत्र बनाया। उन्हें मालूम था कि बेहतर पाने के लिए बेहतर सीखना होगा। परन्तु, दुख की बात है कि अधिकांश व्यक्ति सीखना ही नहीं चाहते। उनके अन्दर सीखने की अभिरुचि नहीं होती, यही कारण है कि वे जीवन में बेहतर नहीं कर पाते। ठीक इसके विपरीत जिनके अन्दर सीखने की इच्छा शक्ति होती है, वे हर चीज बड़ी ही बारीकी से सीखते हैं। अत: इस महत्त्वपूर्ण शक्ति का सदुपयोग जीवन को सजाने एवं सँवारने में करें, सुन्दर व्यक्तित्व निर्माण में करें, दूसरों के कल्याण में करें, दीन-दुखियों की सेवा में करें, जीवन के औचित्य को साकार करने में करें। महान बनने की शिक्षा यही है कि आप खुद और दूसरों से

सीखें, बेहतर सीखें और बेहतर करें।

वास्तव में महानता बाहर नहीं, आपके अन्दर निहित है। जो व्यक्ति अपने स्व को पहचान लेता है और अपने अन्दर निहित श्रेष्ठ बीज को देख लेता है और उसे अंकुरित करने में सफल होता है, वही महान बनता है। आप सफल बनना चाहते हैं या असफल, अच्छा आदमी या बुरा आदमी। सब कुछ आपके सीखने की कला पर निर्भर करता है। कहने का अभिप्राय है कि आप जैसा सीखेंगे, वैसा बनेंगे। परन्तु कोई व्यक्ति सीखने की इच्छा ही नहीं रखे तो वह जीवन में बेहतर कैसे कर पाएगा? बेहतर करने के लिए सीखना होगा। जो व्यक्ति अपने समय एवं ऊर्जा का सदुपयोग नई-नई बातों को जानने एवं सीखने में करते हैं, वे ही बेहतर पाते हैं। ठीक इसके विपरीत जो व्यक्ति ऐसा नहीं करते, वे जीवन में बेहतर नहीं पाते हैं। ऐसे व्यक्ति यह नहीं समझ पाते कि जीवन अनमोल है तो कैसे?

सचमुच यह जीवन उन्हीं व्यक्तियों के लिए अनमोल है, जो सीखने को जीवन की नियति मानते हैं। लगभग सभी प्राणी, हर घटना से सीख लेने को तत्पर होते हैं। प्रतिदिन कुछ-न-कुछ सीखते हैं और सीखने की सार्थकता को सिद्ध कर जीवन को अनमोल बना पाते हैं। ऐसे व्यक्ति जीवन में बेहतर करते और बेहतर पाते हैं। शेष व्यक्ति जिन्दगी जीते नहीं, ढोते हैं। अतः सीखने की महत्ता समझें। आइए, हम इसे एक उदाहरण से समझने का प्रयास करें। हम सीखना चाहें तो एक वृक्ष से बहुत सारी बातें सीख सकते हैं। जैसे—पौधे अपना भोजन भूतल से जल एवं सूर्य से प्रकाश लेकर बनाते हैं और इस प्रक्रिया में वे वायुमंडल से दूषित गैस कार्बन डायऑक्साइड लेते हैं और ऑक्सीजन छोड़ते हैं, जो अन्य जीव-जन्तुओं के लिए उपयोगी है। वैसे ही वृक्ष फूल, फल आदि अपने लिए नहीं, दूसरों के लिए देता है। वह अपना फल-फूल देने में किसी के साथ कोई विभेद नहीं करता। फलों से लद जाने पर भी अभिमान नहीं, विनम्रता से झुक जाता है, ताकि उसके फल का सदुपयोग दूसरा कर सके। प्रचंड गर्मी में तपकर भी वह दूसरों को शीतलता प्रदान करता है। सूख जाने पर भी उसके तने एवं डालियाँ फर्नीचर एवं जलावन के काम आती हैं। इस प्रकार एक वृक्ष से हम सीखना चाहें तो निम्न बातें सीख सकते हैं—

- यह जीवन दूसरों का कल्याण करने के लिए मिला है।
- विकट परिस्थिति में भी मुस्कराते रहें।
- विपरीत हालात में भी धैर्य न खोएँ।
- खुद कष्ट में रहकर दूसरों को खुश रखें।
- समृद्ध होने पर अभिमानी नहीं, विनम्र बनें।
- सिर्फ अपने लिए नहीं, दूसरों के लिए जीयें।
- जाति, धर्म, वर्ग, विभेद से उठकर सभी को समभाव से देखें।
- विपरीत परिस्थितियों में भी आगे बढ़ने की इच्छा रखें।

- दूसरों की बुराई लेकर भी उन्हें अच्छाई दें।
- सिर्फ लेने की नहीं, देने की बातें करें।

नई राह दिखाने की शक्ति

हम सभी जानते हैं कि जीवन अनमोल है और इसके अन्दर दिव्य ज्ञान एवं प्रकाश पुंज स्थित है। जिस दिन हम अपने अन्दर के दिव्य प्रकाश को देख लेंगे,उस दिन हम न केवल अपने लिए, बल्कि दूसरों के लिए भी नई राह बनाने में सफल होंगे। मैं तो सिर्फ इतना कहूँगा कि आप खुद प्रकाशमान बनें और दूसरों को प्रकाशित करें। अपने अन्दर छाये तिमिर को दूर कर सर्वत्र प्रकाश की लौ प्रदीप्त करें। तिमिर का अर्थ अपने अन्दर के अवगुणों को दूर करना और प्रकाश प्रदीप्त करने का अर्थ खुद को गुणवान बनाना है। ऐसा करके ही आप स्व के अन्दर स्थित दिव्य प्रकाश को देख पाएँगे। खुद के लिए नई राह बनाकर दूसरों को नई राह दिखा पाएँगे। आप खुद को जानें और अपनी शक्ति को पहचानें। निहित शक्ति की परीक्षा लें और उसकी सार्थकता साकार करें। जो व्यक्ति ऐसा करता है वह खुद के लिए नई राह, नई चाह, नया अवसर बनाने में सफल होता है और दूसरों को नई रहा दिखा जाता है। ऐसा नहीं है कि जिन लोगों ने खुद के लिए नई राह बनाई और दूसरों को नई राह दिखाई, उसे ईश्वर ने अलग से कोई विशिष्ट शक्ति प्रदान की है। उन्हें भी ईश्वर ने ही बनाया है, परन्तु उनमें और हममें अन्तर यह है कि उन्होंने अनमोल जीवन में छुपी शक्ति को पहचाना, अन्तःकरण में छुपे सौन्दर्य को देखा और बाहर निकाला। हमने ऐसा नहीं किया।

आप गौर करें, तो पाएँगे कि नई राह दिखाने की शक्ति हर व्यक्ति में होती है, लेकिन वही व्यक्ति नई राह दिखा पाता है, जो खुद को पहचानता और अपनी शक्ति पर विश्वास करता है। अपने अन्दर दिव्यता की लौ जलाता है और खुद प्रकाशित होकर दूसरों को प्रकाशित करता है। कहने का आशय है कि दूसरों को नई राह दिखाने के लिए पहले खुद को प्रकाशित करना होगा। अपने अन्दर की नकारत्मकता को सकारात्मकता में बदलना होगा। दुर्भावनाओं से ऊपर उठना होगा। आशा, उमंग, उत्साह के साथ आगे बढ़ना होगा और नए अवसर की खोज करनी होगी। भाग्य या संसाधनों की कमी का रोना बन्द कर खुद के हाथों अपनी तकदीर लिखनी होगी।

यह तो आपका सौभाग्य है कि ईश्वर ने आपको यह अनमोल जीवन दिया है। आपको इस योग्य समझा और विभिन्न शक्तियों एवं गुणों से नवाजा। अपरिमित शक्तियों एवं विविध गुणों में परिपूर्ण होने के उपरान्त भी आप बेहतर नहीं कर पाते, खुद और दूसरों के लिए नई राह नहीं बना पाते, तो इसमें दूसरों का क्या दोष? दोष तो आपका है कि आप इस अनमोल जीवन में छुपी शक्तियों को पहचान नहीं पाते। खुद के मूल्यों को नहीं जान पाते। अपने अन्दर छुपे नैसर्गिक गुणों को निखार नहीं

पाते। खुद और दूसरों के लिए नई राह नहीं बना पाते।

याद रखें—

वही व्यक्ति नई राह दिखा सकता है, जो इस अनमोल जीवन का मूल्य समझता है। खुद की शक्ति को पहचानता है। कर्म का मूल्य समझता है और हर पल का सदुपयोग रचनात्मक कार्यों में करता है। जिसके अन्दर नेतृत्व करने की क्षमता, चुनौतियों को स्वीकार करने का साहस और बेहतर कर दिखाने का जज्बा होता है। ऐसे व्यक्ति विकट परिस्थिति में भी धैर्य नहीं खोते और नए अवसर का निर्माण कर दूसरों के लिए अवसर बन जाते हैं। वे भाग्य पर नहीं, कर्म पर विश्वास करते हैं। यही कारण है कि वे खुद का इतिहास रच जाते हैं।

आप भी ऐसा कर सकते हैं और यह प्रतिभा आपके अन्दर है। आप खुद तथा ईश्वर प्रदत्त शक्ति पर विश्वास रखें। सकारात्मक दृष्टि रखें, युग-द्रष्टा बनें तथा अच्छा करने का संकल्प लें। इस दुनिया में जितने भी व्यक्ति महान हुए हैं, उन्होंने अपनी शक्ति को पहचाना, अच्छे लोगों की संगत और कड़ी मेहनत की। अर्जित ज्ञान को विवेक में बदला। संसाधनों की कमी का रोना नहीं रोया और न ही गरीबी को अभिशाप माना। यही कारण है कि वे दूसरों के लिए सीख बन गए। उनकी सार्थक बातें, दूसरों के जीवन की दिशा एवं दशा बदल दी और लिखी हुई बातें, दूसरों को नई राह दिखा गईं। ऐसा नहीं है कि ईश्वर ने उन्हें कोई अद्वितीय शक्ति दी। उनके पास भी हमारे-आपके जैसी ही शक्ति थी। अन्तर केवल इतना है कि उन्होंने खुद को जाना और अपनी शक्ति को पहचाना। ठीक इसके विपरीत जिन व्यक्तियों ने अपनी शक्ति को नहीं पहचाना, खुद का मूल्य नहीं समझा, वे भाग्य का रोना रोते हैं। ऐसे व्यक्ति खुद कुछ नहीं करते और असफलता हाथ लगने पर जीवन से हताश एवं निराश हो जाते हैं। उनको खुद की जिन्दगी बोझ लगती है। नतीजा वे जीवन का जंग जीतने के पूर्व हार मान चुके होते हैं।

आप खुद सोचें—

जो व्यक्ति लड़ने से पूर्व हार मान ले, जिन्दगी से हताश एवं निराश हो, वह व्यक्ति दूसरों को नई राह कैसे दिखा सकता है?

ऐसे व्यक्तियों को इतिहास तथा महापुरुषों की जीवनी से सीख लेने की जरूरत है। उनके उत्कृष्ट कर्म एवं उन्नत विचार नई राह दिखाने में समर्थ हैं। आप उनकी जीवनी और अच्छे लेखकों की पुस्तकें पढ़कर, अच्छे लोगों की संगत कर, निराशा को आशा में और दुखद स्थिति को सुखद स्थिति में बदल सकते हैं। आपको अच्छे लोगों की संगत, सन्तों के उत्तम विचार और महापुरुषों की जीवनी नई राह दिखा

सकती है। उनके उन्नत विचार और उत्कृष्ट कर्म जीवन में उत्प्रेरक का कार्य करते हैं। उनकी बातें आपकी सुषुप्त शक्तियों को जाग्रत कर यह विश्वास दिलाती हैं कि एक राह खत्म हो गई तो क्या हुआ? हजारों राहें खुली हैं, जिनमें से किसी राह पर चलकर आप जीवन में बेहतर कर सकते हैं।

दोस्तो! जीवन में कदापि निराश न हों। आप निराशा में जीवन जीने नहीं आए हैं। संसाधनों की कमी और भाग्य का रोना रोने नहीं आए हैं। आप दूसरों को नई राह दिखाने आए हैं। नए अवसर का निर्माण करने आए हैं। असम्भव को सम्भव करने आए हैं। ज्ञान की लौ जलाने आए हैं। आप हालात का रोना रोने नहीं, हालात से बाहर निकलने आए हैं। काँटों भरी राह को फूलों की खुशबू से सजाने आए हैं। आपके अन्दर इतनी शक्ति है कि आप प्रतिकूल परिस्थिति को अनुकूल बना सकते हैं और विकट परिस्थिति में भी नए अवसर की तलाश कर दूसरों के लिए अवसर बन सकते हैं।

याद रखें—

एक रास्ता बन्द हो गया, तो क्या हुआ? हजारों रास्ते खुले हुए हैं। आप अपनी आँखें खोलें और अन्तर्मन से उस रास्ते को देखें, जो आपको सफलता के शिखर पर ले जाने के लिए पुकार रहा है।

आप बाहर की नहीं, अन्तर्मन की आवाज सुनें। गरीबी या संसाधनों की कमी सफलता के मार्ग में बाधक नहीं है। आपका जन्म गरीब परिवार में हुआ है तो क्या हुआ? आपको कोई राह दिखानेवाला नहीं है तो क्या हुआ? आपके पास संसाधनों की कमी है तो क्या हुआ? आप निर्बल, निःसहाय नहीं, दुनिया के सर्वश्रेष्ठ प्राणी हैं। आपके अन्दर चेतना है, आशा है, उमंग है, उत्साह है। कुछ कर दिखाने का जज्बा और निर्णय लेने की शक्ति है। आप खुद की भव्यता एवं दिव्यता को स्वीकार करें। अपने अन्दर की दिव्यता का दर्शन करें। खुद और दूसरों के लिए नई राह बनाएँ और दृढ़-इच्छाशक्ति के साथ आगे बढ़ें। आप ऐसा करके देखें—आपको एक नहीं, अनेकों राह मिल जाएँगी। इस राह में अनेकों सुन्दर फूल और ढेर सारे अवसर पलक बिछाये मिलेंगे। लेकिन अवसर को पहचानने एवं सुन्दर फूलों को चुनने के लिए आपको द्रष्टा बना होगा।

याद रखें—

आपको यह जीवन खुद को पहचानने, अवसर को गले लगाने एवं नई राह बनाने के लिए मिला है।

अगर आप ऐसा नहीं करते, इसका मतलब है कि आप खुद को नहीं पहचानते। अपनी शक्ति को नहीं जानते। आपको खुद तथा ईश्वर प्रदत्त शक्ति पर विश्वास नहीं है। आप नजर उठाकर देखें—इसी धरती पर अनेकों व्यक्ति मिल जाएँगे, जो गरीबी

में पले-बढ़े, परन्तु उन्होंने गरीबी का रोना नहीं रोया, बल्कि सफलता का इतिहास रच डाला। उन्होंने गरीबी को अभिशाप नहीं, वरदान माना। संसाधनों की कमी को दुर्भाग्य नहीं, सौभाग्य माना और हालात से सीख लेकर अनेकों आश्चर्यचकित कारनामे कर दिखाए, जिन्हें दुनिया देखती रह गई। ऐसे व्यक्तियों ने न केवल खुद के लिए, बल्कि पूरी दुनिया को नई राह दिखाने का कार्य किया। अगर वे भी संसाधनों की कमी एवं गरीबी का रोना रोते रहते तो समाज को नई दिशा नहीं दिखा पाते।

उपर्युक्त तथ्यों से स्पष्ट है कि कोई भी व्यक्ति नई राह बना सकता है और दूसरों को नई राह दिखा सकता है। अगर उसकी सोच सकारात्मक, कृत्य रचनात्मक और जीवन का औचित्य मालूम हो। खुद की श्रेष्ठता एवं छुपी शक्ति का एहसास हो। मूल्यों की समझ तथा हालात की परख हो। ऐसे अनगिनत उदाहरण मिल जाएँगे, जिन्होंने खुद के लिए नई राह बनाई और दूसरों को नई राह दिखाने में सफल रहे। उनकी दिखाई राह पर चलकर हजारों लोगों की जिन्दगी बदल गई। आज भी हजारों अनुयायी उनके बताए मार्ग पर चलकर जीवन की दशा बदलने में सफल हो रहे हैं। उदाहरण स्वरूप आप बौद्ध धर्म के संस्थापक गौतम बुद्ध, जैन धर्म के संस्थापक भगवान महावीर, सिख धर्म के संस्थापक गुरु गोविन्द सिंह इत्यादि को ले सकते हैं। राष्ट्रपिता महात्मा गाँधी ने दुनिया को बताया कि सत्य एवं अहिंसा के मार्ग पर चलकर आजादी प्राप्त की जा सकती है। अफ्रीकी राष्ट्रपिता नेल्सन मंडेला ने बताया कि रंग-भेद के आधार पर किसी के साथ कोई विभेद करना मानवता के नाम पर कलंक है। महात्मा बुद्ध ने बताया कि सभी दुखों का जड़ इच्छा है और भगवान महावीर ने जीवन का औचित्य अहिंसा के मार्ग पर चलना बताया।

आप गौर करें, तो पाएँगे कि विविध क्षेत्रों में हमने विकास का जो इतिहास रचा है, उस इतिहास को रचने और नई राह दिखाने का कार्य किसी-न-किसी व्यक्ति ने ही किया है। आप खुद सोचें—

यदि कोई व्यक्ति दूसरों को राह दिखा सकता है तो आप क्यों नहीं?

उन्हें भी ईश्वर ने बनाया है और आपको भी ईश्वर ने ही बनाया है। आप भी इतिहास रच सकते हैं और दूसरों को नई राह दिखा सकते हैं। आपके अन्दर इतनी शक्ति, प्रतिभा और क्षमता है। आप शक्तिमान होकर भी बेहतर नहीं कर पाते, तो इसका मतलब है कि आपके अन्दर दृष्टि, द्रष्टा एवं संकल्प का अभाव है। आपके अन्दर बदलाव को स्वीकार करने की सोच एवं बेहतर कर दिखाने का जज्बा नहीं है। यही कारण है कि आप बेहतर नहीं कर पाए। अभी भी कुछ नहीं बिगड़ा है। खुद की सोच एवं दृष्टि बदलें, द्रष्टा बनें और अपने अन्दर छुपी शक्ति का एहसास करें। अपने अन्दर छुपी शक्तियों की परीक्षा लेकर देखें। आप भी खुद और दूसरों के लिए नई राह बनाने में सफल होंगे।

गरीब से अमीर बनने की शक्ति

दोस्तो! आपका जन्म गरीब परिवार में हुआ है तो क्या हुआ? रहने को घर, खाने को भोजन और पहनने को अच्छे कपड़े नहीं है तो क्या हुआ? इतनी शक्ति आपके अन्दर है कि आप गरीबी की दलदल से बाहर निकल अमीर बन सकते हैं। आप अपनी शक्ति को पहचानें और स्व के अन्दर निहित खामियों को खूबियों में बदलें। सार्थक संघर्ष और कड़ी मेहनत करें। समय के हर पल का सदुपयोग रचनात्मक कार्यों में करें। आप ऐसा कर के देखें, आपको अमीर बनने से कोई रोक नहीं सकता। अमीर बनना तो बहुत छोटी बात है। आप गरीब से अमीर बन सकते हैं तथा असम्भव को सम्भव कर खुद का इतिहास लिख सकते हैं।

याद रखें—

गरीबी का रोना रोने से आप अमीर नहीं बन जाते और न ही दूसरा कोई आपको अमीर बना सकता है। गरीबी की हालत से बाहर निकलने के लिए खुद बाधाओं को पार करना होगा। खुद की शक्तियों पर विश्वास रखते हुए कड़ी मेहनत तथा बेहतर कर दिखाने का जज्बा रखना होगा।

ध्यान रहे—

किसी व्यक्ति का जन्म गरीब परिवार में हो या अमीर परिवार में, यह उसके वश में नहीं है। लेकिन, गरीब से अमीर बनना उसके वश में है।

कोई भी गरीब व्यक्ति अमीर बन सकता है और गरीबी की हालत से बाहर निकल इतिहास रच सकता है। अगर वह यह संकल्प ले ले कि मैं गरीबी में जीने के लिए अभिशप्त नहीं हूँ। मैं गरीबी से बाहर निकल कर रहूँगा। मुझे अमीर बनने से कोई रोक नहीं सकता। ऐसा व्यक्ति गरीबी की दलदल से बाहर निकलने में सफल होता है। ठीक इसके विपरीत जो व्यक्ति गरीबी का रोना रोते रहते हैं और अपनी गरीबी के लिए भाग्य को दोष देते हैं, खुद हालात से बाहर निकलने का प्रयास नहीं करते और दूसरों पर दोषारोपण करते हैं, वे गरीबी से बाहर नहीं निकल पाते हैं। गरीबी से बाहर निकलने के लिए दृढ़ संकल्पित होना होगा। अपनी शक्ति की पहचान कर कड़ी मेहनत करनी होगी। ऐसा नहीं है कि आप कड़ी मेहनत नहीं करें और अकर्मण्य बने रहें तो आप अमीर बन पाएँगे।

आप खुद सोचें—

जिस व्यक्ति को खुद पर विश्वास न हो और वह कुछ करे ही नहीं, तो वह अमीर कैसे बन पाएगा?

वह नकारात्मक सोच में उलझा रहे और यह सोचे कि भाग्य में लिखा होगा

तो मैं जरूर अमीर बनूँगा। ऐसा सम्भव नहीं है, क्योंकि अमीर बनने के लिए कड़ी मेहनत, समय प्रबन्धन एवं खुद पर विश्वास करने होंगे। अगर कोई व्यक्ति सोचता है कि मेरा भाग्य खराब है, इसलिए मैं अमीर नहीं बन सकता तो भी उसे अपना भाग्य अच्छा लिखने के लिए कड़ी मेहनत करनी होगी। अच्छा भाग्य खुद अपने हाथों लिखना होगा। इसके लिए दिन-रात कड़ी मेहनत और पसीने बहाने होंगे। ऐसा नहीं होता कि दूसरा व्यक्ति आपका भाग्य अच्छा लिख दे और गरीब से अमीर बना दे।

याद रखें—

कर्मयोगी व्यक्ति जैसा चाहता है, अपना भाग्य लिख जाता है और गरीबी की दलदल से बाहर निकल अमीर बन जाता है।

ऐसा नहीं है कि गरीब व्यक्ति अमीर नहीं बन सकता। बहुत सारे उदाहरण मिल जाएँगे, जिनका जन्म गरीब परिवार में हुआ और वे बड़े उद्योगपति और पूंजीपति बन गए, सद्गुणों को धारण कर सुन्दर व्यक्तित्व के मालिक बन गए। खुद बेहतर कर दूसरों के लिए सीख बन गए। नई राह बनाकर दूसरों के लिए उदाहरण बन गए। खुद के लिए अवसर का निर्माण कर दूसरों के लिए अवसर बन गए। इसका कारण है कि उनके अन्दर कुछ कर दिखाने का जज्बा और सपने को हकीकत में बदलने का दृढ़-संकल्प था। उन्हें मालूम था कि कड़ी मेहनत, आत्मविश्वास एवं समय का समुचित प्रबन्धन करके ही अमीर बना जा सकता है। उन्होंने अपनी शक्ति की परीक्षा ली और संकल्प को विश्वास में बदला। यही कारण है कि वे गरीब से अमीर बनने में सफल हुए। मैं तो सिर्फ इतना कहूँगा कि आप स्वयं को जानें और पहचानें। आपके अन्दर इतनी दिव्यशक्ति है कि आप साधारण से असाधारण और मानव से महामानव बन सकते हैं।

आप गौर करें, तो पाएँगे कि इस दुनिया में जिन व्यक्तियों ने सफलता की ऊँचाइयों को छूआ है, अमीर या महान बने हैं, उनमें से अधिकांश का जन्म गरीब परिवार में ही हुआ था। पर उन्होंने गरीबी का बहाना नहीं बनाया और न ही भाग्य का रोना रोया। बल्कि अपने अन्दर छुपी महानता के बीज को पहचाना। खुद को सँवारा और गरीबी को ही आगे बढ़ने का मूल मंत्र बनाया। नतीजा वे उत्पन्न हालात से सीख ले अपने सपने को साकार करने में सफल हुए। दोस्तो! मैं तो सिर्फ इतना कहूँगा कि जीवन में बेहतर पाने के लिए गरीबी का बहाना न बनाएँ। गरीबी से सीख लें और उत्पन्न हालात का मुकाबला पूरी हिम्मत से करें। आप देखेंगे कि गरीबी आपके लिए अभिशाप नहीं, वरदान बन जाएगी। आप दूसरों के लिए आदर्श एवं उदाहरण बन जाएँगे। आप भी गरीबी से बाहर निकलना चाहते हैं तो गरीबी को अभिशाप नहीं, वरदान मानें। ईश्वर ने आपको बहुत कुछ जानने एवं समझने का अवसर प्रदान

किया है। उन्होंने आपको गरीबी से बाहर निकलने की अपरिमित शक्ति दी है। आप गरीबी का रोना रोते रहेंगे तो गरीबी से बाहर नहीं निकल पाएँगे और गरीबी आपके जीवन की नियति बन जाएगी।

याद रखें—

अमीर बनने में गरीबी बाधक नहीं है। बाधक है तो खुद की शक्ति का एहसास न होना।

आप उस परमपिता परमेश्वर की सन्तान हैं, जो सर्वशक्तिमान और सर्वव्यापी हैं। वे कभी नहीं चाहेंगे कि हमारी संतति ताउम्र गरीब बनी रहे या संसाधनों की कमी का रोना रोती रहे। कोई भी माता-पिता नहीं चाहता कि उसके बच्चे गरीबी में जिन्दगी जिएँ। वे भी चाहते हैं कि आप सदैव मुस्कराते रहें, खिलखिलाते रहें और खुशहाल जिन्दगी जिएँ। नाम, धन, यश, अर्जित करें और ऐसा करके जाएँ, जिसे लोग याद रखें। आप खुद को पहचानें और ईश्वर प्रदत्त शक्ति पर विश्वास रखें। खुद का औचित्य साकार करें और जीवन का इतिहास लिखें। अगर आपके मन में यह भ्रम है कि गरीब से अमीर नहीं बना जा सकता और गरीबी मेरे भाग्य में लिखी है तो इस भ्रम को मन से निकाल फेंकें। ऐसा सोचना मूर्खता और कायरता है। खुद को छलना और ईश्वर प्रदत्त शक्ति पर अविश्वास करना है। आप गरीबी को कमजोरी नहीं, आगे बढ़ने की मजबूत कड़ी मानें। जिन्दगी जीने की कला सीखने और खुद का औचित्य साकार करने के लिए गरीबी को वरदान मानें। गरीबी से उत्पन्न हालात से सीख लेकर आप अमीर ही नहीं, महान बन सकते हैं। आप गरीबी से उत्पन्न समस्या से सीख लें और खुद की शक्ति को पहचानें। हिम्मत रखें और दृढ़ इच्छाशक्ति के साथ आगे बढ़ें। आपको अमीर बनने से कोई नहीं रोक पाएगा और आप अपना भाग्य जैसा लिखना चाहते हैं, लिख पाने में सफल होंगे।

याद रखें—

किसी व्यक्ति का भाग्य उसके जन्म से नहीं, कर्म से बदलता है।

आप कर्म करें और कर्म के बल पर अपना भाग्य अच्छा लिखें। गरीब से अमीर बनना तो बहुत छोटी सी बात है। आपका जन्म असम्भव को सम्भव और मानव से महामानव बनने के लिए हुआ है।

मूल्यों को समझने की शक्ति

इस जीवन की अनमोलता एवं श्रेष्ठता को साकार करने के लिए मूल्यों की महत्ता समझना होगा। मूल्यों को समझने की शक्ति हमारे अन्दर है। यदि आपको मूल्यों की समझ नहीं है तो आपका जीवन अनमोल होते हुए भी मूल्यहीन बन कर रह जाएगा।

आपमें और पशु में कोई अन्तर नहीं रह जाएगा। मैं तो सिर्फ इतना कहूँगा कि आप इस सृष्टि के अनमोल प्राणी हैं। आप खुद की अनमोलता को समझें और इसे साकार करने के लिए जीवन-मूल्य, कर्म-मूल्य एवं समय-मूल्य की महत्ता समझें। मूल्यों के साथ चलें और मूल्यों के साथ आगे बढ़ें। दुख की बात यह है कि प्राय: व्यक्ति मूल्य का अर्थ कीमत समझते हैं, जब कि मूल्य का अभिप्राय गुणों से है। उसकी उपयोगिता एवं सार्थकता से है। मूल्य का अर्थ व्यक्ति का चरित्र, स्वाभिमान, मानवता और उत्कृष्ट कर्म है। अत: विचारणीय बिन्दु यह है कि क्या हमें मूल्यों की समझ है? क्या हम विविध मूल्यों यथा जीवन-मूल्य, कर्म-मूल्य, समय-मूल्य एवं अन्य मूल्यों को जानते हैं और उसकी महत्ता समझते हैं? मेरे विचार से जिन व्यक्तियों को जीवन-मूल्य, कर्म-मूल्य एवं समय-मूल्य की समझ है, उन्हें अन्य मूल्यों की समझ स्वत: हो जाती है।

ध्यान रखें—

हर वस्तु का कीमत है, लेकिन मनुष्य ही एक ऐसा प्राणी है, जिसका सिर्फ मूल्य होता है।

दोस्तो! कीमत तो उस प्राणी या वस्तु की होती है, जो बिकाऊ होता है। आप बिकाऊ नहीं, अनमोल और मूल्यवान हैं। मूल्यों की समझ ही आपको अन्य प्राणियों से अलग करती है। अगर आपको मूल्यों की समझ है और मूल्यों पर चलते हैं तो आपका जीवन जीना सार्थक है। आपको जीवन का औचित्य मालूम है और आप खुद के लिए गर्व तथा दूसरों के लिए गौरव हैं।

याद रखें—

मूल्यों को जानने एवं समझने की शक्ति आपके अन्दर है और मूल्यों को समझ कर ही आप जीवन को अनमोल बना सकते हैं।

आप इस जीवन का मूल्य समझें। इसके अन्दर अपरिमित शक्तियाँ छुपी हुई हैं, जिन शक्तियों की पहचान कर और उसकी परीक्षा लेकर आप जीवन की श्रेष्ठता साकार कर सकते हैं। जीवन को सुखद, हर्षित, आनन्दमय एवं सफल बना सकते हैं। कहने का अभिप्राय है कि जीवन के औचित्य को साकार करने तथा जीवन को सुन्दर, अनमोल एवं श्रेष्ठ बनाने के लिए मूल्यों की समझ आवश्यक है। जिस दिन आप मूल्यों की महत्ता समझ जाएँगे और मूल्यों के साथ चलना शुरू कर देंगे, आपका जीवन, सुन्दर, सौभाग्य, अवसर, आनन्द एवं अमृत बन जाएगा। आप दूसरों के लिए आदर्श एवं उदाहरण बन जाएँगे।

याद रखें—

जब तक हम इस अनमोल जीवन के मूल्य को नहीं समझेंगे, उसकी

सार्थकता एवं औचित्य को साकार नहीं करेंगे, तब तक खुद की सार्थकता साबित नहीं कर पाएँगे।

यह तो हमारा सौभाग्य है कि परमपिता परमेश्वर ने हमें यह अनमोल जीवन दिया है। मानव जीवन अन्य प्राणियों से श्रेष्ठ, सुन्दर एवं अद्वितीय है। इसकी श्रेष्ठता, अनमोलता एवं सुन्दरता को बनाए रखने के लिए हमें अपने अन्दर छुपी अपरिमित शक्तियों को जानना होगा और इसकी परीक्षा लेनी होगी। दुनिया का हर व्यक्ति अच्छा बनना एवं अच्छा करना चाहता है। हरेक माता-पिता भी अपने बच्चों को अच्छा बनना एवं अच्छा करते देखना चाहते हैं। वे चाहते हैं कि मेरे बच्चे उत्कृष्ट करें और सदैव मूल्यों के साथ चलें। अपने कर्तव्य एवं दायित्वों को जानें, अनुशासन का महत्त्व समझें और खुद की सार्थकता साबित करें। खुद अच्छा करें और दूसरों को अच्छा बनने में मदद करें। परन्तु ऐसा वही व्यक्ति कर पाता है, जिसे मूल्यों की समझ होती है। कहने का आशय है कि खुद को सुन्दर बनाने के लिए व्यक्तित्व को सुन्दर बनाना होगा और व्यक्तित्व को सुन्दर बनाने के लिए मूल्यों को समझना होगा। मूल्यों के साथ चलना होगा ताकि हर व्यक्ति आपकी प्रशंसा करे। अगर आप जीवन-मूल्य, कार्य-मूल्य एवं समय-मूल्य की महत्ता समझते हैं, उन मूल्यों पर चलते हैं, तो आपका जीवन स्वर्ग से सुन्दर बन जाएगा। सर्वत्र आपकी प्रशंसा होगी और हर व्यक्ति आपको मान-सम्मान देगा।

हम सभी जानते हैं कि कार्य करना जीवन की नियति है। जीवन जीने के लिए कार्य करने होते हैं, परन्तु हम क्या करें और क्या नहीं करें, के सन्दर्भ पर विचार नहीं करते? मेरे विचार से इस प्रश्न पर विचार करना अति महत्त्वपूर्ण है, ताकि हम जीवन को सुन्दर बना सकें। कार्य-मूल्य के सन्दर्भ पर मैं सिर्फ इतना कहूँगा कि आप किसी भी कार्य को करने के पूर्व कार्य की सार्थकता, परिणति, प्रभाव एवं औचित्य पर विचार करें, तदुपरान्त कार्य करने का निर्णय लें। अगर आप ऐसा करते हैं तो कृत्य कार्य की परिणति बेहतर होती है और ऐसा नहीं करते तो परिणति खराब होती है। निश्चित रूप से आपके कृत्य की परिणति एवं प्रभाव खुद से ज्यादा दूसरों के लिए महत्त्वपूर्ण है, तो आपका कार्य उत्कृष्ट एवं सार्थक है। आपको कर्म मूल्य की समझ है तो आप दूसरों के लिए प्रेरणा के स्त्रोत हैं।

याद रखें—

अगर आपके कार्य की परिणति एवं प्रभाव खुद से ज्यादा दूसरों के लिए महत्त्वपूर्ण है, तो वह कार्य अवश्य करें।

ऐसा कार्य करने से आपको खुशी और सन्तुष्टि मिलती है, आत्म-सुख, आत्म-आनन्द एवं आत्म-गौरव की प्राप्ति होती है। यह भी सचाई है कि कार्य करने में समय लगता है और बिना समय दिए हम कोई भी कार्य नहीं कर सकते। अतः जीवन में

बेहतर करने एवं बेहतर पाने के लिए समय का मूल्य समझें। समय सबसे कीमती संसाधन है और इस संसाधन का सदुपयोग हम जितना बेहतर करेंगे, उतना ही बेहतर पाएँगे। उतना ही बड़ा नाम, ख्याति एवं मान-सम्मान मिलेगा। अतः नाम, धन, यश पाने, व्यक्तित्व को सुन्दर बनाने, जीवन की अनमोलता साबित करने तथा खुद का औचित्य साकार करने के लिए समय का मूल्य समझें। जिन व्यक्तियों ने समय का मूल्य समझा और समय का समुचित प्रबन्धन किया, वे अमूल्य बन गए। ठीक इसके विपरीत जिन व्यक्तियों ने समय का मूल्य नहीं समझा और अपना कीमती समय व्यर्थ में बर्बाद करते रहे, वे खुद बर्बाद हो गए।

दोस्तो! याद रखें—

> *समय का मूल्य नहीं समझना और समय को यूँ ही बर्बाद करना, खुद को बर्बाद करना है।*

समय ही धन है, पूंजी है और निवेश के योग्य है। कहने का तात्पर्य है कि समय ही सब कुछ है। जिन व्यक्तियों ने समय की कीमत और मूल्य समझा, वे मूल्यवान बन गए। ठीक इसके विपरीत जिन व्यक्तियों ने समय का मूल्य नहीं समझा, वे मूल्यहीन बन गए। दोस्तो! आपके कार्य की परिणति और कार्य की सार्थकता, समय प्रबन्धन की कला पर निर्भर करता है। आप जितना बेहतर समय का प्रबन्धन करेंगे, उतना ही बेहतर पाएँगे। समय पर कार्य करने की सार्थकता है, समय उपरान्त कार्य अपनी सार्थकता खो देता है। अतः समय की महत्ता समझें और समय पर कार्य करने की आदत डालें। समय का प्रबन्धन करके ही आप खुद को अनुशासित, नियमित, कर्मयोगी एवं मूल्यवान बना सकते है। खुद की सार्थकता साबित कर सकते हैं। इसके अतिरिक्त भी बहुत सारे मूल्य हैं, जिनकी समझ आवश्यक है। जैसे—नैतिक-मूल्य, सामाजिक-मूल्य, आर्थिक-मूल्य, सांस्कृतिक-मूल्य आदि। पर मेरा मानना है कि यदि आपको जीवन-मूल्य, कर्म-मूल्य एवं समय-मूल्य की समझ है तो आपको अन्य मूल्यों की समझ स्वतः हो जाती है। दूसरे शब्दों में हम कह सकते हैं कि अन्य मूल्यों की महत्ता जानने एवं समझने में कोई कठिनाई नहीं होती है।

आप खुद की श्रेष्ठता, जीवन की अनमोलता एवं जीवन का औचित्य साकार करना चाहते हैं, तो मूल्यों की महत्ता समझें। यह क्षमता आपके अन्दर है और आप मूल्यों पर चलकर ही साधारण से असाधारण एवं मानव से महामानव बन सकते हैं।

महान बनने की शक्ति

हर व्यक्ति महान बन सकता है और हर व्यक्ति के अन्दर महान बनने की शक्ति निहित होती है। ऐसा नहीं है कि केवल ऊँचे घरानों या राज परिवार में जन्म लेने वाले व्यक्ति ही महान बन सकते हैं। साधारण से साधारण और गरीब-से-गरीब परिवार

में जन्म लेने वाला व्यक्ति भी महान बन सकता है अगर उसे खुद तथा ईश्वर प्रदत्त शक्ति पर विश्वास हो, स्व के अन्दर निहित अपरिमित शक्तियों की परीक्षा लेने की काबीलियत हो, कुछ कर दिखाने का जज्बा हो। लक्ष्य के प्रति दृष्टि, द्रष्टा एवं संकल्प हो तथा निर्णय लेने की क्षमता एवं नेतृत्व करने की योग्यता हो। परन्तु, दुख की बात है कि अक्सर व्यक्ति को यह विश्वास ही नहीं होता कि वह ऐसा कर सकता है। क्योंकि उसे अपने अन्दर छुपी शक्ति का एहसास नहीं होता है। अगर एहसास भी होता है, तो वह उन शक्तियों को बाहर नहीं निकाल पाता। निकाल भी लेता है, तो उसकी सार्थकता खुद और दूसरों के लिए साकार नहीं कर पाता। ऐसे विरले लोग ही होते हैं, जो अपने अन्दर छुपी महानता के बीज को देख पाते हैं। अपनी प्रतिभा को निखार पाते हैं। वे ही महान बन पाते हैं।

अधिकांश व्यक्ति अपने अन्दर छुपी महानता के बीज को देख नहीं पाते हैं। इसका कारण है कि उन्हें खुद तथा ईश्वर प्रदत्त शक्ति पर विश्वास नहीं होता। उन्हें लगता है कि वह व्यक्ति महान बन सकता है, जिसे ईश्वर ने विशेष शक्ति और विशेष कृपा प्रदान की है। जिसका जन्म राजघराने या अमीर परिवार में हुआ है। इस प्रकार की सोच गलत है। ऐसी नकारात्मक सोच से बाहर निकलें और अपनी शक्ति को पहचानें। आप नजर उठाकर देख लें, बहुत सारे लोग मिल जाएँगे, जो गरीबी में पले-बढ़े। अभाव में जिन्दगी गुजारी, परन्तु उत्कृष्ट कार्य कर महान बन गए।

आप खुद सोचें—

जिस व्यक्ति को यह विश्वास न हो कि मैं महान बन सकता हूँ, वह महान कैसे बन पाएगा?

महान बनने के लिए खुद पर विश्वास करना होगा तथा इस सोच को दृढ़ करना होगा कि अगर कोई महान बन सकता है तो मैं क्यों नहीं? मैं भी महान बन सकता हूँ। मैं भी अपने कार्यों को ससमय और उत्कृष्ट रूप में कर सकता हूँ। मैं दूसरों से बेहतर कर सकता हूँ। मैं उन कार्यों को भी कर सकता हूँ, जिसे आज तक किसी ने नहीं किया है। मेरे अन्दर इतनी शक्ति है कि मैं खुद को क्या दुनिया को बदल सकता हूँ। ऐसे दृढ़-निश्चय एवं आत्मविश्वास के धनी व्यक्ति ही महान बन पाते हैं। ठीक इसके विपरीत जिन व्यक्तियों को खुद पर विश्वास नहीं होता, वे संसाधनों की कमी का रोना रोते रहते हैं। भला ऐसा व्यक्ति महान कैसे बन सकता है जो खुद को दीनहीन, कर्महीन एवं भाग्यहीन मानता है?

याद रखें—

महान बनने की शक्ति हर व्यक्ति में निहित होती है, बशर्ते उसे इस बात का एहसास हो कि वह भी महान बन सकता है।

शायद आपको नहीं मालूम—हम सभी की अन्त:स्थ भूमि कोई-न-कोई विशेष उर्वरता लिये होती है। इसके अन्दर दिव्य प्रकाश और ज्ञान पुंज छुपे होते हैं। जो व्यक्ति अपने अन्त:स्थ में छुपे दिव्य सौन्दर्य और महानता के बीज को देख लेते हैं, वे उसे अंकुरित कर महान बन जाते हैं। किसी भी व्यक्ति की साधारण से महान बनने की बस इतनी सी यात्रा है। लेकिन इस यात्रा को वही व्यक्ति पूरा कर पाता है, जो इस अनमोल जीवन के मूल्य को समझ पाता है। स्वयं को पहचान पाता है। खुद एवं ईश्वर प्रदत्त शक्ति पर विश्वास करता है तथा उन शक्तियों को बाहर निकाल पाता है। आप खुद को पहचानें और इस शक्ति की सार्थकता खुद को निखारने और दूसरों का कल्याण करने में करें।

आपने पाकड़, पीपल एवं बरगद के बीज को देखा होगा। कितना छोटा बीज होता है, परन्तु इस छोटे से बीज में वटवृक्ष बनने की शक्ति निहित होती है। वही सूक्ष्म बीज जब अनुकूल माहौल पाकर अंकुरित होता है और अपने वृहत रूप में आता है तो दूसरों के लिए सीख बन जाता है। वह अपने विशाल रूप एवं परोपकारी कार्यों से दूसरों के लिए उदाहरण बन जाता है। इसका कारण है कि वह खुद की विशालता पर अहं नहीं करता, बल्कि अपना सम्पूर्ण जीवन लोगों के कल्याणार्थ समर्पित कर देता है।

आप तो अनमोल और समस्त प्राणियों में श्रेष्ठ हैं। जब एक छोटे से बीज में विशाल वटवृक्ष बनने की शक्ति निहित है, दूसरों का कल्याण करने का सामर्थ्य एवं परोपकार का भाव है तो आपके अन्दर शक्ति का अथाह सागर है, जिसे जान कर और उसकी सार्थकता सिद्ध कर आप साधारण से असाधारण और मानव से महामानव बन सकते हैं। आप खुद का क्या, दूसरों का कल्याण कर सकते हैं। खुद को क्या दुनिया को बदल सकते हैं। आपके लिए असम्भव कुछ भी नहीं है। परन्तु, दुख की बात है कि आपको खुद पर विश्वास नहीं है। आपको लगता है कि मैं यह कार्य नहीं कर सकता, वह कार्य नहीं कर सकता। मेरे पास उतने संसाधन नहीं हैं और न ही वैसी शक्ति है, जो महान व्यक्तियों में है। इस प्रकार की बातें करना गलत सोच, संकीर्ण मानसिकता एवं नकारात्मक नजरिया है, इससे बाहर निकलें और अपने अन्दर की नकारात्मकता को सकारात्मकता में बदलें।

मेरा मानना है कि आप छोटे-छोटे कार्यो को ससमय और उत्कृष्ट ढंग से निष्पादित कर महान बन सकते हैं। आपको कार्य करने की कला एवं समय मूल्य की समझ होनी चाहिए।

याद रखें—

महान बनने की शुरूआत बड़े कार्यों से नहीं, छोटे-छोटे कायों से होती है। हम छोटे-छोटे कार्यों को ससमय एवं उत्कृष्ट रूप में निष्पादित कर महान बन सकते है।

ध्यान रखें—हमारे दृष्टिकोण एवं कार्य की सार्थकता में ही महानता के बीज झलकने लगते हैं। आपने यह लोकोक्ति सुनी होगी—'होनहार बीरवान के होत चिकने पात।' कहने का आशय है कि जो व्यक्ति होनहार होते हैं, उसके लक्षण शुरू से ही दिखते हैं। उनके चलने, बोलने, रहने तथा कार्य करने का ढंग दूसरों से अलग होता है। वे गरीबी या संसाधनों की कमी का रोना नहीं रोते और न ही कोई बहानेबाजी करते हैं। उन्हें खुद पर विश्वास होता है और कड़ी मेहनत एवं दृढ़ इच्छाशक्ति के बल हर संसाधन प्राप्त कर लेते हैं। ऐसे व्यक्ति अभाव से सीख लेते हैं और वह कर जाते हैं, जिसे साधन-सम्पन्न व्यक्ति नहीं कर पाते। ऐसे बहुत सारे उदाहरण मिल जाएँगे, जिनका जन्म गरीब परिवार में हुआ और अभाव में पले-बढ़े। अभाव से सीख ली और हालात पर विजय प्राप्त कर महान बन गए।

महानता एक प्रतीक है, जिसका बीज हर व्यक्ति के अन्दर छुपा होता है। जो व्यक्ति इसे पहचान लेता है, वह महान बन जाता है। महानता की झलक देखनी है तो उस बच्चे में भी देखी जा सकती है, जो अनुशासित है और अपना हर कार्य समय पर पूरा करता है। घर में काम करने वाली आया भी महान है, जो माता-पिता की अनुपस्थिति में बच्चे को माँ का दुलार देती है और उसकी परवरिश करती है। सड़क पर चलता हुआ वह व्यक्ति भी महान है, जो अपने समय व पैसों की परवाह न कर जरूरतमन्दों की मदद के लिए सदैव तैयार रहता है।

प्रसिद्ध दार्शनिक कन्फ्यूशियस के अनुसार—

जो साधारण हैं, वे भी महान हैं, क्योंकि महानता हमारी सोच में होती है।
यह बाहर नहीं, हमारे अन्दर रचती और बसती है।

ऐसा नहीं होता कि जो व्यक्ति महान बनते हैं, उनके अन्दर कुछ विशिष्ट प्रतिभा होती है या वे जन्म से ही महान होते हैं। वे भी हमारे और आपके जैसे ही होते हैं। अन्तर केवल इतना होता है कि वे खुद पर विश्वास करते हैं और अपनी क्षमता का संवर्धन करते हैं। सार्थक संघर्ष, कड़ी मेहनत, दृढ़ इच्छाशक्ति एवं सकारात्मक सोच के बल निहित प्रतिभा को निखारने में सफल होते हैं। ऐसा भी नहीं है कि उनके जीवन में केवल अनुकूल परिस्थितियाँ ही आती हैं। कई बार उनकी परिस्थितियाँ असामान्य से भी विकट होती हैं, लेकिन वे हिम्मत नहीं हारते हैं। उनके अन्दर सहनशीलता, धैर्य, क्षमा, त्याग, विश्वास और कुछ कर दिखाने का जज्बा कूट-कूट कर भरा होता है, जो उन्हें महानता की राह पर ले जाता है। ऐसे व्यक्ति की सबसे बड़ी विशेषता यह है कि वे कोई भी कार्य प्रशंसा पाने, सम्मान पाने या नाम कमाने के लिए नहीं करते हैं। वे हर कार्य मूल्यों की महत्ता स्थापित करने, आदर्श का मिसाल कायम करने और नई राह बनाने की दिशा में करते हैं। उनका हर कार्य उत्कृष्ट एवं निष्काम होता है यही कारण है कि वे महान बन जाते हैं।

याद रखें—

जो व्यक्ति प्रशंसा या दिखावा के लिए कार्य करते हैं, वे कभी महान नहीं बन पाते हैं।

ऐसे व्यक्ति झूठी प्रशंसा पाने में इतना मशगूल रहते हैं कि वे महान बनने की बात सोच भी नहीं पाते। ब्रिटिश प्रधानमंत्री विन्सटन चर्चिल ने महानता को इस तरह परिभाषित किया है—

यहाँ कोई जन्मजात बड़ा या महान पैदा नहीं हुआ। जो भी स्वयं के प्रति जिम्मेवार बने, अपने व्यक्तित्व में निखार लाये और सचाई की राह पर चले, वे ही महान बने हैं। आप भी महान बन सकते हैं। मेरी दृष्टि में महानता श्रेष्ठ होने की सूचक है। महानता की पहचान सुन्दर व्यक्तित्व, उत्कृष्ट कर्म और मूल्यों की समझ है। यदि हम स्वयं के प्रति ईमानदार और मूल्यों के प्रति वफादार हैं तो सहिष्णुता, मानवता, शिष्टाचार, साहस, समझदारी, जिम्मेवारी जैसे सद्गुण हमारे व्यक्तित्व में स्वतः समाहित हो जाते हैं। ऐसे गुणी व्यक्ति की गिनती सन्त, महासन्त, महापुरुषों के रूप में होती है।

आप भी महान बनना चाहते हैं, तो स्वयं को जानें। खुद को पहचानें, दुर्भावनाओं से ऊपर उठें और सद्गुणों को धारण करें। आत्मा के मूल संस्कार को समझें। आप इस धरती पर महान कार्यों को करने आए हैं, दीन-दुखियों की सेवा और जग का कल्याण करने आए हैं। जीवन की सार्थकता साकार करने आए हैं। आप तो उस दिव्यात्मा के अंश हैं, जो विशाल, विराट, शक्तिस्वरूप, ब्रह्मस्वरूप, प्रकाशस्वरूप और शान्तिस्वरूप है। उसने आपको अपरिमित शक्तियों से परिपूर्ण किया है। आप अपने अन्दर छुपे दिव्य सौन्दर्य एवं दिव्य शक्ति का दर्शन करें। जिस दिन आप अपने अन्दर दिव्य लौ की रौशनी जला लेंगे और खुद प्रकाशवान बन दूसरों को प्रकाशित करेंगे, आपको महान बनने से कोई नहीं रोक पाएगा।

याद रखें—

महानता जन्मजात नहीं मिलती और न ही दूसरों से प्राप्त होती है। यह मिलती है सद्गुणों से, उत्कृष्ट कर्म करने, दीन-दुखियों की सेवा करने तथा क्षमा, त्याग और सेवा भाव से। इसे खुद प्राप्त करना होता है।

ऐसे व्यक्ति अपनी श्रेष्ठता का प्रमाण नहीं देते, बल्कि वे स्वयं प्रमाण होते हैं। अतः खुद को जानें और अपने अन्दर निहित शक्ति को पहचानें।

सुन्दर बनने एवं सुन्दर दिखने की शक्ति

दोस्तो! दुनिया का हर व्यक्ति सुन्दर बनना एवं सुन्दर दिखना चाहता है। सुन्दर बनना एवं दिखना भी चाहिए। परन्तु, महत्त्वपूर्ण यह है कि हम सुन्दरता का अर्थ एवं औचित्य क्या समझते हैं? हम किस प्रकार का सौन्दर्य धारण कर खुद को सुशोभित करना चाहते हैं और कैसे सौन्दर्य को पाना चाहते हैं? हमें अच्छा सौन्दर्य पाने के लिए क्या करने की जरूरत है? मेरे विचार से सद्गुणों को धारण करना और अवगुणों का त्याग करना ही सौन्दर्य है। सौन्दर्यवान बनना और सौन्दर्य की प्राप्ति करना हर व्यक्ति के जीने की चाह एवं राह होती है।

याद रखें—

दुनिया का हर व्यक्ति सुन्दर बनना चाहता है, भले ही वह अपने को सुन्दर बनाने की कला न जानता हो।

अतः महत्त्वपूर्ण यह है कि हम सुन्दरता का अर्थ एवं औचित्य समझें। परन्तु, दुख की बात यह है कि अधिकांश व्यक्ति सुन्दरता का अर्थ नहीं समझते और शारीरिक सुन्दरता की चाह में भटकते रहते हैं। ऐसे व्यक्ति बाह्य सौन्दर्य अर्थात् रंग-रूप, नयन-नक्श की सुन्दरता को सौन्दर्य मान बैठते हैं और दैहिक सौन्दर्य को पाने हेतु बेचैन रहते हैं। कुछ ही लोग हैं, जो बाह्य सुन्दरता को नहीं, अन्तः सौन्दर्य को सुन्दरता मानते हैं। ऐसे व्यक्ति तन से नहीं, मन से सुन्दर बनना चाहते हैं और दूसरों के अन्दर छुपे दिव्य सौन्दर्य का दर्शन करना चाहते हैं। यदि आपकी नजर में बाह्य रूप-रंग से सुन्दर बनना सौन्दर्य है, तो एक बार उसकी परिणति एवं प्रभाव पर विचार करें। आपको अन्तःसौन्दर्य की महत्ता समझ में आ जाएगी।

ध्यान रखें—

आप बाह्य सौन्दर्य को निखार कर सबका प्यारा नहीं बन सकते हैं। अगर किसी का प्यारा बनेंगे भी तो बहुत दिनों तक प्यारे बने नहीं रहेंगे, क्योंकि यह प्रेम नहीं आकर्षण है।

जैसे ही आपके बाह्य सौन्दर्य का आकर्षण खत्म होगा, वह आपसे दूर चला जाएगा। परन्तु, आप आन्तरिक सौन्दर्य को निखार कर सुन्दर बनते हैं और अवगुणों का त्याग कर अच्छे गुणों को धारण करते हैं, तब जो सौन्दर्य निखरता है वह अद्वितीय है। कहने का अभिप्राय है कि सुन्दरता का अर्थ—खुद को सद्गुणों से सजाना एवं सँवारना है। तन को नहीं, मन को सुन्दर बनाना है। बाह्य व्यक्तित्व को नहीं, अन्तः व्यक्तित्व को सुन्दर बनाना है। आपके अन्दर सौन्दर्य का खजाना है। आप अपने अन्दर छुपे दिव्य सौन्दर्य का दर्शन करें तथा उसे बाहर निकालें। यह सौन्दर्य स्थायी, अमिट तथा सभी के लिए प्यारा होगा।

मेरे नजरिए में अपने व्यक्तित्व में अच्छे गुणों को धारण करना तथा जन कल्याण हेतु निष्काम कर्म करना ही सुन्दर बनना है। अगर आपकी नजर में सुन्दरता का अर्थ बाहरी रूप-रंग को निखारना, महँगे पोशाक पहनना, हीरे-मोती, सोना-चाँदी के आभूषण से सुसज्जित होना है तो पहले अपना नजरिया बदलें। इस प्रकार की सुन्दरता क्षणिक एवं अस्थायी है। सही मायने में यह सुन्दरता नहीं, झूठी शान-शौकत का प्रदर्शन है। कहने का अभिप्राय है कि—जिस व्यक्ति की सोच व्यापक एवं दूरदर्शी न होकर संकीर्ण एवं नकारात्मक होती है, वे बाह्य रूप-रंग, नयन-नक्श, गोरी चमड़ी, कीमती वस्त्र एवं आभूषण को ही सुन्दरता का पैमाना मान लेते हैं। वे बाह्य सुन्दरता के रंग में ऐसा रंग जाते हैं कि उन्हें असली सौन्दर्य दिखता ही नहीं। वे बाहरी सुन्दरता में इस तरह खो जाते हैं कि उन्हें यही जिन्दगी का मकसद लगता है। नतीजा वे इस रूप सौन्दर्य को पाने के लिए अपना सब कुछ न्योछावर कर देते हैं।

जब उनके दिमाग से झूठे आकर्षण का भूत उतरता है और सौन्दर्य की सचाई का बोध होता है, तब तक बहुत देर हो चुकी होती है। नतीजा वे अपनी अनमोल जिन्दगी को सुखद, आनन्ददायक बनाने के बजाय, दुख का सागर बना लेते हैं। तब उन्हें लगता है कि हमने सुन्दरता का अर्थ समझने में बहुत बड़ी भूल कर दी। हम इस अनमोल जीवन के अन्दर छुपे दिव्य सौन्दर्य को देख नहीं पाए और न ही सौन्दर्य का मर्म समझ पाए। सचमुच जीवन का असली सौन्दर्य उसके अन्दर छुपा था, जिसका दर्शन कर धन्य हो जाते। जीवन जीना सार्थक एवं गौरवान्वित हो जाता। परन्तु, दुख की बात है कि जब हमें यथार्थ का बोध होता है, तब तक बहुत देर हो चुकी होती है। हम अपना कीमती समय, ऊर्जा एवं धन सब कुछ खो चुके होते हैं। ऐसे बिरले लोग कम ही होते हैं, जो जीवन के अन्तः सौन्दर्य को देख पाते हैं।

दोस्तो! मैं तो सिर्फ इतना कहूँगा कि आप सुन्दरता का अर्थ समझें और स्व के अन्दर छुपे दिव्य सौन्दर्य का दर्शन करें। कदापि बाह्य सुन्दरता के भँवर जाल में न उलझें, यह मृगतृष्णा की तरह है। आप इसके पीछे जितना भागेंगे, उतनी ही आपके धन, समय एवं ऊर्जा की बर्बादी होगी। दूसरे शब्दों में हम कह सकते हैं कि बाह्य सौन्दर्य के जितना नजदीक जाएँगे, उतना ही आप अन्तःसौन्दर्य से दूर होते जाएँगे।

याद रखें—

वास्तविक सुन्दरता बाहर नहीं, आपके अन्दर है, जिसे निखारकर आप खुद को अनमोल बना सकते हैं।

बाह्य सुन्दरता क्षणिक एवं अस्थायी है। यह भ्रमित मन एवं नकारात्मक सोच की फितरत है। व्यर्थ की बातों में उलझकर इस अनमोल जीवन को मूल्यहीन न बनाएँ। यह जीवन बहुत ही मूल्यवान और रूपवान है। इसके अन्दर छुपे सौन्दर्य को निखारें और सुन्दर बनें। अन्तःसौन्दर्य ही मूल आकर्षण है। जब व्यक्ति अन्तःसौन्दर्य

को निखारने में सफल होता है तो उसके चेहरे पर गजब की लाली, होंठों पर मधुर मुस्कान एवं ललाट पर तेज प्रकाश होता है। ऐसे व्यक्ति का व्यक्तित्व साधारण कपड़े में भी चमक उठता है। आप भी सुन्दर बनना एवं दिखना चाहते हैं तो अपने व्यक्तित्व में अच्छे-अच्छे गुणों को धारण कर दिव्यमान बनें और दूसरों को प्रकाशित करें।

याद रखें—

> *स्व के अन्दर निहित अँधेरे को दूर करना तथा निहित खामियों को खूबियों में बदलना ही सुन्दर बनने की कला है।*

संयम और सहनशीलता की शक्ति

किसी व्यक्ति के व्यक्तित्व में निहित सहनशीलता का गुण, उसकी शक्ति एवं क्षमता को द्विगुणित कर देता है। सहनशील व्यक्ति विकट परिस्थिति में भी धैर्य नहीं खोते और विपरीत हालात में भी मुस्कराते रहते हैं। ये इतने धीर, गम्भीर, शान्त एवं संयमित होते हैं कि विकट परिस्थिति में भी विचलित नहीं होते और उत्पन्न हालात से सहजतापूर्वक बाहर निकलने में सफल होते हैं। सहनशीलता से हमारा अभिप्राय विकट हालात का विवेकपूर्ण सामना करना है। खुद कष्ट सहकर भी दूसरों के दुख का हरण करना है। दीन-दुखियों की सेवा करना तथा जरूरतमन्दों के काम आना है। यह हमारे अन्दर का संवेग है, क्षमा, त्याग, दया का भाव है, खुद का अनुशासन और धैर्य है। यह गुण उसी व्यक्ति में होता है, जिनके व्यवहार में विनम्रता, वाणी में मधुरता, सोच में समझदारी तथा आचरण में शिष्टता होती है। यदि आपके व्यक्तित्व में उपर्युक्त गुणों का समावेश नहीं है, तो आपको अपने व्यक्तित्व में सुधार लाने की जरूरत है। आपके अन्दर संयम एवं सहनशीलता नहीं है। सहनशीलता किसी व्यक्ति के व्यक्तित्व में निहित ऐसा गुण है, जिसके समावेश होने से व्यक्ति के अन्दर बहुत सारे गुण जैसे—धैर्य, संयम, लोच, क्षमा, त्याग, विनम्रता, मधुरता, सहिष्णुता एवं सेवा भाव स्वतः शामिल हो जाते हैं।

ध्यान रखें—

> *सहनशीलता का मतलब यह नहीं है कि आप बेवजह दूसरों की गाली सुनते रहें और अन्याय एवं अत्याचार का विरोध न करें।*

सहनशीलता उत्कृष्ट मानवीय संवेदना है, जिसका अभिप्राय खुद कष्ट में रहकर, दूसरों का कल्याण करना है। यह हमें दुःखद और सुखद दोनों स्थितियों में धैर्य रखने तथा प्रशंसा और आलोचना दोनों में संयमित रहने की सीख देता है। यह व्यक्तित्व को निर्मल, सुवासित तथा व्यवहार को सौम्य एवं शालीन बनाने की कला है।

याद रखें—

यदि आप अपनी गलती स्वीकार नहीं करेंगे, अपने कटु व्यवहार में परिवर्तन नहीं लाएँगे और दूसरों के प्रति ईर्ष्या-द्वेष रखेंगे, तो आप सहनशील नहीं बन पाएँगे।

आप सहनशील बनना चाहते हैं, तो मन को संयमित और नियंत्रित रखें। क्रोध, अहं, ईर्ष्या-द्वेष का त्याग करें, दया, क्षमा, त्याग, सहयोग एवं सद्भाव की प्रवृत्ति रखें, अपने व्यवहार में विनम्रता एवं मधुरता शामिल करें, हर प्राणी को समभाव से देखें। सहनशीलता से हमारा तात्पर्य खुद की गलती स्वीकार करना और गलती में सुधार लाना है। समाज एवं देशहित में निहित सम्पदा का त्याग करना और दूसरों की गलती को क्षमा करना है। निर्बल, नि:सहाय की मदद करना एवं दीन-दुखियों की सेवा करना है। परन्तु, इसका मतलब यह नहीं कि हमारा कोई शोषण करता रहे और हम चुपचाप सहन करते रहें, हमारे ऊपर कोई अत्याचार करता रहे और हम उसका विरोध नहीं करें। यह सहनशीलता नहीं कायरता है। अगर हमारे अन्दर गलत कार्यों का विरोध करने की हिम्मत नहीं है तो हम कायर हैं। सहनशीलता हमें बहुत कुछ सिखाती है—

- यह हमें धीर, गम्भीर एवं संयमित रहना सिखाती है।
- यह हमें विपरीत हालात में धैर्य रखना सिखाती है।
- यह मानवीय संवेदना का उच्च्य स्तरीय भाव है।
- यह हमारी परिपक्वता की पहचान है।
- यह खरी एवं कड़ी बातों को सहन करने की शक्ति है।
- यह जिन्दगी जीने का गुर सिखाती है।
- यह धन और पद प्राप्त होने पर भी विनम्र बने रहने की सीख देती है।
- यह उत्पन्न हालात को परखने और विवेकपूर्ण मुकाबला करना सिखलाती है।
- यह हमें संयत रहकर बेहतर करने की सीख देती है।
- यह सदैव अच्छा करने एवं अच्छा बनने की सीख देती है।

सही मायने में सहनशीलता का अर्थ—व्यवहार में कुशलता, वाणी में मधुरता, भाव में विनम्रता, आचरण में शिष्टता रखते हुए दूसरों की खरी एवं कड़वी बातों को सहर्ष स्वीकार करना है। खुद के व्यवहार को शिष्ट एवं संयमित रखते हए अपनी बातों को दूसरों के समक्ष शालीनतापूर्वक प्रस्तुत करना है। दुखद परिस्थिति में भी खुद को संयमित रखते हुए आगे बढ़ना है। खुद कष्ट में रहकर भी दूसरों का कल्याण करना है। विभिन्न बाधाओं को झेल कर भी सद्मार्ग पर चलना तथा दुर्भावनाओं से ऊपर उठकर सद्गुणों को धारण करना है। मुस्कराते हुए लोगों की कड़वी बातों को भी विनम्रतापूर्वक स्वीकार करना ही तो सहनशीलता है।

याद रखें—

किसी व्यक्ति के अन्दर संयम एवं सहनशीलता रूपी गुण ऐसी शक्ति है, जो व्यक्तित्व को तपाकर स्वर्ण की भांति निखार देती है और क्षमता को बढ़ा देती है।

आप मातृशक्ति को देखें। विभिन्न दुखों को सह कर, भूखे पेट रहकर, विभिन्न यातनाएँ झेलकर भी वह अपने बच्चे के लाड़-प्यार में कोई कमी नहीं करती। उसे हर सुख-सुविधा देती है। यही कारण है कि हम उन्हें देवी कहते हैं। संयमी व्यक्ति का व्यक्तित्व धीर, गम्भीर, अन्तर्मुखी, परोपकारी एवं लगनशील होता है। वे अपने दुख को नहीं, दूसरों के दुख को दूर करने की चिन्ता में लगे रहते हैं। दूसरे शब्दों में हम कह सकते हैं कि धैर्य धारण करने का नाम सहनशीलता है। सहनशील व्यक्ति दूसरों की कड़वी बातों को भी गम्भीरता से सुनते हैं और उन बातों से सीख लेकर अपनी गलती दूर करते हैं। विपरीत हालात में भी वे भाग्य को दोष नहीं देते, बल्कि हालात से बाहर निकलने की सोच रखते हैं। मेरा भी आपसे अनुरोध है कि आप सुन्दर व्यक्तित्व का मालिक बनना चाहते हैं तो सहनशील बनें।

दुर्भावनाओं से ऊपर उठने की शक्ति

सामान्यतः हर व्यक्ति किसी-न किसी दुर्भावना से ग्रसित होता है। दुर्भावना से ग्रसित हो जाना मानव की स्वाभाविक प्रवृत्ति और इससे ऊपर उठना देवत्व प्रवृत्ति है। यहीं जीवन की खुशबू है, सुन्दरता है, श्रेष्ठता और अनमोलता है। अगर हम दुर्भावनाओं की बात करें तो प्रायः व्यक्ति ईर्ष्या-द्वेष, अहंकार, लोभ, लालच जैसे दुर्गुणों से ग्रसित रहता है—कम या ज्यादा। जिस व्यक्ति के अन्दर ये दुर्गुण सीमा को पार कर जाता है, उसका जीवन खुद के लिए बोझ और दूसरों के लिए घृणा बन जाता है। ठीक इसके विपरीत जो व्यक्ति इन दुर्भावनाओं से ऊपर उठ जाते हैं, वे मानव से महामानव बन जाते हैं। ऐसे व्यक्ति खुद की अनमोलता को साकार करने में सफल होते हैं तथा दूसरों के लिए उदाहरण एवं सीख बन जाते हैं।

दोस्तो! हम दुर्भावनाओं से ऊपर उठ सकते हैं। इससे बाहर निकलने की शक्ति हमारे अन्दर है। भले ही हम इन दुर्भावनाओं से बाहर निकलने का प्रयास नहीं करें। यदि हम दुर्भावनाओं से ऊपर उठने का प्रयास नहीं करें, तो इस अनमोल जीवन का क्या औचित्य? इसका औचित्य तब है, जब हम दुर्भावनाओं से ऊपर उठकर दूसरों का कल्याण करें। यह जीवन अमृत है, आनन्द का सागर है, सुख, शान्ति, समृद्धि, दया, क्षमा, परोपकार का प्रतीक है। हम सद्‌गुणों को ग्राह्य कर के ही जीवन का औचित्य साकार कर पाते हैं।

याद रखें—

दुर्भावनाएँ किसी के हित में नहीं होतीं, ये हमें मानवीय मूल्यों से भटका कर गलत राह पर ले जाती हैं।

यह सुन्दर व्यक्तित्व के निर्माण में सबसे बड़ा रोड़ा है। परिवार और समाज में समरसता स्थापित करने तथा प्रगति के मार्ग में सबसे बड़ी बाधा है। जीवन की अनमोलता को साकार करने की राह में अवरोध, खुद के लिए कलंक और दूसरों के लिए घृणा है। बेहतर इनसान बनने के मार्ग में सबसे बड़ी बाधा है। आप स्व के अन्दर निहित दुर्गुणों से निजात पाकर ही बेहतर इनसान बन सकते हैं।

याद रखें—

दुर्भावनाओं से ग्रसित व्यक्ति कदापि अच्छा इनसान नहीं बन पाता। अच्छा इनसान तो दूर की बात है, वह मानव होकर भी दानव बन जाता है।

आप दानव नहीं, देवता हैं। दुर्भावनाओं से ऊपर उठें और दुर्भावनाओं से बाहर निकलें। दुर्भावनाओं को आपने उत्पन्न किया है और पोषण भी आप खुद ही करते हैं, तो इससे बाहर निकलने की जिम्मेवारी भी आपकी ही है। जो व्यक्ति दुर्भावनाओं से ऊपर उठ जाते हैं और सद्गुणों को ग्राहय कर लेते हैं, वे दूसरों के लिए प्रेरणा एवं आदर्श बन जाते हैं। ऐसे व्यक्ति जीवन का औचित्य साकार करने में सफल होते हैं और उत्कृष्ट कार्य कर महान बन जाते हैं। दूसरे शब्दों में हम कह सकते हैं कि वे ही महान बन पाते हैं, जो दुर्भावनाओं से ऊपर उठ जाते हैं। दुर्भावनाओं से बाहर निकलने का सबसे सहज मार्ग है—

सकारात्मक सोचें, रचनात्मक करें। मूल्यों को समझें और सहनशील बनें। विनम्रता से दोस्ती करें तथा दया, क्षमा और त्याग का भाव रखें।

आप अमीर हैं, ज्ञानी हैं, बलशाली हैं तो इसका सदुपयोग रचनात्मक कार्यों में करें। इन संसाधनों के अहं में दूसरों को हानि न पहुचाएँ या इस भ्रम में न रहें कि आप दूसरों से श्रेष्ठ हैं। श्रेष्ठता ज्ञान नहीं, ज्ञान का बोध और रचना है। धन-बल की प्रचुरता श्रेष्ठता की परिचायक नहीं, उसकी उपयोगिता एवं बल का रचनात्मक एवं कल्याणकारी सदुपयोग श्रेष्ठता है।

याद रखें—

सदगुणों को धारण करने और उत्कृष्ट कार्य करने से व्यक्ति श्रेष्ठ होता है, अवगुणों को धारण करने से नहीं। ज्ञान, बल, धन, अहंकार करने के लिए नहीं, दूसरों का कल्याण करने के लिए है।

आप इन संसाधनों का सदुपयोग रचनात्मक दिशा में दूसरों के कल्याणार्थ करें। अगर आप धनी एवं बलशाली हैं तो इस पर अहं न करें। आप गरीब हैं तो दूसरों का

धन देखकर लालच न करें। कोई सफल है तो उसकी सफलता से ईर्ष्या-द्वेष न रखें। आप उनकी सफलता और अमीरी से सीख लें और उन चीजों को मूल्यों की राह पर चलकर प्राप्त करें। कदापि धन, पद एवं बल पर अहंकार नहीं करें, बल्कि विनम्र, दयालु एवं क्षमाशील बनें। आप ज्ञानी हैं तो ज्ञान की रोशनी फैलाएँ। खुद और दूसरों के अन्दर स्थित अँधेरे को दूर कर उन्हें प्रकाशित करें। आप ईश्वर को बार-बार नमन करें कि उन्होंने आपको इस योग्य समझा। आप अपनी योग्यता का सदुपयोग दुर्भावनाओं से बाहर निकलने में करें। आप सफल और अमीर हैं तो अपनी सफलता पर घमंड न करें, बल्कि शिष्ट एवं शालीन बनें। इस दुनिया में धनी, बलशाली, ज्ञानी एवं सफल व्यक्तियों की कमी नहीं है। कमी है तो दुर्भावनाओं से ऊपर उठने एवं मानवता पर खरा उतरने की। आप दानव नहीं मानव हैं और यह आपका कर्तव्य और धर्म है कि आप दुर्गुणों का त्याग कर, मानवीय गुणों पर खरा उतरें।

याद रखें—

दुर्भावना खुद का सबसे बड़ा दुश्मन है जो व्यक्ति को अन्दर ही अन्दर खोखला कर उसका आत्म-सुख, आत्म-आनन्द और आत्म-शान्ति छीन लेता है।

आप गौर करें, तो पाएँगे कि हर व्यक्ति किसी-न-किसी दुर्भावना से ग्रसित रहता है। कोई किसी की सफलता देख, कोई किसी का वैभव देख, कोई किसी का आलीशान मकान, महँगी गाड़ियाँ देख जलता रहता है। कोई खुद के धन, बल एवं पद पर अहंकार करता है, तो कोई अपने रूप पर घमंड करता है। कोई अपने पूवर्जों से प्राप्त अतुल सम्पदा पर घमंड करता है, तो कोई दूसरे की सफलता एवं सम्पन्नता देख ईर्ष्या-द्वेष करता है। आप खुद सोचें—ऐसा व्यक्ति जीवन में बेहतर कैसे कर सकता है जो ईर्ष्या-द्वेष, अहंकार की गिरफ्त में हो? आप खुद की नकारात्मक सोच से बाहर निकलें और अपने अन्दर सद्गुणों को निखारें। मेरे विचार से सारी दुर्भावनाओं की जड़ नकारात्मक सोच है। आप दुर्भावनाओं से ऊपर उठना चाहते हैं तो खुद की नकारात्मकता को सकारात्मकता में बदलें।

दोस्तो! याद रखें—

धन, बल, पद एवं ज्ञान घमंड करने के लिए नहीं, विनम्र बनने और दूसरों का कल्याण करने के लिए मिला है।

आप मानवीय गुणों का मूल्य समझें और प्राप्त सम्पदा का महत्त्व समझें। कोई भी सम्पदा आपके पास तब तक रहती है, जब तक आप इसका सदुपयोग सार्थक दिशा एवं रचानात्मक कार्यों में करते हैं। जैसे ही आप इसका दुरुपयोग करने लगते हैं, निहित सम्पदा दूसरों के हाथों में चली जाती है। सफलता प्राप्त होने पर

घमंड नहीं, विनम्र एवं सहनशील बनने की जरूरत है। दूसरों की सफलता देख ईर्ष्या करने की नहीं, सीख लेने की जरूरत है। दूसरों की सुख-सुविधा एवं वैभव को देख, लालच करने की नहीं, अपनी खामियों को खूबियों में बदलने और कड़ी मेहनत करने की जरूरत है। अगर आप दूसरों की सफलता देख ईर्ष्या-द्वेष करते हैं तो आप खुद जलते हैं। इस प्रकार की सोच आपको आगे बढ़ने के बजाए पीछे ले जाती है। आप भी सफल होना चाहते हैं, अच्छा आदमी बनना चाहते हैं, जीवन का औचित्य साकार करना चाहते हैं तो दुर्भावनाओं से ऊपर उठें। दुख की बात यह है कि अधिकांश व्यक्ति दुर्भावनाओं से ऊपर उठने का प्रयास ही नहीं करते और दूसरों को सुखी देख, दुखी हो जाते हैं।

इसी सन्दर्भ पर हमारे सन्तों ने कहा है—

अधिकांश व्यक्ति अपने दुख से नहीं, दूसरों के सुखों से ज्यादा दुखी हैं।

कहने का आशय है कि अधिकांश व्यक्ति दूसरों की सफलता और खुशी से सीख नहीं लेते। खुद आगे बढ़ने का प्रयास नहीं करते, अपनी खामियों को दूर नहीं करते, रचनात्मक सोच नहीं रखते और ईर्ष्या-द्वेष पाल लेते हैं। अगर वे भी दूसरों की सफलता से सीख लेते और सच्चे मन से आगे बढ़ने का प्रयास करते तो सम्भव था कि वे भी सफल होते। लेकिन, दुख की बात यह है कि अधिकांश व्यक्ति दूसरों की सफलता देखकर ही ईर्ष्या-द्वेष से ग्रसित हो जाते हैं। उनका पैर पीछे खीचने में लगे रहते हैं। नतीजा वे आगे बढ़ने के बजाय, पीछे चले जाते हैं।

शायद ऐसे व्यक्ति को यह नहीं मालूम कि—ईर्ष्या-द्वेष करना किसी भी दृष्टिकोण से उचित नहीं है। यह प्रगति के मार्ग में अवरोध और मानवता के नाम पर कलंक है। आप कलंक का कारण नहीं बनें। दुर्भावना से ग्रसित व्यक्ति कदापि जीवन में अच्छा नहीं करते। अच्छा बनने एवं अच्छा करने के लिए कड़ी मेहनत करनी होती है। दुर्भावनाओं से ऊपर उठना और सद्गुणों को धारण करना होता है। खुद पर विश्वास करना होता है। ऐसा नहीं है कि आप सफलता की चाह भी रखेंगे और दुर्भावनाओं से ग्रसित रहेंगे। कड़ी मेहनत भी नहीं करेंगे और अकर्मण्य बने रहेंगे। उस स्थिति में आप सफल नहीं हो सकते। सफलता पाने के लिए दुर्भावनाओं से ऊपर उठना होगा। खुद पर विश्वास तथा कड़ी मेहनत करनी होगी।

याद रखें—

ईर्ष्या, द्वेष, अहंकार, लोभ, लालच हमारे अन्दर पाए जाने वाले ऐसे अवगुण हैं, जो हमें कहीं का नहीं छोड़ते।

ध्यान रखें—

हमारे-आपके बीच का कोई व्यक्ति अच्छा करता है, अच्छा खाता-पीता है, अच्छा पहनता और अच्छे घर में रहता है तो ईर्ष्या-द्वेष नहीं करें, उनसे सीख लें।

दुर्भावनाओं से ऊपर उठें और खुद का मूल्य समझें। यदि कोई व्यक्ति बेहतर करता है, तो आप भी बेहतर कर सकते हैं इस सोच को दृढ़ करें और दुर्भावनाओं से ऊपर उठ बेहतर करने का संकल्प लें। सीखने की आदत डालें और सीखने को जीवन की नियति बनाएँ। ईश्वर ने हमें सोचने-समझने की शक्ति इसलिए दी है कि हम खुद बेहतर करें और दूसरों को बेहतर करने में मदद करें। अगर हम बेहतर करने का प्रयास नहीं करें और दूसरों को अच्छा करते देख ईर्ष्या-द्वेष रखें तो कदापि बेहतर नहीं कर पाएँगे। ऐसा सोचना और कृत्य मूर्खता है। आप ऐसा कर खुद को श्रेष्ठ प्राणी होने पर प्रश्नचिह्न खड़ा करते हैं।

याद रखें—

दुर्भावनाओं से ऊपर उठें और सद्गुणों को धारण कर सर्वत्र खुशबू फैलाएँ।

सचमुच आप दुर्भावनाओं से ऊपर उठना चाहते हैं तो सन्त, महासन्त की जीवनी से सीख लें। मर्यादा पुरुषोत्तम राम से सीख लें। प्रकृति में निहित विभिन्न जीव-जन्तुओं एवं पेड़-पौधों से सीख लें। वे कदापि एक-दूसरे से ईर्ष्या-द्वेष नहीं करते और न ही एक-दूसरे का पैर खीचने में लगे रहते हैं। आप बहती नदियों एवं झरनों को देखें। वे कभी पीछे मुड़कर नहीं देखते, निरन्तर आगे बढ़ते रहते हैं। दूसरों की प्यास बुझाते हैं और दूसरों की बुराइयों को भी अपने अन्दर समेट लेते हैं। किसी भी प्राणी के साथ कोई भेदभाव नहीं करते। एक ही घाट पर अनेकों जीव-जन्तु पानी पीते हैं, पर वह किसी को मना नहीं करते। परन्तु, हम एक चैतन्य प्राणी होकर भी जाति, धर्म, रंग, वर्ण के आधार पर विभेद करते रहते हैं। दूसरे की सम्पन्नता और सफलता को देख ईर्ष्या-द्वेष करते रहते हैं। इस प्रकार की सोच कितनी सही और कितनी गलत है, इसका निर्णय खुद करें, यह मैं आप पर छोड़ रहा हूँ।

आप खुद सोचें—क्या ईश्वर ने हमें चेतनशील इसलिए बनाया है कि हम एक-दूसरे के बीच विभेद करें, दूसरों के साथ ईर्ष्या-द्वेष रखें। बिना सोचे-समझे जो मन में आए वह करें? मेरा मानना है कि जाति, धर्म, वर्ण, रंग के आधार पर किसी के साथ विभेद करना और ईर्ष्या-द्वेष रखना गलत ही नहीं, अपराध भी है।

याद रखें—

यदि हम दूसरों को प्यार नहीं कर सकते, तो नफरत क्यों करें? किसी के साथ सद्भाव नहीं रख सकते, तो दुर्भाव क्यों रखें?

क्या यह अनमोल जीवन दुर्भावनाओं से ग्रसित रहने के लिए मिला है? क्या

एक-दूसरे के बीच नफरत फैलाने के लिए मिला है कि सद्गुणों को ग्रहण करने तथा प्रेम की धारा बहाने के लिए मिला है। आप खुद सोचें—अगर हम दुर्भावनाओं से बाहर नहीं निकल पाते और विभिन्न दुर्भावनाओं से ग्रसित रहते हैं तो क्या हम श्रेष्ठ प्राणी कहलाने के योग्य हैं? यदि हम श्रेष्ठ प्राणी होने का गौरव प्राप्त करना चाहते हैं तो दुर्भावनाओं से ऊपर उठें।

याद रखें—

> *दुर्भावनाओं से ऊपर उठने वाला व्यक्ति ही साधारण से असाधारण और मानव से महामानव बन पाता है।*

इस दुनिया में रूपवान, धनवान और बलवान व्यक्तियों की कमी नहीं है। ऐसे अनेकों व्यक्ति मिल जाएँगे, जिन्होंने दुर्भावनाओं से बाहर निकल सफलता का इतिहास रचा। परन्तु, दुख की बात है कि अधिकांश व्यक्ति अपनी विशिष्ट प्रतिभा एवं धन का सदुपयोग जग कल्याण में नहीं करते, उल्टे झूठे दर्प में चूर रहते हैं। उन्हें लगता है कि मेरे जैसा रूपवान, गुणवान एवं अमीर व्यक्ति कोई नहीं है। मैं ही दुनिया का सबसे अमीर एवं सुन्दर व्यक्ति हूँ। इस प्रकार की बातें उसके अहं को दर्शाती हैं। आप अहंकारी नहीं, विनम्र बनें।

दोस्तो! याद रखो—

> *आपके पास जो कुछ भी है, वह ईश्वर का दिया हुआ है। आपका अपना कुछ भी नहीं है।*

यह शरीर माता-पिता का दिया हुआ है, सोचने-समझने की शक्ति एवं कुछ कर दिखाने का जज्बा ईश्वर का दिया हुआ है। आपको शिक्षा दूसरों ने दी है, रोजगार दूसरों ने दिया है, मान-सम्मान दूसरों ने दिया है। श्मशान भी आपको दूसरे ही ले जाएँगे। मृत्यु उपरान्त आपका धन दूसरे बाँट लेंगे। आपने खुद तो कुछ निर्माण किया ही नहीं, केवल उसे अर्जित किया है, तो फिर घमंड किस बात का? इन चीजों को कभी भी कोई दूसरा योग्य व्यक्ति प्राप्त कर सकता है, तो अहं किस बात का? अतः, अहंकार का त्याग करें और दुर्भावनाओं से ऊपर उठें।

परोपकार करने की शक्ति

इस दुनिया में जितने भी प्राणी हैं, उनमें मनुष्य ही एक ऐसा प्राणी है, जिसके अन्दर परोपकार करने की शक्ति है। यह शक्ति मानव को नैसर्गिक रूप से प्राप्त है। इसका सदुपयोग करने की जिम्मेवारी भी आपकी है। अगर आप इस शक्ति का महत्त्व समझते हैं और इसका सदुपयोग जरूरतमन्दों के लिए करते हैं, तो निश्चित है कि आपको इस शक्ति का एहसास एवं इनसानियत की समझ है। ठीक इसके विपरीत

आप दीन-दुखियों की सेवा नहीं करते, जरूरतमन्दों के काम नहीं आते, किसी का परोपकार नहीं करते, तो इस अनमोल जीवन का क्या औचित्य? इस जीवन का औचित्य तब है, जब आप खुद और दूसरों का कल्याण कर सकें, दूसरों की मदद कर सकें, जरूरतमन्दों के काम आ सकें और खुद की श्रेष्ठता साबित कर सकें।

महत्त्वपूर्ण यह है कि हम परोपकार का अर्थ समझें और दूसरों का परोपकार करें। परोपकार दो शब्दों 'पर' और 'उपकार' से बना है, जिसका शाब्दिक अर्थ दूसरों का भला करना है। विचारणीय प्रश्न यह है कि हम परोपकार किसका, कैसे और कब करें? मेरा मानना है कि हर व्यक्ति को अपने सामर्थ्य अनुरूप जरूरतमन्दों की मदद करनी चाहिए। चाहे वह किसी भी जाति, धर्म, वर्ग का क्यों न हो। दूसरों की भलाई करना हमारा धर्म एवं कर्तव्य है। अठारह पुराणों की रचना के उपरान्त महर्षि वेदव्यास ने लिखा है—

अष्टादश पुराणेषु व्यासस्य वचनद्वयम्।
परोपकारः पुण्याय पापाय परपीडनम्॥

दूसरों की सेवा करना हमारा धर्म है। अत: किसी भी दीन-हीन एवं दुखी प्राणी की सेवा करने और जरूरतमन्दों को यथोचित दान देने में कोताही न बरतें। सदैव परोपकार करने का संकल्प लें। परन्तु दुख की बात है कि प्राय: व्यक्ति परोपकार का अर्थ नहीं समझते और कहते हैं—मेरे पास उतना धन नहीं है कि मैं दूसरों को दान दे सकूँ। मेरे पास इतना सामर्थ्य नहीं है कि मैं दूसरों की मदद कर सकूँ। मैं खुद गरीब हूँ तो दूसरों की कैसे मदद कर सकता हूँ? ऐसे व्यक्ति दूसरों का परोपकार करना नहीं चाहते और व्यर्थ की बातें सोच-सोच कर परेशान रहते हैं। जबकि उनके पास परोपकार करने के लिए बहुत कुछ होता है। मेरा मानना है कि गरीब से गरीब व्यक्ति भी दूसरों का परोपकार कर सकता है, अगर उसके अन्दर परोपकार करने की इच्छाशक्ति हो। प्रश्न यह उठता है कि हम—

- परोपकार किसका करें?
- परोपकार कब करें?
- परोपकार क्यों करें? और
- परोपकार कैसे करें?

अत:, किसी भी व्यक्ति का परोपकार करने के पूर्व उपर्युक्त प्रश्नों पर सोचें—विचारें कि हम किसका, कब और क्यों परोपकार करें? क्या वह व्यक्ति परोपकार करने के योग्य है? हम जो परोपकार करना चाह रहे हैं, क्या उसे इसकी जरूरत है? तदुपरान्त उस व्यक्ति का परोपकार करें, जो उसके योग्य हो और उसे उसकी जरूरत हो। इस बात पर भी विचार करें कि हम जो परोपकार की बात कर रहे हैं, उसकी परिणति खुद और दूसरों के लिए कितनी सार्थक एवं महत्त्वपूर्ण है।

परोपकार का एक स्वरूप दान करना है। प्राय: लोगों की नजर में दान का अर्थ रुपए-पैसे, सोने-चाँदी दान करना है। परन्तु, मेरे नजरिए में दान का अर्थ व्यापक है। धर्मशास्त्रों में भी बताया गया है कि आप समाज हित में, गरीबी से बाहर निकलने, भूखे व्यक्ति की क्षुधा शान्त करने के लिए दान करें। दूसरों के उत्थान के लिए दान करें। लाचार, नि:सहाय, दिव्यांग व्यक्ति को दान करें। हर व्यक्ति को दान करना चाहिए और दान करने के लिए उनके पास बहुत कुछ होता है। अगर हम दान करना चाहें तो अन्न-धन, सोना-चाँदी, रुपए-पैसे नहीं हैं तो क्या हुआ? हमारे पास समय है, शारीरिक बल है, ज्ञान एवं अनुभव है, जिसका दान कर हम लोगों का कल्याण कर सकते हैं। यह हमारा धर्म है कि हम भूखे, गरीब और लाचार व्यक्ति के कल्याणार्थ दान करें, समाज के उत्थान और देश के विकास के लिए दान करें।

दान की महत्ता को राष्ट्रकवि दिनकर ने 'रश्मिरथी' काव्य में लिखा है—

दान जगत का प्रकृत धर्म है, मनुज व्यर्थ डरता है,
एक रोज तो हमें स्वयं सब कुछ देना पड़ता है।
बचते वही, समय पर, जो सर्वस्व दान करते हैं,
ऋतु का ज्ञान नहीं जिनको, वे देकर भी मरते हैं।

मेरा मानना है कि समाज के हर व्यक्ति को जनहित, समाजहित और राष्ट्रहित में दान करना चाहिए। मानवता के नाम पर, दीन-दुखियों की सेवा के नाम पर, समाज एवं राष्ट्र के उत्थान के नाम पर दान करना चाहिए। परन्तु दान करने के पूर्व एक बार दान के उद्देश्य एवं औचित्य पर जरूर विचार करें और यह देखें कि हमारा दान जनहित एवं समाज हित में है या नहीं? हमारा दान सार्थक है या नहीं? हम जिसे दान दे रहे हैं, उसके लिए उपयोगी है या नहीं और वह उसका पात्र है कि नहीं? अगर दान करना सार्थक है तो जरूर दान करें, परन्तु दूसरों के दबाव में या किसी प्रलोभन में कदापि दान नहीं करें। प्राप्तकर्ता भी दान खुशी से स्वीकार करे और आप भी खुशी-खुशी दान करें तो दान की महता बढ़ जाती है। आइए! हम इस बात की चर्चा करें कि दान कितने प्रकार के होते हैं। मेरे विचार से दान चार प्रकार के होते है—

- श्रमदान।
- अंशदान।
- विद्यादान एवं
- समयदान।

प्राय: लोगों का मानना है कि हमारे पास इतना धन नहीं है कि मैं दूसरों को दान दे सकूँ। मैं उतना अमीर नहीं हूँ कि दूसरों की मदद कर सकूँ। आपके पास दान करने के लिए रुपए-पैसे नहीं हैं तो क्या हुआ? आपके पास दूसरों को देने के लिए बहुत कुछ है। अगर आप देना चाहें तो श्रमदान कर समाज का कल्याण कर

सकते हैं, निर्बल एवं कमजोर व्यक्ति को सहारा दे सकते हैं। बहुत से ऐसे वरिष्ठ नागरिक मिलेंगे, जिनके पास पैसों की कमी नहीं है, लेकिन उनका कोई सेवा-टहल करने वाला नहीं है। उन्हें समय पर कोई दवा एवं भोजन देने वाला नहीं है। ऐसे लोगों को आप अपने समय का दान कर पुण्य के भागी बन सकते हैं। अगर आप विद्वान और ज्ञानी हैं तथा आपके आस-पास अशिक्षित लोग रहते हैं, तो उन्हें आप शिक्षा दान कर, उनकी सोच बदलकर उनका और समाज का परोपकार कर सकते हैं। आपके पास समय और विद्या नहीं है तो क्या हुआ? आप जिस क्षेत्र में कार्य कर रहे हैं और जो आमद हो रहा है, उसका ही कुछ अंश समाज में रह रहे गरीब लोगों के कल्याणार्थ दान कर पुण्य का भागी बन सकते हैं। कहने का आशय है कि हर व्यक्ति को अर्जित धन या उत्पाद का कुछ न कुछ अंश अवश्य दान करना चाहिए।

याद रखें—

आपके पास धन नहीं है, विद्या नहीं है, लेकिन समय है, तो आप अपने समय का दान करें।

कहा भी गया है—"कर भला, तो हो भला।" यदि आप दूसरों का भला करते हैं, तो आपका भी भला होगा और दूसरों का बुरा करते हैं तो आपका भी बुरा होगा। जैसे—आप दूसरों के लिए काँटे बोएँगे तो काँटा आपको भी चुभेगा। अत: दूसरों की राह में काँटे नहीं, फूल बोएँ, जिससे आपकी राह में भी खुशबू मिले। ऐसे व्यक्ति सदा खुश रहते हैं और प्रगति के पथ पर आगे बढ़ते हैं। सफलता और समृद्धि उनके कदमों को चूमती है। सही मायने में जो व्यक्ति दूसरों के लिए श्रम करते हैं, दूसरों का परोपकार करते हैं, उन्हीं का जीवन जीना सार्थक है। शेष जीते नहीं, जीवन काटते हैं। दुख की बात है कि अधिकांश व्यक्ति परोपकार की सोच ही नहीं रखते। वे दूसरों की सफलता को देखकर ईर्ष्या-द्वेष से भर जाते हैं। खुद को विशाद के रंग में रंग लेते हैं। बिरले लोग ही होते हैं, जो खुद उन्नति करते हैं और दूसरों की उन्नति की राह पर आगे बढ़ने में मदद करते हैं। दुनिया को ऐसे ही लोगों की जरूरत है, जो केवल अपना भला ही नहीं, दूसरों का भी भला करें। दूसरों के दुख-दर्द में उनकी मदद करें। यही मानवता का सच्चा रंग है, जिस रंग में रंगकर आप जीवन का औचित्य साकार कर सकते हैं।

कुछ लोगों का मानना है कि आप दूसरे की चाहें कितनी भी मदद कर दें, परन्तु वक्त आने पर वह आपकी मदद नहीं करता। इसलिए दूसरों का भला करने से कोई फायदा नहीं है। अगर हर व्यक्ति यही बात सोचे, तो हममें और पशु में कोई अन्तर नहीं रह जाएगा। इस संसार में कोई पराया नहीं है। यह धरती, आकाश, जल, वायु सब कुछ अपना है। समस्त जीव-जन्तु ईश्वर की सन्तति हैं तो फिर एक-दूसरे के बीच विभेद करना ईश्वर को धोखा देना है। आप इस भेद को बाहर निकाल कर देखें।

समस्त दुनिया आपको अपनी लगेगी। महान व्यक्तियों ने हमेशा दूसरों के लिए सोचा एवं दूसरों के लिए किया है। जो व्यक्ति अपने लिए नहीं, दूसरों के लिए सोचते और दूसरों की भला करते हैं, वे ही महान होते हैं और उनकी ही प्रशंसा सर्वत्र होती है। उन्हें ही सम्मानित किया जाता है। इतिहास भी इस बात का साक्षी है कि इस दुनिया में उन्हीं लोगों को सम्मानित किया जाता रहा है, जिन्होंने दुनिया से कुछ लिया नहीं, बल्कि दुनिया को बहुत कुछ दिया है। आप भी उन महान विभूतियों की श्रेणी में शामिल होना चाहते हैं तो उनकी जिन्दगी से सीख लें। खुद को अच्छे-अच्छे रंगों से रंगें तथा अर्जित ज्ञान एवं धन का उपयोग दूसरों के परोपकार में करें। अगर आप ऐसा नहीं करते तो अर्जित धन और ज्ञान व्यर्थ है। ध्यान रखें—उस ज्ञान का क्या औचित्य, जो दूसरों को प्रकाशित न कर सके और उस धन की क्या औचित्य जो दूसरों को काम न आ सके।

याद रखें—

जिनके मन में परोपकार की भावना होती है, वे खुद कष्ट में रहकर भी दूसरों का भला करते हैं। ऐसे लोगों का नाम इतिहास के पन्नों पर स्वर्णाक्षर में लिखा जाता है।

यदि आप भी अपना नाम इतिहास के पन्नों पर लिखना चाहते हैं, तो परोपकारी बनें। हर व्यक्ति को यथाशक्ति परोपकार करना चाहिए। अगर आपके पास धन-दौलत नहीं है तो क्या हुआ? अपने समय का दान करें। आपके समय दान से कोई अस्वस्थ व्यक्ति स्वस्थ हो सकता है। कोई दुखी व्यक्ति सुखी हो सकता है। किसी बेसहारा को सहारा मिल सकता है। किसी निराश के जीवन में आशा का संचार हो सकता है। उदास व्यक्ति को मुस्कराहट मिल सकती है। अत: समय दान में कंजूसी न करें। दान करने के पूर्व केवल इस बात का ध्यान रखें कि जिसे आप दान दे रहे हैं, वह उसके पात्र है या नहीं। अगर वह सुपात्र है तो निश्चित रूप से दान करें। दान करते समय इस बात का भी ध्यान रखें कि अनावश्यक दान या जरूरत से ज्यादा दान न करें, अन्यथा ऐसा दान उसे अच्छा बनाने के बजाय बुरा बना सकता है।

याद रखें—

अपात्र व्यक्ति को दान देकर आप पुण्य के नहीं, पाप के भागी बनते हैं।

जीवन कला है
Life is an Art

कला का अर्थ एवं परिभाषा

दोस्तो! क्या आप जानते हैं—ईश्वर प्रदत्त यह अनमोल जीवन स्वयं एक कला है। इसके अन्दर 16 कलाएँ समाहित हैं जिनके माध्यम से हम विभिन्न कलाओं का दर्शन करते हैं। कला ललित अर्थ में मानवीय क्रिया है, जो उपयोग, कौशल, आनन्द, अभिव्यक्ति, गीत-संगीत, सौन्दर्य, आकर्षण, रंगों का अनुपात, संयोजन, संप्रेषण, सम्मोहन, आकर्षण, भाव आदि रूपों में अभिव्यक्त है। यह विचारों की अभिव्यक्ति, भावों का संप्रेषण, लयबद्ध स्वर एवं मधुर ध्वनि का करताल है, जो सदैव प्रकाश और आनन्द लाती है। कला शब्द हिन्दी के दो अक्षर—क और ला से बना है। तारकनाथ भट्टाचार्य द्वारा संकलित वाचस्पत्यम शब्दकोष में क का अर्थ—शिव, महाकाली, कामदेव, प्रकाश, तेज, शान्ति, वासुदेव, अनल, प्रजापति, सृष्टि, अनन्त, परमात्मा, विष्णु, ब्रह्मा, जल, कमल, पौरुष इत्यादि बतलाया गया है। 'क' का संस्कृत अर्थ है—आनन्द और प्रकाश तथा 'ला' का अर्थ है—लाना अर्थात् कला का शाब्दिक अर्थ—वह क्रिया जो आनन्द और प्रकाश लाती है। सही मायने में जिन्दगी एक कला का अर्थ सार्वभौम एवं विभाषित है, जिसके प्रकाश में प्रकाशित तथा आनन्द में आनन्दित होकर कोई भी व्यक्ति आत्म-सुख, आत्म-शांति प्राप्त कर दूसरों को आनन्दित करता है। कला को अंग्रेजी में आर्ट (Art) कहते हैं। मेरे विचार से आर्ट शब्द का विश्लेषण निम्न है—

A For Accuracy
R For Rating
T For Timing

किसी भी कार्य को उत्कृष्ट रूप में समय-सीमा के अन्दर सम्पादित करने की क्रिया कला है। जो व्यक्ति ऐसा करता है वह कलाकार है। अर्थात् उत्कृष्ट क्रिया करनेवाला व्यक्ति कलाकार कहलाता है। कलाकार को अंग्रेजी में (ARTIST) आर्टिस्ट कहते हैं, जिसका विश्लेषण निम्न है—

A For Accuracy
R For Rating

T for Timing
I for Impecable
S For Specific
T For Talent

अर्थात् कलाकार वह व्यक्ति है, जो किसी भी कार्य को उत्कृष्ट रूप में, समय-सीमा के अन्दर, त्रुटिरहित, विशिष्टता के साथ, विवेकपूर्ण तरीके से सम्पादित करता है।

प्राय: लोगों की नजर में कला का अर्थ नाट्यकला, चित्रकला, संगीतकला, शिल्पकला, मूर्तिकला, हस्तकला, वास्तुकला आदि है, जबकि कला का अर्थ विस्तृत एवं व्यापक है। इसे शब्दों के परिसीमन में नहीं बाँधा जा सकता है। सही मायने में जिन्दगी के हर पल को सजाना एवं सँवारना तथा सपनों को हकीकत में बदलना 'जिन्दगी एक कला' है। हर क्रिया में आनन्द की खोज करना कला है। ईश्वर प्रदत्त गुणों में निखार लाकर सुन्दर व्यक्तित्व का निर्माण करना कला है। खुद को अच्छे रंगों में रंगना जिन्दगी जीने की कला है। यह कहना अतिश्योक्ति नहीं होगी कि ईश्वर प्रदत्त यह जीवन स्वयं एक कला है, जिसके अन्दर विविध कलाएँ समाविष्ट हैं। यह हमारी सोच एवं विवेक पर निर्भर करता है कि हम अपने अन्दर छुपी किन कलाओं को कब और कैसे निखार कर जिन्दगी को सुसज्जित एवं सुन्दर बनाते हैं। आप स्वयं के अन्दर छुपी कला को पहचाने और निखारें। जीवन के विभिन्न आयाम को सुन्दर रंगों में विशिष्टता के साथ रंगें तथा खुद को विभिन्न गुणों से परिपूर्ण कर सुन्दर बनें। कहने का अभिप्राय है कि जीवन को सुन्दर रंगों से रंगना और सद्गुणों से निखारना ही जिन्दगी जीने की कला और इसी का नाम जीवन एक कला है।

सही मायने में जीवन में किया जानेवाला हर कार्य स्वयं में एक कला है, अगर हम कार्य को ससमय एवं उत्कृष्ट रूप में निष्पादित करने की कला जानते हैं। यह हमारे अन्दर का भाव है, जो स्वयं के अन्दर छुपी शक्तियों एवं गुणों को निखाकर उत्कृष्ट कलाकार बनने की प्रेरणा देता है। इस प्रेरणा को पाकर ही हम जीवन में जो चाहते हैं, कर दिखाते हैं और जैसा चाहते हैं बन जाते हैं। नतीजा हम दूसरों के लिए आदर्श एवं आईकॉन बन जाते हैं। दोस्तो! आप भी जिन्दगी एक कला का मर्म समझें और हर कार्य पूरी तल्लीनता से ससमय एवं उत्कृष्ट रूप में निष्पादित करें। आपको खुद समझ में आ जाएगा कि जीवन एक कला है।

इस दुनिया में जितने भी व्यक्ति हैं, हर व्यक्ति के मन में बहुत सारे भाव छुपे होते हैं। उनमें से किसी भाव को निखार कर हम निपुण कलाकार बन जाते हैं। जैसे—जब हम मनरूपी भावों को हस्तरूपी लेखनी के सहारे कागज पर पिरोते हैं, तो कवि बन जाते हैं। जब हम मन रूपी भाव को चित्र के रूप मे पिरोते हैं, तो चित्रकार बन जाते हैं। अपनी वाणी को लयबद्ध स्वर में प्रकट करते हैं तो गीतकार और मधुर ध्वनि को

करताल के रूप में प्रकट करते हैं, तो संगीतकार बन जाते हैं। इसी प्रकार जब हम स्वयं के अन्दर छुपे गुणों एवं विविध भावों को व्यावहारिक जीवन में उतारते हैं और व्यवहार एवं विचार को उत्तम बनाते हैं, तो सुन्दर व्यक्तित्व के मालिक बन जाते हैं। जब हम अवगुणों का त्याग कर सद्‌गुणों में निखार लाते तथा उसकी सार्थकता सिद्ध करते हैं, तो हम जिन्दगी जीने की कला में निपुण कलाकार बन जाते हैं।

ध्यान रखें—

हर व्यक्ति के अन्दर कोई-न-कोई कला छुपी होती है, भले ही वह व्यक्ति अपने अन्दर छुपी हुई कला को नहीं पहचान पाता।

जो व्यक्ति स्व के अन्दर निहित कला को निखार पाते हैं, उनके लिए जिन्दगी एक कला है और जो निखार नहीं पाते, उनके लिए जिन्दगी एक कला है या बोझ, कोई मायने नहीं रखता। ठीक इसके विपरीत जो व्यक्ति अपने अन्दर छुपी कला को पहचान लेते हैं और प्रतिदिन उसमें निखार लाकर उसकी महत्ता एवं उपयोगिता साकार करते हैं, उनके लिए जिन्दगी एक कला है। सही मायने में जो व्यक्ति जिन्दगी एक कला का मर्म समझते हैं तथा जीवन के विभिन्न आयामों को जानते हैं, वही व्यक्ति सुखद एवं सफल जिन्दगी जीते हैं, जीवन एक अवसर की सार्थकता साकार करते हैं और खुद प्रकाशित होकर दूसरों को प्रकाशित करते हैं। ऐसे व्यक्ति जीवन को ईश्वर का अद्‌भुत उपहार मानते हुए दूसरों के लिए उपहार बन जाते हैं। कहने का अभिप्राय है कि जो व्यक्ति जिन्दगी एक कला का मर्म समझते हैं और खुद की सार्थकता चरितार्थ करते हैं, वे उत्कृष्ट कलाकार बन जाते हैं, जिसकी अभिव्यक्ति, भाषा, व्यवहार, सौन्दर्य, चेहरे पर विभिन्न रंगों का समावेश, मन का चित्रण, सत्य एवं स्मृति के रूप में प्रदर्श होता है।

अंग्रेजी का 'आर्ट', लैटिन का 'अर्स' और जर्मन का 'कुस्ट' में कला का अर्थ कुशलता एवं क्षमता से है। कला का उद्‌देश्य सौन्दर्यपरक, आचारपरक एवं उपयोगपरक है। इसका प्रयोजन मनुष्य को सुसंस्कृत बनाना और जिन्दगी जीने की कला सिखाना है। यह अमूर्त ब्रह्म के मूर्त रूप की अनुभूति और चेतना है, जो सोलह कलाओं से प्रकाशित है। यह सत्यम्, शिवम् एवं सौन्दर्य का गठबन्धन है।

दार्शनिकों के अनुसार

सुकरात के अनुसार—

कला मानसिक क्रियाओं की सर्वोच्च अभिव्यक्ति है, जिसमें शिवम्, सुन्दरम् के आचरण एवं ज्ञान का समन्वय रहता है।

प्लेटो के अनुसार—

कला सत्य के अनुकरण का अनुकरण है।

अरस्तू के अनुसार—

कला प्रकृति के असफल कार्यों की पूर्ति करती है।

सिसरो के अनुसार—

कला अनुकूलता एवं अनुपात का संयोजन है।

प्लूटार्क के अनुसार—

कला सौन्दर्य का कुशल विन्यास है।

विल्किलमन के अनुसार—

कला सौन्दर्य का अन्वेषण है।

कान्ट के अनुसार—

बुद्धि और इन्द्रियों की सामंजस्यपूर्ण क्रीड़ा कला है।

गेटे के अनुसार—

कला महान सत्य की प्रतिकृति है।

कला का मूल तत्त्व भाव, रस, अलंकार, औचित्य तथा वक्रोक्ति का निरूपण है। रंग, रेखा, नाद, शब्द और अर्थ कलाओं के उपादान हैं, जिनसे कला का शरीर निर्मित होता है, सत्य और प्रकाश इसकी आत्मा है। परमात्मा का सृष्टि रूप कला का नमूना है। आनन्द इसका लक्ष्य है, सौन्दर्य उसका लक्षण और भाव उसका तत्त्व है। इस प्रकार कला, आनन्द एवं सौन्दर्य अभिव्यक्ति का साधन है। सौन्दर्य की सिद्धि कला में है और कला की समृद्धि सौन्दर्य है।

कला में शब्द और अर्थ की समग्रता, रंग और रेखा का संयोजन, स्वर और ताल की समग्रता, अंग संचालन और मुद्राओं की समग्रता, वेशभूषा और रंग की समग्रता के साथ-साथ रस, आनन्द, उमंग, उल्लास, रोमांस की अभिव्यक्ति का भाव है। कला के अवयव-शब्द, रंग, रेखा, स्वर, ताल, गति, अंग-भंग, मुद्राएं, विन्यास आदि है। कला के मूल में कल्पना, सौन्दर्य भाव और साधना में गहरा सम्बन्ध है। सही मायने में कला सौन्दर्य एवं सौन्दर्य का अन्वेषण है।

कला का उद्‌गम परमात्मा है, सत्य, शिव और सुन्दर परमात्मा से ही उद्‌भूत है। अग्नि कला है, सूर्य कला है, विद्युत कला है। प्राण, नेत्र, कर्ण, विद्युत आदि पदार्थ प्रकाशवान ब्रह्म की कलात्मक रचनाएँ हैं, जिनके प्रत्यक्ष दर्शन से कलाकार की सत्ता का आभास होता है। कला मनुष्य के मन का चित्रण है, दर्पण है, जीवन की संचित

स्मृति है, सौन्दर्य भाव की पराकाष्ठा है। यह रूप निर्माण के साथ-साथ सम्प्रेषण का माध्यम है। इसका लक्ष्य व्यक्ति एवं समाज का मार्गदर्शन करना है। कला मानसिक क्रियाओं की सर्वोच्च अभिव्यक्ति है, जिसमें शिवम् सुन्दरम् के आचरण एवं ज्ञान का समन्वयन रहता है। यह अनुकूलता एवं अनुपात का संयोजन और सौन्दर्य का कुशल विन्यास है। आत्मा के उदात्त विचारों और भव्य प्रेरणाओं की विशिष्ट अभिव्यक्ति है। बुद्धि और इन्द्रियों की सामंजस्यपूर्ण क्रिया, विश्वात्मा की अभिव्यक्ति और प्रत्ययों की सम्प्रेषण कला है। यह विवेक और इन्द्रियों का ऐसा संगम है, जहाँ से न केवल जीवन काल में, बल्कि मृत्योपरान्त भी इसका आभास होता है।

शायद आप नहीं जानते—कला अमूर्त ब्रह्म में मूर्तरूप की अनुभूति है, चेतना और प्रकाश है। ब्रह्म प्रकाशवान, आनन्दवान, ज्योतिषमान और आयातवान चार कलाओं में व्याप्त है। धर्मशास्त्रों में भी धर्म, अर्थ, काम और मोक्ष को जिन्दगी एक कला का स्वरूप बताया गया है। सन्तों एवं महापुरुषों के अनुसार शिव रूप तथा चैतन्य आत्मा का साक्षात्कार कला द्वारा ही सम्भव है। कला ही सत्य है, शिव है, सुन्दर है। हमारे धर्मशास्त्रों में कला को निम्न प्रकार परिभाषित किया गया है—

- ऋगवेद के अनुसार—हिरण्यगर्भस्य: समवर्तताग्रे, अर्थात् कला का उद्गम परमात्मा है। समस्त चीजें सत्य, शिव और सुन्दर परमात्मा से ही उद्भूत हैं।
- वृहदारण्यक के अनुसार—कला ब्रह्म परमात्मा का मूर्त-अमूर्त रूप है। अमूर्त बह्म के मूर्त रूप की अनुभूति चेतना कला है।
- ब्रह्म सूत्र में बताया गया है कि—परमात्मा सम्पूर्ण कलामय होने के नाते सम्पूर्ण आनन्दमय है और आनन्दमय ब्रह्म की अभिव्यक्ति ही कला है।
- छान्दोग्योपनिषद में बताया गया है—अग्नि कला है, सूर्य कला है, चन्द्रमा कला है, विद्युत कला है, आँख, कान, नाक, प्राण आदि प्रकाशवान ब्रह्म की कलात्मक रचनाएँ है, जिनका प्रत्यक्ष दर्शन करके हमें अद्वितीय कलाकार की सत्ता का आभास होता है। इसी प्रकार रस, अलंकार, गुण, वक्रोक्ति, ध्वनि के सन्दर्भ में कला की परिभाषा निम्न है—
- रसादियुक्त वाक्य कला है।
- रसात्मक काव्य कला है।
- शब्द और अर्थ समन्विति कला है।
- भेद से शब्द की कल्पना कला है।
- संघटना का लावण्य ही कला है।
- औचित्य का पूर्णत: परिपालन ही कला है।
- वक्रोक्ति द्वारा अपने आशय की अभिव्यक्ति ही कला है।

साहित्यकारों के अनुसार कला की परिभाषा निम्न है—

कला अद्वैत सौन्दर्य का भाव है, शिव है, शक्ति है।

—कालिदास

कोमल स्निग्ध मृदु रूप ही कला है।

—भर्तृहरि

निरपेक्ष रम्यता ही कला है।

—भारवि

कला, रंग योजना का अनुपात है।

—वाणभट्ट

जो अपूर्ण है, कला उसी की पूर्ति है।

—जयशंकर प्रसाद

कला मनुष्य के मन का चित्रण है, सत्य है सौन्दर्य है।

सूर्यकांत त्रिपाठी निराला

कला जीवन की संचित स्मृति है, जिसमें हमें सत्य की झाँकी दिखाई दे।

—डॉ. रामकुमार वर्मा

कला सौन्दर्य की रचना है।

—डॉ. रामानन्द तिवारी

इस प्रकार हम देखते हैं कि कला शब्द, भेद, लावण्य, भाव आनन्द, सत्य और सौन्दर्य की धारा प्रवाहित करती है। यह मनोवेगों का प्रकाशन है, रेखाओं का प्रेषण है। यह प्रकृति की प्रतिकृति, अपूर्णता की पूर्ति और कलाकार का कल्पनात्मक आदर्श है।

मेरे विचार से जिन्दगी एक कला, व्यक्तित्व का दर्पण है, जो हमारे अन्दर छुपे दिव्य सौन्दर्य का बोध कराते हुए मानवीय एवं जीवन मूल्यों पर खरा उतरने की प्रेरणा देता है। सचमुच किसी भी कार्य को पूर्ण तन्मयता एवं समर्पण भाव से उत्कृष्ट रूप में निष्पादित करना और मन में उठ रहे भावों को सत्य, निष्ठा एवं दिव्य सौन्दर्य से जोड़ना ही जिन्दगी एक कला है। सचमुच कला उत्कृष्ट रूप में जिन्दगी जीने की कला है, साधना है, पूजा है। सत्यम्, शिवम् सुन्दरम् के प्रति समर्पण है। आप हर कार्य को कला के रूप में लें और दिन-प्रतिदिन कृत कार्य में निखार लाएँ तथा उत्कृष्ट ढंग से निष्पादन हेतु साधना करें। आपका हर कार्य उत्कृष्ट रूप में सम्पादित होगा और आपकी ख्याति दूर-दूर तक फैलेगी। आप आम से खास एवं दूसरों से अलग एवं सुन्दर बन जाएँगे। ठीक इसके विपरीत अगर आप कार्य को साधना या पूजा के रूप में नहीं लेते और जैसे-तैसे या आधे-अधूरे मन से करते हैं, तो कार्य की परिणति सार्थक नहीं होती है।

याद रखें—

आप जिन्दगी एक कला का मर्म समझकर ही निपुण कलाकार बन, जीवन का औचित्य साकार कर सकते हैं।

आप निपुण कलाकार बनें तथा जिन्दगी के हर पल को सजाने एवं सँवारने की कला सीखें। जिस प्रकार एक मूर्तिकार पत्थर या मिट्टी को तराश कर अनेकों प्रकार की मूर्तियाँ बनाता है तथा दिन-प्रतिदिन अपनी कला में निखार लाकर दुनिया वालों का ध्यान अपनी ओर आकर्षित करता है। एक चित्रकार अपने मनोभावों को कागज, पत्थर या अन्य वस्तुओं पर चित्रित कर दूसरों को लुभाता है, एक संगीतकार मधुर ध्वनि से लोगों का मन मोह लेता है, उसी प्रकार हमें भी जिन्दगी जीने की कला सीखनी होगी। हर कार्य को उत्कृष्ट रूप में सम्पादित करने की कला सीखें, ताकि आप अपनी जिन्दगी पूरे रोमांच के साथ जी सकें, सफलता के शिखर को छू सकें, परम आनन्द की प्राप्ति कर सकें। हमें भी उस मूर्तिकार, चित्रकार, गीतकार, संगीतकार की भाँति जिन्दगी जीने की कला में पारखी बनने की जरूरत है। जिस दिन हम जिन्दगी एक कला का मर्म समझ निपुण कलाकार बन जाएँगे, उस दिन हमें खुद की जिन्दगी दुखों का सागर नहीं, सुखों का सागर दिखेगी।

शायद आप नहीं जानते—यह जीवन अपरिमित शक्तियों एवं नैसर्गिक गुणों का खजाना है। यह खुद एक अवसर है, सीख है, संघर्ष है, आनन्द है, गीत है। चुनाव भी है और समझौता भी है। इसके अन्दर सौन्दर्य का खजाना छुपा है। वहीं दूसरी ओर दुख और दर्द भी है। इसके अन्दर अच्छाई और बुराई दोनों हैं। जो व्यक्ति अपने अन्दर के अवगुणों को दूर कर स्व के अन्दर निहित गुणों को उजागर कर लेता है, दिन-प्रतिदिन उन गुणों में निखार लाता है, वही व्यक्ति जिन्दगी जीने की कला में महारथ हासिल कर पाता है। ऐसे व्यक्ति खुद सफलता के शिखर को छू कर दूसरों के लिए आदर्श एवं प्रेरणा बन जाते हैं।

याद रखें—

जो व्यक्ति जिन्दगी जीने की कला नहीं जानते, उन्हें खुद की जिन्दगी बोझ लगती है।

दोस्तो! यह जीवन आपको बड़े ही सौभाग्य से प्राप्त हुआ है। इस अनमोल जीवन का मूल्य समझें। इस जीवन के हर पल का स्वागत मुस्कराकर करें। आपके माता-पिता ही नहीं, ईश्वर भी चाहते हैं कि आप जिन्दगी जीने की कला सीखें और इस कला में निपुण बनें। बेहतर जीवन जिएँ तथा कुछ ऐसा कर दिखाएँ, जिसे पूरी दुनिया आप पर गौरवान्वित महसूस करे। ईश्वर ने हमें इस धरती पर जैसे-तैसे जिन्दगी जीने के लिए नहीं, बल्कि इस जीवन का औचित्य साकार करने के लिए भेजा है।

जिन्दगी जीना एक कला है और इस कला का मर्मज्ञ व्यक्ति ही अवसर पहचानने की कला, व्यक्तित्व को सुन्दर बनाने की कला, विविध वाद्ययंत्रों को बजाने की कला, गीत गाने की कला, चित्रकार एवं मूर्तिकार बनने की कला, नई-नई चीजों की खोज एवं आविष्कार करने की कला, जिन्दगी को सुखद एवं सफल बनाने की कला जानता है। महत्त्वपूर्ण यह है कि समस्त कलाएँ बाहर नहीं, आपके अन्दर निहित हैं। यह आप पर निर्भर करता है कि आप किन कलाओं में निपुण बनना चाहते हैं, किस क्षेत्र में अपनी प्रतिभा को निखार कर नाम रौशन करना चाहते हैं। जिस दिन आप स्व के अन्दर छुपी कला को पहचान लेंगे, निखार लेंगे और खुद को सँवार लेंगे, आपको यह जीवन काँटों की सेज नहीं, फूलों का ताज दिखेगा, जिसकी सुन्दरता एवं महक से पूरी दुनिया महक उठेगी।

आप प्रकृति में खिल रहे रंगबिरंगे फूलों को देखें, जिन्हें पाने के लिए हर व्यक्ति लालायित रहता है। आप भी खुद को सुन्दर फूल बनाकर देखें। हर व्यक्ति इस अनुपम फूल को उपहार में लेना पसन्द करेगा। कहने का अभिप्राय है कि जब आप जीवन का मूल्य समझते हैं और ईश्वर प्रदत्त शक्तियों पर विश्वास करते हुए निहित गुणों में निखार लाते हैं, सार्थक परिश्रम कर विभिन्न क्षेत्रों में अपने नाम का डंका बजाते हैं, तब आपको स्वयं पर गर्व होता है और आपके अपने भी गौरवान्वित महसूस करते हैं। सर्वत्र आपकी प्रशंसा होती है और हर व्यक्ति आपकी एक झलक पाने के लिए बेताब रहता है। कहने का अभिप्राय है कि जो व्यक्ति जिन्दगी एक कला का मर्म समझते हैं, उनके लिए जीवन गीत है, लय है, सुर है, ताल है, अमृत है, सुख एवं आनन्द का रोमांच है, जिसमें सदैव प्रेम की अविरल धारा प्रवाहित होती है। आप किस धारा में खुद को रंगना चाहते हैं और किन रंगों में रंग कर जीवन का आनन्द लेना चाहते हैं या किन रंगों में रंगकर जीवन को बोझिल बनाना चाहते हैं, यह आपकी जिन्दगी जीने की कला पर निर्भर करता है। आप निपुण कलाकार बनना चाहते हैं तो जिन्दगी एक कला का अर्थ समझें। जिस दिन आप स्व के अन्दर स्थित दिव्य ज्योति को जला लेंगे, मन के भावों को सकारात्मक एवं रचानात्मक बना लेंगे, बाहर की नहीं मन की सुनेंगे तो विपरीत परिस्थिति में भी आपको आनन्द ही आनन्द की अनुभूति होगी। आनन्द की अनुभूति ही कला है।

उपर्युक्त तथ्यों से स्पष्ट है कि जिन्दगी को सुखद एवं सफल बनाने के लिए जिन्दगी जीने की कला सीखनी होगी। जो व्यक्ति जिन्दगी एक कला का मर्म समझता है तथा घटित घटना से सीख लेता है, वह व्यक्ति उतना ही श्रेष्ठ कलाकार बन जाता है। ऐसा व्यक्ति कला को साधना के रूप में, पूजा के रूप में लेता है तथा जिन्दगी एक कला के क्षेत्र में सिद्धि प्राप्त कर दूसरों के लिए पूज्य बन जाता है। आप भी जिन्दगी जीने की कला सीखें और जिन्दगी एक कला का मर्म समझें। हमारा जब अवतरण इस पृथ्वी पर होता है तो हम बिल्कुल अबोध, अज्ञानी एवं दुनिया से अनभिज्ञ होते

हैं। इस उम्र में हमें यह ज्ञान नहीं होता कि हम कौन हैं, कहाँ आए हैं और क्यों आए हैं? इस धरती पर हमारे आने का औचित्य क्या है? हमारे लिए क्या अच्छा और क्या बुरा है? यह संसार क्या है और इस जीवन का उद्‌देश्य क्या है? इस तरह के विभिन्न प्रश्न हमारे दिमाग में आते हैं। अधिकांश लोग इन प्रश्नों का उत्तर ढूँढ़ते-ढूँढ़ते पूरा जीवन गुजार देते हैं, परन्तु इन प्रश्नों का उत्तर नहीं ढूँढ़ पाते। कुछ ही लोग इन प्रश्नों का उत्तर ढूँढ़ पाते हैं और जो ढूँढ़ पाते हैं, वे ही निपुण कलाकार बन पाते हैं।

किसी परिवार में बच्चे का जन्म होना स्वयं एक उत्कृष्ट कला का नमूना है, माता-पिता के जीने की सबसे बड़ी चाहत, सुखद एहसास, उल्लास, उमंग, आनन्द की अनुभूति है। किसी भी महिला के लिए मातृत्व सुख की प्राप्ति जीवन की अद्‌भुत खुशी है। यह ईश्वर प्रदत्त अनमोल उपहार एवं जिन्दगी की सबसे बड़ी उपलब्धि है। जो माता-पिता बच्चे की परवरिश करने की कला बेहतर जानते हैं, वे अपने बच्चे को अच्छी जिन्दगी जीने की कला सिखा पाते हैं। ठीक इसके विपरीत जो माता-पिता बच्चे की परवरिश करने की कला नहीं जानते, उनके बच्चे जिन्दगी की दौड़ में पिछड़ जाते हैं। वे जिन्दगी एक कला का अर्थ नहीं समझ पाते और मूल्यों से भटक जाते हैं। अत: बच्चे की उचित परवरिश करना, उन्हें अच्छी शिक्षा-दीक्षा देना, जीवन मूल्य एवं नैतिक मूल्यों पर खरा उतरने की सीख देना तथा अच्छे मार्गों पर चलने के लिए प्रेरित करना ही जिन्दगी एक कला है। जब हम बाल्यकाल में जिन्दगी एक कला का गुर सीखकर बाहर की दुनिया में कदम रखते हैं तो हम जीवन के विभिन्न आयाम एवं संसार की बारीकियों को जानते हैं। हम भविष्य निर्माण की नींव रखते हैं और यही वह पल है, जिस पल में हम आने वाले कल को सुखद बनाने एवं सफल जिन्दगी जीने की कला सीख पाते हैं।

याद रखें—

जीवन की गति नदी की जल-धारा के समान है, जिसे कभी समतल मैदानों से, कभी घने जंगलों से, कभी पथरीले क्षेत्रों से, तो कभी पठारी एवं पहाड़ी क्षेत्रों से गुजरनी होती है।

आप गौर करें, तो पाएँगे कि विपरीत परिस्थिति में भी जलधारा का प्रवाह रुकता नहीं, निरन्तर आगे बढ़ता रहता है। जलधारा की मार्ग में अवरोध उत्पन्न होने पर या तो अपना मार्ग बदल लेती है या कुछ देर ठहरकर अपनी शक्ति और क्षमता में वृद्धि कर अवरोध को लाँघ जाती है। परन्तु वह रुकती नहीं, आगे बढ़ती रहती है। जल की प्रकृति निरन्तर बहते रहने की है और इसी में उसका और दूसरों का कल्याण है। अगर वह रुक गया तो गन्दा हो जाता है और उसकी सार्थकता समाप्त हो जाती है। इसी प्रकार मानव की प्रकृति निरन्तर आगे बढ़ने और दूसरों का कल्याण करने की है। जो व्यक्ति संघर्ष करने की कला नहीं जानते हैं, वे जहाँ रहते, वहीं रह जाते

हैं। ठीक इसके विपरीत जो व्यक्ति संधर्ष करने की कला जानते हैं, वे रुकते नहीं, निरन्तर आगे बढ़ते रहते हैं। संघर्ष के द्वारा वे अपनी मूल प्रकृति को बनाए रखते हैं। यही जिन्दगी जीने की कला है। ध्यान रखें—जिस व्यक्ति के जीवन में अवरोध न हो, समस्या न हो, वह जिन्दगी जीने की कला कैसे सीख पाएगा? नीचे दी गई पंक्तियों पर गौर करें—

वह पथ क्या, पथिक की सफलता क्या,
जिस पथ में बिखरे शूल न हों।
वह नाविक क्या, नाविक की सफलता क्या,
जिसकी राह में धाराएँ प्रतिकूल न हों॥

जीवन एक कला है, कैसे?

जीवन एक कला है, कैसे? इस प्रश्न का उत्तर जानने एवं समझने के लिए हमें स्वयं एवं दूसरों के जीवन में घटित घटनाओं, सफल व्यक्तियों, महापुरुषों की जीवनी और प्रकृति से सीख लेने की जरूरत है। इन बातों से सीख लेकर ही हम समझ पाते हैं कि जिन्दगी जीना एक कला है। अगर आपको लगता है कि जिन्दगी जीना एक कला नहीं है, तो समाज में रह रहे उन लोगों को देखें, जो सागर की गहराइयों में गोता लगाकर मोती चुन लेते हैं। आकाश की ऊँचाइयों को छू कर सफलता का इतिहास रच जाते हैं। उन लोगों को देखें, जो पूरी जिन्दगी मस्ती और आनन्द में जी रहे होते हैं। ऐसे व्यक्ति जीवन को सौभाग्य एवं स्वर्ग से सुन्दर मानते हैं। आप उन लोगों को भी देखें, जो दो जून की रोटी और अच्छे कपड़ों के लिए तरस रहे होते हैं। ऐसा नहीं है कि ईश्वर ने सफल व्यक्तियों को ज्यादा हाथ-पैर या कुछ विशिष्ट प्रतिभा दी। उन्होंने सभी को दो हाथ, दो पैर एवं दिमाग दिया है, फिर भी इतना बड़ा अन्तर क्यों? इतने बड़े अन्तर का एकमात्र कारण सोच है। जिस व्यक्ति ने अपनी सोच को व्यापक, दूरदर्शी एवं उन्नत बनाया, जिन्दगी एक कला का मर्म समझा और जिन्दगी जीने की कला सीखी, ये अपने शील-गुण, स्वभाव और कृत्य में दिन-प्रतिदिन निखार लाकर सफल कलाकार बन गए। ठीक इसके विपरीत जिन व्यक्तियों ने जिन्दगी एक कला का मर्म नहीं समझा, वे जीवन के रहस्य में उलझ कर रह गए।

यह सचाई है कि हर व्यक्ति सुखद एवं सफल जिन्दगी जीना चाहता है, परन्तु यह चाहत केवल चाहने से पूरी नहीं हो जाती, बल्कि चाहत को पूरा करने के लिए लक्ष्य निर्धारण की कला, लक्ष्य को मूर्त रूप देने हेतु कार्य एवं समय योजना बनाने की कला सीखनी होती है। समय-प्रबन्धन की कला एवं जिन्दगी जीने का गुर सीखना होता है। प्रकृति के नियमों एवं घटित घटना से सीख लेने की जरूरत है। अपने अन्दर छुपे गुणों को निखारने की जरूरत है। हर कार्य ससमय और उत्कृष्ट ढंग से निष्पादित

करने की जरूरत है। ऐसा करके ही आप समझ पाएँगे कि जिन्दगी जीना एक कला है। आप जीवन एक कला का अर्थ एवं मर्म समझें और निपुण कलाकार बनें।

याद रखें—

जिन्दगी को सुखद एवं सफल बनाने के लिए जिन्दगी जीने की कला सीखनी होगी। प्रकृति के नियमों से सीख लेते हुए खुद को सर्वोत्तम साबित करना ही जिन्दगी की कला है।

ऐसा नहीं होता कि जो व्यक्ति सफल होते हैं, वे जन्म से ही महान होते हैं। महान बनने के लिए बहुत सारे झंझावातों से गुजरना पड़ता है। अगर किसी व्यक्ति ने सफलता अर्जित की है और सफलता के शिखर को छुआ है तो उसकी सफलता के पीछे संघर्ष की कहानी महत्त्वपूर्ण है। जिन्दगी एक कला का मर्म समझने के लिए जीवन के विभिन्न आयामों को जानना एवं समझना होगा। जब हम इस संसार में कदम रखते हैं, तो पहली पाठशाला हमारा खुद का घर होता है। हम घर में ही रहकर चलने, बोलने, पढ़ने-लिखने की कला सीखते हैं। जो माता-पिता शिक्षा का महत्त्व एवं जिन्दगी जीने की कला जानते हैं, वे शुरू से ही बच्चों की शिक्षा-दीक्षा पर समुचित ध्यान देते हैं और उन्हें बताते हैं कि जिन्दगी जीना एक कला है। जीवन का हर कार्य एक कला है और जो व्यक्ति इस कला को जानते हैं, वे ही जीवन में बेहतर करते हैं। जैसे—बोलना। बोलना एक कला है, जो व्यक्ति बोलने की कला जानते हैं, वे अपनी बातों को दूसरों के समक्ष बेहतर ढंग से रख पाते हैं। सुनने की इच्छा नहीं होने पर भी लोग उनकी बातों को बड़े गौर से सुनते हैं। उनकी वाणी में इतनी मधुरता एवं ओज होता है कि वे अपनी इस कला से लोगों का दिल जीत लेते हैं। वे हजारों-लाखों लोगों को अपनी ओजस्वी, तर्कपूर्ण और प्रेरक बातों से प्रभावित करने में सफल होते हैं। वे लोगों की तालियाँ, प्यार एवं आशीष बटोरते हैं। आप भी बोलने की कला सीखें।

जीने का ढंग सबसे उत्कृष्ट कला है, जो व्यक्ति जिन्दगी जीने की कला जानते हैं, वे अपनी मुस्कराहट, कुशल व्यवहार, प्रसन्नचित्त मुद्रा से सभी के चहेता बन जाते हैं। उनके चलने का ढंग, रहने का ढंग, बोलने का ढंग, लोगों को अपनी ओर चुम्बक की भाँति आकर्षित करता है। उसे देखने के लिए लोग लालायित और सुनने के लिए बेताब होते हैं। आप भी आम से खास बनना चाहते हैं तो जिन्दगी जीने की कला सीखें और अपने बच्चों को जिन्दगी जीने की कला सिखाएँ। जो माता-पिता खुद जिन्दगी जीने की कला नहीं जानते या कला निखारने में शिक्षा का महत्त्व नहीं समझते, वे बात-बात में लड़ते-झगड़ते रहते हैं। नतीजा उनके बच्चे भी वही सीखते हैं, जो देखते हैं। ऐसे बच्चे को हम बेढंगा और संस्कारहीन कहते हैं। परन्तु इसमें बच्चे का क्या दोष? वे तो अनजान एवं अबोध होते हैं। यह तो हम बड़ों का दायित्व

है कि उन्हें जिन्दगी जीने की कला सिखाएँ। जब बच्चे समझ जाएँगे कि जिन्दगी जीना एक कला है, तो वे खुद बेहतर करेंगे। बच्चे जब स्कूल जाते हैं तो वे स्कूल में अपने दोस्तों और शिक्षकों से बहुत कुछ सीखते हैं। जो बच्चे पढ़ने की कला एवं शिक्षा का महत्त्व समझते हैं, वे अर्जित ज्ञान का सदुपयोग खुद की जिन्दगी सजाने एवं सँवारने में करते हैं। ऐसे बच्चे आगे चलकर अपना तथा अपने परिवार का नाम रौशन करते हैं और दूसरों को जिन्दगी एक कला का महत्त्व समझा जाते हैं।

जीवन जीने के लिए कार्य करना आवश्यक है। बिना कोई कार्य किए हम जिन्दगी नहीं जी सकते। अगर कोई व्यक्ति सोचता है कि बिना कार्य किए जिन्दगी जी सकते हैं, तो यह उसकी भूल है। अत: कार्य का मूल्य समझें तथा हर कार्य उत्कृष्ट ढंग से ससमय करें, ताकि कार्य की परिणति बेहतर और सुखद हो। इस दुनिया में जितने भी व्यक्ति सफल कलाकार बने हैं, वे कार्य को ससमय एवं उत्कृष्ट रूप में निष्पादित कर बने हैं। आप भी निपुण कलाकार बनना चाहते हैं, तो कार्य और समय का मूल्य समझें, कार्य करने की कला सीखें और समय का समुचित प्रबन्धन करें। हम कौन कार्य कब और कैसे करें तथा कौन कार्य नहीं करें, इसे निर्धारित करें। तदुपरान्त कार्य करने का निर्णय लें। मेरे विचार से आप जो भी कार्य करें, उसकी सार्थकता एवं महत्ता समझें तथा हर कार्य सुरुचिपूर्ण, ससमय और बेहतर ढंग से करें। अगर आप ऐसा करते हैं तो धन, यश, नाम की प्राप्ति होती है और ऐसा नहीं करते तो दुखद परिणति आप भुगतते हैं। हमें कार्य करने की कला आती है कि नहीं, यह कार्य की परिणति एवं दूसरों की प्रशंसा से पता चलता है। कहने का अभिप्राय है कि हम कार्य को कितने बेहतर ढंग से करते हैं और दूसरों से कितना बेहतर ढंग से करा पाते हैं। यह अतिमहत्त्वपूर्ण है कि हम जो भी कार्य करें, पूरे मनोयोग से और उत्कृष्ट ढंग से करें। प्राप्त परिणति पर विचार करें और कृत कार्य की समीक्षा कर उसमें निखार लाएँ।

याद रखें—

किए गए कार्य में उत्कृष्ट प्रदर्शन करना ही जिन्दगी एक कला है।

इस बात का भी ध्यान रखें—आप किसी भी व्यक्ति से कोई भी कार्य क्यों नहीं करा रहे हो, चाहे वह व्यक्ति आपसे छोटा हो या बड़ा, उनसे ससमय एवं अच्छे ढंग से कार्य को निष्पादित करा लेना ही जिन्दगी एक कला है। अगर आपको यह कला आती है, तो परिणाम अच्छे होंगे और नहीं आती है तो परिणाम घटिया होंगे। जैसे—किसी संस्थान में बहुत सारे लोग कार्य करते हैं। उनसे ससमय एवं बेहतर कार्य कराना एक कला है। अगर प्रतिष्ठान का मालिक या मैनेजर कार्य करने वाले व्यक्ति के साथ अच्छा व्यवहार नहीं करे, समुचित सम्मान न दे, उन्हें समय पर मजदूरी नहीं दे, तो काम करने वाले व्यक्ति पूरी ईमानदारी एवं निष्ठा से काम नहीं

करते। नतीजा संस्थान नुकसान में चला जाता है। कहने का अभिप्राय है कि आपको काम करने एवं कराने में कितनी महारथ हासिल है, यह आपकी जिन्दगी जीने की कला पर निर्भर करता है।

जिन्दगी जीना एक कला है

जिन्दगी जीना एक कला है। इसका अर्थ एवं मर्म समझने के लिए मूल्यों को जानना-समझना और आत्मसात् करना महत्त्वपूर्ण है।

दोस्तो—

> *जिन्दगी जीना एक कला है, जो व्यक्ति इस कला को जानते हैं, उनके लिए जीवन आनन्द एवं सुखों का सागर है। शेष व्यक्तियों के लिए जीवन बोझ।*

यदि आप सुखद एवं आनन्दमय जीवन जीना चाहते हैं, तो जिन्दगी जीने की कला सीखें। यह कला अन्य किसी भी कला से ज्यादा महत्त्वपूर्ण है, क्योंकि इस कला को जानकर ही आप अन्य कलाओं का मर्म समझ सकते हैं। जैसे—विज्ञान के क्षेत्र में आइजक न्यूटन, सी.बी.रमण, जे.सी.बोस, टी.ए.एडीसन आदि महानुभावों का नाम हम बड़े गर्व से लेते हैं। इन महान विभूतियों ने विभिन्न आविष्कार एवं खोज कर दुनिया को आश्चर्यचकित कर दिया, जबकि दूसरे देखते रह गए। आप खुद मनन करें कि इन व्यक्तियों में ऐसी क्या खूबियां थीं, जिन खूबियों के कारण उन्होंने सफलता का झंडा फहराया। ऐसा नहीं है कि ईश्वर ने उन्हें और हमें बनाने में कोई अन्तर नहीं किया, फिर भी उन्होंने अपना नाम दुनिया में रौशन किया और इतिहास के पन्नों पर अपना नाम लिख गए। इसका कारण है कि उन्होंने अपनी सोच बदली और जिन्दगी एक कला का मर्म समझा। जिन्दगी जीने की कला सीखी और प्रतिदिन अपनी कला में निखार लाये। परन्तु हमने जिन्दगी जीने की कला नहीं सीखी।

जिन्दगी जीना एक कला है और इसकी महत्ता हर अवस्था और हर क्षेत्र में है। चाहे हम बाल्यावस्था, युवा अवस्था, गृहस्थ अवस्था या संन्यास अवस्था से क्यों न गुजर रहे हों। आप जीवन की हर अवस्था में जिन्दगी जीने की कला सीखें और इसकी महत्ता जानें। मानवीय मूल्यों पर खरा उतरें तथा नाते-रिश्ते की अहमियत समझें। आप देखेंगे कि जिन व्यक्तियों के अन्दर स्वीकार्यता, सम्मान, सामंजस्य, सहिष्णुता एवं सहयोग का भाव होता है, वे हर समस्या का समाधान बड़ी ही सहजता से कर लेते हैं। उन्हें सम्मान देने और लेने की कला मालूम होती है। ऐसे व्यक्ति न केवल दाम्पत्य जीवन को, बल्कि पारिवारिक एवं सामाजिक जीवन को भी बड़े ही खुशनुमा माहौल में हँसते-खेलते जीते हैं। ऐसे व्यक्ति की नजर में स्वर्ग अन्यत्र नहीं, उनका घर होता है, सुन्दरता बाहर नहीं, उनके अन्दर होती है। ऐसे व्यक्ति को रहने-सहने, बोलने एवं चलने का ढंग मालूम होता है। उनकी जीवन-शैली सुन्दर

एवं अनुकरणीय होती है। उनकी सोच सकारात्मक, रचनात्मक एवं व्यापक होती है। उनके कार्य करने की कला दूसरों से अलग तथा परिणति उत्कृष्ट होती है। ऐसे व्यक्ति असम्भव को सम्भव और गलत को सही करने की कला जानते हैं और कुछ ऐसा कर जाते हैं, जिसे पूरी दुनिया देखती रह जाती है। वे हर कार्य दिल और दिमाग से करते हैं। नतीजा उनका हर कार्य उत्कृष्ट कला का नमूना बन जाता हैं। यही कारण है कि उन्हें यह जीवन अमृत, अवसर, आनन्द और रोमांच से परिपूर्ण दिखता है। इन्हें कार्य करने में आनन्द आता है और यही कारण है कि वे जिस कार्य में हाथ डालते हैं, सफल होते हैं।

इस प्रकार हम देखते हैं कि जिन्दगी जीना एक कला है और जो व्यक्ति जिन्दगी जीने की कला जानते हैं वे प्रतिदिन अपनी कला में निखार लाकर निपुण कलाकार बन जाते हैं।

कार्य करना एक कला है

हम सभी जानते हैं कि जिन्दगी जीने के लिए कार्य करने होते हैं और हर व्यक्ति कोई-न-कोई कार्य करता है। परन्तु, जो व्यक्ति कार्य को ससमय एवं उत्कृष्ट रूप में निष्पादित करते हैं, उसी के लिए जिन्दगी एक कला है।

आइए, हम इसे एक उदाहरण से समझने का प्रयास करें। गुरुकुल समय की बात है। एक गुरुकुल में दो राजकुमार और अन्य शिष्यगण साथ-साथ शिक्षा ग्रहण करते थे। शिष्य जमीन पर चटाइयाँ बिछाकर शिक्षा ग्रहण करते थे। जब दिन का पाठ पूरा हो जाता, तो गुरुजी किसी भी शिष्य को आदेश देते थे कि चटाइयाँ समेटकर सुनिश्चित स्थान पर रख दें। एक दिन गुरुजी ने यह कार्य राजकुमारों को करने को कहा। राजकुमारों को यह कार्य ठीक नहीं लगा। वे गुरुजी का आदेश सुनकर भी खड़े रहे और चटाई उठाने का कोई उपक्रम नहीं किया। कुछ समय इन्तजार करने के बाद गुरुजी स्वयं उठे और चटाइयों को समेट कर रख दिया। यह देखकर राजपुत्रों ने गुरुजी से कहा कि आपने चटाई क्यों उठाई? यह कार्य कोई भी शिष्य कर देता। गुरुजी ने कहा—कोई काम छोटा नहीं होता और यह सोच कर काम नहीं करना गलत है। जो व्यक्ति छोटा काम नहीं कर सकता, वह बड़ा काम कैसे कर पाएगा? महत्त्वपूर्ण यह नहीं कि हम क्या कर रहे हैं, महत्त्वपूर्ण यह है कि हमें कार्य की महत्ता और कार्य करने की कला आती है कि नहीं।

याद रखें—

> *कोई भी कार्य छोटा या बड़ा नहीं होता। काम को ससमय और उत्कृष्ट रूप में करनेवाला व्यक्ति बड़ा होता है।*

हमें वह हर कार्य करना चाहिए, जिसकी सार्थकता खुद और दूसरों के लिए

महत्त्वपूर्ण हो। जिसका औचित्य खुद से ज्यादा दूसरों के लिए महत्त्वपूर्ण हो। ऐसे कार्य को पूरे उत्साह, उमंग और ईमानदारी से करें। गुरुजी की बातें सुनकर राजपुत्रों को कार्य की महत्ता समझ में आ गई और गुरुजी का चरण स्पर्श कर क्षमा माँगी। दूसरे दिन राजकुमारों ने ही चटाई बिछाई और शाम को यथास्थान उसे समेट कर रखा भी।

महाभारत में एक प्रसंग है। राजा युधिष्ठिर अश्वमेध यज्ञ कर रहे थे। इस यज्ञ में भगवान श्रीकृष्ण ने आगत अतिथियों के चरण धोने का कार्य किया। प्रायः व्यक्ति दूसरों का चरण धोना सम्मान के विपरीत मानते हैं। उन्हें लगता है कि यह कार्य तुच्छ है और मेरे लायक नहीं है। जबकि भगवान श्रीकृष्ण ने यह कार्य खुद किया और दुनिया को यह शिक्षा दी कि कोई भी कार्य छोटा या बड़ा नहीं होता, बल्कि कार्य करनेवाला छोटा या बड़ा होता है। जीवन में बेहतर करने के लिए अहंकार का त्याग कर, विनम्र और सहनशील बनें। खुद परिश्रम करें और दूसरों के श्रम का सम्मान करें, यही जिन्दगी जीने की कला है।

प्रायः व्यक्ति असफल होने के डर से, मेहनत करने के डर से, अपमान महसूस होने के डर से, लोग क्या कहेंगे के डर से कार्य करना नहीं चाहते, उनके मन में व्यर्थ का डर सताते रहता है। इसका कारण है कि उन्हें कार्य की महत्ता एवं कार्य करने की कला नहीं आती। नतीजा वे जीवन में सफलता का स्वाद नहीं चख पाते हैं। ध्यान रखें—

सफलता या असफलता कार्य परिणति का मापदंड है। अगर हम असफल होते हैं तो हमारा अनुभव बढ़ता है और बहुत सी बातें सीखने को मिलती हैं।

कार्य करने पर ही गलती होती है और गलती से सीख लेकर ही हम नई-नई बातों को जानने का अवसर प्राप्त करते हैं। अतः गलती होने के डर से या असफल होने के डर से हम कोई कार्य ही नहीं करें, यह बुद्धिमानी नहीं मूर्खता है। ऐसा व्यक्ति दूसरों को नहीं, खुद को धोखा देता है। ऐसा व्यक्ति जिन्दगी एक कला का मर्म नहीं समझता और अर्कमण्य बना रहता है। अगर कार्य की सफलता हमें खुशी एवं आनन्द देती है तो विफलता सोचने पर बाध्य करती है कि हम असफल क्यों हुए?

याद रखें—

जो व्यक्ति विफलता से सीख लेते हैं, वे ही आगे चलकर दूसरों के लिए सीख एवं अवसर बन जाते हैं।

कहने का अभिप्राय है कि जो व्यक्ति जानते हैं कि कार्य करना एक कला है, वे हर कार्य उत्कृष्ट ढंग से सम्पादित कर दूसरों के लिए सीख एवं अवसर बन जाते हैं। जैसे—दर्जी! दर्जी का कार्य सिलाई-कटाई करना है। वह इस कला में निपुणता हासिल करने के लिए प्रशिक्षण प्राप्त करता है। कपड़े को काट-छाँट कर ग्राहकों के

मनोनुकूल विभिन्न प्रकार की डिजाइन तैयार करता है। वह इस कला में निपुण बन निज का व्यवसाय शुरू करता है, प्रशिक्षण केन्द्र खोलकर दूसरों को प्रशिक्षित करता है। प्रशिक्षित व्यक्ति सामान्य कपड़े का नया-नया सुन्दर डिजाइन का टी-शर्ट, पैंट एवं अन्य पहनावा बनाकर पैसा कमाता है, दूसरों को रोजगार का अवसर उपलब्ध करा नाम कमाता है। कपड़ों पर विभिन्न प्रकार की कलाकृतियों का कशीदा करता है और निर्मित परिधान का निर्यात विदेशों में कर के लाखों-करोड़ों कमाता है। ऐसा व्यक्ति खुद प्रसिद्धि पाता है और दूसरों के लिए सीख एवं अवसर बन जाता है।

आप जिस शहर में रहते हैं, उस शहर को गौर से देखें। उस शहर में दर्जनों से ज्यादा दर्जी सिलाई-कटाई का कार्य करते हैं, परन्तु जो दर्जी सिलाई-कटाई की कला में निपुण होता है, उसकी दुकान पर ग्राहकों की भीड़ लगी रहती है। हर व्यक्ति उसी के यहाँ कपड़ा सिलवाना पसन्द करता है। ऐसा व्यक्ति दूसरों के लिए सीख एवं अवसर बन जाता है। ठीक इसके विपरीत जो व्यक्ति इस कला को नहीं जानते या आधा-अधूरा जानते हैं, उनके यहाँ कोई जाने को तैयार नहीं होता है। आप किसी मोची की दुकान को ही देखें, जो कार्य करने की कला जानते हैं। वे चमड़े से विभिन्न डिजाइनों की सुन्दर, आकर्षक एवं उपयोगी वस्तुएँ बनाकर नाम एवं पैसा अर्जित करते हैं। उसी प्रकार कुम्हार मिट्टी को विभिन्न साँचे में ढालकर विभिन्न आकृतियों वाले सुन्दर बर्तन एवं अन्य सामाग्रियाँ बनाता है। एक मूर्तिकार पत्थर एवं अन्य सामग्रियों को तराश कर विभिन्न देवी-देवताओं, पशु-पक्षियों की मूर्तियाँ बनाकर नाम एवं पैसा कमाता है और दूसरों के लिए सीख बन जाता है। आप भी जिन्दगी जीने की कला सीखें। हर क्षेत्र में ऐसे अनेकों उदाहरण मिल जाएँगे, जहाँ कला के मर्मज्ञ व्यक्ति अपने समय एवं संसाधन का प्रबन्धन कर दूसरों के लिए सीख बन गए। ऐसे व्यक्तियों के लिए कृत कार्य साधना एवं पूजा बन जाते हैं। नतीजा आगे चलकर वे दुनिया के लिए पूज्य बन जाते हैं।

याद रखें—

> *जिस कार्य को करने से मन को शांति मिले, अन्तःकरण में उत्तम विचार जन्मे और दूसरों का अहित न हो, वही पूजा और जिन्दगी जीने की कला है।*

इस प्रकार हम देखते हैं कि कला का मर्मज्ञ व्यक्ति अपना नाम दुनिया में रौशन करता है। कोई संगीत के क्षेत्र में जादू बिखेर रहा होता है तो कोई विज्ञान के क्षेत्र में आकाश की ऊँचाइयों को छू रहा होता है। कोई पाताल लोक में छुपे रहस्यों को उजागर कर विस्मय पैदा करता है तो कोई राजनिति के क्षेत्र में अपनी छाप छोड़ जाता है। ये बातें कला नहीं, तो और क्या है? सिर्फ जादू दिखाना, मूर्ति बनाना, चित्रकारी करना, संगीत या वाद्य यंत्र बजाना कला नहीं है। कला का अर्थ विस्तृत एवं व्यापक है।

दाम्पत्य जीवन बेहतर जीना एक कला है

सुखद एवं सफल दाम्पत्य जीवन जीना जिन्दगी जीने की एक महत्त्वपूर्ण कला है। हमारे धर्म शास्त्रों में भी गृहस्थ जीवन को उन्नत जीवन बताया गया है। इस जीवन को सुखद, सफल एवं आनन्दमय बनाना जिन्दगी जीने की अद्‌भुत कला है। जो व्यक्ति इस कला को जानते हैं, उनकी जिन्दगी बड़े मजे में कटती है। वे जीवन का उद्‌देश्य एवं औचित्य साकार करने में सफल होते हैं। दाम्पत्य का अर्थ ही है एक दूसरे के सुख-दुख का साथी। एक का सुख, दूसरे का सुख और एक की चिन्ता दूसरे की चिन्ता। इसलिए पत्नी को अर्द्धांगिनी की संज्ञा दी गई है। दाम्पत्य सूत्र में बँधने के उपरान्त हम गृहस्थ जीवन में प्रवेश करते हैं और प्रयास करते हैं कि गृहस्थ जीवन सुखमय एवं आनन्दमय हो, खुद और दूसरों के लिए आदर्श एवं अनुकरणीय हो, एक-दूसरे के प्रति विश्वास, प्रेम, सहयोग, सद्‌भाव, समर्पण, सहिष्णुता, क्षमा, त्याग जैसे गुणों का संगम एवं समन्वयन हो। ऐसे व्यक्ति का दाम्पत्य जीवन सुखद, सफल, आनन्दमय एवं दूसरों के लिए उदाहरण बन जाता है। मेरे विचार से दाम्पत्य जीवन का सुखद आनन्द लेना ही सच्चा प्रेम है।

ध्यान रखें—

> *बाल्यावस्था में हम जिन कलाओं को सीखते हैं, उसी का उपयोग गृहस्थ जीवन में करते हैं।*

दाम्पत्य जीवन सुखद एवं सफल हो, इसके लिए छोटी-छोटी बातों पर ध्यान देने एवं सामंजस्य रखने की जरूरत है। एक-दूसरे की भावनाओं और इच्छाओं का सम्मान, गलती होने पर क्षमा भाव एवं त्याग की जरूरत है ताकि एक-दूसरे के बीच का प्रेम जीवन्त और सम्बन्ध मधुर बना रहे। यही जिन्दगी जीने की कला है, जिसके द्वारा व्यावहारिक जगत एवं अतरंग जीवन में प्रेम की अविरल धारा प्रवाहित होती है। यह सचाई है कि दाम्पत्य जीवन को समुद्र की धारा की तरह मर्यादित रहना चाहिये। जिस प्रकार समुद्र में विभिन्न नदियों की जलधारा मिलने के बाद भी कोई हलचल नहीं होती, आपस में टकराकर भी वह शांत और गंभीर रहती है, ऐसे ही आप अपने जीवन में आने वाले हर सुख-दुख को अपने अन्दर समाहित कर आनन्द की अनुभूति करें। समुद्र की लहरों की तरह लहर उठे, परन्तु आपस में टकाराकर शान्त हो जाए। इसी का नाम दाम्पत्य कला है।

शायद आप नहीं जानते—समुद्र की लहरें आपस में टकराकर शान्त न हों और मर्यादा से बाहर आ जाएँ तो तूफान ला देती हैं। यह तूफान इतना भयावह होता है कि विनाश का ताण्डव मचा देता है। ठीक इसी प्रकार यदि पति-पत्नी के बीच की तकरार घर में शान्त न हो और मामला बाहर आ जाय, तो दाम्पत्य जीवन में आग लग जाती है। यह आग इतनी तेज होती है कि एक-दूसरे को तबाह कर के ही दम

लेती है। अत: दाम्पत्य जीवन में उठ रही लहरों को प्यार रूपी सागर में डुबोते रहें, ताकि उसकी धधक शांत रहे। कहने का अभिप्राय है कि दाम्पत्य जीवन में किसी भी प्रकार का मतभेद उत्पन्न हो तो, उसे मिल-जुलकर आपस में निपटाएँ, भूलकर भी उसे बाहर न आने दें और न ही मनभेद में बदलने दें, अन्यथा यह तूफान जीवन में भूचाल ला देगा। जिस प्रकार समुद्र विभिन्न नदियों का पानी एवं दूषित पदार्थ अपने अन्दर समेट लेता है, लेकिन दूसरों के सम्मुख अपना मुख नहीं खोलता, सदैव अपनी मस्ती में गुनगुनाता रहता है, उसका प्रवाह कब घटा और कब बढ़ा, पता भी नही चलता, उसी प्रकार दाम्पत्य जीवन में लाख झंझावात आएँ, मन में कदापि नकारात्मक भाव न आने दें। समस्त उतार-चढ़ाव को प्रेम की धारा में समेट लें। भूलकर भी आपसी प्यार, सहयोग, क्षमा, त्याग एवं मर्यादा में कोई अन्तर न आने दें और न ही मर्यादा की सीमा तोड़ें। हर परिस्थिति में सामंजस्य एवं सहयोग बनाए रखें। कदापि दामपत्य जीवन में उठ रहे हलचल का पता, दूसरों को न लगने दें। यही सुखद एवं सफल दाम्पत्य जीवन का सूत्र और जिन्दगी जीने की कला है।

अगर आप ऐसा नहीं करते, तो आपके दाम्पत्य जीवन में भूचाल आ जाएगा। भूचाल को बाहर न आने दें, उसे प्यार भरे थपेड़ों से शांत करते रहें। परिस्थितियाँ कितनी भी भयावह हों, हर सुख-दुख में एक-दूसरे का साथ दें। आप केवल सुख के साथी नहीं, दुख के भी साथी हैं। सुख को साझा करें और दुख को बाँटें, दोनों स्थिति को समभाव से लें। हालात कितनी भी विपरीत क्यों न हो, कदापि एक-दूसरे पर अविश्वास न करें। सदैव एक-दूसरे का सम्मान करें और विश्वास को बनाए रखें। अन्यथा अविश्वास का भाव दाम्पत्य जीवन में ऐसी दरार उत्पन्न कर देगा, जो दाम्पत्य का सर्वनाश करके ही छोड़ेगा। अत: दाम्पत्य जीवन में किसी बात को लेकर मतभेद हो तो उसे मनभेद में न बदलने दें। मतभेद को आपसी प्यार, सद्भाव एवं सौहार्दपूर्ण वातावरण में निबटाएँ। सदैव प्रेम, सहयोग, दया, क्षमा, त्याग की अखण्ड ज्योति जलाएँ तथा आपसी तनाव को सहनशील एवं सहिष्णु रहते हुए प्यार भरे कोमल स्पर्श से दूर करें।

याद रखें—

प्रेम, सहयोग, सामंजस्य, सम्मान, विश्वास, क्षमा, त्याग और समझौता दाम्पत्य जीवन के मूलमंत्र है।

सामंजस्य का अर्थ खुद एवं दूसरों के बीच बेहतर तालमेल स्थापित करना है। क्षमा, त्याग, सहनशीलता एवं समझौता का भाव ही रिश्तों में मधुरता एवं समरसता स्थापित करता है। फलत: जीवन में प्रेम, उत्साह एवं उमंग के प्रसून खिल उठते हैं। जिन व्यक्तियों को एक-दूसरे के साथ सामंजस्य स्थापित करने की कला नहीं आती, उनका दाम्पत्य जीवन कटुता एवं तनाव से भरा होता है, पति-पत्नी के बीच ईर्ष्या-द्वेष,

कटुता, कलह, वैमनस्य इत्यादि विष-वमन का कार्य करता है। फलतः जीवन जीना इतना दुरूह हो जाता है कि न तो जिया जा सकता है और न ही बचा जा सकता है।

याद रखें—

दाम्पत्य जीवन को सुखद एवं सफल बनाने के लिए सामंजस्य कला में निपुण होना अति आवश्यक है क्योंकि जिन्दगी हमारी शर्तों पर नहीं चलती।

हमें जिन्दगी में आनेवाली विभिन्न परिस्थितियों के साथ सामंजस्य बैठा कर चलना पड़ता है। एक-दूसरे की शर्तों पर चलना ही सामंजस्य है। अगर यह निभती नहीं तो इसका कारण हमारा कठोर व्यवहार, व्यर्थ का अहं, खुद का स्वार्थ और अड़ियल रवैया है। ये तत्त्व सामंजस्य की उर्वरा भूमि को बंजर बना देता है और इस बंजर भूमि में मावनीय संवेदना, नैतिकता एवं जीवन-मूल्य तार-तार हो जाते हैं। सामंजस्य की इस हरीतिमा के संवर्धन के लिए हमें धैर्य, क्षमा, त्याग, सहनशीलता, उदारता, सहयोग, समझौता जैसे गुणों को आत्मसात् करने की जरूरत है।

किसी भी व्यक्ति के जीवन की सफलता और विफलता में दाम्पत्य-जीवन का बहुत महत्त्व है। घर को मन्दिर बनाने और पति को सफलता की ऊँचाइयों पर पहुँचाने में पत्नी की भूमिका महत्त्वपूर्ण है। पत्नी का स्थान दिल और घर में होता है और घर को स्वर्ग बनाने में महत्त्वपूर्ण भूमिका पत्नी का होता है। जो व्यक्ति घर की समस्या को लेकर परेशान और दुखी रहता है, उसके दाम्पत्य में तनाव बना रहता है। ऐसा व्यक्ति शारीरिक और मानसिक रूप से अवसाद में रहता है। नतीजा वह कोई भी कार्य ठीक ढंग से नहीं कर पाता है। ठीक इसके विपरीत जिस व्यक्ति के दाम्पत्य-जीवन में प्रेम और सम्मान की वर्षा होती रहती है, वह परिवार खुशहाल होता है, उसके घर में शांति एवं सद्भाव का माहौल बना रहता है। अतः घर के माहौल में किसी भी प्रकार की नकारात्मक ऊर्जा, तनाव, चिंता, क्रोध, कलह आदि का प्रवेश न होने दें। हमेशा माहौल खुशनुमा रखें और यह पति-पत्नी के प्यार, सामंजस्य, सहयोग, क्षमा एवं त्याग से ही सम्भव है।

पत्नी के लिए पति परमेश्वर है, परन्तु पति को भी उसके योग्य बनना होगा। उसे भी अपनी जिम्मेवारियों को समझना होगा। अपने व्यवहार को कुशल, आचरण को शिष्ट एवं वाणी को संयमित तथा मधुर रखना होगा। ऐसा कोई आचरण या व्यवहार नहीं करना होगा, जिसे एक-दूसरे के मन को ठेस लगे। कुछ ऐसे पति मिलेंगे, जो व्यर्थ की बातों या नशापान कर पत्नी को मारते-पीटते हैं, उनके साथ पशुवत् व्यवहार करते हैं। वे खुद पति धर्म का निवर्हन नहीं करते, परन्तु पत्नी से उम्मीद रखते हैं कि वह हमें परमेश्वर माने। हमारी हर बात में हाँ-में-हाँ मिलाती रहे। हम सही या गलत जो कहें, वह स्वीकार करती रहे। क्या ऐसा पति परमेश्वर कहलाने के योग्य है? आपका भी जबाव होगा—कदापि नहीं। ऐसी स्थिति में परिवार बिखर जाता है और

जीवन नरक बन जाता है। दाम्पत्य जीवन को उत्कृष्ट बनाने के लिए निम्न बातों पर ध्यान देने की जरूरत है, ताकि हम इस कला में निपुण कलाकार बन सकें। आईए हम यह जानने का प्रयास करें कि दामपत्य जीवन जीना एक बेहतर कला है, कैसे?

क्षमा, त्याग, सहयोग, सामंजस्य का भाव रखें

क्षमा और त्याग से उदारता पनपती है और सहयोग से घनिष्ठता बढ़ती है। सामंजस्य और क्षमा-भाव से मन में बैठे मैल धुल जाते हैं। सहयोग, सामंजस्य से प्यार बढ़ता है और ऐसा करने से ईर्ष्या-द्वेष, कटुता कम होती है तथा आक्रोश, आवेश समाप्त होता है। जिन व्यक्तियों के अन्दर दया, क्षमा, त्याग, सहयोग, सद्‌भाव और परोपकार का गुण होता है, वे सामंजस्य निभाने की कला में निपुण होते हैं। ऐसे व्यक्ति का दाम्पत्य जीवन बड़े ही आनन्द में बीतता है। सामंजस्य बनाए रखने हेतु हमें स्वयं को स्वयं के साथ, स्वयं को दूसरों के साथ तालमेल बिठाना होगा। सही मायने में खुद को खुद से, मन को इन्द्रियों से, इन्द्रियों को देह से तथा इन्द्रियों और मन को उच्च स्तरीय चेतना के साथ सामंजस्य स्थापित करना ही जीवन जीने की कला है।

याद रखें—

रिश्ते केवल अपनी शर्त पर नहीं, सामंजस्य की शर्त पर चलते हैं।

आप सामंजस्य स्थापित करने की कला सीखें और रिश्ते की अहमियत समझें। स्वार्थपरक सौदेबाजी से रिश्तों में स्थायित्व नहीं रहता है। इससे रिश्ते जल्दी ही टूटने और बिखरने लगते हैं, क्योंकि रिश्तों को हम अपनी शर्तों पर चलाना और थोपना चाहते हैं। जबकि रिश्ता सामंजस्य की शर्तों पर चलता है। हर व्यक्ति की अपनी भावनाएँ, संवेदनाएँ, आकांक्षाएँ एवं महत्त्वाकांक्षाएँ होती हैं। वह अपने द्वारा बनाई दुनिया में जीना चाहता है और खुद की दुनिया में जीता, जागता, सोचता और विचारता है। अचानक उसे इस दायरे से बाहर नहीं निकाला जा सकता है, जबकि हम उसे अपने अनुरूप देखना चाहते हैं। हम अपने चाहने वाले पर शर्तों की मोटी पोथी थोप देते हैं। हम जैसा कपड़ा पसन्द करें, वही पहने, हम जैसा आहार-विहार करें, वैसा ही करे। हमारे मनोनुकूल वह हर कार्य एवं बर्ताव करे। हमारी रुचि एवं अभिरुचि का ध्यान रखे। हम कहें तो उठे और कहें तो बैठे। हम जैसा चाहें, वैसा ही व्यवहार करे। हम ऐसे तमाम निरर्थक और अधिकारपूर्ण व्यवहारों की एक लम्बी-चौड़ी सूची अपने चहेते पर थोप देते हैं। यदि वह ऐसा करता है तो हमारी निभ जाती है और ऐसा नहीं करता है तो मनमुटाव का दौर शुरू हो जाता है। यह प्यार या सामंजस्य नहीं हो सकता।

अगर हम अपनी शर्तों पर अडिग रहते हैं, तो सम्बन्धों के टूटने तक की परिस्थिति बन जाती है। क्या आपको मालूम है—प्रेम, सामंजस्य, क्षमा, त्याग और सहयोग मन का भाव है। यह कोई वस्तु नहीं है, जिसे शेल्फ में सजा लें और जब चाहें उतारकर

उपयोग कर लें। निश्चित रूप से आप दूसरों को अपने मनोनुकूल ढालना चाहते हैं तो आपको भी उनके मनोनुकूल ढलना होगा।

दोस्तो! याद रखें—

> *विवाह कोई गुड्डा-गुड्डी का खेल नहीं है। यह दो आत्माओं का पवित्र मिलन है और इस मिलन का बन्धन अटूट है।*

लाख झंझावात आने के बावजूद भी यह टस-से-मस नहीं होता, क्योंकि इसकी डोर बहुत मजबूत होती है। यह एक-दूसरे के प्रति ताउम्र सच्ची निष्ठा एवं समर्पण का भाव है। यह बन्धन आपसी प्यार, सद्‌भाव, सहयोग, सहिष्णुता, सहनशीलता और सम्मान की पवित्र शपथ है। इसमें निहित है क्षमा, त्याग, दया, विश्वास का भाव, वाणी की मिठास, प्यार का कोमल स्पर्श और दो हृदय का तार। यह सम्बन्ध अद्वितीय, अविस्मरणीय और सुखद अनुभूति का एहसास है, जहाँ सभी प्रकार की प्यास बुझती है। इस दरिया में क्षमा, त्याग, दया, प्यार, विश्वास एवं सहिष्णुता की अविरल धारा बहती है, जिसमें गोता लगाकर हम जिन्दगी एक कला का अर्थ एवं आनन्द का गूढ़ तत्त्व समझ पाते हैं।

मर्यादा दाम्पत्य का आभूषण है

पति-पत्नी के लिए जिन मर्यादाओं को रेखांकित किया गया है, उनका सम्मान किया जाना आवश्यक है। अगर दोनों में से कोई एक भी इस मर्यादा का पालन नहीं करे और मर्यादा की सीमा लांघे तो दाम्पत्य जीवन में आग लग जाती है। आपसी विश्वास, प्यार, सहयोग, सद्‌भाव, समन्वयन, सम्मान का अभाव हो जाता है। दाम्पत्य जीवन की शुरूआत विवाह संस्कार के साथ ही प्रारम्भ हो जाती है, जहाँ दो अलग-अलग परिवारों एवं परिवेश से आए युवक-युवती एक-दूसरे के साथ पति-पत्नी रूपी नवीन बन्धन में बँधकर नई जिन्दगी की शुरुआत करने की शपथ लेते हैं, ईर्ष्या-द्वेष, कटुता, लोभ, लालच, इत्यादि दुर्भावनाओं से ऊपर उठकर प्यार और विश्वास की धारा से जीवनरूपी बगीचे को सिंचित करते हैं। दोनों का परिवेश, परिस्थिति और आवश्यकताएँ एक-दूसरे से अलग होती हैं, फिर भी एक-दूसरे की इच्छाओं, आवश्यकताओं का ख्याल और मर्यादाओं का सम्मान करना उनका कर्तव्य एवं धर्म होता है। अगर इसमें किसी प्रकार की कोताही बरती जाती है तो मर्यादा को आघात लगता है। ऐसी स्थिति में पवित्र बन्धन के टूटने का खतरा बढ़ जाता है। आपसी प्यार, विश्वास, सुख और आनन्द में खलल पड़ने लगता है। आपस में तनाव, क्लेश, कलह बढ़ जाता है। दाम्पत्य जीवन की गाड़ी सुखद-सफल और सरपट दौड़े और इस सफर में किसी प्रकार का व्यवधान उत्पन्न न हो, इसके लिए दोनों को मर्यादा की सीमा में रहना होगा। एक-दूसरे के प्रति सद्‌भाव, प्रेम, सहयोग,

विश्वास, सम्मान का भाव रखते हुए सामंजस्य की कला सीखनी होगी।

सृष्टि के शाश्वत नियम को बनाए रखने का यह एक पवित्र बन्धन है। इस बन्धन का कोई तोड़ नहीं है। यह बन्धन प्यार का अनोखा संगम, सुखद एहसास एवं अद्भुत आनन्द है, तो क्यों नहीं इसे इतना निर्मल, स्वच्छ, सुन्दर और विशिष्ट बनाया जाय कि जीवन हसीन, रंगीन, आनन्दमय और सुखद अनुभुति में परिवर्तित हो सके।

दोस्तो! याद रखें—

> *शादीशुदा जिन्दगी केवल फूलों की सेज नहीं, बल्कि काँटे भरी राह भी हैं। जो इन काँटों से संभल कर चलना सीख लेते हैं, उन जोड़ों की गाड़ी हँसते-खेलते, खुशी-खुशी मंजिल पर पहुँच पाती है।*

मर्यादा में सहनशीलता का होना आवश्यक है। सहनशीलता किसी व्यक्ति के व्यक्तित्व में निहित एक विशिष्ट गुण है, जो व्यक्ति को महानता की ओर ले जाती है। दाम्पत्य जीवन में सामंजस्य बना रहे, इसके लिए सहनशील होना आवश्यक है। यह हमें विपरीत हालात में आगत दुखों को धैर्यपूर्वक सहन करने तथा तनाव से बाहर निकलना सिखाती है। यह अशान्त एवं तनावपूर्ण माहौल को विनोदपूर्ण बनाती है और आगे बढ़ने की सीख देती है।

सम्बन्धों की अहमियत समझें

दाम्पत्य जीवन से बंधा सम्बन्ध केवल पति-पत्नी का नहीं होता, बल्कि इस बन्धन में बंधने के साथ ही वर और वधू विभिन्न रिश्तों के बन्धन में स्वतः बंध जाते हैं। अन्य सम्बन्धों के रूप में पत्नी अपने पति के लिए प्रेमिका, मित्र, गुरु, माँ और पथ-प्रर्दशक होती है तो पति अपनी पत्नी के लिए रक्षक, संरक्षक, संवर्धक एवं मार्गदर्शक होता है। स्त्री केवल अपने पति की पत्नी नहीं, किसी की बेटी, किसी की बहन, किसी की पतोहू, किसी की भाभी, किसी की गोतनी होती है। अर्थात् वह परिणय सूत्र में बँधते ही बहुत सारे रिश्तों से बँध जाती है। इस बँधन के कारण बने विभिन्न सम्बन्धों की अहमियत समझने वाले व्यक्ति दाम्पत्य रूपी रिश्ते की प्रगाढ़ता को कायम रख पाते हैं। दाम्पत्य कला में निपुण व्यक्ति कदापि एक-दूसरे से अलग होना नहीं चाहते। भले ही जीवन में लाख झंझावात क्यों न आए। वे रिश्ते में किसी प्रकार की दरार नहीं आने देना चाहते, किन्तु कभी-कभी ऐसे मुद्दे सामने आते हैं, जो शान्त जीवन में झंझावात उत्पन्न कर देते हैं।

अतः, महत्त्वपूर्ण यह है कि उत्पन्न झंझावात का सामना आपसी विश्वास, धैर्य, सहयोग एवं शांतिपूर्ण तरीकों से प्यार भरे माहौल में करें। विकट से विकट परिस्थिति में भी एक-दूसरे के प्रति समानुभूति का भाव रखें तथा मर्यादा का उल्लंघन न करें। उत्पन्न हालात को प्यार भरे कोमल स्पर्श से हल करें। एक-दूसरे के प्रति

आपसी विश्वास, समर्पण एवं सहयोग का भाव बनाएँ रखें और कदापि एक-दूसरे पर अविश्वास न करें। समझदारी इसी में है कि लाख झंझावात के वाबजूद भी इस अनमोल रिश्ते को टूटने न दें।

सचमुच, वैवाहिक बन्धन जिन्दगी का स्वर्णिम उपहार, सुखद एहसास और अद्‌भुत आनन्द है। इस उपहार को पग-पग पर सँवारने एवं सुन्दर बनाने की जरूरत है। यह सुखद, सफल एवं आनन्दमय जीवन जीने का अद्‌भुत खजाना है। इस खजाने से हम जितना चाहें खुशी, आनन्द, शांति और अमृत जैसे अनमोल रत्न प्राप्त कर सकते हैं। इस बन्धन में इन अनमोल रत्नों की कोई कमी नहीं है। परन्तु इन रत्नों को हम तब प्राप्त कर सकते हैं, जब हम एक-दूसरे पर अटूट विश्वास, सच्ची निष्ठा, समर्पण और सम्मान का भाव रखते हुए एक-दूसरे को प्यार भरा स्पर्श दें। आप ऐसा करके देखें—आपका जीवन स्वर्ग से सुन्दर बन जाएगा।

स्वीकार्यता का भाव

स्वीकार्यता से हमारा तात्पर्य यह नहीं है कि पति-पत्नी एक-दूसरे की बातों को बिना सोचे-समझे हाँ में हाँ मिलाते रहें। यह भी जरूरी नहीं है कि हर सन्दर्भ पर दोनों की विचारधारा समान हो या किसी बात को लेकर कभी कोई मतभेद उत्पन्न न हो। स्वीकार्यता का तात्पर्य—दाम्पत्य सूत्र में बंधने के बाद जो जैसा है, उसे उसी रूप में स्वीकार करना। अच्छे-बुरे का फर्क समझते हुए एक-दूसरे की मन:स्थिति को अर्न्तमन से स्वीकार करना। प्यार भरे कोमल स्पर्श से निहित अवगुणों को दूर करने तथा अच्छाई को ग्राह्य करने के लिए प्रेरित करना और एक-दूसरे के लिए आदर्श एवं गर्व की अनुभूति करते हुए दूसरों के लिए उदाहरण बनना। जितनी जल्दी इस तथ्य को आप स्वीकार कर लेंगे, यह उतना ही लाभदायक होगा। ध्यान रखें—किसी बात को लेकर मतभेद होना सिर्फ नासमझी नहीं, विवेक भरी मुस्कान भी है, अगर आपकी सोच सकारात्मक, रचनात्मक एवं समझदारी व्यापक हो।

हाँ! इस बात का जरूर ध्यान रखें कि मतभेद के साथ मनभेद उत्पन्न न हो। मतभेद तर्क एवं रोशनी है तो मनभेद मूर्खता और नासमझी है, इससे स्वीकार्यता का भाव समाप्त और रिश्ते तार-तार हो जाते हैं। मानवता मृत हो जाती है और दाम्पत्य का बन्धन टूटने लगता है। इस बन्धन को टूटने न दें और पवित्र रिश्ते की डोर को मजबूत बनाएँ रखें। अन्यथा हमारे अन्दर का शत्रुभाव, ईर्ष्या-द्वेष, कटुता, एवं अहं भाव दाम्पत्य जीवन में आग लगा देगा। दाम्पत्य जीवन के पवित्र बन्धन को अटूट बनाए रखने के लिए सात फेरे के रूप में ली गई शपथ को याद रखना होगा। अन्यथा हम मानव की जगह दानव बन जाएँगे। वैवाहिक जीवन में किसी प्रकार की गाँठ न पड़े और सदैव एक-दूसरे के बीच प्यार, समर्पण, सद्भाव और विश्वास की खुशबू महकती रहे, एक-दूसरे के बीच सहयोग, सामंजस्य और ताजगी बनी रहे, इसके लिए

स्वीकार्यता का भाव आवश्यक है। इस बन्धन की मधुरता और पवित्रता को बनाए रखने के लिए मन में किसी प्रकार की शंका के बादल को न छाने दें और न ही किसी हीन भावना से ग्रसित हों, अन्यथा यह पवित्र बन्धन टूट-टूट कर बिखर जाएगा।

अगर किसी बात को लेकर पति-पत्नी के बीच मतभेद हो तो उत्पन्न मतभेद को खुलेपन एवं प्यार भरे माहौल में सुलझाएँ। खुलकर बातें करें और विचारों का आदान-प्रदान करें। कदापि मतभेद को मनभेद में न बदलने दें। हर मतभेद को घर के अन्दर हल करें और भूलकर भी इसे बाहर न आने दें। वैवाहिक जीवन की ताजगी के लिए मतभेद आवश्यक है, क्योंकि मतभेद के बाद मन में जो भाव उत्पन्न होता है, उससे प्यार की चाह बढ़ जाती है। सम्भव है कि उत्पन्न मतभेद से एक-दूसरे को नई रौशनी मिले। वैचारिक मतभेदता में सामंजस्य का सूत्र एक-दूसरे के प्यार को प्रगाढ़ बनाता है और एक-दूसरे से और करीब लाता है। इसी का नाम आनन्द और प्यार है कि एक की चाहत दूसरे की चाहत बने। एक की जीत, दूसरे की जीत और एक की हार दूसरे की हार बने। ऐसा भाव इस बन्धन को लोहे से भी ज्यादा मजबूत बनाता है।

याद रखें—

पति-पत्नी के रिश्ते में जीत-हार का कोई प्रश्न नहीं होता। एक की जीत दूसरे की जीत तथा एक की हार दूसरे की हार होती है।

अत: दाम्पत्य जीवन में नित्य नए-नए फूल खिलें और उनकी सुगन्ध दूर-दूर तक फैले, इस बात का ध्यान रखें। यही इस बन्धन की खासियत है कि खुद महके और दूसरों को महकाये। खुद खुश रहें और दूसरों को खुश रखें। यही दाम्पत्य का सूत्र और जिन्दगी जीने की कला है। आप इस कला को बनाए रखें तथा दाम्पत्य जीवन को स्वीकार्यता जैसे गुणों से निखारते रहें। कदापि मतभेद की उलझन में न उलझें, बल्कि मतभेद को प्यार भरे स्पर्श एवं खुले मन से दूर करें तथा एक-दूसरे के विचारों को समुचित सम्मान दें।

याद रखें—

कदापि मतभेद को मनभेद में न बदलने दें, अन्यथा, दाम्पत्य बन्धन शीशे की तरह चूर-चूर हो जाएगा, जिसे बाद में चाहकर भी जोड़ नहीं पाएँगे।

सम्मान का भाव

एक-दूसरे की भावनाओं और विचारों का मान-सम्मान करना तथा श्रद्धा, प्रेम एवं विश्वास को बनाए रखना ही किसी भी सम्बन्ध की प्रगाढ़ता की बुनियाद है। दाम्पत्य जीवन में पति-पत्नी को एक-दूसरे की भावनाओं का सम्मान करना चाहिए। हर व्यक्ति सम्मान का भूखा होता है। सम्मान में किसी प्रकार की संकीर्ण सोच न रखें, अन्यथा

दाम्पत्य में दरार पड़ने लगती है। ध्यान रखें—

सम्मान जबरदस्ती नहीं लिया जाता, सम्मान पाने के योग्य बनना पड़ता है।

सम्मान देने से आपका सम्मान घटता नहीं, बढ़ता है। आप भी चाहते हैं कि आपका सम्मान दूसरा करे तो आप भी दूसरों का सम्मान करें। उनकी भावनाओं की कद्र करें और उनके साथ कुशल व्यवहार रखें। एक-दूसरे की बातों को ध्यानपूर्वक सुनें, तदुपरान्त अपनी बातों को रखें। अपने साथी की भावनाओं का ख्याल रखें और किसी बात को लेकर कोई मतभेद हो, तो उस पर खुलकर बातें करें। भूलकर भी एक-दूसरे का अपमान न करें और न ही एक-दूसरे को नीचा दिखाने का प्रयास करें। कदापि जीवनसाथी के समक्ष अपनी श्रेष्ठता साबित करने का प्रयास न करें। इस फोरम पर न कोई छोटा है या बड़ा और न ही कोई तुच्छ और श्रेष्ठ। एक-दूसरे को कदापि नीचा गिराने की नहीं, ऊपर उठाने की बात करें। पति-पत्नी के रिश्ते में एक का सम्मान, दूसरे का सम्मान और एक का अपमान दूसरे का अपमान होता है। सदैव सम्मान का भाव रखें और एक-दूसरे का सम्मान करें।

विश्वास/भरोसा

दाम्पत्य जीवन की सफलता का मूलमंत्र एक-दूसरे पर भरोसा करना और एक-दूसरे का विश्वास जीतना है। कदापि एक-दूसरे का विश्वास न टूटने दें। अविश्वास के सहारे हम एक कदम भी आगे नहीं बढ़ सकते और न ही सुखद जिन्दगी जी सकते हैं। कभी-कभी पति अपनी पत्नी पर और पत्नी अपने पति पर शंका करती रहती है, जो किसी भी दृष्टिकोण से उचित नहीं है। एक-दूसरे के ऊपर शंका करना दाम्पत्य जीवन में जहर घोलना है। अतः शंका के बादल कदापि दाम्पत्य जीवन के ऊपर न आने दें, अन्यथा आपका जीवन नरक बन जाएगा। मन में किसी प्रकार की शंका उत्पन्न हो तो उसका समाधान प्यार भरे माहौल में खुले विचार और वार्तालाप से करें। कदापि अपने बीच किसी तीसरे को न आने दें। शंका समाधान में किसी प्रकार का विलंब भी न करें, अन्यथा शंका की जड़ें गहरी होती चली जाएँगी।

याद रखें—

वैवाहिक जीवन रूपी घरौंदे की नींव विश्वास रूपी पिलर पर टिकी होती है। एक-दूसरे पर विश्वास रखें और भूलकर भी विश्वास न खोएँ।

किसी भी परिस्थिति में विश्वास न खोएँ। सदैव विश्वास बनाए रखें। विश्वास खोने का मतलब सब कुछ खो देना है। विश्वास का अर्थ एक-दूसरे का सम्मान करते हुए एक-दूसरे के प्रति ईमानदार होना है। हर कार्य में पारदर्शिता बरतते हुए एक-दूसरे के भावों को समझना है। खुले मन से एक-दूसरे को स्वीकार करना, एक-दूसरे का

सम्मान करना तथा परस्पर संवाद बनाए रखना है।

शायद आपको नहीं मालूम—विश्वास स्थापित करने में लम्बा समय लगता है, लेकिन टूटने में क्षण भर का समय पर्याप्त है। विश्वास ही सुरक्षा का एहसास कराता है और मन में छुपे भय को बाहर निकाल कर आगे बढ़ने की प्रेरणा देता है। यह हमें यकीन दिलाता है कि जीवन के हर उतार-चढ़ाव में जीवनसाथी आपके साथ रहेगा। जब कभी आपको उसकी जरूरत होगी तो वह सहायता के लिए उपस्थित होगा। एक-दूसरे के प्रति अटूट श्रद्धा और विश्वास ही मन में सुखद भाव की अनुभूति और प्रेम की ज्योति जलाता है। यदि आप चाहते हैं कि दाम्पत्य जीवन में गालों पर सदैव गुलाब की लाली और होंठों पर मधुर मुस्कान खिलती रहे तो प्यार की महक बनाए रखें। कदापि विश्वास को टूटने न दें। विश्वास ही दाम्पत्य की पूँजी और ऊर्जा का स्रोत है। इस बगीचे को सदैव खुशनुमा एवं खुशबूदार बनाए रखने के लिए विश्वास रूपी पौधे को भरोसा रूपी पानी से सिंचित करते रहें। विश्वास रूपी पौधा ही एक-दूसरे के बीच सच्ची निष्ठा, प्यार, त्याग, क्षमा, सहयोग, सामंजस्य एवं समर्पण के भाव को मजबूती प्रदान करता है। सफल एवं सुखद जिन्दगी जीने की सबसे बड़ी पूंजी विश्वास है। यही जिन्दगी जीने की सर्वोतम कला है और इस कला में निपुण व्यक्ति ही जिन्दगी का वास्तविक आनन्द ले पाता है।

बातों को ध्यानपूर्वक सुनें

दाम्पत्य जीवन को सुखद एवं सफल बनाने के लिए एक-दूसरे की बातों को ध्यानपूर्वक सुनें। ध्यानपूर्वक सुनें ही नहीं, उस पर गम्भीरतापूर्वक मनन करें। आपको जीवन जीने के बहुत सारे गुरु मंत्र मिल जाएँगे। परन्तु, दुख की बात है कि प्राय: व्यक्ति जीवन साथी की बातों को गम्भीरता से नहीं सुनते और न ही समझने की कोशिश करते हैं। अगर आप भी ऐसा करते हैं तो कैसे जान पाएँगे कि जीवनसाथी के मन में किस प्रकार के विचार उठ रहे हैं? उनकी मन:स्थिति को कैसे समझ पाएँगे? आप उनकी बातों को सुनें और भावनाओं को समझें। यह जरूरी नहीं कि आप उनकी हर बात से सहमत हों, लेकिन सुनने में कोई हर्ज नहीं। सुनने से लाभ ही होगा। अच्छा वक्ता बनने के लिए भी दूसरे की बातों को ध्यानपूर्वक सुनना आवश्यक है। उन्हें अपनी बातें कहने दें और बीच-बीच में किसी प्रकार की टीका-टिप्पणी न करें। कहने से मन हल्का और मन प्रसन्न रहता है। यही जिन्दगी जीने की कला और दाम्पत्य का आनन्द है। ऐसा भी देखने को मिलता है कि पत्नी कोई बात कहना चाहती है और पति कहता है, मूड नहीं है। अभी मेरे पास समय नहीं है। मैं तुम्हारी बात क्या सुनूँ, तुम बेकार की बातें लेकर बैठ जाती हो। इन बातों से उसके दिल को ठेस लगती है और वह चिड़चिड़ापन एवं अवसाद की शिकार हो जाती है।

ध्यान रखें—

आप उनकी बातों को मानें या नहीं मानें, परन्तु सुनें जरूर।

सिर्फ सुन लेने से बहुत सी समस्याओं का निदान हो जाता है। अगर आप उनकी बातों को नहीं सुनते तो दाम्पत्य में खटास बढ़ती है और बेवजह समस्या का प्रादुर्भाव होता है। आप खुद सोचें—पति दिन भर घर से बाहर रहता है और पत्नी शाम को अपने पति की प्रतीक्षा करती रहती है कि वे घर आएँ तो कुछ जरूरी बातें करें। कुछ अपनी और कुछ घर की सुनाएँ। परन्तु, आप उसकी बातों को नहीं सुनते तो उसके दिल पर क्या बीतेगी? यह पति की महती जिम्मेवारी है कि पत्नी की उपेक्षा न करें, बल्कि उनकी बातों को शान्तिपूर्वक धैर्य से सुनें। इससे एक-दूसरे के बीच प्यार और सम्मान बढ़ता है।

समझौता और सहयोग का भाव रखें

दाम्पत्य जीवन की नींव समझौते और सहयोग की बुनियाद पर टिकी होती है। इस नींव पर बनी इमारत मजबूत, स्थायी और सुखद होती है। आप गौर करें तो पाएँगे कि उन्हीं व्यक्तियों का दाम्पत्य जीवन सुखद एवं सफल होता है, जिनके मन में केवल चुनाव नहीं, समझौता और सामंजस्य का भाव होता है। हम आपसी सहयोग और समझौते के द्वारा ही एक-दूसरे का दिल जीत सकते हैं, प्रेम और प्रसन्नता का सृजन कर सकते हैं। अत: कोई भी घटना या विपदा एक-दूसरे से न छुपाएँ, बल्कि हर दुख को जीवनसाथी के साथ शेयर करें। जब कभी किसी बात को लेकर मतभेद या असमंजस की स्थिति उत्पन्न हो तो ऐसा मार्ग चुनें, जिसमें दोनों की जीत हो।

याद रखें—

दाम्पत्य जीवन में एक की जीत दूसरे की जीत और एक की हार दूसरे की हार है।

अत: दोनों की जीत हो, इस बात का ख्याल रखें। इसके लिए चुनाव को नहीं, समझौते को प्रथामिकता दें और सामंजस्य की कला सीखें। वैवाहिक जीवन कोई शतरंज, क्रिकेट या बैडमिंटन का खेल नहीं है, जहाँ आपको जीतने के लिए सामने वाले को हराना अनिवार्य हो। इस खेल में किसी एक की जीत, दोनों की जीत और एक की हार दोनों की हार होती है। दूसरे शब्दों में हम कह सकते हैं कि इस खेल में हार-जीत का प्रश्न नहीं होता। यदि इस खेल में आप जीत जाते हैं और आपका प्यार हार जाता है, तब भी हार आपकी ही होती है। अत: हार और जीत की बात भूलकर जीने की कला सीखें।

प्राय: व्यक्ति पौरुषता के अहं में अपने जीवनसाथी की बातों को नहीं सुनते, उनकी बातों को तरजीह नहीं देते और अपनी बातें बलात् अपने जीवनसाथी पर थोपते रहते हैं, जिसका गलत खमियाजा पूरे परिवार को भुगतना पड़ता है। अत: जिन्दगी जीने

की कला सीखें और मन में बैठे निरर्थक अहं एवं द्वेष को बाहर निकाल एक-दूसरे को सहयोग एवं समर्थन देना सीखें। अगर कोई समस्या आती है तो उसका निराकरण मिल-जुलकर करें। अगर किसी विषय को लेकर दाम्पत्य जीवन में खींचतान हो तो उत्पन्न हालात का मुआयना करें। चुनाव की जगह समझौता करना सीखें और एक-दूसरे के बीच सामंजस्य स्थापित करें। सारांशत: दाम्पत्य जीवन की डोर को मजबूत और मधुर बनाए रखने के लिए समझौता और सहयोग का भाव रखें। इस भाव को जीवन के हर मोड़ पर जीवन्त रखें, ताकि आप बेहतर जीवन जी सकें।

दुखती रगों को मत कुरेदें

इस सन्दर्भ में स्टीवन कीबी की उक्ति याद रखें—

> *पुराने शिकवे कभी नहीं मरते, वे जिन्दा दफन हो जाते हैं और बाद में किसी के कुरेदने से भद्दे तरीके से बाहर निकल आते हैं।*

अत:, मन के किसी कोने में बैठे गिले-शिकवे को याद न करें। भूलकर भी उन बातों को न कुरेदें, जो आपके हँसते-खेलते दाम्पत्य में आग लगा दें। पुराने शिकवे को कुरेदने से कोई लाभ नहीं, केवल नुकसान ही नुकसान है। आप गिले-शिकवे को भूलकर नई जिन्दगी की शुरुआत करें। यही जिन्दगी जीने की कला और सुखद दाम्पत्य का मूलमंत्र है। अगर आप जीवनसाथी के किसी पुराने शिकवे को लेकर मन में गाँठ बाँध लेते हैं, उनके साथ उचित व्यवहार नहीं करते तो इसका मतलब है कि आप खुद के दाम्पत्य जीवन में समस्याओं और दुखों की खाई खोद रहे हैं। प्राय: किसी अन्तरंग सम्बन्ध को लेकर दोनों के बीच एक-दूसरे की आलोचना, टीका-टिप्पणी अथवा गलतियाँ ढूँढ़ते रहने की आदत होती है और यही आदत जीवन की सबसे बड़ी भूल बन जाती है। अगर आपके मन में इस प्रकार का भाव है, तो उसका त्याग करें। यह आपके बीच वैमनस्यता और दरार उत्पन्न करता है, जिसे पाटना बहुत मुश्किल होता है।

आप चाहते हैं कि दाम्पत्य जीवन सुखद एवं सफल बीते तो पुराने शिकवे को कुरेदना बन्द कर नए जीवन की शुरुआत करें। इसी प्रकार किसी कार्य को ससमय नहीं करने या विलम्ब से करने पर एक-दूसरे के ऊपर टीका-टिप्पणी करना, कार्य की जिम्मेवारी न लेना और सब कुछ जीवनसाथी पर छोड़ देना वैवाहिक जीवन में खीझ उत्पन्न करता है। यदि आप दाम्पत्य रूपी बगीचे को प्रेमवाटिका बनाना चाहते हैं और इस वाटिका में खुशियों की बरसात करना चाहते हैं तो एक-दूसरे के प्रति गिले-शिकवे को भूलकर अच्छा व्यवहार रखें।

कहने का अभिप्राय है कि—

> *एक-दूसरे के मनोभावों को समझें तथा आत्मा की उन गहराइयों तक*

प्यार करें, जहाँ एक का दुख, दूसरे की आँखों का आँसू बन जाए और एक की खुशी दूसरे के चेहरे पर गुलाब खिला दे।

सही मायने में दाम्पत्य जीवन का सार यह है कि आप एक-दूसरे के मनोभावों को समझें। जो व्यक्ति इस भाव को और जीवन के सार तत्त्वों को आत्मसात् कर लेते हैं, उनका दाम्पत्य जीवन सुखद एवं सफल होता है। परन्तु, दुख की बात है कि प्राय: व्यक्ति अपने जीवनसाथी की पुरानी बातों को जानबूझ कर कुरेदते रहते हैं। बात-बात पर टिका-टिप्पणी और मीन-मेख निकालते रहते हैं। नतीजा उनका दाम्पत्य कष्टमय एवं दु:खद हो जाता है। उनकी हसीन एवं अनमोल जिन्दगी नरक बन जाती है। जैसे—किसी व्यक्ति की शादी होती है। पत्नी सुन्दर, व्यवहारकुशल एवं प्रतिभावान है। दाम्पत्य जीवन बड़े आनन्द में जी रहे हैं, लेकिन एकाएक उन्हें गलत या सही जानकारी मिलती है कि पत्नी का शादी के पूर्व किसी से प्रेम था या वह बलात्कार की शिकार हो चुकी है। इस बात को लेकर उनके जीवन में आग लग जाती है। दोनों के बीच खाई इतनी गहरी बन जाती है कि हँसता-खेलता दाम्पत्य बोझ बन जाता है। यदि मान भी लिया जाए कि ऐसी घटनाएँ घटी हैं तो बेहतर यह है कि आप अपने वैवाहिक जीवन में इन बातों को न लाएँ। उन घटनाओं को न कुरेदें, अन्यथा आपका दाम्पत्य जीवन नरक बन जाएगा।

याद रखें—

बीती बातों को कुरेदने से कोई लाभ नहीं, ऐसा करना सुखद एवं हसीन जिन्दगी को नरक बनाना है।

अगर आप उपर्युक्त बातों को नहीं समझते, तो दाम्पत्य जीवन को नारकीय बनाने के लिए आप खुद जिम्मेवार हैं। दोस्तो! याद रखो—जो घटनाएँ घट चुकी हैं, उन्हें हम रोक नहीं सकते, परन्तु घटित घटना से सीख लेकर भविष्य को सुखद बना सकते हैं। बीती घटनाओं को भूलकर हम जीवन को हसीन बना सकते हैं। ठीक इसके विपरीत आप बीती हुई घटनाओं को कुरेदते हैं या मन में कोई कुंठा पाल लेते हैं, तो अपना और अपने जीवनसाथी की जिन्दगी बर्बाद करते हैं।

याद रखें—

यह जीवन अनमोल है, जो रोने के लिए नहीं, प्रसन्न रहने के लिए मिला है। जीवन को नरक नहीं, स्वर्ग से सुन्दर बनाएँ।

जीने की कला सीखें

दोस्तो! आपने यह गीत सुना होगा—"दुनिया में हम आए हैं, तो जीना ही पड़ेगा, जीवन है अगर जहर तो पीना ही पड़ेगा।"

आप हँसकर जिएँ या रोकर जिएँ, तो क्यों नहीं हँसकर जीने की कला सीखें। सचमुच जिन्दगी जीना एक कला है और जो व्यक्ति इस कला को जानते हैं और इस कला में निपुणता हासिल करते हैं, उनके लिए जीवन अनमोल, सुन्दर, अमृत, स्वर्ग, सीख बन जाता है। ठीक इसके विपरीत जो व्यक्ति इस कला को नहीं जानते, उनके लिए जिन्दगी बोझ। यही कारण है कि हर व्यक्ति ने जीवन को अपने-अपने ढंग से जीया और अपने नजरिये से परिभाषित किया। किसी ने कहा—संघर्ष ही जीवन है। किसी ने कहा—कर्म ही जीवन है। किसी ने इसे खुदा की नेमत कहा तो किसी ने काँटों भरी सेज कहा। किसी ने दुखों का पहाड़ कहा तो किसी ने सुख एवं आनन्द का सागर कहा। सब कुछ जिन्दगी जीने की कला पर निर्भर करता है कि आप जिन्दगी कैसी जीना चाहते हैं? सही मायने में वही व्यक्ति जीवन का आनन्द ले पाता है, जो अपने अन्दर छुपे सौन्दर्य को देख पाता है, स्व के अन्दर स्थित दिव्य ज्योति को जला पाता है, अपने भावों को सुन्दर एवं विचारों को उन्नत बना पाता है, दुर्भावनाओं का त्याग कर सद्गुणों को ग्रहण कर पाता है। प्रतिशोध की जगह खुद को बदल पाता है।

इसमें कोई अतिशयोक्ति नहीं कि जीवन फूलों एवं काँटों भरा गुलशन है। यहाँ कदम-कदम पर ठोकरें हैं, तो खुशबू भी है। सुख है तो दुख भी है। आनन्द है तो उदासी भी है। निराशा है तो आशा भी है। लेकिन, यह आपके जिन्दगी जीने की कला पर निर्भर करता है कि आप क्या चाहते हैं? अगर आप ठोकरों से बचना चाहते हैं तो दूसरों के मार्ग में पड़े काँटे हटाने होंगे। निराशा को आशा में तथा काँटों को फूलों में बदलने की कला सीखनी होगी।

दोस्तो! याद रखें—

> *यह जीवन केवल खुद बेहतर करने के लिए नहीं, बल्कि इससे जुड़े बहुतेरे लोगों के सपने को पूरा करने एवं सम्बन्धों का निर्वहन पूरी निष्ठा एवं ईमानदारी से करने के लिए मिला है। आप इस जीवन का मूल्य समझें और जिन्दगी जीने की कला सीखें।*

जिन्दगी जीने की कला सीखने के लिए स्वयं को नियमित और संयमित रखना होगा। वाणी को मधुर, विनम्र तथा व्यवहार को कुशल बनाना होगा। अहं, ईर्ष्या-द्वेष, से बाहर निकल प्रेम एवं त्याग की ज्योति जलानी होगी। संसाधनों की कमी का रोना रोने के बजाए निहित संसाधनों के बल आगे बढ़ने का गुर सीखना होगा। दूसरों की सफलता से सीख लेकर असफलता के कारणों को दूर करना होगा। अवगुणों से बाहर निकल, निहित गुणों को निखारना होगा। छुपी प्रतिभा को बाहर निकाल निहित शक्ति की परीक्षा लेनी होगी। प्यार, सहयोग, सद्भाव, सहिष्णुता, क्षमा, त्याग एवं सामंजस्य जैसे गुणों एवं उन्नत विचारों को जीवन का मूलमंत्र बनाना होगा। अन्याय

का प्रतिरोध और न्याय का साथ देना होगा। प्रतिशोध की जगह खुद को बदलकर देखना होगा।

यह जीवन प्रकृति प्रदत्त अनमोल उपहार है, इसका स्वागत मुस्कराकर करें। उपहार का अर्थ है, जिसे ग्रहण कर आनन्द की अनुभूति हो। आप जीवन की अनमोलता एवं सुन्दरता को बनाए रखना चाहते हैं तो जिन्दगी जीने की कला सीखें। आप ऐसा कलाकार बनें कि आपकी उपस्थिति मात्र से ही दूसरों को खुशी मिले। आपकी कला लोगों के लिए उपहार एवं उदाहरण बन जाए। जिन्दगी जीने की कला सभी कलाओं में उत्कृष्ट है और इसे जानकर-समझकर एवं आत्मसात कर आप जैसा चाहें बन सकते हैं और जो चाहें कर सकते हैं। इस कला में निपुण व्यक्ति के लिए जीवन अनमोल है, अवसर है, सीख है, गीत है, आनन्द है, अमृत है। ठीक इसके विपरीत जो व्यक्ति जिन्दगी जीने की कला नहीं जानते, उनके लिए जिन्दगी दुख, दुर्भाग्य और बोझ। आइए, इस सन्दर्भ में मैं आपको एक प्रसंग सुनाता हूँ।

एक स्त्री सिरदर्द की शिकायत लेकर डॉक्टर के पास गई। पूरी जाँच-पड़ताल के बाद डॉक्टर ने पूछा—मैडम! आपको कोई मानसिक परेशानी तो नहीं है?

मैडम ने कहा—मेरे बच्चे बहुत परेशान करते हैं।

डॉक्टर ने पूछा—बच्चों की उम्र क्या है?

मैडम ने कहा—एक की उम्र 5 वर्ष और दूसरे की उम्र 3 वर्ष है।

डॉक्टर ने कहा—मैडम! आप तो बहुत खुशनसीब हैं कि कुदरत ने आपको दो खूबसूरत एवं अनमोल तोहफे दिए हैं। आप उनके साथ जीवन के प्रत्येक क्षण का आनन्द लें। उनके बचपन में खो कर अपने बचपन को याद करें। यह जीवन बार-बार नहीं मिलने वाला है। आज जो बच्चे आपको परेशानी का कारण लग रहे हैं, कल वे बड़े हो जाएँगे, तो उनके पास आपसे बात करने का वक्त नहीं होगा। आप उनके बचपन में अपने बचपन को याद कर जीवन का आनन्द लें। आपको अद्‌भुत खुशी होगी और आपका सरदर्द भी खत्म हो जाएगा। यही जिन्दगी जीने की कला है। आप भी जिन्दगी जीने की कला सीखना चाहते हैं तो निम्न बातों को जीवन में उतारें—

- जीवन का मूल्य समझें।
- जीवन का लक्ष्य निर्धारित करें।
- प्रत्येक कार्य का मूल्य समझें।
- समय प्रबन्धन का गुर सीखें।
- विनम्रता से दोस्ती करें।
- अहंकार का त्याग करें।
- सामंजस्य की कला सीखें।
- सीखने की आदत डालें।

- दुख से सीख लें।
- समस्या में आनन्द ढूँढ़ें।
- अवसर के योग्य बनें।
- खामियों को खूबियों में बदलें।
- व्यक्तित्व को सुन्दर बनाएँ।

जीवन का मूल्य समझें

दोस्तो! इस जीवन का मूल्य अमूल्य है। यह जीवन अनमोल और 84 लाख योनियों में श्रेष्ठ है। इस जीवन की अनमोलता और श्रेष्ठता को साबित करना हमारा कर्तव्य एवं दायित्व है। इसके लिए जरूरी है कि हम अनमोल जीवन का मूल्य समझें और इसका औचित्य साकार करें। जब ईश्वर ने हमें अन्य जीव-जन्तुओं से अलग बनाया है, हमें सोचने-समझने की शक्ति दी है, कुछ कर दिखाने का जज्बा एवं निर्णय लेने की क्षमता दी है, जिसके सहारे हम जीवन मूल्य को समझकर जिन्दगी जीने की कला सीख सकते हैं, सही-गलत, उचित-अनुचित का निर्णय ले सकते हैं, किसी व्यक्ति या वस्तु में निहित अच्छाई को ग्रहण कर बेहतर आदमी बन सकते हैं, खुद प्रकाशवान बन दूसरे को प्रकाशित कर सकते हैं। इतनी अद्‌भुत क्षमता एवं अपरिमित शक्ति हमारे अन्दर निहित है तो यह जीवन अनमोल नहीं तो क्या है?

याद रखें—

> *ईश्वर ने हमें यह अनमोल जीवन केवल अपनी मौज-मस्ती एवं सुख-सुविधा में डूबे रहने तथा माया-मोह के बन्धन में उलझे रहने के लिए नहीं दिया है। उन्होंने हमें यह जीवन दूसरों का परोपकार करने के लिए दिया है। हमें सृष्टि के शाश्वत नियमों को बनाए रखने की जिम्मेवारी सौंपी है। हम इस जीवन का मूल्य समझ कर खुद और दूसरों के लिए सारगर्भित एवं उपयोगी बन सकते हैं।*

मूल्यों की समझ ही हमें अन्य जीव-जन्तुओं से श्रेष्ठ बनाती है तथा अलग पहचान दिलाती है। इसे जानने एवं समझने के लिए ईश्वर ने हमें सोचने-समझने की शक्ति दी है कि हम कोई भी कार्य सोच-समझ कर करें। हर कार्य को जीवन मूल्यों की कसौटी पर कसें और जो उचित हो, वह करें। समस्त प्राणियों को समभाव से देखें और किसी के साथ कोई विभेद न करें। अपने दुख-दर्द की भाँति दूसरे जीव-जन्तुओं के दुख-दर्द को समझें। समानुभूति का भाव रखते हुए दीन-दुखियों की सेवा करें और जरूरतमन्दों के काम आएं। यही जीवन का सच्चा मूल्य है। जिस दिन हम जीवन मूल्यों को समझ लेंगे और उन मूल्यों को जीवन में उतार लेंगे, हमारी एक अलग पहचान होगी। हम सर्वत्र प्रशंसा के पात्र एवं दूसरों के लिए आदर्श बन जाएँगे।

याद रखें—

जीवन-मूल्यों को जानने-समझने एवं आत्मसात् करनेवाला व्यक्ति ही जिन्दगी जीने की कला सीख पाता है।

आप भी जिन्दगी जीने की कला सीखें। इस कला को सीखने के लिए आप जो भी क्षेत्र चुनें, वह मूल्यों पर आधारित हो। आप स्व के अन्दर सद्गुणों को निखारें और उन गुणों का सदुपयोग बेहतर जीने एवं जीवन-मूल्यों के रक्षार्थ करें। यदि आपके पास धन है, बल है तो निहित धन एवं बल का सदुपयोग दीन-दुखियों की सेवा और जग कल्याण में करें। सकारात्मक सोच रखते हुए रचनात्मक कार्यों में अपनी ऊर्जा एवं समय दें। आप ऐसा करके देखें—आपकी कला का जादू ऐसा निखरेगा कि लोग देखते रह जाएँगे।

याद रखें—

हम जीवन मूल्यों से भटककर स्वस्थ समाज एवं राष्ट्र का निर्माण नहीं कर सकते। कोई भी समाज जिसने खुद का मूल्य एवं सिद्धान्त खो दिया, वह विनाश के गर्त में समा जाता है।

अत: जीवन मूल्यों को समझें और जिन्दगी जीने की कला सीखें। हम जीवन मूल्यों को समझकर ही मानवीय संवेदना को जिन्दा रख सकते हैं। इन मूल्यों पर खरा उतर जीवन का औचित्य साकार कर सकते हैं। परन्तु, दुख की बात है कि हम मूल्यों को भूलकर पाशविक प्रवृत्ति की ओर बढ़ रहे हैं। हमारे अन्दर पाशविक प्रवृत्ति बढ़ रही है और इनसानियत मर रही है। इसका कारण है कि हमने क्षणिक सुख-सुविधा एवं ऐश्वर्यिक साधनों की प्राप्ति को जीवन का लक्ष्य मान लिया है। हम मूल्यों से भटक कर मानवता को भूल गए हैं। मानवता शर्मसार हो रही है और इनसानियत की जगह हैवानियत अपनी सत्ता फैला रही है, फिर भी हम चुप हैं, क्योंकि हमारी संवेदना मर चुकी है। हमें अपने अन्दर से हैवानियत को बाहर निकालने और इनसानियत को जिन्दा रखने की जरूरत है।

याद रखें—

जब इनसानियत ही नहीं रहेगी तो हम जी कर क्या करेंगे। इनसानियत ही हमारी पहचान और श्रेष्ठता की परिचायक है।

जिन्दगी जीने की कला सीखने के लिए हमें कार्य का मूल्य समझना होगा। हमारे कार्य का मूल्य खुद और दूसरों के लिए कितना महत्त्वपूर्ण है? क्या हमारे कृत्य की परिणति खुद, परिवार, समाज और राष्ट्र के लिए महत्त्वपूर्ण है? क्या हमारा कृत्य मानवीय मूल्यों का आईना है? क्या हमारा कृत्य जीवन मूल्यों पर खरा उतरता है?

क्या इसकी परिणति 'सर्वे भवन्तु सुखिन : सर्वे सन्तु निरामया' को साकार करती है? अगर उपर्युक्त प्रश्नों का उत्तर स्वीकारात्मक है तो आपका कार्य मूल्यवान है। आपको कार्य-मूल्य की समझ है। आप ऐसे कार्य को केवल करें ही नहीं, बल्कि अच्छे ढंग से करने की कला सीखें।

याद रखें—

> *जीवन कला में निपुण व्यक्ति अपने बारे में खुद नहीं बोलते, उनका कार्य बोलता है।*

जैसे—साहित्य के क्षेत्र में प्रेमचन्द्र, जयशंकर प्रसाद, राष्ट्रकवि रामधारी सिंह दिनकर, सूर्यकांत त्रिपाठी निराला, नार्गाजुन, फणीश्वर नाथ रेणु, गुरुदेव रवीन्द्र नाथ टैगोर जैसे साहित्यकारों ने अपनी रचना के माध्यम से यह सिद्ध कर दिया कि साहित्य-कला के धनी व्यक्ति खुद नहीं, उनकी रचना बोलती है। इसी प्रकार क्रिकेट जगत में सुनील गवास्कर, कपिलदेव, सचिन तेंदुलकर, सौरब गांगुली, महेन्द्र सिंह धोनी जैसे खिलाड़ियों ने यह सिद्ध कर दिया कि उनके बारे में वे नहीं, उनका बल्ला बोलता है। फिल्म जगत में अभिनेता के रूप में राजकपूर, राजेन्द्र कुमार, धर्मेन्द्र, अमिताभ बच्चन, सलमान खान आदि, अभिनेत्री के रूप में मीना कुमारी, वैजयन्ती माला, हेमा मालिनी, माधुरी दीक्षित, प्रियंका चोपड़ा, करिश्मा कपूर, ऐश्वर्या राय जैसे कलाकारों ने अपने बारे में कभी कुछ नहीं बोला, उनका अभिनय उनके बारे में बताता है। कहने का अभिप्राय है कि आपकी कार्य करने की शैली और कार्य की उत्कृष्टता आपके बारे में सब कुछ बोल देती है। इन महान विभूतियों ने यह सिद्ध कर दिया कि जिन्दगी जीना एक कला है और कार्य को उत्कृष्ट रूप में निष्पादित करना जीवन का औचित्य।

आप भी उन महान कलाकारों की जीवनी से सीख लें और जिन्दगी जीने की कला में निपुण बनें। जीवन के हर कार्य को उत्कृष्ट रूप में निष्पादित करें तथा प्रतिदिन कृत कार्य में निखार लाकर उत्कृष्ट कला का प्रदर्शन करें। ध्यान रखें—

> *कोई भी कार्य छोटा या बड़ा नहीं होता। कार्य करने वाला व्यक्ति छोटा या बड़ा होता है।*

किसी कार्य को कोई व्यक्ति बेहतर ढंग से निष्पादित कर नाम, धन, यश अर्जित कर जाता है और उसी कार्य को दूसरा व्यक्ति कर रोता रहता है। निर्धन एवं संसाधन विहीन व्यक्ति सार्थक कार्य को उत्कृष्ट रूप में निष्पादित कर महान बन जाते हैं, जबकि साधन सम्पन्न व्यक्ति मूल्यहीन कार्य कर मानवता के नाम पर कलंक बन जाते हैं। इतने बड़े अन्तर का मुख्य कारण कार्य-मूल्य एवं जिन्दगी जीने की कला की समझ नहीं होना है।

नैतिक मूल्यों को समझें

नैतिकता खुद की सोच है, जो हमारे कृत एवं व्यवहार से झलकती है। इसकी समझ हमें जीवन-मूल्य, कार्य-मूल्य एवं समय-मूल्य की समझ से आती है। यह अच्छाई-बुराई, सही-गलत, धर्म-अधर्म के बीच का अन्तर समझने की परख है। यह खुद का धर्म और मानवीय मूल्यों की समझ है। दया, क्षमा, त्याग, सहयोग, सद्भाव, सहिष्णुता का भाव रखते हुए दूसरों के हितों और मान-सम्मान का ख्याल रखना है। हमारा कृत, आचरण एवं चरित्र नैतिक मूल्यों की कसौटी पर कसा जाना चाहिए। जैसे—जिन्दगी जीने के लिए संघर्ष जरूरी है, परन्तु संघर्ष का अर्थ यह नहीं है कि हम व्यर्थ की चीजों को पाने के लिए लड़ते रहें, अपने से कमजोर को सताते रहें, अचेतन प्राणी की बलि चढ़ाते रहें या मन में जो आए वह करें। नैतिकता का मतलब खुद मूल्यों पर चलना और दूसरों को मूल्यों पर चलने के लिए प्रेरित करना है। यह हमें दूसरे की भावनाओं को ठेस पहुँचाकर, दूसरे के हितों की बलि चढ़ाकर अपने मकसद को पूरा करने की सीख नहीं देती। यह हमें मूल्यों पर चलने की सीख देती हैं।

सही मायने में नैतिकता हमारी इनसानियत है, मानवीय संवेदना और विविध मूल्यों की समझ है। कर्तव्यों एवं दायित्वों का निवर्हन है। विविध मूल्यों के प्रति संवेदनशील रहकर स्वयं की उन्नति करना, अपनी क्षमता का संवर्धन करना और दूसरों की उन्नति में सहयोग करना है। उन कृत्यों को करना है, जिससे दूसरों की भावनाओं को ठेस न पहुँचे और दूसरों का अहित न हो। हमारा कृत बहुजन हिताय एवं बहुजन सुखाय के लिए हो। जीवन के हर मोड़ और परिस्थिति में मूल्यों के साथ चलना ही नैतिकता है। दूसरे शब्दों में हम कह सकते हैं कि—जीवन मूल्यों की कसौटी पर खरा उतरते हुए अपनी आवश्यकताओं की पूर्ति करना तथा कृत कार्य से धन एवं यश अर्जित कर मानव प्राणी का कल्याण करना ही नैतिकता है।

राष्ट्रपिता महात्मा गाँधी के शब्दों में—

- मेहनत के बिना दौलत।
- अन्तर्रात्मा के बिना आनन्द।
- नैतिकता के बिना व्यापार।
- इनसानियत के बिना विज्ञान।
- त्याग के बिना धर्म।
- सिद्धान्त के बिना राजनीति और
- चरित्र के बिना ज्ञान अनैतिक है।

कहने का अभिप्राय है कि आप कोई भी कार्य नैतिक मूल्यों से परे जाकर करते हैं तो पाप है। ऐसे कृत की परिणति सुखद नहीं होती। भले ही आपको क्षणिक सुख की अनुभूति हो, लेकिन भविष्य दुखद होता है। यदि आप सच्चा सुख और आनन्द

पाना चाहते हैं तो मूल्यों के साथ जीने की कला सीखें। जिस दिन आप राष्ट्रपिता द्वारा कही बातों को जीवन में आत्मसात् कर लेंगे, आप जिन्दगी एक कला का मर्म समझ जाएँगे। जीवन का उद्देश्य निरन्तर आगे बढ़ना एवं उन्नति का मार्ग प्रशस्त करना है। परन्तु, ध्यान रखें—

उन्नति का मतलब नैतिक मूल्यों से परे जाकर उन्नति करना नहीं होता,
बल्कि उन्नति वह है, जिससे मानवता कायम रहे और सबका कल्याण हो।

हम दुनिया के समस्त वैभव को प्राप्त कर लें, परन्तु हमारे अन्दर मानवता नहीं है तो हम मनुष्य कहलाने के अधिकारी नहीं हैं। प्रायः व्यक्ति खुद नैतिक नहीं होते, लेकिन बात-बात में नैतिकता की दुहाई देते हैं। वे खुद के कृत्य और व्यवहार की समीक्षा नहीं करते कि उनके अन्दर नैतिक गुणों का विकास हो रहा है या ह्रास, परन्तु नैतिकता का प्रश्न बार-बार उठाते हैं। अतः महत्त्वपूर्ण यह है कि हम दूसरों की नैतिकता पर प्रश्न उठाने के पूर्व खुद के अन्दर झांक कर देखें कि हम खुद कितने नैतिक हैं। क्या हम नैतिक रूप से मजबूत हैं? यदि हमारे अन्दर नैतिक मूल्यों की कमी है तो पहले हम स्वयं में सुधार लाएँ। जिस दिन हम अपने अन्दर की खामियों को दूर कर नैतिक मूल्यों पर खरा उतरेंगे, हमारी पहचान एक अच्छे इनसान के रूप में होगी।

सही मायने में नैतिकता हमारा उत्तम सोच, चरित्र और स्वाभिमान है। यह मानवीय एवं जीवन मूल्यों के प्रति सच्ची निष्ठा है, कर्तव्यों का ईमानदारीपूर्वक निवर्हन एवं दायित्वों की समझ है। यह हमेशा अच्छा करने की प्रेरणा एवं जीवन मूल्यों पर खरा उतरने की नसीहत देता है। यह कभी भी दूसरों के हितों की बलि चढ़ाकर, अपने हित की बात नहीं करता और न ही अनैतिक तरीकों से सुख-सुविधा पाने की चाह रखता है।

विनम्रता से दोस्ती करें

अगर आप जिन्दगी जीने की कला सीखना चाहते हैं, तो विनम्रता से दोस्ती करें। यह हमारे व्यक्तित्व में पाया जाने वाला ऐसा गुण है, जो कठिन कार्य को सहज और शत्रु को भी मित्र बना देता है। यदि आपके व्यक्तित्व में विनम्रता शामिल है, तो आप सर्वत्र मान-सम्मान एवं प्रशंसा के पात्र हैं। परन्तु विनम्रता का अर्थ झुकना या स्वयं को कमजोर समझते हुए अनुनय-विनय करना नहीं, खुद पर गर्व महसूस करते हुए दूसरों का सम्मान करना है। खुद की वाणी, व्यवहार एवं आचरण में लोच रखते हुए जरूरतमन्दों के काम आना, दूसरों का कल्याण करना एवं खुद को सभ्य ढंग से शालीनतापूर्वक प्रस्तुत करना है। यह हमारा स्वाभिमान है, गर्व है तथा अपने कार्य एवं व्यवहार से दूसरों को खुश रखने का भाव है।

सही मायने में विनम्रता हमारा शिष्ट व्यवहार, शालीनता, मधुर वाणी तथा अपनी बातों को दूसरों के समक्ष सौहार्दपूर्ण वातावरण में प्रस्तुत करने की शैली है। अपने

आचरण एवं कृत से दूसरों को खुश रखने की कला है। अगर विनम्रता आपके व्यक्तित्व में शामिल है तो आपको जिन्दगी जीने का कला मालूम है।

याद रखें—

आप अपने लिए जिस व्यवहार की अपेक्षा दूसरों से करते हैं, वैसा ही व्यवहार आप दूसरों के प्रति रखें।

दूसरे शब्दों में आप विनम्रता से दोस्ती करना चाहते हैं तो अपने अन्दर के अहं का त्याग करें, उसे भस्म कर दें। विनम्रता खुद-ब-खुद आपके पास चली आएगी। विनम्रता आपके व्यक्तित्व में निहित ऐसा गुण है, जिससे हर व्यक्ति आपकी संगत करने को लालायित रहता है। यह हमारे अन्दर की सुन्दरता है, माधुर्य है, कुशल व्यवहार है। किसी भी परिस्थिति में विनम्रता का साथ न छोड़ें।

अहंकार का त्याग करें

जिन्दगी जीने की कला सीखने, ज्ञान प्राप्त करने, दूसरों से सम्मान प्राप्त करने के लिए विनम्रता से दोस्ती करें और अहंकार का त्याग करें। अहंकार किसी भी व्यक्ति के व्यक्तित्व में निहित ऐसा दुर्गुण है, जो उसे कहीं का नहीं छोड़ता। चाहे व्यक्तित्व निर्माण की बात हो या सामाजिक, आर्थिक, राजनीतिक विकास की बात हो, हर क्षेत्र में अहंकार अवरोध का कारण है। इससे किसी का कल्याण नहीं हुआ है, उल्टे इस दुर्गुण युक्त व्यक्ति का सर्वनाश ही हुआ है। इतिहास इस बात का साक्षी है कि जिन व्यक्तियों ने अहंकार का परित्याग नहीं किया, वे विनाश के गर्त में समा गए। उदाहरण स्वरूप—लंका नरेश रावण, हिरण्यकश्पु, कंस का अन्त उसके अहंकार के कारण ही हुआ। आपने यह श्लोक सुना होगा—'एकोडहं द्वितीयो नास्ति' जो व्यक्ति यह मानता है कि मैं ही सब कुछ हूँ, दूसरा कोई नहीं। ऐसी सोच दूसरों का नहीं, खुद का विनाश करती है। यह हमारे अन्दर पाया जानेवाला ऐसा दुर्गुण है, जो हमें कहीं का नहीं छोड़ता। ऐसा व्यक्ति मानवीय गुणों को भूलकर, बददिमागी बन जाता है। जिस प्रकार रस्सी जल जाने पर भी अपनी ऐंठन नहीं छोड़ती, उसी प्रकार अहं के दर्प में चूर व्यक्ति के खुद का सर्वनाश हो जाने के बावजूद उसके दिमाग से झूठी शान-शौकत एवं शेखी बघारने का भूत नहीं उतरता। आप इतिहास पलट कर देख लें। ऐसे अनेकों उदाहरण मिल जाएँगे, जिनके जीवन का अन्त उनके अहं के कारण हुआ।

जैसे—महाभारत का युद्ध दुर्योधन की जिद्द एवं अहंकार के कारण हुआ, राजा कंस एवं हिरण्यकश्पु का वध उनके अहंकार के कारण हुआ। रावण जैसे प्रतापी शासक का अन्त उसके अहं के कारण हुआ। जब इतने बड़े-बड़े शासकों का अन्त उसके अहं के कारण हुआ, तो हम और आप तो एक साधारण मानव हैं। अहंकार

एक झूठा गर्व है, जो व्यक्ति को जिद्दी, अड़ियल एवं अशिष्ट बनाता है। यह हमारे झूठे मान-सम्मान को बढ़ाकर शीशे की भांति चूर-चूर कर देता है, जिसे हम चाहकर भी बाद में नहीं जोड़ पाते हैं। अहंकारी व्यक्ति अहं के दर्प में इस कदर चूर रहता है कि वह स्वयं को ज्ञानी, बुद्धिमान एवं सर्वशक्तिमान तथा दूसरे को तुच्छ एवं मूर्ख समझता है। ऐसे व्यक्ति को कितनी भी अच्छी बातें क्यों न बताई जाए, उसे अच्छी नहीं लगतीं। इसका कारण है कि उसे अच्छे या बुरे का ज्ञान नहीं होता। अगर आप भी झूठे दर्प में चूर रहना चाहते हैं तो मुझे कुछ भी नहीं कहना। परन्तु, आप जिन्दगी जीने की कला सीखना चाहते हैं तो—अहं को त्यागें और विनम्रता से दोस्ती करें।

अभिमान की खिड़कियाँ खोल दें, मगर स्वाभिमान का पर्दा रखें। अहंकारी व्यक्ति जिन्दगी जीने की कला नहीं सीख पाता, क्योंकि उसके अन्दर सीखने की प्रवृत्ति नहीं होती। उसके अन्दर अपनी बात मनवाने की जिद्द तथा दूसरों से बदला लेने की भावना होती है। बदला लेने की भावना किसी के हित में नहीं होती और न ही इससे किसी का कल्याण होता है। इस प्रकार हम देखते हैं कि अहंकार किसी व्यक्ति के अन्दर पाए जाने वाला ऐसा दुर्गुण है, जो न केवल जिन्दगी जीने की कला में बाधक है, बल्कि विकास के मार्ग में अवरोध एवं मानवता के नाम पर कलंक है। अत: अहंकार का त्याग करें और कदापि इसके आगोश में न आएँ।

सीखने की आदत डालें

सचमुच आप जिन्दगी जीने की कला सीखना चाहते हैं, तो हर पल, हर व्यक्ति, हर वस्तु एवं हर परिस्थिति से कुछ-न-कुछ सीखने की आदत डालें। यदि आप सीखेंगे ही नहीं तो अपनी कला में निखार कैसे ला पाएँगे? यदि हम सीखना चाहें, तो स्वयं एवं दूसरों के जीवन में घटित घटना, इतिहास और प्रकृति से बहुत कुछ सीख सकते हैं। सुख-दुख, हर्ष-विषाद, अभाव और सम्पन्नता जैसी स्थितियाँ हमें बहुत कुछ सिखाती हैं। लेकिन, दुख की बात है कि बहुधा व्यक्ति सीखना ही नहीं चाहते। विरले व्यक्ति ही ऐसे होते हैं, जो जीवन में घटित घटनाओं से सीख लेकर आगे बढ़ते हैं और जिन्दगी जीने की कला सीख पाते हैं।

आप देखेंगे कि अधिकांश लोग सफलता प्राप्ति के लिए सच्चे मन से प्रयास नहीं करते और न ही कोई कार्य-योजना बनाते हैं। परन्तु, दूसरों की सफलता को देख ईर्ष्या-द्वेष से भर जाते हैं। असफलता हाथ लगने पर निहित कारणों को दूर नहीं करते, उल्टे दूसरों पर दोषारोपण करते हैं। दोस्तो! दोषारोपण की आदत छोड़ें तथा असफलता के कारणों की समीक्षा करें। सफल व्यक्तियों की जिन्दगी से सीख लें। यह तो आपका सौभाग्य है कि आपके बीच का ही कोई व्यक्ति सफलता की ऊँचाइयां को छू रहा होता है, जिससे सीख ले कर आप भी सफल हो सकते हैं। जबकि आप हीन भावना से ग्रसित रहते हैं। कदापि मन में हीन भावना न आने दें और न ही अभाव

का रोना रोएँ। जन्मजात विकृति वाले लोग सोचते हैं कि मैं अपंग हूँ। भला मैं क्या कर सकता हूँ? इसी उलझन में वे उलझे रहते हैं। आप इसे दुर्भाग्य नहीं, ईश्वर का उपहार मानते हुए अपने अन्दर छुपी प्रतिभा को पहचानें।

आपको बहुत से ऐसे लोग मिल जाएँगे, जो जन्म से अंधे थे। दोनों पैरों से विकलांग थे। बहरे और गूंगे थे, परन्तु उन्होंने ऐसे कारनामे कर दिखाए, जिन्हें साधन-सम्पन्न व्यक्ति नहीं कर पाए। इन महान विभूतियों में अमेरिकी राष्ट्रपति फ्रेंकलीन डी रूजवेल्ट, विश्व प्रसिद्ध संगीतकार विथोवेन, साहित्यकार सूरदास, मिल्टन, महान ज्ञानी अष्टावक्र आदि हैं। इन महान विभूतियों की जीवनी से सीख लें और जिन्दगी जीने की कला में निपुण बनें। प्राय: व्यक्ति अभावग्रस्त जिन्दगी या विपन्नता को अपनी असफलता का कारण मान लेते हैं। जबकि मेरा मानना है कि विपन्नता, अपंगता या विपरीत परिस्थिति सफलता के मार्ग में बाधक नहीं है। सफलता के मार्ग में अगर कोई बाधा है तो उत्पन्न हालात से सीख नहीं लेना। सही मायने में अभावग्रस्त जिन्दगी सफलता का सबसे बड़ा विश्वविद्यालय है, जिससे सीख लेकर हम सफलता का नया इतिहास रचते हैं। सीखने के लिए जाति, धर्म, उम्र, गरीबी या विपरीत परिस्थितियाँ रुकावट नहीं होती है। यदि रुकावट है, तो हमारे अन्दर दृढ़ इच्छाशक्ति, आत्मविश्वास एवं समर्पण की कमी। हमें यह जीवन बहुत कुछ सीखने एवं बहुत कुछ करने के लिए मिला है।

अवसर के योग्य बनें

अवसर हर जगह एवं हर क्षेत्र में व्याप्त हैं। महत्त्वपूर्ण यह है कि हम अवसर को कैसे पहचानें एवं अवसर के योग्य कैसे बनें? अवसर के योग्य बनने हेतु हमें किन-किन बातों पर ध्यान देने की जरूरत है? इसके लिए हमें हर छोटी-छोटी बात पर ध्यान देने की जरूरत है, ताकि हम अपने अन्दर छुपी प्रतिभा को निखार कर अवसर के योग्य बन सकें। हमें अपने अन्दर छुपी शक्ति एवं नैसर्गिक गुणों को पहचानने एवं निखारने की जरूरत है। आप ऐसा कर के देखें। आप जैसा कलाकार बनना चाहते हैं, बन सकते हैं। परन्तु, दुख की बात है कि हम अपने अन्दर निहित गुणों को निखारने एवं खामियों को दूर करने के बजाय, दूसरों के अवगुणों पर अधिक ध्यान देते हैं। इस स्थिति में हम जिन्दगी जीने की कला कैसे सीख पाएँगे? अत: महत्त्वपूर्ण यह है कि हम अपना समय स्व के अन्दर छुपे गुणों को निखारने एवं कमियों को दूर करने में दें।

समय प्रबन्धन का गुर सीखें

जीवन जीने की कला सीखने में समय प्रबन्धन की भूमिका महत्त्वपूर्ण है। समय ही सबसे कीमती संसाधन है, जिसका प्रबन्धन कर हम जीवन को बेहतर सँवार सकते

हैं। हम जो चाहें सीख सकते हैं और जो चाहें कर सकते हैं। सुखद एवं सफल जिन्दगी जीने, सुन्दर व्यक्तित्व का निर्माण करने, कार्य को ससमय निष्पादित करने के लिए समय प्रबन्धन का गुर सीखें।

याद रखें—

समय प्रबन्धन की कला में निपुण व्यक्ति ही जीवन के हर क्षेत्र में सफल होता है।

आप समय दिए बिना कोई भी कार्य पूरा नहीं कर सकते। यह सचाई है कि आप जितना समय देंगे, उतना ही काम होगा। कम समय देंगे तो कम काम और ज्यादा समय देंगे तो ज्यादा काम होगा। समय पर ही कार्य करने का महत्त्व है और समय उपरान्त कार्य अपनी सार्थकता खो देता है। जैसे—'का वर्षा जब कृषि सुखाने' या 'चिड़ियाँ चुग गईं खेत' कहने का अभिप्राय है कि बीते हुए समय पर आँसू बहाने के बजाय, वर्तमान समय का समुचित प्रबन्धन करना ही जिन्दगी एक कला है। आप समय प्रबन्धन का गुर सीखें और जिन्दगी जीने की कला में निपुण बनें। समय प्रबन्धन की कला हमें नियमित बनाती है तथा निर्धारित लक्ष्य को ससमय पूरा करने की कला सिखाती है। निश्चित रूप से आप कार्य समय पर पूरा करेंगे तो जिन्दगी सुखद एवं सफल होगी। आपके सारे कष्ट दूर हो जाएँगे। आप हर्षित एवं प्रसन्नचित व्यक्तित्व के स्वामी बनेंगे और दूसरों के लिए सीख एवं आदर्श बन जाएँगे। कहने का अभिप्राय है कि समय प्रबन्धन की कला में निपुण व्यक्ति ही जिन्दगी एक कला के क्षेत्र में निपुण कलाकार बन पाते हैं।

दुख से सीखें और सुख से जिएँ

सुख और दुख जीवन की नियति है। दुख के बिना सुख और सुख के बिना दुख की परिकल्पना नहीं की जा सकती। यदि किसी व्यक्ति को जीवन में दुख की अनुभूति नहीं हुई हो तो वह व्यक्ति सुख का वास्तविक आनन्द नहीं ले पाएगा। सही मायने में दुखद स्थिति हमारी जिन्दगी का अहम हिस्सा है, जो जीवन के विभिन्न आयामों के बारे में हमें बहुत कुछ सिखाती है। दुखद स्थिति से निपटने के लिए दिन-रात कड़ी मेहनत, दृढ़ इच्छाशक्ति, धैर्य, आत्मविश्वास के साथ आगे बढ़ने की जरूरत है। अगर हम दुखद स्थिति से बाहर निकलने का प्रयास नहीं करते तो समस्याओं के जंजाल में खुद उलझते चले जाते हैं।

याद रखें—

जो व्यक्ति जिन्दगी जीने की कला जानते हैं, वही व्यक्ति दुःखद स्थिति से बाहर निकल पाते हैं। जो व्यक्ति यह कला नहीं जानते, वे दुःखद स्थिति में उलझकर रह जाते हैं।

अतः, दुःखद स्थिति से बाहर निकलने के लिए उत्पन्न हालात को चुनौती के रूप में स्वीकार कर आगे बढ़ें। दुख से सीख लें और सुख से जीयें। सुख और दुख दोनों जीवन का हिस्सा है। इस दुनिया में ऐसा एक भी व्यक्ति नहीं मिलेगा, जिसके जीवन में कभी कोई दुख न आया हो। दुख जीवन का अभिन्न हिस्सा है और इसे अलग करके नहीं देखा जा सकता। जीवन में दुख आने के अनेकों कारण हो सकते हैं, परन्तु, दुःखद हालात से बाहर नहीं निकल पाने का एकमात्र कारण आप खुद हैं। अतः दुख आने पर परेशान होने की जरूरत नहीं, उससे बाहर निकलने की कला सीखें। आप अपनी क्षमता को पहचानें और निहित गुणों को निखारें। यदि कोई व्यक्ति विपत्ति में है तो उससे बाहर निकलने का रास्ता भी उसे ही ढूँढ़ना होगा। ऐसा नहीं होता कि दुख आपको है तो आपके दुख का निवारण दूसरा कर देगा। दुख निराकरण की पहल आपको खुद करनी होगी। दुःखद स्थिति से बाहर निकलने के लिए खुद राह बनानी होगी। अपनी इच्छाशक्ति जाग्रत करनी होगी तथा खुद पर विश्वास रखते हुए आगे बढ़ना होगा। जैसे—आप कहीं जा रहे हैं और राह चलते आपको ठोकर लगती है तो दर्द होता है। परन्तु यह दर्द आपको जिन्दगी जीने की कला सिखा जाता है।

जीवन में अधिकांश दुख हम खुद लाते हैं, जो हमारे अन्दर निहित क्रोध, आलस्य, लोभ-लालच, ईर्ष्या-द्वेष एवं असीम इच्छा से उत्पन्न होता है। आत्म-विश्वास, दृढ़ इच्छाशक्ति की कमी के कारण हम दुख से बाहर नहीं निकल पाते हैं। बात-बात में क्रोध करना, स्वार्थ की पूर्ति नहीं होना, आलस्य करना, दूसरे की सफलता एवं सम्पन्नता को देख ईर्ष्या-द्वेष करना, हमारे दुख का कारण होता है। इन अवगुणों को त्यागें और सद्गुणों को धारण करें। परन्तु, हम ऐसा नहीं करते और बुरे दिन आने पर ईश्वर से छुटकारा दिलाने की प्रार्थना करते हैं।

याद रखें—

ईश्वर ने हमें धन-दौलत, रुतबा नहीं देकर ऐसा जीवन दिया है, जिसमें सोचने-समझने की शक्ति है। इस शक्ति के सहारे, हम दुखद हालात को सुखद हालात में बदल सकते हैं।

शायद आप नहीं जानते—संसाधनों की कमी से उत्पन्न दुख, मनचाही चीजों की प्राप्ति नहीं होने का दुख, किसी कार्य में असफल होने का दुख, इनसे जो दर्द होता है, वह हमें आगे बढ़ने के लिए प्रेरित करता है। विभिन्न दुखों से उत्पन्न दर्द ही हमें जिन्दगी जीने की कला सिखाता है। यदि व्यक्ति के जीवन में दुख और दर्द न हो तो वह बहुत कुछ सीखने से वंचित रह जाता है।

याद रखें—

जीवन में दर्द न हो या दर्द की अनुभूति न हो तो आप जिन्दगी जीने की

कला कैसे सीख पाएँगे? अतः दुख से सीख लें एवं सुखद जिन्दगी जीने की कला सीखें।

यह जीवन हमें बड़े ही सौभाग्य से प्राप्त हुआ है। इसका स्वागत मुस्करा कर करें। इसके अन्दर विविध कलाएँ छुपी हुई हैं। आप अपने अन्दर छुपी कला को निखारें। सोच का दायरा विकसित करें। नकारात्मक सोच को सकारात्मक सोच में बदलें। खुद प्रकाशित होकर दूसरों को प्रकाशित करें। सर्वत्र प्रेम का दीप जलाएँ और दीन-दुखियों की सेवा करें। अहंकार, क्रोध का परित्याग करें और विनम्रता से दोस्ती करें। समय प्रबन्धन की कला सीखें और हर कार्य उत्कृष्ट रूप में सम्पादित करें। यही जिन्दगी जीने की कला है।

जीवन के विभिन्न रंग

जीवन के एक नहीं, अनेकों रंग हैं। दूसरे शब्दों में हम कह सकते हैं कि जीवन के सफर में विविध रंगों का समावेश है। महत्त्वपूर्ण यह है कि हम जीवन को किन रंगों में रंगना चाहते हैं? जीवन एक रंग का अर्थ एवं महत्त्व क्या समझते हैं? किस रंग में रंगकर खुद को सुखद एवं सफल बनाना चाहते हैं? आप उपर्युक्त बातों पर गौर करें तो पाएँगे कि इस जीवन के एक पक्ष में सुख का रंग जैसे—उमंग, उत्साह, उल्लास, प्रसन्नता, सम्पन्नता, सौन्दर्य, विश्वास का रंग है, वहीं दूसरा पक्ष दुःखद रंगों का है, जिसमें निराशा, हतोत्साह, दर्द और उदासी का रंग है। अर्थात् जीवन में अच्छा एवं बुरा दोनों रंग सन्निहित हैं। महत्त्वपूर्ण यह है कि आप खुद को किस रंग में रंगना चाहते हैं। किस रंग में रंग कर जीवन को आनन्दमय बनाना चाहते हैं या किस रंग में रंगकर जीवन को बोझिल, यह आपके सोच, संगत, परिवेश एवं विवेक पर निर्भर करता है। मैं तो सिर्फ इतना कहूँगा कि आप जीवन को जिस रंग में रंगना चाहते हैं, उस रंग की महत्ता समझें।

याद रखें—

जीवन को अच्छे रंगों में रंगना एवं अच्छे रंगों से खेलना ही जिन्दगी जीने की कला है।

हर व्यक्ति को रंगों से खेलना अच्छा लगता है, परन्तु विचारणीय बिन्दु यह है कि कौन सा रंग, कैसा रंग? प्रायः व्यक्ति उन रंगों से खेलना चाहते हैं जो उनके मन को प्रिय और तन को सुखद लगता है। मेरे विचार से आप केवल मनोनुकूल रंगों से नहीं, बल्कि उन रंगों से भी खेलें, जो आपको आत्म-सुख, आत्म-आनन्द एवं आत्म-शान्ति प्रदान करें। आप उन रंगों से न खेलें, जो निरर्थक हों, अन्यथा ये रंग आपके जीवन को बदरंग बना देंगे।

अतः महत्त्वपूर्ण यह है कि हम जीवन के विभिन्न रंगों को जानें और उनकी

महत्ता समझें। रंग की परिकल्पना आते ही हमारे मन में विभिन्न प्रकार की हलचल एवं मनमोहक दृश्य चित्रित होने लगते हैं। ये हलचल हमारे मन को हर्षित एवं प्रफुल्लित कर जाती है। यदि हम प्रकृति में विद्यमान रंगों की चर्चा करें तो पाते हैं कि प्रकृति के रंग बड़े ही मनमोहक, आन्नददायक एवं खुशबूदार होते हैं। इन रंगों की चटक एवं महक हमें प्रकृति के कण-कण में देखने को मिलती है। विभिन्न जीव-जन्तुओं और पेड़-पौधों के अलग-अलग रंग, विभिन्न पक्षियों के सुन्दर आकर्षक रंग, पहाड़, झरनों से गिरते जल-प्रपात का मनमोहक दृश्य आदि की अनुपम सुन्दरता हमारे मन को विभिन्न रंगों से रंग जाती है। इस सुन्दरता को देखने हम कोसों दूर चले जाते हैं। फिर भी हमारा मन नहीं थकता। हम प्रकृति में निहित रंगों की सुन्दरता का रसपान कर जीवन में बहुत-सी बातें सीखते हैं और खुद को सुन्दर बनाने में सफल होते हैं।

प्रकृति में निहित रंगों का समन्वय हमारे जीवन में भी किसी-न-किसी स्वरूप में देखने एवं सुनने को मिलता है। जीवन के रंग हमारे चेहरे की आभा से परिलक्षित होते हैं। चेहरे पर खिल रहे रंगों को देखकर हम किसी व्यक्ति के व्यक्तित्व में छुपे रंग तथा सौन्दर्य को देख पाते हैं। जैसे—किसी के होंठों पर मुस्कराहट खुशी का रंग है तो चेहरे की खिलखिलाहट प्रसन्नता का रंग है। चेहरे की मायूसी उदासी का रंग है तो वाणी में घबराहट भय का रंग है। इसी प्रकार गालों की लाली उमंग का रंग है तो ललाट पर चमक विश्वास का रंग है। चेहरे पर खिल रहे प्रसून उमंग, उत्साह एवं खुशी का रंग हैं तो आँखों का काजल, बलखाती जुल्फें हर्षोल्लास एवं आनन्द का रंग हैं। चेहरे की आभा उल्लास, आत्मविश्वास एवं दृढ़ इच्छाशक्ति का रंग है तो शारीरिक अभिव्यक्ति उमंग, उत्साह का रंग है। होंठों की मुस्कराहट प्यार का रंग है तो स्व के अन्दर छुपा दिव्य सौन्दर्य आत्म-आनन्द का रंग है। हम प्रकृति में निहित रंगों से सीख लेकर जीवन को सुन्दर रंगों में रंग कर, रंगों की महत्ता साकार कर सकते हैं।

हम सभी जानते हैं कि प्रकृति में मूलतः सात रंग बैगनी, आसमानी, नीला, हरा, पीला, नारंगी, लाल रंग होते हैं। सभी रंगों की अपनी विशेषताएँ एवं महत्त्व हैं। इन रंगों को मिलाकर अनेकों कृत्रिम रंग बनाए जाते हैं। ये रंग अति मनमोहक होते हैं, जिसके सौन्दर्य की तुलना शब्दों में नहीं की जा सकती है। भले ही हम प्रकृति में निहित रंगों की महत्ता नहीं समझते या उन रंगों से सीख लेकर जीवन को सुन्दर रंगों में नहीं रंग पाते लेकिन जिस दिन हम प्रकृति में निहित रंगों से सीख लेकर जीवन को सुखद रंगों में रंग लेंगे, हम आम से खास बन जाएँगे। हम अपनी खुशबू से दूसरे को महकाते रहेंगे और दिव्य सौन्दर्य से लोगों को प्रकाशित करते रहेंगे। ऐसी सुन्दरता की झलक एवं खुशबू पाने के लिए लोग लालायित रहते हैं। जरूरत है अपने अन्दर छुपे रंगों को पहचान कर खुद को विशेष रंगों से सँवारने एवं सुन्दर बनाने की। आप ऐसा करके देखें, आपके व्यक्तित्व में निहित रंगों का सौन्दर्य पूरी दुनिया को अपनी ओर आकर्षित करने में सफल होगा।

इस प्रकृति में जितने भी मूल रंग हैं, उन सभी रंगों की अपनी खास विशेषताएँ हैं। दरअसल ये रंग हमारे मन में अद्‌भुत तरंगें पैदा करते हैं। ये मन के उद्वेग को प्रेम, उल्लास, उमंग, उत्साह एवं अध्यात्म के रंग में रंगकर परम आनन्द प्राप्ति का माध्यम बनते हैं। ये रंग असीम ऊर्जा, उत्साह एवं आनन्द के भंडार होते हैं, जो हमारे अन्दर अतिरिक्त ऊर्जा एवं उत्साह का संचार कर हमें आगे बढ़ने और बेहतर करने का जज्बा पैदा करता है। यही जज्बा हमें आत्मविश्वास के रंग में रंग जाता है। शायद आपको नहीं मालूम—जीवन को विभिन्न रंगों में रंगने की कला अद्‌भुत कला है, जो हमारे व्यक्तित्व को सुन्दर, प्रभावशाली, आकर्षक बनाकर खुद को सारगर्भित एवं दुनिया को आश्चर्यचकित कर जाती है।

आइए, हम यह जानने का प्रयास करें कि जीवन के कितने रंग हैं और किन-किन रंगों का समावेश हमारी जिन्दगी में महत्त्वपूर्ण है। हम किन रंगों में रंगकर खुद को सुन्दर या बदरंग बना रहे हैं। यह हमारी सोच के रंग से अभिधारित होता है। हम अपनी सोच एवं कृत्य के अनुसार जीवन को रंग पाते हैं। महत्त्वपूर्ण है कि हम खुद से, प्रकृति में निहित रंगों से क्या सीख लेते हैं? हम किन रंगों में रंगकर खुद को सुन्दर बनाते हैं। जीवन के महत्त्वपूर्ण रंगों में प्यार, त्याग, क्षमा, दया, ईर्ष्या-द्वेष, सुख-दुख, हर्ष-विषाद, शाति-अशांति, प्रसन्नता, उदासी आदि रंगों का समावेश होता है। आप खुद को अच्छे रंगों में रंगना चाहते हैं कि बुरे रंगों में, यह आपकी सोच, संगत, विवेक पर निर्भर करता है।

आपने देखा या सुना होगा कि हमारे-आपके बीच का कोई व्यक्ति प्यार के रंग में रंगकर पूरी दुनिया को प्यार के रंग में रंग जाता है, जिसकी एक झलक पाने के लिए लोग बेताब रहते हैं। कोई व्यक्ति त्याग की प्रतिमूर्ति बन दूसरों के लिए आदर्श एवं प्रेरणा बन जाता है तो कोई व्यक्ति दीन-दुखियों की सेवा के रंग में रंगकर अपना नाम इतिहास के पन्नों पर लिख जाता है। कोई व्यक्ति सफल एवं कुशल नेतृत्वकर्ता बन समाज एवं दुनिया को नई राह दिखा जाता है तो कोई दया, क्षमा, त्याग के रंग में रंग कर दूसरों का दिल जीत लेता है। कोई व्यक्ति साहित्य कला के क्षेत्र में काव्य, महाकाव्य एवं नाटक की रचना कर दूसरों के लिए सीख बन जाता है तो कोई गणित, विज्ञान, भूगर्भशास्त्र एवं ज्योतिषशास्त्र में विभिन्न खोज एवं आविष्कार कर दुनिया को आश्चर्य के रंग में रंग जाता है। कोई प्रदर्श एवं चक्षु कला के क्षेत्र में अद्वितीय कला का प्रदर्शन कर लोगों को खुशी के रंग में सराबोर कर जाता है तो कोई अभिनेता या अभिनेत्री बन अपनी अदाओं से लोगों के मन में नई ऊर्जा एवं उत्साह का संचार कर जाता है तो कोई व्यक्ति राजनेता बन देशवासियों की उन्नति एवं प्रगति के रंग में रंग जाता है।

इस प्रकार हम देखते हैं कि जो व्यक्ति जीवन के विभिन्न रंगों का महत्त्व जानते हैं, वे खुद को अच्छे रंगों में रंगकर दूसरों को बेहतर रंग में रंगने का गुर सिखा जाते

हैं। हमारे बीच का ही व्यक्ति विज्ञान या अन्य क्षेत्रों में विभिन्न आविष्कार एवं खोज कर लोगों को आश्चर्य के रंग में रंग जाता है। कोई गीत एवं संगीत के रंग में रंगकर लोगों के मन में खुशियों का रंग भर जाता है, कोई असम्भव कार्य को सम्भव कर दूसरों को विभिन्न रंगों की झलक दिखा जाता है। ये समस्त रंग हमें आत्म-विभोरता के रंग में रंगकर उमंग एवं उत्साह से सराबोर कर देते हैं। ये रंग हमें जीवन में विभिन्न रंगों का महत्त्व भी समझा जाते हैं। मेरा भी अनुरोध है कि आप विभिन्न क्षेत्रों में सफल व्यक्तियों की जिन्दगी से सीख लें और जीवन के विभिन्न रंगों का महत्त्व समझ खुद को सार्थक रंगों में रंगें।

प्रत्येक व्यक्ति को जीवन में सुखद एवं दुःखद रंगों से साक्षात्कार होता है। यह आप पर निर्भर करता है कि आप खुद को सुखद रंगों में रंगना चाहते हैं कि दुःखद रंगों में। आप अच्छे रंग में डुबकी लगाकर सुख एवं आनन्द प्राप्त करना चाहते हैं कि दुखद रंगों में रंगकर खुद की नैया डुबोना चाहते हैं। आप खुद को जिस रंग में रंगना चाहते हैं, उसके अनुरूप अपने को ढालना होगा और अपनी चाहत के रंग में रंगने की कला सीखनी होगी। ऐसा नहीं होता कि दूसरा व्यक्ति आपको सुख के रंग में रंग दे और आपकी चाहत के रंगों को नई उड़ान दे। आपको खुद अपनी चाहत की उड़ान भरनी होगी और आगे बढ़ने की इच्छा को दृढ़ता के रंग में रंगनी होगी।

याद रखें—

आप जैसे रंग का चयन करेंगे, वैसे ही रंग से खुद को रंग पाएँगे।

आपने देखा होगा कि अमीर घराने में जन्म लेने वाले व्यक्ति सुख के रंग में रंगे होते हैं, उन्हें दुख की अनुभूति नहीं होती। परन्तु जब उन्हें कभी दुःखद रंगों का सामना करना पड़ता है तो अधीर हो जाते हैं और अन्दर से टूट जाते हैं। इसका कारण है कि सुखद रंगों में रंगने के कारण आलसी एवं अकर्मण्य हो जाते हैं। वे भौतिक सुख-सुविधा में इस कदर डूबे रहते हैं कि उन्हें आध्यात्मिक सुख दिखाई ही नहीं देता। यही कारण है कि वे अन्य रंगों का महत्त्व नहीं समझ पाते। ठीक इसके विपरीत जो व्यक्ति अथक परिश्रम से सुख का रंग प्राप्त करता है, उसे सुख और दुख दोनों रंगों की महत्ता समझ में आती है। ऐसा व्यक्ति खुद को सुखद रंगों में रंगकर दूसरों को भी सुखद रंगों में रंग जाता है। दया, क्षमा, त्याग, सद्भाव के रंग में रंगे होने के कारण ऐसे लोगों के मन में दूसरों का परोपकार करने का भाव, दूसरों को खुश रखने का भाव होता है, जिस कारण उनके चेहरे पर खुशी और आनन्द का रंग साफ दिखाई देता है।

दूसरे शब्दों में हम कह सकते हैं कि जिन्दगी एक कला का मर्म समझने वाले व्यक्ति खुद को खुशी के रंग में रंगकर दूसरों को भी प्रसन्नता के रंग में रंगना चाहते हैं। जिन व्यक्तियों ने खुद को सुखद रंगों में रंगकर जिन्दगी जीने की कला सीखी, वे

दूसरों के लिए सीख एवं प्रेरणा बन गए। ठीक इसके विपरीत जो व्यक्ति दुख के रंग को जीवन की नियति मान लेते हैं, वे सुखद रंगों से वंचित हो जाते हैं। इसका कारण है कि वे दुख के रंग को सुख के रंग में बदलने की कला नहीं जानते। सचमुच जो व्यक्ति दु:खद रंग से निकलकर जीवन को सुखद रंगों में रंग लेते हैं, उनके लिए ही जिन्दगी एक कला है। ऐसे कलाकार को ही दुनिया पूजती है और अपना आदर्श मानती है। आप भी जीवन को हर्ष, उल्लास, उमंग, उत्साह, आनन्द के सुखद रंगों में रंगना चाहते हैं तो दु:खद रंगों से बाहर निकलें। इसके लिए आप खुद पर विश्वास रखें, अपने अन्दर छुपी प्रतिभा को निकालें और उत्पन्न हालात का मुकाबला पूरे धैर्य, साहस एवं आत्मविश्वास के साथ करें। जो व्यक्ति ऐसा करते हैं, वे ही दुख के रंग को सुख के रंग में, विषाद के रंग को हर्ष के रंग में, उदासी के रंग को प्रसन्नता के रंग में रंगकर खुद आनन्दित होते हैं और दूसरों को हर्षित कर जाते हैं।

इस प्रकार हम देखते हैं कि जो व्यक्ति जिन्दगी के विभिन्न रंगों का महत्त्व समझते हैं, वे जिन्दगी के दु:खद रंग को सुखद रंग में, विषाद को हर्ष में, कष्ट को आनन्द के रंग में रंग लेते हैं। उनके लिए दु:खद स्थिति समस्या नहीं, अवसर बन जाती है, जिस अवसर को पकड़ कर वे इतिहास रच जाते हैं। जिस दिन आप जीवन के विभिन्न रंगों को जान जाएँगे और उनकी महत्ता समझ जाएँगे, आपको भी जिन्दगी सुखद, हर्षित एवं रोमांच से परिपूर्ण दिखेगी। आपके मन को गजब की खुशी एवं शांति मिलेगी और चेहरे पर प्रसन्नता के फूल खिल उठेंगे। आपके चेहरे की आभा देखकर दूसरे समझ जाते हैं कि इस व्यक्ति का जीवन बहुत ही सुखद एवं सफल है, हसीन और रंगीन है। आइए हम विभिन्न क्षेत्रों में व्याप्त रंगों की चर्चा करें और यह जानने का प्रयास करें कि इन रंगों का हमारे जीवन में क्या महत्त्व है?

साहित्यिक रंग

जब हम साहित्य के रंगों की चर्चा करते हैं तो पाते हैं कि इस रंग के अन्दर श्रृंगार रस, प्रेम रस, वीर रस, भक्ति रस, वात्सल्य रस इत्यादि रंगों का सरोवर इतना गहरा और मार्मिक होता है कि इस सरोवर में हम डुबकी लगाकर जिंदगी को हर्ष, उल्लास, आनन्द एवं प्रेम के रंग में रँग जाते हैं। इन रंगों में रंगकर हम जीवन को हसीन एवं रंगीन बना पाते हैं। इस दुनिया में ऐसे अनेकों लोग मिल जाएँगे, जो साहित्य की विभिन्न विधाओं में खुद को रंगकर नाम, धन, यश, अर्जित कर गए, खुद को मस्ती के रंग में रंगकर दूसरों को खुशी के रंग में रंग गए। इनकी रचनाओं को पढ़कर लोग अपनी ज्ञान पिपासा शांत करते हैं और दुखी मन को बहलाते हैं। निराशा को आशा के रंग में रंगकर मन की उदासी दूर करते हैं। हम साहित्य के रंग में डुबकी लगाकर विभिन्न रसों का स्वाद चख पाते हैं और खुद को प्रगति के रंग में रंग कर सांस्कृतिक उत्थान की ओर ले जाते हैं।

जिन्दगी के विभिन्न रंगों का भोजपुरी साहित्यकार मनोज भावुक ने बड़ा ही रोचक एवं सजीव चित्रण किया है—

माई रे अपना घर के ऊ आँगन कहाँ गईल,
बचपन के हमरा याद के दरपन कहाँ गईल।
खुशबू भरल स्नेह के उपवन कहाँ गईल,
भउजी हो तोहरा गाँव के मधुवन कहाँ गईल॥

इन पंक्तियों को पढ़कर हमारे मन में बचपन के उन आनन्दित क्षणों का सुखद दृश्य उभर कर सामने आ जाता है। हम बचपन के हसीन एवं अमिट यादों के रंग में खो जाते हैं। यह है साहित्य के रंग का कमाल।

विज्ञान का रंग

आइए, हम यह जानने का प्रयास करें कि विज्ञान के रंग में हमारी जिन्दगी कैसे रंगी हुई है? इस रंग में रंगकर हम अपनी जिन्दगी कितने हर्ष, उल्लास एवं आनन्द से जीते हैं। वर्तमान में विज्ञान का रंग सभी रंगों में चटक, सुखद एवं आकर्षक है। यह हमें विभिन्न प्रकार की सुख-सुविधाओं में रंगकर बेहतर जिन्दगी जीने में मदद करता है। वर्तमान समय में हम जिन सुख-सुविधाओं का उपभोग कर जीवन का नया इतिहास रच रहे हैं, वह विज्ञान के रंग का कमाल है। जिन लोगों ने विज्ञान के रंग का महत्त्व समझा, उन लोगों ने इसके रंग में डुबकी लगाकर विभिन्न खोज एवं आविष्कार कर डालें। इस रंग का ही कमाल है कि आज हमने नभ, थल, जल हर क्षेत्र में प्रगति का इतिहास रचा है। विज्ञान के रंग का ही कमाल है कि हम विभिन्न क्षेत्रों में ऊँचाइयों को छू पा रहे हैं। इन रंगों में रंगकर ही हम खुद को सुखद रंगों में रंग पाते हैं तथा जीवन के सफर को सुहाना एवं आनन्दमय बनाने में सफल हो पाते हैं।

इतिहास का रंग

अगर हम इतिहास के रंग की बात करें, तो यह रंग हमें बीती घटनाओं की जानकारी देता है। हम बीती हुई दु:खद बातों को जानकर मायूस और उदास हो जाते हैं तथा सुखद बातों से सीख लेकर नई चाहत एवं नए सपनों के रंग में रंग जाते हैं। यदि हम बीती हुई घटनाओं की खोज नहीं करते और उन घटनाओं को लिपिबद्ध नहीं करते तो हमें प्राचीनकाल में छूपे गूढ़ रहस्यों का पता नहीं चलता। हम प्राचीन सभ्यता एवं संस्कृति को नहीं जान पाते। नतीजा हम उन रंगों को नहीं जान पाते, जो हमारे लिए उपयोगी है। जरा सोचें—अगर इतिहास लिपिबद्ध नहीं होता तो क्या हम इतिहास में घटित घटनाओं से सीख लेकर जिन्दगी में सफलता का रंग भर पाते? विरासत के सुखद एवं दु:खद रंगों को जान पाते? क्या हम घटित घटनाओं से सीख ले पाते?

क्या हम इतिहास से सीख लेकर जीवन को सुखद रंगों में रंग पाते? खुद तथा दूसरों की जिन्दगी में सुन्दर रंग भरने में इतिहास के रंग का भी महत्त्व है। यदि कोई व्यक्ति वैज्ञानिक, मूर्तिकार, चित्रकार, संगीतकार, साहित्यकार या अन्य कलाओं का पारखी है तो इसका मतलब यह नहीं है कि वह जन्म से ही इन गुणों में परिपूर्ण था, बल्कि उसने जीवन के विभिन्न रंगों की महत्ता समझते हुए जिन्दगी को सँवारा और खुद को अच्छे रंगों में रंगा।

परिवर्तनशीलता प्रगति का पर्याय है। समय के रंग में रंगकर प्रगति-पथ पर आगे बढ़ना विवेक है, जबकि स्वयं को नियति के हाथ में सौंप देना कायरता है। अतः बदलाव के रंग का मर्म समझें। बदलाव प्रकृति का नियम है, इसका मतलब यह नहीं है कि हम बिना सोचे-समझे हर बदलाव को स्वीकार करें या बदलाव पर थिरकने लगें।

याद रखें—

तालियों की गड़गड़ाहट अच्छे-बुरे दोनों कार्यों के लिए होती है।

हमें ताली की थाप का रंग पहचानना होगा कि हमें जो तालियाँ मिल रही हैं, वे अच्छे कार्यों के लिए मिल रही हैं कि बुरे कार्यों के लिए मिल रही हैं। बिना सोचे-समझे हर रंग में डुबकी लगाना कला नहीं है। हमेशा अच्छे रंगों से खुद और दूसरों को रंगने की कला सीखें। आज हम आधुनिकता की दौड़ में बिना सोचे-समझे हर रंग में डुबकी लगाने को बेताब हैं, जो हमारी जिन्दगी को बदरंग बना सकती है। इसी सन्दर्भ में भोजपुरी की यह कविता बहुत ही प्रसांगिक है—

बदलाव में उठल बा, अइसन ना तेज आँधी,
कहवा ले के जाई, कुछो न बुझात बा॥

बदलाव प्रकृति का नियम है और बदलाव सुनिश्चित है। हमारे जीवन में भी बदलाव होते हैं, परन्तु हम किस बदलाव को स्वीकार करें और किसे स्वीकार नहीं करें, इस पर मनन करें। हर बदलाव को स्वीकार नहीं करें और न ही बदलाव की उलझन में उलझें। आप बदलाव से सीख लें और बदलाव में छुपे अच्छे और बुरे रंग को पहचानें। ऐसा नहीं होता कि किसी व्यक्ति की जिन्दगी में दुख है तो उस व्यक्ति की जिन्दगी में सुख आएगा ही नहीं। दुखद रंग को सुखद रंग में बदलने की क्षमता आपके अन्दर है। आप उस बदलाव के लिए खुद को तैयार करें। खुद को कड़ी मेहनत, साहस एवं दृढ़ इच्छाशक्ति के रंग में रंगकर देखें। निश्चित रूप से बदलाव होगा और यह बदलाव आपके जीवन की दशा बदल देगा। प्रायः व्यक्ति जीवन के वास्तविक रंग को नहीं समझ पाते एवं कृत्रिम रंग का आवरण चढ़ा लेते हैं। आप जीवन को कदापि कृत्रिम रंग में न रंगें। कृत्रिम रंग में रंगकर आप दूसरों को नहीं,

खुद को धोखा देते हैं। ऐसा व्यक्ति बाहर से कुछ तथा भीतर से कुछ और होता है। जैसे—हाथी के दाँत। इस सन्दर्भ का चित्रण मनोज भावुक ने बड़ी ही सहजता से किया है—

प्रीत के रीत रउआ, गजब निभावत बानी,
घात मन में बा, मगर हाथ मिलावत बानी॥

इसी प्रकार वास्तुकला, हास्यकला, चित्रकला, मूर्तिकला, संगीतकला, नृत्यकला के क्षेत्र में निपुण कलाकारों ने अपनी जिन्दगी में उमंग, उत्साह एवं आनन्द का रंग भर कर दूसरों के जीवन में नए रंग भरने का कार्य किया। मेरा भी आपसे अनुरोध है कि कृत्रिम रंग में रंगने की बजाय वास्तविक रंग में रंगें, ताकि आप खुद को सुखद रंगों में रंग सकें। सचाई को स्वीकार करें और बनावटीपन से दूर रहें। आप लाख सचाई को छुपा लें, परन्तु आपके चेहरे का भाव असली एवं नकली रंग के बारे में बता जाता है।

जीवन के रंग को प्रभावित करने वाले कारक

जीवन के विभिन्न रंग हैं, और ये रंग विभिन्न कारकों से प्रभावित होते हैं। जीवन में अच्छे रंग खिलेंगे कि बुरे रंग, सुख के रंग खिलेंगे की दुख के रंग? ये रंग खुशबू एवं चटक से परिपूर्ण होंगे कि बदरंग होंगे? सुन्दर, आकर्षक एवं प्रभावी होंगे कि निरर्थक होंगे? यह हमारे जिन्दगी जीने की कला एवं व्यक्तित्व में निहित गुणों पर निर्भर करता है। अगर हम जीवन के रंग को सुन्दर एवं आकर्षक बनाना चाहते हैं तो निम्न बातों को अमली जामा पहनाने की जरूरत है—

अपनी खामियों को खूबियों में बदलें

जीवन को सुन्दर रंगों में रंगने के लिए जरूरी है कि आप अपने अन्दर की खामियों को ढूँढ़ें और उन खामियों को दूर करें। आप अपने अन्दर की खामियों को खूबियों में बदल कर ही खुद को सुखद रंगों में रंग पाएँगे। लोगों का प्यारा बन पाएँगे। अतः खुद के अन्दर निहित गुणों और अवगुणों की समीक्षा करें और अवगुणों को दूर करें। निहित गुणों में प्रतिदिन निखार लाएँ तथा खामियों को खूबियों में बदलें। कृत कार्यों की समीक्षा करें और हर कार्य को उत्कृष्ट रूप में सम्पादित करने की कला सीखें। व्यक्तित्व में निखार लाएँ तथा कौशल विकास पर ध्यान दें। अपने अन्दर की नकारात्मकता को सकारात्मकता में बदलें। जिन व्यक्तियों ने रंग की महत्ता समझा और दुःखद रंग के कारणों की समीक्षा की, अपनी गलतियों को स्वीकार किया, निहित कारणों को दूर कर गलती में सुधार लाये तथा खामियों को खूबियों में बदला। वे खुद को अच्छे रंगों में रंगने में सफल रहे।

आत्मविश्वासी बनें

शायद आप नहीं जानते—जीवन के विविध रंगों में सबसे महत्त्वपूर्ण रंग आत्म-विश्वास का रंग है। इसका रंग इतना चटक एवं शक्तिशाली होता है कि इस रंग में रंगकर आप जो चाहें प्राप्त कर सकते हैं। यह आपके मुख्य शत्रु भय, भ्रम और संशय को मटियामेट कर देता है। इस रंग में इतनी क्षमता है कि यह विपरीत परिस्थिति को अनुकूल और दुखद हालात को सुखद हालात में बदल कर जीवन की दिशा एवं दशा बदल देता है। यह हमें अदम्य साहस एवं उत्साह के रंग में रंगकर सुख, आनन्द, हर्ष, उल्लास के रंग में रंग जाता है। यह ऐसा रंग है जो मार्ग में आनेवाली समस्त बाधाओं को दूर कर जिन्दगी को एक नया आयाम देता है। जिस आयाम पर पहुँच कर हमें गर्व महसूस होता है और दूसरे भी हमारी उपलब्धि पर गौरवान्वित होते हैं। हम इस रंग में रंगकर असम्भव को सम्भव कर दिखाते हैं। नतीजा हमारे चेहरे पर प्रसन्नता के रंग खिल जाते हैं।

याद रखें—

> *आत्मविश्वास रूपी रंग में डुबकी लगाने से हमारे अन्दर शौर्य, पराक्रम की वृद्धि होती है, इच्छाशक्ति बलवती होती है। फलतः हमारा जीवन खुशी एवं आनन्द के रंग में रंग जाता है।*

ठीक इसके विपरीत जिन व्यक्तियों के अन्दर आत्मविश्वास का रंग नहीं होता, वे योग्य होते हुए भी भय, भ्रम और भटकाव के उलझन में उलझ कर रह जाते हैं। वे नकारात्मक सोच के उलझन में उलझे रहते हैं। नतीजा वे खुद को दुख के रंग में रंग जाते हैं। ऐसे व्यक्ति मेहनत के रंग में नहीं, भाग्य के रंग में रंग जाते हैं। असफल होने पर उनके चेहरे पर उदासी और निराशा का रंग छा जाता है। आपके अन्दर ये अवगुण हैं, तो इससे बाहर निकलें और आत्मविश्वास के रंग में रंगकर सफलता रूपी रंग में डुबकी लगाएँ। आपके चेहरे से उदासी एवं निराशा के बादल छँट जाएँगे और आपकी जिन्दगी में नए-नए रंग खिलने लगेंगे।

ध्यान रखें—

> *आत्मविश्वास रूपी रंग की छाप इतनी प्रभावशाली होती है कि आप असम्भव को सम्भव के रंग में रंग जाते हैं। विशालकाय जंगली एवं हिंसक जानवर को भी परास्त कर अपने वश में कर लेते हैं।*

आत्मविश्वास के रंग में रँगने से हमारा साहस, हौसला, उमंग बढ़ जाती है और कठिन कार्य भी सरल लगता है। इस रंग की सबसे बड़ी विशेषता यह है कि इसके लिए हमें बाहर भटकने की जरूरत नहीं होती है। यह हमारे अन्दर छुपा होता है। जो व्यक्ति इस रंग को बाहर निकाल लेते हैं वे खुद को सुखद रंगों में रंग जाते हैं। ठीक

इसके विपरीत जो व्यक्ति इसे बाहर नहीं निकाल पाते, वे क्या करें और क्या नहीं करें की दुविधा में उलझे रहते हैं।

आप खुद बताएँ, जिस व्यक्ति को यह विश्वास न हो कि मैं यह काम कर सकता हूँ, भला वह उस कार्य को कैसे कर सकता है? ऐसा व्यक्ति जिसे खुद तथा ईश्वर प्रदत्त शक्तियों पर विश्वास नहीं हो, वह जीवन में कैसे सफल हो सकता है? यदि आप सफलता के रंग में रंगना चाहते हैं तो खुद की शक्तियों पर विश्वास रखें। भय, भ्रम को बाहर निकाल फेंकें और सदैव सकारात्मक सोचें। आत्मविश्वास से परिपूर्ण व्यक्ति ही असम्भव को सम्भव कर दिखाते हैं और जीवन का इतिहास रच जाते हैं।

याद रखें—

सफलता का रंग आत्मविश्वास के रंग में छुपा होता है।

जब तक आपके मन में किसी चीज को पाने का विश्वास नहीं होगा, तब तक आप उस वस्तु को कैसे प्राप्त कर सकते हैं? अतः मन में बैठे भय, भ्रम और संशय को विश्वास रूपी रंग से बाहर निकालें और दृढ़ इच्छाशक्ति के रंग में रंगकर लक्ष्य प्राप्ति की कार्य-योजना बनाएँ। आपको सफलता के रंग में रंगने से कोई भी नहीं रोक पाएगा।

कहा भी गया है—

मन के हारे हार है, मन के जीते जीत।

आप दुर्गम लक्ष्य को जीतना चाहते हैं, तो पहले मन में जीतें। कहने का अभिप्राय है कि किसी भी कार्य को पूरा करने के लिए मन में विश्वास होना आवश्यक है। जब आपके मन में किसी कार्य को करने का विश्वास नहीं होगा, तो उस काम को पूरा नहीं कर सकते। अतः मन में उठ रहे नकारात्मक विचारों का त्याग कर खुद को सकारात्मक सोच में रंगें। यही सफलता का मूल मंत्र है।

शायद आपको नहीं मालूम—"आत्मविश्वास के रंग में रंगे व्यक्तियों की निगाहें सिर्फ लक्ष्य पर टिकी होती हैं। उन्हें अपनी शक्तियों पर पूरा विश्वास होता है। यही कारण है कि वे असम्भव को सम्भव कर दिखाते हैं।" साहसी व्यक्तियों का विश्वास इतना अटूट होता है कि वे हर कार्य चुटकी बजाते कर देते हैं। उनका व्यक्तित्व इतना प्रभावशाली होता है कि वे पहली मुलाकात में ही विश्वास जीत लेते हैं। ऐसे व्यक्ति के अन्दर नेतृत्व करने की क्षमता, असम्भव को सम्भव करने की क्षमता गजब की होती है।

ध्यान रखें—

किसी भी कार्य को करते समय हमारे जो मनोभाव होते हैं, वही हमारे कृत्य का परिणाम तय कर देते हैं।

अत: विश्वास को टूटने न दें और आत्म-विश्वास को बनाए रखें। आत्मविश्वास के रंग में रंगा व्यक्ति समुचित दिशा एवं ज्ञान के अभाव में इधर-उधर भटकता रहता है और बार-बार वहीं आ जाता है, जहाँ से चला था। ऐसे व्यक्ति को खुद पर विश्वास नहीं होता। नतीजन वह असफलता के रंग में रंगकर निराशा और तनावरूपी रंग की चादर ओढ़ लेता है। दूसरे शब्दों में हम कह सकते हैं कि विश्वास रूपी रंग में रंगना ही जिन्दगी एक कला है।

याद रखें—

आत्मविश्वास अदृश्य शक्ति है, जो उस वस्तु को भी देख लेती है, जिसे हमारी आँखें नहीं देख पातीं।

आत्मविश्वास का रंग हमारे अस्तित्व और खुद की उपस्थिति का एहसास कराता है। यह रंग हमें प्रेरित करता है कि आगे बढ़ो और बढ़ते रहो। अगर तुम्हें खुद पर विश्वास है तो आगे बढ़ने से कोई नहीं रोक सकता। यदि आपको सफलता के मार्ग में कोई बाधा दिखता है तो यह आपके मन का भ्रम है। आप भय, भ्रम और निराशा के रंग में डुबे हुए हो। इन भय को मन से बाहर निकाल फेंके और खुद को आशा, उत्साह, साहस और उन्नति के रंग में रंगें। विश्वास ही हमारे जीवन की सबसे बड़ी पूंजी है, जिसके सहारे हम जो चाहें प्राप्त कर सकते हैं। विश्वास की प्रगाढ़ता ही आत्मविश्वास है और आत्मविश्वास ही शक्ति ही कुछ कर दिखाने का जज्बा है। आप अपने अन्दर इस विश्वास को जाग्रत करें कि मैं उस सर्वशक्तिमान की सन्तान हूँ, जो सृष्टि का रचयिता और दुनिया का मालिक है, दिव्य ऊर्जा एवं प्रकाश का स्रोत है। वह जब मेरी सहायता करने को तैयार है, तो मुझे आगे बढ़ने से कौन रोक सकता है? आप इस विश्वास को दृढ़ करें। आप देखेंगे कि सफलता का रंग आपके ऊपर चढ़ रहा है।

याद रखें—

विश्वास ही वह रंग है, जिस रंग में रंगकर आप जीवन के अन्य रंगों का स्वाद चख पाते हैं।

सोच बदलें

आप खुद और दूसरों के जीवन में जिन रंगों का खुमार देखते हैं, वह सब सोच के रंग का कमाल है। जीवन का सबसे महत्त्वपूर्ण रंग सोच का रंग है। इस रंग को व्यापक, उन्नत, रचनात्मक एवं दूरदर्शी बना कर हम जीवन को सुखद एवं सफल रंगों में रंग जाते हैं। नया कीर्तिमान स्थापित कर खुद का इतिहास लिख जाते हैं। यही वह रंग है जो जीवन की दिशा एवं दशा बदलने में सक्षम है, खुद और दुनिया को बदलने में सक्षम है। सपनों की उड़ान भरने में सक्षम है। मैं तो सिर्फ इतना कहूँगा कि

सोच के रंग को व्यापक, दूरदर्शी, रचनात्मक एवं प्रगतिशील बनाकर देखें। बेहतर सोच के रंग में रंगने के उपरान्त ही हम अन्य रंगों जैसे—विश्वास, विकास, उन्नति, धैर्य, निष्ठा, ईमानदारी, दया, क्षमा, त्याग, उल्लास, उमंग और उत्साह के रंग में रंग पाते हैं। इस रंग में इतनी क्षमता है कि यह हमारे अन्दर निहित बेकार के रंगों जैसे—भय, भ्रम, भटकाव, ईर्ष्या-द्वेष, अहंकार को दूर कर हमें अच्छे रंगों—साहस, विश्वास, उत्साह और पराक्रम के रंग में रंग जाता है। इस रंग की शक्ति अद्वितीय एवं अवर्णनीय है, इसी शक्ति के सहारे कोई भी व्यक्ति गरीब से अमीर, सफल से असफल और बुरे रंग को अच्छे रंग में रंग पाता है। आप खुद को किस रंग में रंगना चाहते हैं, यह सब आपके सोच रूपी रंग का कमाल है। अच्छी सोच तो अच्छा रंग और बुरी सोच तो बुरा रंग। सोच रूपी रंग ही हमें गरीब से अमीर और असफलता के रंग से बाहर निकाल सफलता के रंग में रंग जाता है।

अतः जीवन को अच्छे रंगों में रंगने और जीवन को सुखद एवं सफल बनाने के लिए महत्त्वपूर्ण है कि आप मन में उठ रहे नकारात्मक सोच को सकारात्मक सोच में बदलें। सकारात्मक सोच आपके अन्दर अतिरिक्त ऊर्जा, उत्साह, उमंग एवं साहस का संचरण करता है, जिसकी धारा में प्रवाहित होकर आप खुद को सुखद रंगों में रंग पाते हैं। आप अपने अन्दर की निराशा को आशा के रंग में, भय, भ्रम को साहस के रंग में एवं अविश्वास को विश्वास के रंग में रंगकर देखें। आपको दुनिया हसीन एवं रंगीन दिखेगी। बुरी संगत को अच्छी संगत में बदलकर देखें और बुरे रंग में भी अच्छे रंग की तलाश करके देखें। आपको कल तक जो लोग अच्छे नहीं दिख रहे थे, वे अच्छे दिखने लगेंगे। आपकी जिन्दगी हसीन, रंगीन, आनन्द, उल्लास और उमंग के रंग में रंग कर स्वर्ग से सुन्दर बन जाएगी। यह दुनिया आपको सुन्दर दिखेगी और दुनिया को आप सुन्दर दिखेंगे।

मेरा मानना है कि—

आप दूसरों को अच्छे रंग में रंगने से पूर्व खुद को अच्छे रंगों में रंगें।
आपको सर्वत्र अच्छे रंग दिखेंगे।

अतः महत्त्वपूर्ण यह है कि आप दूसरों को नहीं, खुद को बदलें। अपने अन्दर की बुराई को दूर करें और नकारात्मकता को रचनात्मकता में बदलें। रचनात्मक सोच में इतनी बड़ी शक्ति है कि आपको असम्भव भी सम्भव दिखेगा। सर्वत्र आपको अच्छे-अच्छे रंग खिलते दिखेंगे। ठीक इसके विपरीत यदि आपकी सोच नकारात्मक है तो आपके जीवन में सुन्दर रंग खिलने की बजाय निराशा, चिंता, तनाव और दुख के रंग खिलेंगे, जो आपके जीवन को बोझिल बना देंगे। आप सोच बदल कर देखें, सब कुछ बदला हुआ दिखाई देगा। इस दुनिया में जितने भी असम्भव कार्य हुए हैं, वे किसी-न-किसी व्यक्ति की सोच का कमाल हैं। अतः सोच के रंग को

सुन्दर, सकारात्मक, रचनात्मक एवं व्यापक बनाएँ।

अच्छे लोगों की संगत करें

जीवन को बेहतर रंग में रंगने के लिए अच्छे लोगों की संगत करें। अच्छे लोगों की संगत से आपकी सोच, जीवनशैली और नजरिया बदलता है। सोच, जीवनशैली और नजरिया बदलने से आपको जीवन के विभिन्न रंगों की महत्ता समझ में आती है। नतीजा आप जीवन को बेहतर रंगों से रंगने में सफल होते हैं। ठीक इसके विपरीत आप बुरे लोगों की संगत करते हैं तो बुरे रंग में रंग जाते हैं। अतः भूलकर भी गलत लोगों की संगत न करें। खुद को अच्छे रंगों में रंगने के लिए सत्संग जरूरी है।

परोपकारी बनें

परोपकार का अर्थ दूसरों का भला करना है। अपने लिए पूरी दुनिया जीती है, लेकिन जो व्यक्ति दूसरों के लिए जीता है, दूसरों को काम आता है, वही महानता के रंग में खुद को रंगा पाता है। चेतनशील प्राणी होने के नाते यह हमारा धर्म है कि हम दूसरों का परोपकार करें। दीन-दुखियों की सेवा करें। ऐसा करने से हमारे अन्दर स्थित अहंकार का रंग समाप्त तथा दया, क्षमा, त्याग के रंग का अभ्युदय होता है। जीवन का उद्देश्य भी जरूरतमन्दों के काम आना और दीन-दुखियों की सेवा करना है।

ध्यान रखें—

खुद को सुखद रंगों में रँगने की चाह में, दूसरों का अहित न करें, क्योंकि दूसरों का अहित कर आप सुखी नहीं रह सकते।

अगर आपको लगता है कि दूसरों को दुख के रंग में रंगकर खुद को खुशी के रंग में रंग लेंगे तो यह बहुत बड़ी भूल है। इस गलतफहमी में न रहें। मेरे पिताजी ने शिक्षा दी थी कि—"बेटा किसी का भला न कर सको तो बुरा भी न करना।" यह जीवन दूसरों का परोपकार करने के लिए मिला है, इसलिए खुद को परोपकार के रंग में रंगते रहना। परोपकार करने से दया, क्षमा, त्याग का रंग हमारे व्यक्तित्व में शामिल तथा अहंकार का रंग समाप्त हो जाता है।

कहा भी गया है—

दूसरों का भला करोगे, तो ईश्वर तुम्हारा भी भला करेगा।

दोस्तो! ऐसी खुशी का कोई औचित्य नहीं, जिससे दूसरा दुखी रहे। अगर आप आत्म-सुख, आत्म-आनन्द प्राप्त करना चाहते हैं तो दूसरे के दुख-दर्द को समझें। अगर आपके आस-पास या पड़ोसी दुखी हैं तो आपके चेहरे पर खुशी के रंग नहीं खिलेंगे। दूसरों का क्रंदन एवं आहें आपको खुश नहीं रहने देंगी। अतः भूल कर भी दूसरों का बुरा न करें और न ही बुरा सोचें।

याद रखें—

सफलता पाने के लिए दूसरों को रौंदकर आगे बढ़ना प्रगतिशीलता के साथ क्रूर मजाक है।

ऐसा करनेवाला व्यक्ति अपने जीवन में कदापि खुश नहीं रह सकता, उल्टे उसके चेहरे पर चिंता की लकीरें खींच जाती हैं, भले ही वह व्यक्ति दूसरों को रौंदकर क्षणिक सुख प्राप्त कर ले, परन्तु अन्ततः उसका परिणाम दुखद होता है। ऐसा व्यक्ति बाहर से भले ही खुश दिखे, परन्तु अन्दर से वह अशांत रहता है। उसके चेहरे पर खुशी नहीं होती और मन अवसाद से भरा रहता है। घर की सुख-शांति नष्ट हो जाती है। भले ही वह लोगों की नजर में सुखी दिखे, लेकिन खुद की नजर में दुखी होता है। अगर आप खुद को सुखद और आत्मविभोर के रंग में रंगना चाहते हैं तो दूसरों को नुकसान पहुँचा कर नहीं, कल्याण करके देखें। आपके रंग की चमक और निखर जाएगी।

क्या आप जानते हैं—

अनैतिक तरीके से प्राप्त धन एवं वैभव से भले ही कोई व्यक्ति अमीर दिखे, लेकिन वह अन्दर से एक भिखारी से भी ज्यादा दुखी होता है।

ऐसे व्यक्ति, जो ऐश्वर्यिक साधनों की प्राप्ति हेतु अनुचित तरीकों का उपयोग करते हैं, सफलता और धन पाने के लिए नैतिकता के विरुद्ध समझौता करते हैं, उनके चेहरे पर प्रसन्नता का रंग कदापि नहीं खिलता। उसका मन एवं तन दोनों बदरंग हो जाते हैं। लोगों की नजर में भले ही वह सुखी दिखे, परन्तु खुद की नजर में दुखी और अपराधबोध से ग्रसित रहता है। अतः भूलकर भी दूसरों का अहित न करें और न ही मूल्यों से परे जाकर अमीर बनने का सपना देखें। खुद मूल्यों पर चलें। खुद अच्छा करें तथा दूसरों के लिए अच्छा करने की सोच रखें। यही जीवन का अनमोल रंग है, जिस रंग में रंगकर हम खुद को सुन्दर बनाने में सफल होते हैं। जब हम दूसरों के लिए अच्छा सोचते एवं अच्छा करते हैं, तब हमारे अन्दर अलौकिक शक्ति का संचार होता है। यह शक्ति हमें उत्साह, उमंग और उल्लास के रंग में रंगकर आत्म-सुख, आत्म-आनन्द एवं आत्म-शांति प्रदान करती है।

याद रखें—

अपने लिए पूरी दुनिया जीती है,
जो दूसरों के लिए जिए, वही जीना है।

जिन्दगी एक कला का महत्त्व

दोस्तो! जिन्दगी एक कला का महत्त्व हमारे जीवन में अमिट और अविस्मरणीय है। इसका महत्त्व न केवल खुद की जिन्दगी को सुखद एवं सफल बनाने, बल्कि इसका

महत्त्व खुद को जानने, मूल्यों को समझने, उत्कृष्ट जीवन शैली तथा सुन्दर व्यक्तित्व निर्माण से है। किसी भी कार्य को ससमय और उत्कृष्ट रूप में सम्पादित करना जिन्दगी एक कला है। इस कला की महत्ता समझने वाला व्यक्ति निपुण कलाकार बन जाता है। जैसे—चलते रहना जिन्दगी है और चलना एक कला है। आप कहेंगे—कैसे? आइए, हम इसका विश्लेषण करें। जो व्यक्ति इस कला को नहीं जानते हैं, उन्हें यह मालूम नहीं होता कि हम कहाँ, क्यों और कैसे चलें? वे चलने को आम बात मानते है। इसका कारण है कि वे चलने का उद्देश्य नहीं जानते। ठीक इसके विपरीत जो व्यक्ति चलने की कला जानते हैं, वे सोच-समझकर कहाँ चलें क्यों और कैसे चलें को निर्धारित करते हैं। नतीजा वे उद्देश्य प्राप्ति में सफल होते हैं। ऐसे व्यक्ति जिन्दगी को एक सफर मानते हैं और सुनिश्चित कार्यों को ससमय और उत्कृष्ट रूप में निष्पादित करने के लिए चलते हैं, खुद को सजाने एवं सँवारने के लिए चलते हैं। उन्हें मालूम होता है कि गतिमान रहकर ही हम कार्य पूरा कर सकते है, बैठे रहकर नहीं। उन्हें यह भी मालूम होता है कि सुखद एवं सफल जिन्दगी जीने तथा जीवन का उद्देश्य साकार करने के लिए चलना जरूरी है। जो व्यक्ति चलने की कला जानते हैं, वे ही जिन्दगी को हसीन एवं रंगीन बना पाते हैं और जीवन का सच्चा आनन्द ले पाते हैं। ठीक इसके विपरीत जो व्यक्ति चलने की कला नहीं जानते, उनके चलने का कोई प्रयोजन नहीं होता। नतीजा उनका चलना दुखद एवं कष्टदायक होता है।

अतः महत्त्वपूर्ण यह है कि जिन्दगी एक सफर की शुरुआत कहाँ से और कैसे करें? इसको कितना रोमाचंक एवं आनन्दायक बनाएँ? यह जिन्दगी जीने की कला पर निर्भर करता है। इसी प्रकार बोलना एक कला है। हर व्यक्ति अपने बारे में या दूसरों के बारे में बोलता है, परन्तु विचारणीय बिन्दु यह है कि हम क्या बोलें, कैसे बोलें और कब बोलें? हमारे बोलने का उद्देश्य क्या है? जो व्यक्ति बोलने की कला जानते हैं और इसका महत्त्व समझते हैं, वे सर्वप्रथम कब, कहाँ, क्या और कैसे बोलें को निर्धारित करते हैं। तदुपरान्त अपनी बातों को दूसरों के समक्ष ओजस्वी ढंग से बड़ी विनम्रता, मधुरता, शालीनता से रखते हैं। उनके बोलने की शैली इतनी आकर्षक एवं प्रभावी होती है कि उनकी बातों को सुनने के लिए लाखों-करोड़ों की भीड़ जमा हो जाती है। वे अपनी वाणी से लोगों को मंत्रमुग्ध कर लोगों की भीड़ को अपनी ओर खींच लेते हैं। उनमें लोगों को अपनी ओर आकर्षित करने की अद्भुत क्षमता होती है। उनकी बातों को सुनने के लिए लोग बेताब रहते हैं। ऐसे व्यक्ति को अपनी बातें सुनाने के लिए लाखों रुपए मिलते हैं और वे प्रशंसा भी बटोरते हैं। इस कला में निपुण व्यक्ति नाम, धन, यश सब कुछ कमा जाते हैं। ठीक इसके विपरीत जो व्यक्ति बोलने की कला नहीं जानते या उनके बोलने का कोई उद्देश्य नहीं होता, वे व्यर्थ की बातों में अपना समय एवं ऊर्जा बर्बाद करते हैं। उनके बोलने की शैली बेतुकी और आवाज कर्कश होती है। ऐसे लोगों की बात सुनने को कोई तैयार नहीं

होता और न ही उनका कोई सम्मान करता है। उपर्युक्त तथ्यों से स्पष्ट है कि जिन व्यक्तियों को बोलने की कला आती है, वे अपने जीवन में बेहतर करते और बेहतर पाते हैं। इसी सन्दर्भ पर सन्त कबीर ने कहा है—

ऐसी वाणी ऐसी बोलिये, मन का आपा खोय।
औरन को शीतल करे, आपहुँ शीतल होय।

इस प्रकार हम देखते हैं कि बोलना एक कला है और जिन व्यक्तियों को बोलने का महत्त्व मालूम होता है और बोलने की कला आती है वे दूसरों का दिल जीत लेते हैं। उनके नाम की शोहरत चारों और फैल जाती है। ऐसे व्यक्ति का व्यक्तित्व सुन्दर, आचरण शिष्ट, व्यवहार कुशल एवं स्वाभिमान ऊँचा होता है। ठीक इसके विपरीत जिन व्यक्तियों को बोलने की कला नहीं आती, वे निम्न व्यक्तित्व के मालिक बन बैठते हैं। जैसे—कोई व्यक्ति बहुत विद्वान है, परन्तु उसे बोलने की कला नहीं आती, तो वह अपनी बातों को दूसरों के समक्ष बेहतर ढंग से नहीं रख पाता है। ऐसे व्यक्ति की विद्वता बेकार है। ज्ञान का अर्थ ही है, दूसरे को रोशनी दिखाना, दूसरों के अन्दर निहित अँधेरे को दूर कर प्रकाश फैलाना। अगर आप अपनी बातों को दूसरों के समक्ष ओजस्वीपूर्ण ढंग से सौहार्दपूर्ण माहौल में नहीं रख पाते तो फिर आपके ज्ञान का क्या औचित्य? इसका महत्त्व तब है, जब आप अपने ज्ञान से दूसरों को प्रकाशित कर सकें। आप अपनी बातों को दूसरों के समक्ष बेहतर ढंग से रख सकें और अपनी तर्कपूर्ण बातों से उन्हें सन्तुष्ट कर सकें, उनके अन्दर निहित अँधेरे को दूर कर रोशनी फैला सकें।

हम सभी जानते हैं—जीवन के अस्तित्व को बनाए रखने के लिए संघर्ष करना जरूरी है। संघर्ष द्वारा ही हम अपनी आवश्यकताओं की प्राप्ति करते हैं। जैसे—भूख मिटाने के लिए भोजन की आवश्यकता होती है। परन्तु हम भोजन कैसे और कहाँ से प्राप्त करें, उसकी स्वच्छता, गुणवत्ता एवं सार्थकता क्या है? क्या हमें भोजन बनाने एवं ग्रहण करने की कला आती है? अगर हमें यह कला नहीं आती और जैसे-तैसे भोजन ग्रहण कर लेते हैं, तो नुकसान भी हमें ही उठाना पड़ता है। इसी प्रकार रहने के लिए हमें घर चाहिए। हमारा घर कैसा और कहाँ है, उसकी उपयोगिता कितनी सार्थक, स्वच्छ एवं सुन्दर है, यह महत्त्वपूर्ण है। जो व्यक्ति इस कला को जानते हैं, वे मिट्टी, फूस एवं बाँस से भी सुन्दर घर बनाकर अपनी जिन्दगी बड़े मजे में जीते हैं। मन को सुन्दर एवं तन को स्वस्थ बनाए रखने हेतु घर को सुन्दर बनाने की कला सीखें। आपने यह उक्ति सुनी होगी 'आप मकान खरीद सकते हैं, घर नहीं।' तन ढकने के लिए कपड़ा चाहिए और प्रत्येक व्यक्ति तन ढकने के लिए कपड़ा पहनता भी है। परन्तु आपके कपड़े का रंग, डिजाइन, क्वालिटी कैसी है? कपड़ा मैला है कि साफ है, मौसम के अनुकूल है कि नहीं? आपका कपड़ा शरीर

पर फबता है कि नहीं, इत्यादि बातें जिन्दगी जीने की कला पर निर्भर करती हैं। जो व्यक्ति कला का महत्त्व जानते हैं, वे ही उपर्युक्त बातों पर मनन उपरान्त उत्कृष्ट कला का प्रदर्शन करते हैं।

इस प्रकार हम देखते हैं कि चलने का ढंग, बोलने का ढंग, रहने का ढंग, पहनने का ढंग, भोजन करने का ढंग, जिन्दगी एक कला के अन्तर्गत समाहित है। जो व्यक्ति इस कला का महत्त्व जानते हैं, उनकी जीवन-शैली उत्कृष्ट एवं अनुकरणीय होती है। ऐसे व्यक्ति अपने कार्यों को बड़े ही सहजतापूर्वक और सुरुचिपूर्ण ढंग से निष्पादित करने में सफल होते हैं। यही कारण है कि उनके कार्य की परिणति बेहतर होती है और उनका नाम, सम्मान होता है। ठीक इसके विपरीत जो व्यक्ति जिन्दगी एक कला का महत्त्व नहीं समझते, उन्हें जिन्दगी पहाड़, दुख और दर्द का सागर दिखाई देती है। सचमुच यह जीवन फूलों एवं कांटों से भरा गुलशन है। आप अपने जीवन को फूलों की खुशबू से महकाना चाहते हैं कि कांटों भरे दर्द से बोझिल बनाना चाहते हैं। यह आपकी जिन्दगी जीने की कला एवं कला की सार्थकता पर निर्भर करता है।

ध्यान रखें—यदि हम जिन्दगी एक कला का महत्त्व समझें और हर कार्य को ससमय एवं उत्कृष्ट रूप में निष्पादित करें, स्व के अन्दर निहित अँधेरे को दूर कर अन्तस्थ में स्थित दिव्य ज्योति को जला लें, चित्त को शांत और मन को पवित्र बना लें, खुद प्रकाशित होकर दूसरों को प्रकाशित करें तो विपरीत परिस्थिति में भी विश्वास, उल्लास, उमंग और खुशी के रंग खिलते दिखेंगे। सही मायने में काँटों भरी राह को फूलों भरी खुशबू से सजाना ही जिन्दगी जीने की कला है।

याद रखें—

जिन्दगी की कला का महत्त्व समझने वाले व्यक्ति विकट परिस्थिति में भी अवसर की तलाश कर लेते हैं तथा विकट परिस्थिति में भी नए अवसर की खोज कर दूसरों के लिए अवसर बन जाते हैं।

ऐसे व्यक्ति सफलता के मार्ग में आनेवाली बाधाओं को देखकर, घबराते नहीं, बल्कि मार्ग में आने वाले काँटों को हटाकर फूलों में बदल देते है। अर्थात् दुख के रंग को सुख के रंग में तथा विषाद को हर्ष के रूप में रंगकर जीवन का आनन्द लेते हैं। उनके अन्दर आत्मविश्वास, उत्साह एवं आशा का रंग कूट-कूट कर भरा होता है, जो उनके जीवन को खुशियों के रंग में रंग जाता है। दोस्तो! याद रखो—

आशा ही जीवन है। उत्साह कुछ कर दिखाने का जज्बा और विश्वास सपने को पूरा करने का माध्यम है।

आप इन रंगों का महत्त्व समझें और विकट परिस्थिति में भी आशा बनाए रखें।

कदापि निराशा के रंग में न रंगे और हिम्मत न हारें। विश्वास के रंग को बनाए रखें।

उदाहरण के तौर पर आप गुलाब के फूल को देखें। गुलाब के फूल काँटों के बीच खिलते हैं, फिर भी वह सबों को प्यारे होते हैं। हर व्यक्ति उसके चटक रंग एवं अद्भुत सौन्दर्य को पाने के लिए लालायित रहता है। आप गुलाब के पौधों से सीख लें कि अगर वह काँटों भरी डालियों पर खिलकर सबका प्यार बन सकता है तो आप क्यों नहीं? जरा सोचें—

अगर गुलाब का फूल भी मान लेता कि मेरे नसीब में केवल काँटे ही हैं
तो क्या वह दूसरों का चहेता बन पाता?

अगर कोई पौधा काँटों भरी डालियों पर इतने हसीन एवं रंगीन फूल दे सकता है, जिसे हर व्यक्ति अपने प्रिये को देना चाहता है, तो आप क्यों नहीं? आप तो अनमोल और अद्वितीय हैं। आप भी काँटों भरी राह में खुशबू बिखेर कर देखें। आप भी सबों के प्यारे बन जाएँगे।

याद रखें—

काँटे लोगों का चहेते नहीं, बल्कि फूल होते हैं। आप भी काँटा नहीं,
फूल बनकर देखें।

आप भी कला का महत्त्व समझें और प्रकृति से सीख लें। प्रकृति के निपुण कलाकार से सीख लेकर जीवन को सुन्दर रंगों में रंगें। जिस प्रकार भौंरे काँटों भरी डालियों पर इस आशा में बैठा रहता है कि बसन्त ऋतु आने पर इन्हीं डालियों पर फूल खिलेंगे। उन फूलों का सौन्दर्य पान कर जीवन का आनन्द लूँगा, उसी प्रकार आप भी जीवन का आनन्द लें। आप एक चेतनशील प्राणी हैं। विकट परिस्थिति आने पर निराश न हो। निराशा को आशा में बदलें और जिन्दगी एक कला का महत्त्व समझें। यह हमें आत्मानुशासन सिखलाता है। मन को काबू में रखना और इन्द्रियों पर नियंत्रण रखना ही जिन्दगी जीने की कला है। सही मायने में कला-साधना है, पूजा है। अगर आप पूजा एवं साधना का अर्थ नहीं जानते तो फिर कोई कार्य कला है या पूजा, दुख है या सुख, कोई मायने नहीं रखता। जिन्दगी एक कला का महत्त्व समझनेवाला व्यक्ति अपनी कला का जादू पूरी दुनिया में बिखेरता है। वह अपनी कला से पूरी दुनिया को रौशन करता है, वह पूरी दुनिया को एक परिवार मानते हुए बसुधैव कुटुम्बकम की भावना को विस्तार देता है। आप भी सुखद एवं सफल जीवन जीना चाहते हैं, जीवन का औचित्य साकार करना चाहते हैं और जग का कल्याण करना चाहते हैं तो आम नहीं खास बनें। 'जिन्दगी एक कला' का महत्त्व समझें और उसकी महत्ता साकार करें।

याद रखें—

जिन्दगी एक कला का महत्त्व केवल खुद के लिए नहीं, बल्कि अन्य लोगों के साथ ईमानदारीपूर्वक सम्बन्धों का निर्वहन करना है।

मेरे विचार से—आप 'जिन्दगी : एक कला' का महत्त्व समझना चाहते हैं, तो निम्न बातों को जीवन में आत्मसात करें।

- स्वयं को जानें। छुपे गुणों को निखारें और जिन्दगी जीने की कला सीखें।
- ख्वाब जरूर देखें। परन्तु आँखें बन्द कर नहीं, खोलकर देखें और ख्वाब को हकीकत में बदलने की कला सीखें।
- पढ़ें जरूर, परन्तु ध्यान से पढ़ें और अर्जित ज्ञान का सदुपयोग जिन्दगी को सजाने एवं सँवारने में करें।
- खेलें जरूर, परन्तु ऐसा खेलें, जिससे आपको खुद पर गर्व महसूस हो तथा दूसरे आप पर गौरवान्वित हों।
- कर्म जरूर करें, क्योंकि कर्म करना जीवन की नियति है। परन्तु ऐसा कर्म करें, जो दूसरों के लिए नजीर हो।
- चित्र जरूर बनाएँ, परन्तु ऐसा चित्र बनाएँ, जिसे दूसरा देखता रह जाए।
- हँसे जरूर, हँसना जीवन की अमूल्य निधि है, परन्तु याद रखें दूसरों की कमजोरी पर हंसना कायरता है।
- गीत जरूर गाएँ। परन्तु ऐसा गीत गाएँ, जिससे खुद और दूसरों का जीवन आनन्दित हो।
- बोलें जरूर, बोलना जीवन की नियति है। परन्तु ऐसा बोलें, जो सारगर्भित एवं मधुर हो।
- जीवन अनमोल और सर्वश्रेष्ठ है। इसकी अनमोलता एवं श्रेष्ठता को बनाए रखने की कला सीखें।
- सुनें जरूर और ध्यानपूर्वक सुनें, परन्तु बाहर की नहीं, अपने मन की सुनें।

उपर्युक्त बातों को जीवन में आत्मसात करके देखें। आपको 'जिन्दगी एक कला' का महत्त्व खुद-ब-खुद समझ में आ जाएगा। जिन्दगी एक कला का महत्त्व हर जगह और हर क्षेत्र में है। जैसे—बेहतर जीवन जीने, जीवन का औचित्य साकार करने, सुखद, हर्षित एवं आनन्दमय जीवन जीने, नाम, धन, यश अर्जित करने आदि में। हम जिन्दगी एक कला का महत्त्व समझकर ही जीवन के विभिन्न आयामों को जानते हैं और प्रकृति में निहित रंगों से सीख लेकर जीवन को सुखद रंगों में रंग पाते हैं।

आप भी जिन्दगी एक कला का महत्त्व समझें और जीवन को सुन्दर रंगों में रंगें। इस अनमोल जीवन के विभिन्न आयामों को जानें और इसका मूल्य समझें। सपने को हकीकत में बदलने के लिए कड़ी मेहनत करें और जीवन का औचित्य साकार करें। जिन्दगी एक कला का महत्त्व समझने वाले व्यक्ति सार्थक लक्ष्य का निर्धारण करते

हैं, लक्ष्य प्राप्ति हेतु कार्य योजना बनाते हैं तथा कार्य योजना को ससमय मूर्त रूप देते है, तब वे एक सफल कलाकार बन पाते हैं। ऐसे व्यक्ति अपने समय एवं ऊर्जा को व्यर्थ नहीं गंवाते, बल्कि निहित समय एवं ऊर्जा का प्रबन्धन कार्य को उत्कृष्ट ढंग से करने एवं बेहतर पाने में करते हैं। नतीजा वे खुशहाल और आनन्दमय जीवन जीते हैं और दूसरों के लिए आदर्श एवं प्रेरणा बन जाते हैं। ठीक इसके विपरीत जो व्यक्ति जिन्दगी एक कला का महत्त्व नहीं समझते, वे आजीवन भाग्य का रोना रोते हैं।

जिन्दगी एक कला का महत्त्व समझने वाले व्यक्ति को जीवन अनमोल अवसर एवं सुन्दर दिखता है। सफलता के मार्ग में उन्हें काँटे नहीं, फूल दिखते हैं। आप भी जीवन को सुन्दर रंगों में रंगने के लिए हर कार्य को एक कला के रूप में लें। हर कार्य को उत्कृष्ट रूप में निष्पादित करने की कला सीखें और निपुण कलाकार बनें। अगर आप गहनतापूर्वक गौर करें तो पाएँगे कि यह जीवन खुद एक कला है, जो दुनिया की समस्त कलाओं को अपने अन्दर समेटे हुई है।

दोस्तो! याद रखें—

जीवन से ही सब कुछ मिला है और मिल सकता है, लेकिन सब कुछ देकर भी जीवन नहीं मिल सकता।

आप भी इस अनमोल जीवन का मूल्य समझें तथा जिन्दगी एक कला का मर्म समझ जीवन का औचित्य साकार करें। यही जिन्दगी एक कला और जीवन का सार है।

जीवन के विभिन्न आयाम
Different Aspect of Life

जीवन : एक अवसर (Life is an Opportunity)

जिन्दगी एक अवसर है, इसे जानने एवं समझने के लिए खुद को जानें। अपने अन्दर छुपी शक्ति को पहचानें और इसकी परीक्षा लें। खुद को जानने-पहचानने तथा जिन्दगी एक अवसर को समझने के लिए खुद से निम्न प्रश्न पूछें—

- यह जीवन क्या है?
- इस जीवन का उद्देश्य एवं औचित्य क्या है?
- इस जीवन की सार्थकता खुद एवं दूसरों के लिए कितनी महत्त्वपूर्ण है?
- यह जीवन अवसर है तो कैसे?
- यह जीवन अनमोल और अन्य प्राणियों से श्रेष्ठ है तो कैसे?

इन प्रश्नों का उत्तर जानना आवश्यक है। जिस दिन हम इन प्रश्नों का उत्तर जान जाएँगे, जिन्दगी एक अवसर का मर्म समझना सरल हो जाएगा। हम सभी स्वीकार करते हैं कि जीवन अनमोल और ईश्वर की सर्वश्रेष्ठ कृति है। ईश्वर प्रदत्त यह अनुपम उपहार हमें बड़े ही सौभाग्य से प्राप्त हुआ है। इसे पग-पग पर सजाने एवं तराशने की जरूरत है, ताकि हम इसकी अनमोलता एवं श्रेष्ठता को साकार कर सकें। परन्तु, दुख की बात है कि हम इसकी अनमोलता एवं श्रेष्ठता को साकार करने के लिए कारगर प्रयास नहीं करते। महत्त्वपूर्ण यह है कि हम इस अनुपम कृति का मूल्य समझें। इसकी अनमोलता एवं श्रेष्ठता पर विचार करें तथा इसकी श्रेष्ठता को बनाए रखने के लिए कारगर प्रयास करें। इस अनमोल जीवन को अमूल्य उपहार के रूप में स्वीकार करें तथा इसका औचित्य साकार करें। जिन्दगी एक रहस्य का मर्म समझें तथा विविध रहस्यों से बाहर निकलें। मेरा भी अनुरोध है कि आप जीवन-मूल्य के साथ-साथ, कर्म-मूल्य एवं समय-मूल्य की महत्ता समझें। यही जिन्दगी है और जीवन जीने का सार।

जीव विज्ञान के अनुसार जिन वस्तुओं में वृद्धि, प्रचलन, श्वसन, रक्त संचरण, पाचन, उत्सर्जन, प्रजनन आदि क्रियाएं होती है, उन्हें जीव माना गया है। इसके

अन्तर्गत समस्त जीव-जन्तु और पेड़-पौधे आते हैं। परन्तु समस्त प्राणियों में मनुष्य ही एक ऐसा प्राणी है, जिसके अन्दर सोचने-समझने की शक्ति निहित है। इसके अन्दर अपरिमित शक्ति एवं विविध गुणों का खजाना छुपा है, जिसके सहारे मनुष्य जो चाहे प्राप्त कर सकता है। वेद-पुराणों में भी इस बात का उल्लेख है कि मानव प्राणी 84 लाख योनियों में श्रेष्ठ है। आप खुद सोचें और बताएँ—जब हमारा जन्म 84 लाख योनियों में सर्वश्रेष्ठ प्राणी के रूप में हुआ है तो यह जीवन कितना अनमोल, विशिष्ट एवं सुन्दर है। इसके अन्दर अद्‌भुत शक्ति का अपरिमित खजाना छुपा है, जिसके सहारे हम किसी व्यक्ति या वस्तु में निहित गुणों-अवगुणों की समीक्षा कर, अच्छाई और बुराई की परख कर सकते हैं। सही-गलत, उचित-अनुचित में विभेद कर सकते हैं। कार्य की परिणति और प्रभाव का विश्लेषण कर हम धर्म और न्याय के पथ पर चल सकते हैं। विविध मूल्यों की महत्ता समझ, खुद की सार्थकता साकार कर हम जीवन का औचित्य साकार कर सकते हैं। इतनी अद्‌भुत विलक्षण शक्ति से परिपूर्ण यह जीवन अवसर नहीं तो और क्या है? अपरिमिति शक्ति एवं विविध गुणों से परिपूर्ण होने के उपरान्त भी अगर आपको यह जीवन अवसर नहीं दिखता तो इसमें दोष किसका है? आप खुद इस प्रश्न पर मनन करें।

दोस्तो! सोचने और देखने का नजरिया बदलें। खुद को पहचानें, अपने अन्दर छुपी शक्ति को जानें एवं निहित गुणों को निखारें। इस अनमोल जीवन का मूल्य समझें। आप ऐसा करके देखें—सर्वत्र आपको अवसर ही अवसर दिखाई देगा। जरा सोचें—यदि हमें यह जीवन नहीं मिला होता तो क्या हम कोई सपना देखते, या किसी चीज को पाने की चाहत रखते? क्या हमारे मन में नाम, धन और यश अर्जित करने की इच्छा होती? क्या हम आकाश में उड़ने या इतिहास रचने की बात करते? आपका भी जवाब होगा—नहीं। हम उपर्युक्त बातें इसलिए करते हैं कि हमें यह अनमोल जीवन मिला है। यह जीवन ही तो सबसे बड़ा अवसर है, इसके अन्दर समस्त अवसर छुपा है। आप इस अवसर को पहचानें तथा सपने को पूरा कर दूसरों के लिए अवसर बनें। दुख की बात यह है कि प्राय: व्यक्ति जीवनरूपी अनमोल अवसर एवं क्षमता को नहीं पहचानते और निरर्थक अवसर की खोज में दर-दर भटकते रहते हैं।

शायद ऐसे व्यक्तियों को यह नहीं मालूम कि जिस अवसर की खोज में वे भटक रहे हैं, वह बाहर नहीं, अन्दर है। भले ही अज्ञानतावश हम निहित अवसर को अपने अन्दर नहीं ढूँढ़ पाते और बाहर ढूँढ़ने में निरर्थक समय एवं ऊर्जा की बर्बादी करते हैं। महत्त्वपूर्ण यह है कि हम अवसर को बाहर नहीं, अपने अन्दर ढूँढ़ें। दुर्भाग्य की बात यह है कि प्राय: व्यक्ति अनमोल जीवन का मूल्य नहीं समझते। इसके अन्दर छुपी शक्ति को नहीं पहचानते। खुद पर विश्वास नहीं करते और दूसरों पर दोषारोपण करते रहते हैं। जिस दिन आप इस जीवन के मूल्य को जान लेंगे, छुपी शक्तियों को पहचान लेंगे, उस दिन आपको खुद की जिन्दगी सबसे बड़े अवसर के रूप में दिखाई देगी।

ध्यान रखें—

यह जीवन ईश्वर की सर्वश्रेष्ठ कृति है, इसके अन्दर सोचने-समझने की शक्ति, कुछ कर दिखाने का क्षमता, निर्णय लेने की शक्ति, दुर्भावनाओं से ऊपर उठने की शक्ति, संयम, सहनशीलता एवं परोपकार करने की शक्ति निहित है।

इन शक्तियों के बलबूते आप किसी भी विषय पर, घटित घटना पर, उत्पन्न हालात पर सोच-समझकर निर्णय ले सकते हैं। विकट परिस्थिति को टाल सकते हैं और दुखद हालात से बाहर निकल सकते हैं। विपदा में भी अवसर की तलाश कर सकते हैं। इतनी अद्भुत शक्ति एवं विविध गुणों से परिपूर्ण यह जीवन अवसर नहीं तो और क्या है? यह अवसर ही तो है कि हम उपर्युक्त शक्तियों का सदुपयोग कर एक नहीं, अनेकों अवसर प्राप्त कर खुद का इतिहास रच डालते हैं। जीवन एक अवसर का मर्म समझते हुए जगत गुरु षंकराचार्य, स्वामी विवेकानन्द, रामकृष्ण परमहंस, स्वामी दयानन्द सरस्वती, सन्त कबीर आदि महापुरुषों ने इस संसार को रास्ता दिखाने का कार्य किया। आर्यभट्ट, आर्कमिडीज, सर आइजक न्यूटन, माइकल फराडे, ब्लाज पास्कल, औटोहन जैसे महान वैज्ञानिक विभिन्न खोज एवं आविष्कार कर दूसरों के लिए अवसर बन गए। ये सभी विभूतियाँ हमारे और आपके जैसी ही थीं, तो फिर वे दूसरों के लिए आदर्श, अवसर और मार्ग-आदर्शक कैसे बन गए? इसका कारण है कि उन्होंने अपनी शक्तियों को पहचाना, अनमोल जीवन का मूल्य समझा तथा विभिन्न अवसरों की खोज की। उन्होंने अवसर की कमी का रोना नहीं रोया, बल्कि खुद अवसर का निर्माण कर दूसरों के लिए अवसर बन गए। यही कारण है कि वे जिन्दगी के औचित्य को साकार करने में सफल रहे।

इसी दुनिया में आपको अनेकों व्यक्ति मिल जाएँगे, जिन्होंने जिन्दगी को एक अवसर के रूप में लिया। अपने अन्दर छुपी शक्तियों एवं निहित गुणों की पहचान कर अनेकों अवसर खोज निकाले। एक से बढ़कर अनेकों उत्कृष्ट कार्य कर दूसरों के लिए अवसर बन गए। खुद की सार्थकता साकार की और दुनिया को जीवन का औचित्य समझा गए। नतीजन वे सदैव सम्मान के साथ याद किए जाते रहे हैं। ठीक इसके विपरीत जो व्यक्ति जिन्दगी को एक अवसर के रूप में नहीं लेते, उनके लिए जिन्दगी बोझ बन जाती है। आप जिन्दगी को बोझ नहीं समझें। यह जीवन आनन्द और अमृत का सागर है। सौन्दर्य और खुशबू का खान है। इस जीवन में अवसर की कोई कमी नहीं है। आप जहाँ खड़े हैं, वहीं अवसर है। जरूरत है खुद को पहचानने और निहित शक्तियों की परीक्षा लेने की। परन्तु दुख की बात है कि प्राय: व्यक्ति अपने अन्दर छुपी अपरिमित शक्ति को नहीं पहचानते और संसाधनों की कमी का रोना रोते हैं। वे खुद की खामियों को खूबियों में नहीं बदलते और निहित कमियों के

लिए दूसरों पर दोषारोपण करते हैं। नतीजा उन्हें अवसर दिखाई नहीं देता।

अवसर देखने के लिए दृष्टि, द्रष्टा एवं संकल्प चाहिए। आप दृष्टि को संकल्प में बदलें और द्रष्टा बनें। इस दुनिया में जितनी भी महान विभूतियाँ हुई हैं, उन्होंने खुद को पहचाना, दूर-दृष्टि रखी और खुद की जिन्दगी को सबसे बड़े अवसर के रूप में स्वीकार कर द्रष्टा बन गए। उन्होंने जीवन के प्रत्येक क्षण का सदुपयोग रचनात्मक एवं जन कल्याण के कार्यों में किया। नतीजा वे खुद आगे बढ़े और दूसरों को भी आगे बढ़ाने में सहायक हुये। उनकी सोच हम भी आगे बढ़ें और दूसरा भी आगे बढ़े की होती है। वे केवल अपने हित की नहीं, सर्वकल्याण की बात करते हैं। वे लेने की नहीं, देने की बात करते हैं, क्योंकि वे जानते हैं कि इस जहाँ में वही व्यक्ति सम्मान का पात्र होता है, जिन्होंने दूसरों को बेहतर दिया है। आप भी उन महान विभूतियों की जीवनी से सीख लें। लेने की नहीं, देने की सोच रखें और देने के योग्य बनें। आपको भी यह जीवन अनमोल एवं अवसर दिखाई देगा।

याद रखें—

> *'जिन्दगी : एक अवसर' का मर्म समझने के लिए जीवन का अर्थ एवं औचित्य समझना होगा। सोच बदलनी होगी तथा दूरदृष्टि रखते हुए द्रष्टा बनना होगा। जब तक हमारे दिलो-दिमाग में नकारात्मक सोच घर बनाए रहेगी, हमें जिन्दगी अवसर नहीं, बोझ लगेगी।*

शायद आपको नहीं मालूम—यह जीवन ईश्वर प्रदत्त सबसे महत्त्वपूर्ण अवसर है। इस अवसर का मर्म समझें और इस अवसर का उपयोग बेहतर पाने में करें। आप जो पाना चाहते हैं, पा सकते हैं। खुद को जैसा बनना चाहते हैं, बना सकते हैं। यह सुनिश्चित नहीं है कि अगले जन्म में आपको मानव योनि प्राप्त हो ही। यह तो आपका सौभाग्य है कि आपका जन्म दुनिया की सर्वश्रेष्ठ योनि में हुआ है। आप दुनिया के समस्त वैभव को प्राप्त करने का उत्तराधिकारी हैं और इसके सवर्था योग्य भी हैं। आप समस्त सुख-सुविधाओं को प्राप्त कर सकते हैं। आपके पास अपरिमित शक्ति का खजाना है। अपनी शक्ति को जानकर, पहचानकर और उसका सदुपयोग कर आप असम्भव को सम्भव कर सकते हैं। ईश्वर ने आपको सोचने-समझने की शक्ति के साथ-साथ अन्य शक्तियों से परिपूर्ण बनाया है। यह अद्भुत शक्ति किसी अन्य प्राणी को प्राप्त नहीं है। यह आपका व्यक्तिगत दायित्व है कि आप अच्छा-बुरा, गुण-अवगुण, ऊँच-नीच, विकास-विनाश, सफलता-असफलता इत्यादि बातों पर सोच-समझ कर उचित-अनुचित का निर्णय लें। आप खुद सोचें अपरिमित शक्तियों से परिपूर्ण यह जीवन अवसर नहीं तो और क्या है?

'जिन्दगी: एक अवसर' को समझने के लिए विविध मूल्यों को जानें तथा इसकी महत्ता समझें। इन मूल्यों को जानकर ही हम जिन्दगी एक अवसर का मर्म

समझ सकते हैं। जीवन जीने के लिए कर्म करना आवश्यक है। अत: कर्म का मूल्य समझें। कर्म करने के लिए समय देने होते हैं। अत: समय का मूल्य समझें। हम कोई भी कर्म ससमय एवं उत्कृष्ट रूप में निष्पादित करके ही बेहतर अवसर प्राप्त कर सकते हैं। जिस दिन हम जीवन-मूल्य, कर्म-मूल्य एवं समय-मूल्य की महत्ता समझ जाएँगे हमें यह जीवन सर्वश्रेष्ठ अवसर के रूप में दिखाई देगा। जिन्दगी एक अवसर का मर्म समझने के लिए उपर्युक्त बातों पर विचार करें। तत्पश्चात् कोई भी कार्य करें। जब आप किसी कार्य को करने के पूर्व उसकी परिणति एवं प्रभाव की विवेचना जीवन मूल्यों के परिप्रेक्ष्य में करेंगे, तब आपको जिन्दगी एक अवसर का मर्म समझ में आएगा। आपको हर कार्य एवं हर परिस्थिति में अवसर दिखाई देगा, जिसे आप संभाल नहीं पाएँगे। यह तो आपका सौभाग्य है कि आपको मानव जीवन मिला। आप अपनी सोच को सकारात्मक रखें और मानवीय मूल्यों पर खरा उतरें। जीवन मूल्यों को समझें तथा विपरीत परिस्थितियों में भी अवसर की तलाश करें। जब आप इन बातों को संकल्प में बदल लेंगे और मूल्यों के विरुद्ध कोई कार्य नहीं करेंगे तो यह जीवन स्वर्ग से सुन्दर बन जाएगा। आप साधारण से असाधारण तथा मानव से महामानव बन जाएँगे। फलत: आपको यह जीवन सुन्दर, सुखद, आनन्दमय एवं रोमांच से परिपूर्ण दिखेगा।

जिन्दगी एक अवसर है, इसे जानने-समझने के लिए जिन्दगी जीने की कला सीखें। जो व्यक्ति इस कला को जानते हैं, उन्हीं के लिए जिन्दगी एक अवसर है। ठीक इसके विपरीत जो व्यक्ति इस कला को नहीं जानते, वे जिन्दगी के आखिरी पड़ाव तक यह नहीं समझ पाते कि जिन्दगी एक अवसर है तो कैसे? ठीक इसके विपरीत जो व्यक्ति जिन्दगी जीने की कला जानते हैं, उनका सोच उत्तम और जीवन-शैली उत्कृष्ट होती है। उन्हें मूल्यों की समझ होती है और वे कोई भी कार्य सोच-समझकर करते हैं। यही कारण है कि वे हर परिस्थिति में अवसर की तलाश कर लेते हैं।

याद रखें—

प्रत्येक परिस्थिति अपने साथ अवसर लेकर आती है, महत्त्वपूर्ण है उसे पहचानने एवं जी भरकर आलिंगन करने की।

आप अवसर को पहचानें और खुद के लिए अवसर का निर्माण करें। अवसर की प्रतीक्षा कायर, डरपोक, अकर्मण्य एवं भाग्यशाली व्यक्ति करते हैं। आप कायर और डरपोक नहीं, साहसी एवं बलशाली हैं। अवसर की प्रतीक्षा नहीं अवसर का निर्माण करें। प्रसिद्ध दार्शनिक ई. एच. चेपिंग के अनुसार—

'सर्वोत्तम मनुष्य वे नहीं हैं, जो अवसर की बाट जोहते हैं, अपितु वे हैं जो अवसर का निर्माण खुद करते हैं।'

आप भी अवसर का बाट नहीं जोहें, अपितु अवसर का निर्माण करें। अवसर निर्माण करने एवं अवसर को पहचानने की क्षमता आपके अन्दर है। दुख की बात यह है कि अधिकांश व्यक्ति अपनी क्षमता को नहीं पहचानते और अवसर की प्रतीक्षा में समय व्यतीत करते रहते हैं। यही कारण है कि अवसर उनके पास से निकल जाता है, परन्तु उन्हें अवसर नहीं दिखता। अवसर देखने के लिए दृष्टि और द्रष्टा चाहिए, खुद को जानना और अपनी शक्ति को पहचानना होगा। इस दुनिया में अवसर की कोई कमी नहीं है। आप जहां खड़े हैं, वहीं अवसर है। हर क्षेत्र, हर वस्तु, हर परिस्थिति एवं हर कार्य में अवसर है। आपके अन्दर अवसर को देखने एवं पहचानने की दृष्टि होनी चाहिए। आप सकारात्मक देखें तो सही। अगर आपको अवसर नहीं दिखता, इसका मतलब है कि आपको देखने की कला नहीं आती। आपकी दृष्टि सकारात्मक एवं रचनात्मक नहीं है। आप निरर्थक बातों तथा नकारात्मक सोच से घिरे हुए हैं। ऐसा व्यक्ति खुद कुछ नहीं करता और कहता है—

- काश! मेरा भी जन्म अमीर परिवार में हुआ होता।
- काश! मैं भी अमीर होता।
- काश! मेरे पास भी पर्याप्त संसाधन होते।
- काश! मुझे भी विरासत में अतुल धन-सम्पदा मिली होती।
- काश! मुझे भी दूसरों की तरह बेहतर अवसर मिला होता।
- काश, मेरे पास भी ऊँची पहुँच होती।

नकारात्मक व्यक्ति इसी उधेड़बुन में उलझे रहते हैं। नतीजा उनका ध्यान खुद की अनमोल जिन्दगी में निहित अवसर की ओर नहीं जाता। यही कारण है कि वे अवसर की खोज में दर-दर भटकते रहते हैं, परन्तु उन्हें अवसर नहीं दिखता। ऐसे व्यक्ति बेकार की बातों को लेकर बैठे रहते हैं और कहते हैं कि मुझे भी विरासत में अतुल धन-सम्पदा मिली होती, तो मैं भी अच्छा करता। मुझे भी अच्छी शिक्षा एवं सुविधा मिली होती, तो मैं भी सफल होता। यह उनकी बहुत बड़ी भूल और मन का वहम है। इस वहम से बाहर निकलें।

याद रखें—

कोई भी व्यक्ति केवल विरासत में प्राप्त अतुल धन-सम्पदा के बल पर सफल नहीं हो सकता, जब तक उसमें अवसर को पहचानने एवं निहित सम्पदा का सही सदुपयोग एवं प्रबन्धन करने की क्षमता न हो।

शायद ऐसे व्यक्तियों को यह नहीं मालूम कि इस दुनिया में जितने भी व्यक्ति सफल हुए हैं या सफलता का इतिहास रचे हैं या अमीरों की सूची में शामिल है, उनमें से अधिकांश का जन्म गरीब परिवार में हुआ। उनके पास संसाधनों का घोर अभाव था, कोई पहुँच नहीं थी और न ही ऊँची शिक्षा थी। उनकी जिन्दगी कष्टमय

बीती, परन्तु उन्होंने हार नहीं मानी। आप इस बात को सदैव याद रखें कि अमीर घराने में जन्म लेने से अवसर नहीं मिल जाता, बल्कि अवसर मिलता है अभावग्रस्त जीवन से सीख लेने एवं निहित संसाधन का सदुपयोग रचनात्मक दिशा में करने से। इस दुनिया में जितने भी व्यक्तियों ने बड़े-बड़े अवसर प्राप्त किए, उनमें से अधिकांश व्यक्ति अभाव में पले-बढ़े। परन्तु उन्होंने संसाधनों की कमी का रोना नहीं रोया और न ही अपनी कमियों के लिए भाग्य पर दोषारोपण किया। ऐसी विभूतियों ने अभावग्रस्त जिन्दगी से सीख ली और खुद के लिए अवसर का निर्माण किया। सचमुच सफल व्यक्ति वह है जो विपत्ति को ही विपत्ति में डालकर खुद के लिए नए अवसर का निर्माण कर ले।

दोस्तो! याद रखें—

जिन्दगी एक अवसर का तात्पर्य रचनात्मकता, क्रियाशीलता एवं समय का उचित प्रबन्धन है।

जिन्दगी एक अवसर है, इसे जानने एवं समझने के लिए खुद को सकारात्मक बनाएँ, सकारात्मक सोचें एवं रचनात्मक करें। समय का समुचित प्रबन्धन सार्थक दिशा एवं रचनात्मक कार्यों में करें। अगर आपने समय के साथ कदम से कदम मिलाकर चलना सीख लिया तो आपके पास अवसर की कोई कमी नहीं रहेगी। आपका जीवन सुखद, सफल और दूसरों के लिए सबसे बड़ा अवसर बन जाएगा। कहने का अभिप्राय है कि जिन व्यक्तियों ने जीवन को एक अवसर के रूप में लिया, इसकी महत्ता एवं उपयोगिता को समझा, उसके अन्दर निहित गुणों को निखारा, माता-पिता एवं गुरु की आज्ञा मानी, बड़ों द्वारा दी गई नसीहतों को जीवन में उतारा, समय का प्रबन्धन किया, हालात को परखा-समझा और उत्पन्न हालात को चुनौती के रूप में स्वीकार कर उत्पन्न चुनौतियों का साहसपूर्ण मुकाबला किया, वे विपरीत हालात में भी नए अवसर की तलाश कर दूसरों के लिए अवसर बन गए। ठीक इसके विपरीत जिन व्यक्तियों ने जिन्दगी को एक अवसर के रूप में नहीं लिया और भाग्य के भरोसे बैठे रहें, उनके लिए जिन्दगी बोझ बन गई। कहने का अभिप्राय है कि जिन्दगी एक अवसर है या बोझ, यह आपके सोच एवं विवेक पर निर्भर करता है।

इस दुनिया में जिन व्यक्तियों ने खुद को पहचाना और जीवन एक अवसर का मर्म समझा उन्होंने आगत समस्याओं में उलझने की बजाय, समाधान का रास्ता ढूँढ़ा। अपनी सोच को बदला और दृढ़ इच्छाशक्ति एवं आत्मविश्वास के साथ आगे बढ़े। नतीजा सफलता के शिखर को छूने में कामयाब रहे। ऐसे व्यक्ति खुद की सार्थकता साबित करते हैं तथा प्रकाशमान बन दूसरों को प्रकाशित करते हैं। इतने से वे सन्तुष्ट नहीं होते, बल्कि विविध क्षेत्रों में नित्य नए अवसर की तलाश कर दूसरों के लिए अवसर बन जाते हैं। नए-नए खोज एवं नए प्रयोग करते रहते हैं। ऐसे व्यक्ति

अपना नाम इतिहास के पन्नों पर स्वर्णाक्षरों में लिख जाते हैं। यदि आप भी अपना नाम इतिहास के पन्नों पर लिखना चाहते हैं, तो जीवन एक अवसर का मर्म समझें।

आप खुद सोचें—

यदि हम इस अनमोल जीवन का मूल्य नहीं समझें तो इसकी सार्थकता कैसे सिद्ध करेंगे।

हम अपने समय का सदुपयोग रचनात्मक कार्यों में नहीं करेंगे तो जिन्दगी हमें अवसर कैसे दिखेगी? अगर हम खुद का मूल्य नहीं समझेंगे तो दूसरा हमारा मूल्य क्यों समझेगा? अगर हम समय का प्रबन्धन नहीं करते तो इसमें दूसरों का क्या दोष? दोष तो हमारा है कि हमने खुद को नहीं पहचाना। अपनी शक्ति का सदुपयोग सकारात्मक दिशा एवं रचनात्मक कार्यों में नहीं किया। दोस्तो! जीवन का हर पल अवसर है। आप खुद को पहचानें और खुद पर विश्वास रखें। निहित शक्ति का सदुपयोग सकारात्मक दिशा एवं रचनात्मक कार्यों में करें। जब आप सकारात्मक सोच, दृढ़ इच्छाशक्ति और आत्मविश्वास से परिपूर्ण होकर उत्पन्न हालातों का मुकाबला करेंगे तो अवसर मिलेगा ही। इसमें कोई संशय नहीं है। दृढ़ इच्छाशक्ति एवं आत्मविश्वास के धनी व्यक्ति विकट परिस्थिति में भी अवसर ढूँढ़ लेते हैं। अवसर हर जगह और हर क्षेत्र में व्याप्त है, परन्तु कायर एवं डरपोक व्यक्ति को अवसर नहीं दीखता। जरूरत है खुद को जानने, अवसर को पहचानने और अपने सामर्थ्य एवं गुणों को निखारने की। खुद तथा ईश्वर प्रदत्त शक्तियों पर विश्वास रखने की। ये सारी चीजें आपके अन्दर और आस-पास व्याप्त हैं। भले ही आपकी नजरें उन्हें देख नहीं पातीं। जब आप देखेंगे ही नहीं तो पकड़ेंगे कैसे? देखने के लिए आपके पास दृष्टि चाहिए। आप गौर से देखें और मन से पकड़ें। कहा भी गया है—

कार्य की सफलता व्यक्ति के अन्तःकरण में छुपी होती है, संसाधनों में नहीं।

सचमुच आप अवसर को पकड़ना चाहते हैं तो सफल व्यक्तियों की जीवनी से सीख लें—

- हर कार्य एवं हर क्षेत्र में अवसर व्याप्त है, जरूरत है उसे पहचानने एवं ससमय पकड़ने की।
- सफलता संसाधन में नहीं, व्यक्ति के अन्तःकरण में छुपी होती है।
- सफलता का मार्ग अवसर में निहित है, जिसका निर्माण आपको खुद करना है।
- जिसने अवसर को पहचान लिया, वही सफल है।
- आत्मविश्वास एवं दृढ़ इच्छाशक्ति के धनी व्यक्ति विपरीत परिस्थिति में भी अवसर का निर्माण कर लेते हैं।

- जो काम में विश्वास करते हैं, वे ऊँघते नहीं और न ही किसी भय, भ्रम और भटकाव से विचलित होते हैं।
- महान व्यक्ति अवसर की प्रतीक्षा नहीं करते। अवसर का निर्माण खुद करते हैं।

ध्यान रखें—

जीवन में सफलता इस बात से नहीं मिलती कि आपके पास कितने संसाधन हैं, अपितु इस बात से मिलती है कि आपने आगत अवसर को कितनी तीव्रता से पहचाना और उसका कितना लाभ उठाया।

प्राय: व्यक्ति इसका मूल्यांकन नहीं करते और यह कहते हैं कि जीवन में मुझे अवसर प्राप्त नहीं हुए। ऐसे व्यक्ति कायर, डरपोक एवं अर्कमण्य होते हैं और खुद की खामियों को छुपाने के लिए दूसरों पर दोषारोपण कर अपनी अयोग्यता पर पर्दा डालने का प्रयास करते हैं। दूसरे शब्दों में हम कह सकते हैं कि वे अपनी क्षमता को नहीं पहचानते और भाग्य के भरोसे बैठे रहते हैं। यही कारण है कि वे आजीवन विभिन्न समस्याओं से घिरे रहते हैं और असफल होने पर अवसर नहीं मिलने का बहाना बनाते हैं।

जीवन : एक दर्पण (Life ia a Mirror)

सामान्यत: दर्पण का तात्पर्य उस वस्तु से है, जिसमें हम अपना प्रतिबिम्ब देखते हैं। दर्पण में हम अपना प्रतिबिम्व देखकर खुद के बाह्य रूप-रंग को सजाते एवं सँवारते हैं। परन्तु, इस दर्पण में हम खुद का अन्तस्थ रूप नहीं देख पाते। यदि हम अन्तस्थ सौन्दर्य को देखना चाहते हैं और इसे सजाना-सँवारना चाहते हैं तो जीवन रूपी दर्पण का मर्म समझना होगा। सचमुच यह जीवन एक अद्भुत दर्पण है, जो विभिन्न विशेषताओं से परिपूर्ण है। पहला—इस दर्पण में हम खुद की तस्वीर देखते हैं और दूसरे भी हमारी तस्वीर देखते हैं। दूसरी विशेषता है कि इस दर्पण में हम बाह्य एवं अन्त: सौन्दर्य दोनों का दर्शन करते हैं। तीसरी विशेषता है कि इस दर्पण के माध्यम से हम बाह्य एवं अन्त: सौन्दर्य दोनों को सजाते एवं सँवारते हैं और ऐसा कर हम दुनिया के लिए सुन्दर बन जाते हैं। चौथी विशेषता है कि इस दर्पण में हमें खुद का सौन्दर्य देखने के लिए किसी साधन की जरूरत नहीं होती, बल्कि इसके लिए सोच, दृष्टि एवं द्रष्टा की जरूरत होती है। जैसी हमारी सोच एवं दृष्टि होती है, उसी के अनुरूप हम खुद और दूसरों को देख पाते हैं।

कहने का अभिप्राय है कि जैसी हमारी सोच, दृष्टि और नजरिया होता है, उसी अनुरूप हमारा कृत्य और व्यवहार होता है। जैसा हमारा कृत एवं व्यवहार होता है, उसी अनुरूप हमारा व्यक्तित्व। अगर हमारा सोच उन्नत, कर्म उत्कृष्ट एवं व्यवहार कुशल

है तो हमारा व्यक्तित्व भी सुन्दर होता है। कहने का आशय है कि जीवन रूपी दर्पण में हमारा व्यक्तित्व, कृत, चरित्र एवं स्वाभिमान प्रतिबिम्बित होता है। जीवन के विभिन्न आयामों को जानना-समझना, व्यक्तित्व को सुन्दर, आकर्षक एवं प्रभावशाली बनाना तथा खुद के औचित्य को साकार करना ही 'जीवन : एक दर्पण' है।

हमारा व्यक्तित्व, व्यवहार, कर्म और चरित्र जितना उत्कृष्ट एवं सुन्दर होगा, जीवन रूपी दर्पण भी उतना ही उत्कृष्ट होगा। 'जीवन एक दर्पण' का मर्म समझने के लिए जीवन के विभिन्न आयामों को जानने और समझने की जरूरत है। हम इसे जानकर ही जीवन एक दर्पण की सार्थकता साबित कर पाते हैं। याद रखें—हमारा जीवन दर्पण तब बन पाएगा, जब हम जीवन की महत्ता और औचित्य समझेंगे, खुद और दूसरों का मूल्य समझेंगे तथा जीवन को सुखद रंगों में रंग पाएँगे। जिन व्यक्तियों ने जीवन के विभिन्न आयामों को जाना, उसकी महत्ता को समझा, उन्होंने जीवन को संघर्ष, अवसर, खेल, कला, चुनौती और सौभाग्य माना। इन शब्दों का मर्म समझा और अपने अन्दर की खामियों को दूर कर अच्छे गुणों को ग्रहण किया। अपने शिष्ट आचरण, कुशल व्यवहार एवं मधुर वाणी से दूसरों का दिल जीता और उत्कृष्ट कर्म किया। वे दूसरों के लिए आदर्श एवं उदाहरण बन गए। ऐसे व्यक्ति का व्यक्तित्व और कृत जीवन का दर्पण बन जाता है। मैं तो सिर्फ इतना कहूँगा कि आप 'जीवन एक दर्पण' का मर्म समझें और खुद के जीवन को ऐसा दर्पण बनाएँ, जिसमें दूसरा आपकी छवि देखकर खुद को सुन्दर बनाए और सर्वत्र आपकी प्रशंसा करे। सचमुच जीवन एक ऐसा दर्पण है, जिस दर्पण में हम प्राप्त अनुभूतियों का प्रयोग कर खुद को सजाते-सँवारते एवं बेहतर बनाते हैं। खुद के कृत, व्यवहार गुण और अवगुण की समीक्षा कर निहित खामियों को खूबियों में बदलते हैं। फलत: हमारा व्यक्तित्व खिल उठता है तथा हमारी सुन्दरता की चर्चा सर्वत्र होती है।

याद रखें—

मनुष्य का सच्चा श्रृंगार सोने-चाँदी, हीरे-मोती के आभूषण नहीं, दिव्य-गुणों से खुद को सुशोभित करना है।

आप दिव्य गुणों को धारण करें। दिव्य सौन्दर्य एवं प्रकाश की खोज खुद के अन्दर करें। अपने अन्दर छुपे दिव्य सौन्दर्य को बाहर निकालें। खुद को सद्गुणों से सँवारें और इसका प्रयोग जीवन रूपी प्रयोगशाला में बार-बार करें। आप ऐसा करके देखें, आपका जीवन उत्तम दर्पण बन जाएगा। जिस दर्पण में आपकी सुन्दरता देख, दूसरे भी खुद को सुन्दर बनाने का प्रयास करेंगे। सर्वत्र आपकी सुन्दरता की चर्चा होगी और हर व्यक्ति आपकी संगत करने को लालायित रहेगा। सचमुच जीवन एक ऐसी प्रयोगशाला है, जिसमें आप अपने ज्ञान, अनुभव, व्यवहार एवं कृत्य का जितना उत्कृष्ट प्रयोग करते हैं, उतना ही बेहतर पाते हैं। उतना ही बेहतर खुद को जान पाते

हैं। जीवन के विभिन्न आयामों को बेहतर समझ पाते हैं। आप खुद को जितना बेहतर जानेंगे, उतने ही अच्छे बनेंगे। अतः जीवन एक दर्पण को पारदर्शी, स्वच्छ एवं सुन्दर बनाने के लिए जीवन के विभिन्न आयामों को जानें। दुख की बात यह है कि प्रायः व्यक्ति जीवन के विभिन्न आयामों को नहीं जानते, जीवन एक दर्पण का मर्म नहीं समझते और बाह्य सुन्दरता को जीवन का दर्पण मान लेते हैं। मेरे विचार से जीवन एक दर्पण आपका व्यक्तित्व, कृत, चरित्र और व्यवहार है।

व्यक्तित्व—व्यक्तित्व एक ऐसा दर्पण है, जिसमें व्यक्ति खुद की तस्वीर देखता है और खुद की समीक्षा कर अवगुणों को दूर करता है, खुद को अच्छे गुणों से सँवारता है और उत्कृष्ट जीवन जीता है। ऐसे व्यक्ति का जीवन खुद दर्पण बन जाता है, जिस दर्पण में उसकी सुन्दरता देख दूसरे खुश होते हैं।

कृत्य—व्यक्ति का कृत्य एक ऐसा दर्पण है, जिसमें व्यक्ति खुद अपनी तस्वीर देखता है और दूसरे भी उसकी तस्वीर देख पाते हैं। व्यक्ति का जैसा कृत्य होता है, उसी अनुरूप उसका दर्पण बनता है। इस दर्पण को देखकर व्यक्ति खुद की समीक्षा करता है और निहित खामियों को दूर कर सुन्दर बनने का प्रयास करता है।

व्यवहार—व्यवहार एक ऐसा दर्पण है, जिस दर्पण में दूसरा उसकी तस्वीर देखकर प्रशंसा या आलोचना करता है। आपके व्यवहार से ही कोई आपका मित्र या शत्रु बनता है। अर्थात् व्यवहार रूपी दर्पण के अनुसार ही व्यक्ति की प्रशंसा या आलोचना होती है।

चरित्र—चरित्र एक ऐसा दर्पण है, जिसमें व्यक्ति खुद अपनी तस्वीर नहीं देखता, दूसरे उसकी तस्वीर देखते हैं।

विचारण हेतु महत्त्वपूर्ण बिन्दु यह है कि हम जीवन रूपी दर्पण को कैसा बनाना चाहते हैं? खुद को किस साँचे में ढालना चाहते हैं और कैसा दिखना चाहते हैं? आप खुद के निर्मित दर्पण में सिर्फ अपना चेहरा देखना चाहते हैं कि दूसरों को भी अपना चेहरा दिखाना चाहते हैं। यदि आप जीवन के दर्पण को पारदर्शी, सुन्दर एवं उत्तम बनाना चाहते हैं, तो निम्न कार्य करें—

- खुद तथा ईश्वर प्रदत्त शक्ति पर विश्वास रखें।
- अपने अन्दर छुपी शक्तियों को निखारें।
- सद्गुणों से खुद को सँवारें।
- व्यक्तित्व की समीक्षा कर अवगुणों को दूर करें।
- प्रतिदिन कृत्य की समीक्षा करें और गलतियों को दूर करें।
- खुद के व्यवहार की समीक्षा करें और सुधार लाएँ।
- जीवन के विभिन्न आयामों के संयोजन एवं समन्वयन पर ध्यान दें।
- जीवन मूल्य, कार्य-मूल्य एवं समय-मूल्य की महत्ता समझें।

- व्यक्तित्व-निर्माण, चरित्र-निर्माण, अनुशासन का महत्त्व समझें।
- कर्तव्य एवं दायित्व बोध से अवगत रहें।
- सकारात्मक सोचें और सत्संग करें।

अगर आपको उपर्युक्त बातों की समझ है और इन बातों का अनुशरण करते हैं, तो इसका मतलब है कि आपको 'जीवन : एक दर्पण' का मर्म एवं औचित्य मालूम है।

ध्यान रखें—

आप अद्वितीय हैं। किसी और के पास आपके जैसी आवाज, आपके जैसा कद, आपके जैसा फिंगर प्रिंट और आपके जैसी गंध नहीं है।

इससे भी महत्त्वपूर्ण है कि किसी और के पास आपके जैसा दिमाग नहीं है। आप इस धरती पर विशिष्ट हैं और बहुत सारे मामले में दूसरों से अलग हैं, फिर भी आप खुद की दूसरों से तुलना कर अशान्त एवं तनाव में रहते हैं। आप व्यर्थ की चिन्ता और व्यर्थ की चीजों में क्यों खोये रहते हैं? आप अपनी विशिष्ट प्रतिभा को बाहर निकालें और बेहतर करने की सोच रखें। आप खोने नहीं पाने आए हैं और बेहतर पाने हेतु नकारात्मक सोच से बाहर निकलें। खोने और पाने का मर्म समझें और जो महत्त्वपूर्ण हो, उसे पाने की दिशा में प्रयास करें। अगर आप दूसरों से अलग दिखना और अलग करना चाहते हैं, सुखी एवं आनन्दमय जीवन जीना चाहते हैं, तो खुद को पहचानें। कदापि अपनी तुलना दूसरों से नहीं करें। आप इस बात पर मनन करें कि बीते कल की तुलना में आप अपने आज को कितना सुन्दर बना पाए।

याद रखें—

दुनिया का कोई भी व्यक्ति पूर्ण नहीं है। हम सभी अच्छाइयों और खामियों के ताने-बाने से बने हुए हैं।

हमारे अन्दर बहुत सी कमजोरियाँ हैं, तो बहुत सारी प्रतिभाएँ भी हैं। हम उन प्रतिभाओं को निखारकर तथा खामियों को दूर कर खुद को सुन्दर एवं अनमोल बना सकते हैं। किसी ने ठीक ही कहा है—

यह जीवन है अनमोल,
मत लीक पकड़कर चला करो।
कुछ खोजो नई राह अपनी,
खुद दीपक बनकर जला करो।

कहने का अभिप्राय है कि आप अपने जीवन को ऐसा दर्पण बनाएँ, जिस दर्पण में दूसरा व्यक्ति आपकी तसवीर देखकर प्रशंसा करते नहीं थके। आपके कृत, व्यक्तित्व एवं चरित्र रूपी दर्पण को देखकर खुद को सुन्दर बना सके। आपको अपना

आदर्श मानकर निहित खामियों को दूर कर सके। आप दूसरों के लिए उदाहरण बन सकें। इस दुनिया में करोड़ों-करोड़ मनुष्य हैं, परन्तु हर व्यक्ति का रूप, गुण और क्षमता एक-दूसरे से अलग-थलग हैं। जो उस व्यक्ति की सोच, संगत एवं विवेक पर निर्भर करता है। जीवन के अनेकों रूप हैं, कोई इसे अनमोल कहता है, कोई इसे नश्वर कहता है। कोई इसे सौभाग्य कहता है तो कोई इसे दुर्भाग्य कहता है। कोई इसे अमृत मानता है तो कोई विष। कोई इसे उपहार मानता है तो कोई बन्धन। किसी के लिए जीवन अवसर है तो किसी के लिए बोझ। कोई इसे झरने की तरह निरन्तर ऊर्जा प्रवाह का स्रोत मानता है तो कोई सुख-दुख का संगम। यह जिन्दगी जन्म से मृत्यु तक राग-द्वेष, सुख-दुख, जय-पराजय, उपलब्धि-नाकामी, घृणा-प्रेम इत्यादि के बीच गुजरे अनुभवों का संचित खजाना है, जो अपने लिए सम्पदा और दूसरों के लिए उदाहरण बनती है। किसी का जीवन-चरित्र दूसरों के लिए आईना और पथ प्रदर्शक है तो किसी का जीवन समाज के लिए बोझ। किसी को पूरी दुनिया जानती है तो किसी को कोई जानता भी नहीं है।

यह सच है कि मानव जीवन ईश्वर प्रदत्त अनमोल उपहार है, लेकिन इसे सुन्दर, सफल, आदर्श, स्वर्ग से सुन्दर और सार्थक बनाने का कार्य उसके धारक को ही करना पड़ता है। सफलता-असफलता तथा यश-अपयश दोनों का कारण व्यक्ति स्वयं होता है। जीवन एक दर्पण के सन्दर्भ पर एक कार्यालय का प्रसंग अति महत्त्वपूर्ण है। एक दिन कर्मचारीगण जब कार्यालय पहुँचे, तो देखा कि सूचना-पट्ट पर मोटे-मोटे अक्षरों में एक अजीब सूचना टंगी थी। सूचना में अंकित था कि कार्यालय में आप सबों की प्रगति में बाधक बनने वाले व्यक्ति की मृत्यु हो गई है। कल पूर्वाह्न 11 बजे उसकी शोक-सभा में आप सभी अवश्य पधारें। यह सूचना सभी के लिए कौतूहलपूर्ण थी। जब शोक सभा में लोग पहुँचे और बारी-बारी से कफन के भीतर झाँकते, तो वहाँ रखे दर्पण में उनका अपना ही चेहरा नजर आता। दर्पण पर एक परची चिपकी हुई थी, जिस पर लिखा था।

> *आपकी प्रगति में केवल एक ही इनसान बाधक है और वो आप खुद हैं। आप ही वो इनसान हैं, जो अपनी खुशी, अपनी समझ और अपनी सफलता को प्रभावित कर सकते हैं। आप ही वो इनसान हैं, जो अपनी मदद खुद कर सकते हैं और खुद को सफलता के शिखर पर पहुँचा सकते हैं। परन्तु आप ऐसा नहीं करते और दूसरों पर दोषारोपण करते हैं।*

दोस्तो! याद रखें—

> *आपका जीवन नहीं बदलता, जब आपके सगे-सम्बन्धी बदल जाते हैं।*
> *आपका जीवन नहीं बदलता, जब परिस्थितियाँ बदल जाती हैं।*

कहने का तात्पर्य है कि परिस्थितियाँ चाहे जैसी भी हों, आदमी नहीं बदलता। बदलता है आपका सोच, जीवन-शैली और देखने का नजरिया। आप इस दर्पण को स्वयं गढ़ते हैं और जैसा चाहे गढ़ सकते हैं। मैं तो सिर्फ इतना कहूँगा कि आप इस दर्पण को ऐसा गढ़ें, जिसे दूसरा देखता रह जाय। आपके दर्पण को देखकर दूसरा ऊर्जावान एवं प्रकाशमान बन सके। आपका जीवन रूपी दर्पण ऐसा हो, जिस दर्पण में आपकी सुन्दरता को देख, दूसरा प्रशंसा किए बिना रह नहीं सके। सचमुच जीवन का दर्पण आपका कर्म है, व्यवहार है, व्यक्तित्व है, चरित्र है और जैसा आपका कर्म, व्यक्तित्व और चरित्र होगा, वैसा ही दर्पण बनेगा।

अत: इस दर्पण को स्वर्ग से सुन्दर बनाएँ और इस अनमोल जीवन का मूल्य समझें। यथार्थ से मुँह न मोड़ें और वास्तविकता को स्वीकार करें। खुद को जानें-पहचानें और जीवन का औचित्य साकार करें। आप मानवीय गुणों पर खरा उतरें और मानवता की मिसाल कायम करें। सचमुच यह दर्पण अद्भुत एवं अनमोल है, जिसमें व्यक्ति अपने अन्दर छुपे दिव्य सौन्दर्य का दर्शन कर खुद को देदीप्यमान बना पाता है। आप इस दर्पण की दिव्यता को इतना सुन्दर बनाएँ कि लोग आपकी एक झलक पाने के लिए लालायित रहें। यह कहने में कोई अतिशयोक्ति नहीं है कि जिन्दगी रूपी दर्पण एक ऐसा दर्पण है, जो व्यक्ति के अच्छे-बुरे कर्मों की झाँकी दिखाने में सक्षम है।

जीवन : एक सौभाग्य (Life is a Fortune)

आप खुद सोचें—जीवन सौभाग्य नहीं, तो और क्या है? यदि हमें यह जिन्दगी नहीं मिली होती तो क्या हम कोई सपना देखते या सपना पूरा करने की बात सोचते? क्या हम अच्छा बनने और अच्छा पाने की बात करते? क्या हम जीवन को सुन्दर, अनमोल या दर्पण बनाने की बात करते? क्या हम बेहतर जीवन जीने एवं जीवन का औचित्य साकार करने की बात करते? क्या हम नाम, धन, यश अर्जन करने की बात करते? क्या हम आत्मा का परमात्मा से मिलन और भगवत प्राप्ति की बात करते? उपर्युक्त बातें हम इसलिए करते हैं कि हमें यह अनमोल जीवन मिला है। यह जीवन ईश्वर की अनुपम कृति और अद्भुत उपहार है, जो विविध विशेषताओं से परिपूर्ण और दिव्य सौन्दर्य से सुसज्जित है। यह हमारा सौभाग्य है कि हमारा जन्म 84 लाख योनियों में सर्वश्रेष्ठ योनि में हुआ है। यह तो हमारा सौभाग्य है कि ईश्वर ने हमें इस योग्य समझा तथा अन्य जीव-जन्तुओं से अलग बनाया है। अपरिमित शक्तियों एवं गुणों से परिपूर्ण यह जीवन सौभाग्य नहीं तो क्या है? उन्होंने हमें सोचने-समझने की शक्ति दी है, जिसके सहारे हम किसी विषय-वस्तु या घटना के सन्दर्भ में सोच-समझ कर समुचित निर्णय ले सकते हैं।

दोस्तो! ईश्वर ने सोचने-समझने की शक्ति किसी अन्य प्राणी को नहीं, केवल मानव प्राणी को दी है। जिस शक्ति का सदुपयोग कर हम आकाश में उड़ने, समुद्र में

गोता लगाने और जीवन का इतिहास रचने की बात करते हैं। हम अच्छा बनने और अच्छा पाने की बात करते हैं। इसी शक्ति के कारण हम सही-गलत, उचित-अनुचित में विभेद कर पाते हैं तथा धर्म-अधर्म में अन्तर समझ खुद को सौभाग्यशाली बना पाते हैं। यही विशेषताएँ हमें अन्य जीव-जन्तुओं से अलग करती हैं और विशिष्ट पहचान दिलाती हैं। आप खुद सोचें—विभिन्न विशेषताओं से परिपूर्ण यह जीवन सौभाग्य नहीं, तो और क्या है?

हर व्यक्ति भाग्य को किसी-न-किसी रूप में स्वीकार करता है। अगर वह जीवन में बेहतर करता और बेहतर पाता है, तो अधिकांश लोग कहते हैं कि भाग्य ने उस व्यक्ति का साथ दिया। खुद वह व्यक्ति भी इसे स्वीकार करता है। ठीक इसके विपरीत उसे सफलता नहीं मिलती तो लोग कहते हैं कि भाग्य ने उसका साथ नहीं दिया। वह व्यक्ति भी इस बात को स्वीकार करता है। इस प्रकार की बातें करने के पहले यह जानना जरूरी है कि किसी कार्य में सफल होना या न होना, आपकी सोच, दृढ़ इच्छाशक्ति, कुछ कर दिखाने का जज्बा, कड़ी मेहनत तथा मूल्यों की समझ पर निर्भर करता है। दूसरा, यह जीवन ईश्वर की अनुपम कृति है और इसके अन्दर असीम शक्ति छुपी है। खुद के अन्दर छुपी शक्ति को बाहर निकालने एवं निहित गुणों को निखारने की जरूरत है। कहने का तात्पर्य है कि भाग्य तो आपका सुन्दर जीवन है, जिसे ईश्वर ने दिया है। भाग्य आपका उत्कृष्ट सोच, कर्म एवं कड़ी मेहनत है। अगर आपको लगता है कि आपका भाग्य खराब है तो इसे कर्म के बल बदल सकते हैं और जैसा चाहें, वैसा भाग्य लिख सकते हैं। यह सौभाग्य की बात है कि आपको यह अनमोल जीवन मिला है, जो पूर्व जन्मों के सुकर्मों का फल है। इस जन्म में भी बेहतर कर्म करें और बेहतर भाग्य लिखें।

दोस्तो! यह जीवन बड़े ही सौभाग्य से प्राप्त हुआ है। इसके अन्दर बहुत सारे गुण एवं अपरिमित शक्ति छुपी हुई है। इस अमूल्य जीवन के मूल्य को समझना, छुपी शक्तियों को बाहर निकालना और नैसर्गिक गुणों की पहचान कर खुद की सार्थकता साबित करना हमारा कर्तव्य है। जब तक हम इस अनमोल जीवन के मूल्य को नहीं समझेंगे, इसे जीवन में आत्मसात् नहीं करेंगे, तब तक हम यह कैसे समझ पाएँगे कि जीवन सौभाग्य है या दुर्भाग्य? इस जीवन का मूल्य जानें-समझें और उन मूल्यों पर चलकर देखें। आपको खुद समझ में आ जाएगा कि जीवन दुर्भाग्य नहीं, सौभाग्य है। अगर कोई व्यक्ति इसे सौभाग्य नहीं मानता, तो यह उसकी नकारात्मक सोच है। सर्वप्रथम खुद की नकारात्मकता को सकारात्मकता में बदलें। अपने अन्दर निहित ऊर्जा को सकारात्मक दिशा दें और समय का प्रबन्धन रचनात्मक कार्यों में करें। आपका भाग्य आपको साथ देगा, इसमें कोई सन्देह नहीं।

याद रखें—

हमारे अन्दर की नकारात्मकता सौभाग्य को दुर्भाग्य बना देती है। इस अनमोल जीवन को दुर्भाग्य न बनने दें।

अगर आपको यह जीवन सौभाग्य नहीं दिखता है तो इसका मतलब है कि आप नकारात्मक सोच में उलझे हुए हैं। आपको जीवन मूल्य, समय मूल्य एवं कर्म मूल्य की समझ नहीं है। यह जीवन आपको सौभाग्य तब दिखेगा, जब आप नकारात्मक सोच को सकारात्मक सोच में बदलेंगे, मूल्यों की महत्ता समझेंगे। जैसे ही आप अपने नकारात्मक सोच को सकारात्मक सोच में बदल लेंगे, आपको सब कुछ बदला हुआ दिखाई देगा। अत: सोच को सकारात्मक, व्यापक, रचनात्मक एवं दूरदर्शी बनाने की जरूरत है। आप उपर्युक्त बातों को जीवन में आत्मसात् करके देखें, आपको यह जीवन सबसे बड़ा सौभाग्य दिखेगा। इसके अन्दर वो सारी चीजें हैं, जो खुद और दुनिया को सुन्दर बनाने के लिए जरूरी हैं। अत: महत्त्वपूर्ण यह है कि आप सकारात्मक सोचें एवं रचनात्मक करें। मैं तो सिर्फ इतना कहूँगा कि आप दुर्भावनाओं से ऊपर उठें और सबों के साथ समभाव रखते हुए जग का कल्याण करें। परमपिता परमेश्वर को शुक्रिया अदा करें कि उन्होंने आपको यह अनमोल जीवन दिया। इस जीवन का महत्त्व समझें और सर्वत्र प्रेम का दीप जलाएँ, दीन-दुखियों की सेवा और दूसरों का कल्याण करें। ईर्ष्या-द्वेष, अहं, क्रोध का परित्याग करें। जाति-धर्म, वर्ग-विभेद से ऊपर उठें और निष्काम भाव से कर्म करें। आपको खुद यह जीवन अनमोल और सौभाग्य दिखेगा।

शायद आपको नहीं मालूम—आपके अन्दर इतनी क्षमता एवं विलक्षण प्रतिभा है कि आप जो चाहें कर सकते हैं और जैसा चाहें बन सकते हैं। यह आप पर निर्भर करता है कि आप क्या करना और क्या बनना चाहते हैं। आप जीवन की महत्ता कितनी गहराई से समझते हैं, यह आपकी कार्य कुशलता, व्यवहार कुशलता एवं चरित्र से पता चलता है। आप अपने अन्दर छुपी दिव्यता को देखें और दिव्य बनें। आप जीवन के विभिन्न आयाम जीवन एक लक्ष्य, एक संघर्ष, एक खेल, एक रहस्य का मर्म समझें और पूरे आत्मविश्वास के साथ आगे बढ़ें। आप एक के बाद एक सीढ़ियाँ चढ़ते हुए चाँद पर पहुँच जाएँगे। आप खुद यह अनुभूत करेंगे कि जीवन में अवसर की कोई कमी नहीं है। आपके चारों ओर अवसर भाग्य के रूप में खड़ा है। वह भी आपका साथ पाने का इन्तजार कर रहा होता है कि कोई मेहनती, आत्मविश्वास से परिपूर्ण व्यक्ति आए और उसे गले लगाए। भाग्य भी आपके जैसे कुशल एवं सामर्थ्य सारथी की खोज करता है, जो उसकी सवारी कर सके। ऐसा नहीं होता कि भाग्य खुद चलकर आपके पास आए। भाग्य का साथ पाने के लिए आपको खुद चलकर उसके पास जाना होगा।

प्रत्येक माता-पिता चाहता है कि मेरी सन्तति बेहतर जिएँ। ईश्वर तो परमपिता हैं, वो भी चाहते हैं कि आप समस्त सुखों को भोगें। विभिन्न रसों का आनन्द लें

और दुनिया के सभी वैभव को प्राप्त करें। इसके लिए परमपिता परमेश्वर ने आपको अपरिमित शक्ति दी है, जरूरत है प्रदत्त नैसर्गिक गुणों को पहचानने और निखारने की। जिन व्यक्तियों ने इसे पहचान लिया, उन्होंने चाँद को छुआ, सर्वोच्च कुर्सी को प्राप्त किया और विभिन्न खोज एवं आविष्कार कर खुद का इतिहास रच डाला। अधिकांश व्यक्ति तो केवल देखते रह जाते हैं। जरा सोचें—हमारे और आपके बीच का कोई आदमी इतनी बड़ी-बड़ी सफलता प्राप्त कर सकता है तो आप और हम क्यों नहीं? वह भी हमारे और आपके जैसा ही है। ईश्वर ने ही उसे और हमें बनाया है तो इतने बड़े अन्तर का कारण क्या है? इतने बड़े अन्तर का मुख्य कारण यह है कि जिस व्यक्ति ने जीवन को सौभाग्य के रूप में लिया, खुद पर विश्वास किया, अपने अन्दर छुपे गुणों को निखारा, अवसर को पहचाना, कड़ी मेहनत की और समय का प्रबन्धन किया, वह सफल रहा। ठीक इसके विपरीत जिन व्यक्तियों ने जीवन को सौभाग्य नहीं, दुर्भाग्य माना, खुद को दीनहीन एवं कमजोर समझा, समय का प्रबन्धन नहीं किया, अवसर को नहीं पहचाना और कड़ी मेहनत नहीं की, वे असफल रहे। आपके अन्दर अपरिमित शक्ति एवं विशिष्ट प्रतिभा छुपी है। आप इसे निखारें और अपनी असफलता का ठीकरा भाग्य पर मत फोड़ें।

मेरा भी आपसे अनुरोध है कि आप अपनी विफलता के लिए भाग्य या अन्य कारणों को दोष न दें, अपने को अभागा, दीन-हीन एवं निर्बल न समझें। आप जीवन को सौभाग्य के रूप में स्वीकार करें। आप कायर नहीं, साहसी हैं। दीनहीन नहीं, सौभाग्यशाली हैं। आपके अन्दर 'असम्भव को सम्भव में बदलने की इच्छाशक्ति और विपत्तियों से लड़ने की अद्‌भुत क्षमता है।' यह तो आपका सौभाग्य है कि आपको मानव जीवन प्राप्त हुआ है। ईश्वर ने आपको सोचने-समझने की शक्ति दी है। आप इस शक्ति का सदुपयोग कर नई बातें सीख सकते हैं और कुछ नया कर सकते हैं। नए-नए अवसर की खोज कर सकते हैं और दूसरों के लिए आदर्श एवं प्रेरणा बन सकते हैं। आप खुद को पहचानें और मन में बैठी नकारात्मकता को बाहर निकालें। खुद को कमजोर न समझें और न ही हीन भावना से ग्रसित रहें। मन में बैठे मैल को सकारात्मक सोच से बाहर निकालें। आप ऐसा करके देखें, आपकी अलग पहचान होगी और दूसरे आपको बड़े ही आदर के साथ याद रखेंगे।

दोस्तो! सुख और दुख जीवन की नियति है। जीवन में सुख और दुख दोनों आएँगे पर सुख में ज्यादा खुश और दुख में ज्यादा दुखी होने की जरूरत नहीं है। जिस व्यक्ति के जीवन में दुख नहीं होता, वे सुख का वास्तविक आनन्द नहीं ले पाते हैं। कभी-कभी ज्यादा सुख भी दुख का कारण बन जाता है। जैसे—आपका पेट भरा हो, तो अच्छे पकवान भी बेकार लगते हैं। खाने की इच्छा नहीं है और आप जबरदस्ती खा लेते हैं, तो वह दुख का कारण बन जाता है। विरह में ही मिलन और वियोग में ही संयोग का आनन्द है। अगर विरह में दुख न हो, तो मिलने में सुख की

अनुभूति नहीं होगी। इसी प्रकार यदि हमें यह मानव जीवन नहीं मिला होता, तो जीवन का औचित्य एवं मानवीय मूल्यों को समझने की जरूरत नहीं होती।

यह हमारा सौभाग्य है कि हमें यह अनमोल जीवन प्राप्त हुआ है। यह जीवन हमें बार-बार नहीं मिलने वाला। प्रत्येक कदम पर इसका स्वागत मुस्करा कर करें और इसकी खूबियों को निखारें। जीवन मूल्यों पर खरा उतरें और बेहतर करें। आपका जीवन स्वर्ग से सुन्दर बन जाएगा। कहने का तात्पर्य है कि हमारे-आपके अन्दर जो गुण हैं, वे साधारण ही हैं। हम उन गुणों को निखार कर असाधारण बनते हैं। ऐसा नहीं है कि कोई व्यक्ति असाधारण गुणों के साथ जन्म लेता है। सचाई यह है कि जो व्यक्ति जिन्दगी को एक सौभाग्य के रूप में स्वीकार करते हैं, वे इन्हीं साधारण गुणों की महत्ता को जीवन में चरितार्थ कर असाधारण बन जाते हैं। ठीक इसके विपरीत जीवन एक सौभाग्य का मर्म नहीं समझने वाले व्यक्ति साधारण ही रह जाते हैं। कहने का तात्पर्य है कि प्रत्येक व्यक्ति एक अच्छे सौभाग्य के साथ जन्म लेता है, लेकिन वह अपने कर्म, व्यवहार एवं चरित्र से सौभाग्यशाली या दुर्भाग्यशाली बनता है।

जीवन : एक लक्ष्य (Life is a Goal)

जीवन एक लक्ष्य है और जीवन का सबसे महत्त्वपूर्ण लक्ष्य खुद का औचित्य साकार करना है। जीवन का लक्ष्य खुद बेहतर करना और दूसरों को बेहतर करने में मदद करना है, दीन-दुखियों की सेवा करना और सबका कल्याण करना है। लक्ष्य के बिना जीवन नीरस एवं औचित्यहीन है। लक्ष्य हमें एक निश्चित दिशा एवं गति देता है। यह इच्छापूर्ति का माध्यम और सपनों को साकार करने की ललक है। अगर हम जीवन एक लक्ष्य का अर्थ एवं औचित्य समझें तथा सार्थक एवं रचनात्मक लक्ष्य निर्धारित कर आगे बढ़ें, तो जीवन में सफलता का नया कीर्तिमान स्थापित कर सकते हैं। विचारणीय बिन्दु यह है कि जीवन का लक्ष्य कैसा हो? इसका निर्धारण हम कैसे करें? लक्ष्य निर्धारित करते समय किन-किन बातों का ध्यान रखें? लक्ष्य निर्धारण एवं प्राप्ति का औचित्य क्या है? क्या हमारा लक्ष्य खुद और दूसरों के लिए महत्त्वपूर्ण है? क्या हम खुद का लक्ष्य बना रहे हैं कि जीवन का लक्ष्य बना रहे हैं? अगर हम उपर्युक्त प्रश्नों पर विचार कर जीवन का लक्ष्य निर्धारित करते हैं तो 'जीवन : एक लक्ष्य' का मर्म समझने में सफल होते हैं।

दोस्तो! हर व्यक्ति सुखद एवं सफल जिन्दगी जीने का सपना देखता है। परन्तु, वही व्यक्ति सपने को हकीकत में बदल पाता है, जो जीवन एक लक्ष्य का अर्थ एवं औचित्य समझता है। जो व्यक्ति जीवन एक लक्ष्य का मर्म नहीं समझता, वह येन-केन प्रकारेण अपनी जिन्दगी जीता है। अत: विचारण हेतु महत्त्वपूर्ण प्रश्न यह है कि हम जीवन का क्या लक्ष्य निर्धारित करें? क्या लक्ष्य निर्धारण किए बिना हम बेहतर जीवन जी सकते हैं? क्या हम एक कामयाब आदमी बन सकते हैं? क्या हम सुखद एवं

सफल जिन्दगी जी सकते हैं? क्या हम इस जीवन का औचित्य साकार कर सकते हैं? मेरा भी मानना है कि जिन्दगी का उद्देश्य ही सार्थक लक्ष्य की प्राप्ति करना है। जीवन एक लक्ष्य का मर्म व्यापक है, इसके अन्तर्गत जीने का ढंग, रहने का ढंग, चलने का ढंग, बोलने का ढंग, व्यक्तित्व, व्यवहार, आचरण, चरित्र, स्वाभिमान, मानवीय गुण यथा प्रेम, सहयोग, क्षमा, त्याग, सहनशीलता, सद्भाव, परोपकार इत्यादि बातें सन्निहित हैं। इसे जानने एवं समझने के लिए जीवन-मूल्य कर्म-मूल्य एवं समय-मूल्य की समझ आवश्यक है। जीवन का वास्तविक लक्ष्य आत्म-सुख, आत्म-संयम, आत्म-आनन्द एवं आत्म-शांति की प्राप्ति करना है।

याद रखें—

> *जीवन का लक्ष्य जैसे-तैसे जिन्दगी जीना नहीं होता, जैसे-तैसे पेट भर लेना नहीं होता, जिन्दगी की गाड़ी को जैसे-तैसे खींचना नहीं होता, बल्कि जीवन का उद्देश्य जीवन एवं कार्य मूल्यों पर खरा उतरते हुए सार्थक लक्ष्य का निर्धारण करना है।*

अपनी अलग पहचान कायम करना है। गरीबी एवं संसाधनों की कमी का रोना नहीं, बल्कि निहित संसाधनों के बल पर आगे बढ़ना है। अपने अन्दर छुपी प्रतिभा को निखार कर सफलता का इतिहास रचना है, जीवन का औचित्य साकार करना है। आप गौर करें, तो पाएँगे कि इस दुनिया में जितने भी व्यक्ति सफल हुए हैं और अपनी पहचान दूसरों से अलग बनाई है, उन्होंने जीवन का लक्ष्य निर्धारित किया और लक्ष्य प्राप्ति हेतु दृढ़ इच्छाशक्ति के साथ आगे बढ़े। लक्ष्य प्राप्ति के बाद भी रुके नहीं, बल्कि एक के बाद, दूसरा, तीसरा क्रमशः लक्ष्य बनाकर उसकी प्राप्ति की दिशा में सतत् प्रयत्नशील रहे। नतीजा वे जीवन एक लक्ष्य का औचित्य साकार करने में सफल रहे।

दोस्तो! यह जीवन अनमोल है और इसकी अनमोलता को साकार करने के लिए जीवन एक लक्ष्य का मर्म समझें। जीवन का उद्देश्य ही लक्ष्य का निर्धारण एवं प्राप्ति है और जीने का औचित्य भी लक्ष्य का निर्धारण एवं प्राप्ति है। लक्ष्य का निर्धारण एवं प्राप्ति कोई मंजिल नहीं अनवरत यात्रा है। कहने का तात्पर्य है कि जीवन से लक्ष्य कदापि समाप्त नहीं होता, जिस दिन आप यह समझ बैठेंगे कि हमने अपने लक्ष्य को पा लिया, अब जीवन में पाने के लिए कोई लक्ष्य नहीं रह गया तो आपका यह अनमोल जीवन गतिहीन, सारहीन एवं दिशाहीन बन जाएगा। अतः जीवन के औचित्य को साकार करने के लिए एक के बाद दूसरा, तीसरा क्रमशः लक्ष्य को निर्धारित करें और समय का मूल्य समझें। स्थान, समय, औचित्य एवं परिस्थितियों को ध्यान में रखकर लक्ष्य का निर्धारण करें। लक्ष्य निर्धारण एवं प्राप्ति में ही जीवन का आनन्द है, परन्तु दुख की बात यह है कि बहुधा व्यक्ति जीवन एक लक्ष्य का अर्थ

नहीं समझते और बेकार की बातों में अपना समय एवं ऊर्जा बर्बाद करते रहते हैं।

आप खुद सोचें—

जिस व्यक्ति को यह मालूम नहीं हो कि जीवन एक लक्ष्य है, वह बेहतर जिन्दगी कैसे जियेगा?

खुद की श्रेष्ठता कैसे साबित करेगा? जीवन की अनमोलता कैसे साकार करेगा? बेहतर जिन्दगी जीने, खुद की श्रेष्ठता साबित करने तथा जीवन का औचित्य साकार करने के लिए लक्ष्य निर्धारण महत्त्वपूर्ण है। हमें जीवन एक लक्ष्य का मर्म समझना होगा और सार्थक लक्ष्य का निर्धारण करना होगा। जो व्यक्ति जीवन एक लक्ष्य का मर्म समझते हैं, वे ही उपलब्ध संसाधनों का बेहतर प्रबन्धन कर सफलता के शिखर को छू पाते हैं। खुद की श्रेष्ठता एवं सार्थकता साबित कर पाते हैं तथा जीवन का औचित्य साकार कर पाते हैं। ऐसे व्यक्ति को समाज सन्त, महासन्त, महापुरुष जैसी उपमाओं से विभूषित करता है।

आइए हम लक्ष्य के औचित्य को एक उदाहरण से समझने का प्रयास करते हैं। मान लीजिए किसी व्यक्ति को राह चलते 10 हजार रुपए मिल जाते हैं। वह इन रुपयों का क्या करेगा? इन रुपयों का उपयोग भिन्न-भिन्न व्यक्ति अलग-अलग ढंग से करेगा। जो व्यक्ति कर्मयोगी होंगे, वे दस हजार रुपए का निवेश सोच-समझकर और रणनीति बनाकर करेंगे। भाग्यवादी व्यक्ति सोचेगा कि यह मेरे भाग्य में लिखा था, इसलिए मुझे मिला है। वह प्राप्त रुपए को मौज-मस्ती में उड़ा देता है। उसे लगता है कि रुपए खर्च हो जाने पर ईश्वर पुन : कहीं-न-कहीं से रुपए भेज देगा। कुछ व्यक्ति ऐसे मिलेंगे, जो सोचेंगे कि 10 हजार रुपयों से क्या होगा? इतने रुपयों से कोई व्यवसाय नहीं हो सकता। नतीजा वे सोचते रह जाते हैं और पैसा अन्य कार्यों में खर्च हो जाता है। कुछ ऐसे व्यक्ति मिलेंगे, जो सोचेंगे कि ये रुपए किसी दूसरे के हैं, गलती से गिर गए होंगे। जिसकी जरूरत उसे ज्यादा होगी और वह उस व्यक्ति का पता लगाकर रुपए लौटा देता है। दोस्तो! आपने देखा एक ही घटना पर विभिन्न व्यक्तियों की सोच एवं लक्ष्य अलग-अलग है। किसी व्यक्ति के अन्दर ईमानदार बनने का लक्ष्य है, किसी के अन्दर अच्छा करने का लक्ष्य तो किसी के अन्दर मौज-मस्ती करने का लक्ष्य है और किसी का कोई लक्ष्य ही नहीं होता है। जिस व्यक्ति के अन्दर जैसी सोच होती है, उसी प्रकार वह अपना लक्ष्य बनाता है। आप गौर करें तो पाएँगे कि उपर्युक्त लक्ष्य में सबसे महत्त्वपूर्ण लक्ष्य उस व्यक्ति का है, जो मिले रुपए को वास्तविक व्यक्ति को लौटा देता है। ऐसा व्यक्ति समाज के लिए आदर्श एवं उदाहरण बन जाता है। लोगों को ईमानदार बनने का लक्ष्य दिखा जाता है। सचमुच ऐसा व्यक्ति समाज के लिए ही नहीं, पूरी दुनिया के लिए लक्ष्य बन जाता है।

ईमानदार बनने का लक्ष्य, दूसरों के लिए आदर्श स्थापित करने का लक्ष्य।

याद रखें—सार्थक एवं वास्तविक लक्ष्य जीवन में उत्कृष्ट कर्म करने की प्रेरणा देता है। यह हमारे जीवन में न केवल प्रगति का मार्ग प्रशस्त करता है, अपितु जीवन को अनुशासित भी बनाता है। यह हमें बेहतर करने की ललक और प्रगति की अविरल धारा प्रवाहित करने की प्रेरणा देता है। अत: लक्ष्य निर्धारित करते समय निम्न पंक्तियों को याद रखें—

> *जीवन का उद्द्देश्य कदापि कपटपूर्ण तरीके से लक्ष्य की प्राप्ति करना या पैसा कमाना नहीं होता। लक्ष्य हमेशा सार्थक, वास्तविक, ऊर्जावान, जीवनोपयोगी एवं गौरव प्रदान करनेवाला होना चाहिए, जिससे किसी प्रकार का अवरोध नहीं, उन्नति का सतत् प्रवाह प्रवाहित हो।*

मेरे विचार से जीवन का लक्ष्य खुद की सार्थकता श्रेष्ठता, अनमोलता एवं जीवन का औचित्य साकार करना है, मानवता की मिसाल पेश करना है, बेहतर जीवन शैली तथा मूल्यों की महत्ता समझना है। मेरा भी आपसे विनम्र अनुरोध है कि जिन्दगी एक लक्ष्य का अर्थ समझें और सोच-समझ कर जीवन का लक्ष्य निर्धारित करें। लक्ष्य निर्धारित करते समय निम्न प्रश्नों पर विचार करें—

- क्या हमारा लक्ष्य सार्थक, ऊर्जावान एवं गतिशील है?
- क्या निर्धारित लक्ष्य खुद और दूसरों के लिए महत्त्वपूर्ण है?
- क्या निर्धारित लक्ष्य जीवन का औचित्य साकार करने में सफल है?
- क्या निर्धारित लक्ष्य मानवीय मूल्यों पर खरा उतरता है?
- क्या हमारा लक्ष्य अलग पहचान दिलाने में सक्षम हैं?
- क्या निर्धारित लक्ष्य जीवन-मूल्यों पर खरा उतरता है?
- क्या निर्धारित लक्ष्य खुद की अनमोलता एवं श्रेष्ठता साबित करने में कारगर है?
- कहीं निर्धारित लक्ष्य दूसरों के लिए सुखद एवं कल्याणकारी है?
- क्या निर्धारित लक्ष्य से दूसरों की भावनाओं को ठेस तो नहीं पहुँचती?
- क्या निर्धारित लक्ष्य खुद के लिए गौरव एवं दूसरों के लिए आदर्श है?

उपर्युक्त बातों पर ध्यान देने के अतिरिक्त लक्ष्य निर्धारित करते समय हम निम्न बातों पर भी विचार करें—

- क्या हमें 'जीवन : एक लक्ष्य' का अर्थ एवं मर्म मालूम है?
- क्या हम इस पृथ्वी पर केवल पेट भरने आए हैं कि कुछ बेहतर करने आए हैं?
- क्या हम जैसे-तैसे जिन्दगी जीने आए हैं या बेहतर जिन्दगी जीने आए हैं?
- क्या हम इस पृथ्वी पर बोझ बनने आए हैं या खुशबू फैलाने आए हैं?

- इस दुनिया में हम क्या खोने और क्या पाने आए हैं?
- हम इस दुनिया से केवल लेने आए हैं कि कुछ बेहतर देने आए हैं?
- इस पृथ्वी पर हमारे आने का औचित्य क्या है?
- क्या हम खुद की सार्थकता एवं श्रेष्ठता साबित कर पा रहे हैं?

जिस दिन हम इन प्रश्नों पर विचार करते हुए जीवन का लक्ष्य निर्धारित करेंगे, हमें जिन्दगी एक लक्ष्य का औचित्य समझ में आ जाएगा। परन्तु, दुख की बात है कि हम व्यक्तिगत लक्ष्य और जीवन का लक्ष्य के बीच का अन्तर नहीं समझ पाते, क्योंकि हम अपनी सोच को दूरदर्शी एवं व्यापक नहीं बना पाते। दूसरा कारण है कि हर व्यक्ति की सोच अलग-अलग होने के कारण उनका लक्ष्य अलग-अलग होता है। किसी का लक्ष्य अधिक से अधिक पैसा कमाना है तो किसी की नजर में स्वयं को शिखर पर स्थापित करना है। किसी का लक्ष्य नाम, धन एवं यश कमाना है तो किसी की नजर में मौज-मस्ती करना है। किसी की नजर में दीन-दुखियों की सेवा करना और दूसरों का कल्याण करना है। लक्ष्य कुछ भी हो सकता है, परन्तु आपको इस बात की समझ होनी चाहिए कि आपका लक्ष्य खुद और दूसरों के लिए कितना मूल्यवान, ऊर्जावान, सार्थक एवं कल्याणकारी है? आपका लक्ष्य केवल व्यक्तिगत हितों की पूर्ति करता है कि सार्वजनिक हितों की पूर्ति करता है?

याद रखें—

लक्ष्य में कामयाब होना महत्त्वपूर्ण है, लेकिन उससे भी ज्यादा महत्त्वपूर्ण है कि हम लक्ष्य-प्राप्ति के बाद क्या बनते हैं?

अत: जीवन एक लक्ष्य की सार्थकता व्यक्ति की सोच, संगत, परिवेश पर निर्भर करता है। मेरे विचार से धन, यश, समृद्धि, भौतिक सुख-सुविधा की प्राप्ति व्यक्तिगत लक्ष्य है, जबकि जीवन का वास्तविक लक्ष्य है—

- खुद की सार्थकता साबित करना।
- जीवन की अनमोलता साकार करना।
- मूल्यों की महत्ता समझना।
- मूल्यों पर खरा उतरना।
- दीन-दुखियों की सेवा करना।
- दूसरों का परोपकार करना।
- जीवन का औचित्य साकार करना।
- आत्मा के मूल स्वरूप को पहचानना।
- खुद की तार सर्वेश्वर से जोड़े रखना।
- सत्य की खोज करना एवं
- वास्तविकता को स्वीकार करना।

अगर आप उपर्युक्त बातों को जीवन में आत्मसात् कर लें, तो आपको जीवन एक लक्ष्य की महत्ता समझ में आ जाएगी।

जीवन : एक संघर्ष (Life is a Struggle)

शायद आप नहीं जानते—जीवन ही संघर्ष है और संघर्ष ही जीवन है। जीवन जीने के लिए संघर्ष करना आवश्यक है। बिना संघर्ष हम जिन्दगी नहीं जी सकते। अत: जिन्दगी जीने के लिए संघर्ष करें, बेहतर पाने के लिए संघर्ष करें, जीवन का औचित्य साकार करने के लिए संघर्ष करें। स्वयं को योग्य बनाने के लिए संघर्ष करें। नाम, धन, यश अर्जित करने के लिए संघर्ष करें। चुनौतियों का सामना करने के लिए संघर्ष करें। जीवन की श्रेष्ठता एवं अनमोलता को साकार करने के लिए संघर्ष करें। अगर आप संघर्ष नहीं करें अर्थात् चुनौती को स्वीकार नहीं करें और अकर्मण्य बने रहे हैं तो इस अनमोल जीवन की सार्थकता साबित नहीं कर पाएँगे। जीवन जीने तथा जीवन की सार्थकता साबित करने के लिए संघर्ष करने होंगे। समस्या और विकट परिस्थिति से बाहर निकलने के लिए संघर्ष करने होंगे। संघर्ष करना जीवन की नियति है। यह हमें सबल बनाता है तथा व्यक्तित्व में निखार लाता है। समस्या-समाधान का सूत्र संघर्ष ही है। अत: संघर्ष से डरें नहीं, अन्यथा आप खुद और दुनिया से हार जाएँगे।

अत: संघर्ष करने से जी न चुराएँ और न ही संघर्ष से मुँह मोड़ें, अन्यथा दुनिया आपसे मुँह मोड़ लेगी। संघर्ष करके ही आप अपनी इच्छाओं की प्राप्ति और सपने को साकार कर सकते हैं। नाम, धन, यश अर्जित कर सकते हैं। अपनी अलग पहचान बना सकते हैं। संघर्षशील व्यक्ति ही जीवन में सफल होता है। संघर्षहीन व्यक्ति निकम्मा, कामचोर एवं कायर होता है। आप अकर्मण्य एवं कायर नहीं, शक्तिमान हैं। आप खुद को और अपनी शक्ति को पहचानें। खुद की श्रेष्ठता साबित करें। अगर आप अपनी शक्ति का प्रर्दशन नहीं करेंगे, तो दूसरा शक्तिशाली जीव आपको रौंद देगा। आपका जीवन खतरे में पड़ जाएगा और एक समय आएगा कि आपके जीवन का अस्तित्व ही समाप्त हो जाएगा। आपको कोई जानने और पहचाननेवाला नहीं मिलेगा। ऐसी स्थिति में आपका अनमोल जीवन औचित्यहीन और बोझ बन कर रह जाएगा।

जीवन है तो समस्याएँ आएँगी, और हर समस्या का समाधान संघर्ष से ही सम्भव है। अगर आप समस्याओं के निराकरण हेतु संघर्ष करने को तैयार नहीं हैं तो आपकी समस्याएँ दिन-प्रतिदिन बढ़ती जाएँगी। एक समय आएगा कि आप चारों ओर से समस्या के मकड़जाल में घिरते चले जाएँगे और समस्या से बाहर नहीं निकल पाएँगे। ऐसी स्थिति में आपको खुद की जिन्दगी बोझ लगेगी और आप जिन्दगी से हताश एवं निराश हो जाएँगे। आप जीवन को पहाड़ नहीं, सुन्दर बनाना चाहते हैं तो संघर्ष करें। जिन्दगी की विभिन्न आवश्यकताओं की पूर्ति संघर्ष से ही सम्भव है। अत: संघर्ष को जीवन की नियति बनाएँ और सार्थक संघर्ष करें। अगर आप संघर्ष

नहीं करेंगे तो समस्या के जाल में उलझते चले जाएँगे। अतः समस्याओं में उलझें नहीं, बल्कि धैर्य रखें और साहसपूर्ण मुकाबला करने को तैयार रहें।

याद रखें—

समस्या से मुँह मोड़ना कायरता है, मन की कमजोरी और दुर्बलता है। आप कायर और कमजोर नहीं, पराक्रमी हैं।

साहसी बनें और पराक्रम के बल समस्त विभूतियों को प्राप्त करें। आप समस्त विभूतियों को प्राप्त कर सकते हैं, इतनी शक्ति आपके अन्दर है। आप खुद पर विश्वास रखें और सार्थक संघर्ष करें। संधर्ष का कोई विकल्प नहीं है। हर समस्या का समाधान संघर्ष से ही सम्भव है और समस्या से बाहर निकलने का राह भी संघर्ष ही है। इच्छा पूर्ति की बात हो या सपने साकार करने की बात हो या धन, यश, समृद्धि प्राप्त करने की बात हो, सभी का मूल मंत्र संघर्ष ही है, तो क्यों न संघर्ष किया जाय? आप केवल इस बात का ध्यान रखें कि आपका संघर्ष, सार्थक, उद्देश्यपूर्ण एवं प्रगतिशील हो। संघर्ष के बल प्राप्त चीजों का महत्त्व और जीवन जीने का आनन्द ही अलग है। परन्तु, दुख की बात यह है कि अधिकांश लोग सार्थक संघर्ष नहीं करते और बैठकर मुफ्त की रोटी खाना चाहते हैं। ऐसे व्यक्तियों को संघर्ष से कोई लेना-देना नहीं होता।

याद रखें—

'जीवन : एक संघर्ष' उन व्यक्तियों के लिए है, जिनके अन्दर जीने का अरमान एवं कुछ कर दिखाने का जज्बा होता है।

आप भी सुखद एवं सफल जिन्दगी जीना चाहते हैं, जीवन-मूल्य की सार्थकता साकार करना चाहते हैं तो कल से नहीं, आज से ही सार्थक संघर्ष प्रारम्भ कर दें। आप संघर्ष करके ही अपनी अलग पहचान बना सकते हैं, नाम, धन, यश अर्जित कर सकते हैं, जीवन का इतिहास लिख सकते हैं। कहने का आशय है कि आप जो चाहते हैं, वह संघर्ष से ही सम्भव है। यदि कोई व्यक्ति सोचता है कि बिना संघर्ष भी जिन्दगी को जिया जा सकता है और चाहत की प्राप्ति की जा सकती है, तो यह मूर्खता है। जैसे—जिन्दा रहने के लिए भोजन की आवश्यकता होती है, परन्तु हाथ पर हाथ रखकर बैठने से भोजन नहीं मिलेगा। हो सकता है कि कोई दयालु व्यक्ति आपको एक दिन, दो दिन भोजन करा दे, लेकिन तीसरे दिन वह मुँह मोड़ लेगा और भला-बुरा कहकर चलता बनेगा। अतः महत्त्वपूर्ण यह है कि आप भोजन प्राप्त करने हेतु सार्थक संघर्ष करें। विपरीत हालात में धैर्य रखें और हिम्मत से काम लें। हार को जीत में बदलने का विकल्प संघर्ष ही है। बेहतर करने और बेहतर पाने का सूत्र संघर्ष ही है, तो फिर संघर्ष करने से डर कैसा? अगर आप हालात पर विजय प्राप्त करना तथा हार को

जीत में बदलना चाहते हैं तो संघर्ष करें। अगर आप संघर्ष नहीं करेंगे, तो हालात से बाहर कैसे निकल पाएँगे? हार को जीत में कैसे बदल पाएँगे? हार को जीत में बदलने तथा दु:खद हालात को सुखद हालात में बदलने के लिए संघर्ष करें।

याद रखें—

> *संघर्ष का मतलब निरुद्देश्य मेहनत करना या लड़ना-झगड़ना नहीं होता। यदि आप ऐसा करते हैं तो व्यर्थ में अपने समय एवं ऊर्जा की बर्बादी करते हैं।*

आप संघर्ष अवश्य करें, परन्तु आपका संघर्ष सार्थक, गतिशील एवं औचित्यपूर्ण होना चाहिए, अन्यथा वही बात होगी कि आप बालू पर कितना भी लाठी मारें, तेल नहीं निकलेगा। पत्थर पर कितना भी खुरपी चलाएँ, पौधा नहीं उगेगा। कहने का अभिप्राय है कि आप सार्थक संघर्ष करें। दोस्तो! संघर्ष का मतलब यह नहीं है कि आप बलवान हैं तो कमजोर को पीटते रहें। अमीर हैं तो गरीब को सताते रहें। आपके पास शक्ति और शासन है तो दूसरों को परेशान करते रहें। अगर आप ऐसा करते हैं तो इसका मतलब है कि आप संघर्ष का अर्थ एवं मर्म नहीं समझते। संघर्ष हमेशा दूसरों को प्रकाश एवं राह दिखाने वाला होना चाहिए। निश्चित रूप से आपका संघर्ष सार्थक है तो इसकी परिणति बेहतर होगी। अगर आपका संघर्ष सार्थक नहीं है तो परिणति भी नकारात्मक होगी। निर्णय आपको लेना है कि आप सार्थक संघर्ष कर अपना नाम इतिहास के पन्नों पर लिखना चाहते हैं कि संघर्षरहित रहकर गुमनामी की जिन्दगी जीना चाहते हैं।

प्रकृति ने आपको अन्य प्राणियों से अलग और श्रेष्ठ बनाया है। आपको अपरिमित शक्ति दी है, जिसका सदुपयोग कर आप कुछ भी कर सकते हैं। खुद को जानने-पहचानने और सृष्टि के शाश्वत नियमों को कायम रखने के लिए सोचने-समझने की शक्ति दी है। आप इस शक्ति का सदुपयोग कर साधारण से असाधारण बन सकते हैं। विपदा से आप बाहर निकल सकते हैं, इतनी शक्ति आपके अन्दर है। आप खुद पर विश्वास रखें तथा उत्पन्न हालात का सामना करें, भागें नहीं। भागने से काम नहीं चलनेवाला। आप तो वीर हैं, साहसी हैं। हिम्मत से काम लें, धैर्य रखें और सार्थक संघर्ष करें। जिस दिन आप संघर्ष करना छोड़ देंगे, काल के गर्त में समा जाएँगे। आप संघर्ष करना न छोड़ें, अनवरत संघर्ष जारी रखें। परन्तु, इस बात का ध्यान रखें कि आपका संघर्ष सार्थक एवं उद्देश्यपूर्ण हो, ताकि आपको बेहतर परिणति एवं सुखद अनुभूति प्राप्त हो सके।

आपने हिमालय पर्वत को देखा होगा। हिमालय पर्वत अतिवृष्टि, आँधी-तूफान, ओला इत्यादि जैसी भयावह स्थितियों में भी सीना ताने खड़ा रहता है और प्रहरी के रूप में देश की रक्षा करता है। उसी प्रकार आपको भी हर स्थिति एवं परिस्थिति से

सामना करने के लिए सजग रहना होगा। एक विद्यार्थी जब तक अपने वर्ग, स्कूल, कॉलेज में प्रथम स्थान प्राप्त करने की लालसा से संघर्ष नहीं करता, तब तक उसे प्रथम स्थान प्राप्त नहीं होता। अगर आप सपने को साकार करने के लिए संघर्ष नहीं करते तो सफल नहीं होते, अर्थात् प्रथम स्थान प्राप्त करने या सफल होने तथा सफलता को बनाए रखने के लिए संघर्ष करना आवश्यक है। आप भी अपने सपने को साकार करना एवं जीवन का औचित्य साकार करना चाहते हैं, तो सार्थक संघर्ष करें। सार्थक संघर्ष का कोई विकल्प नहीं है।

याद रखें—

आज का सार्थक संघर्ष ही कल की सुखद परिणति है।

यदि कोई व्यक्ति कड़ी मेहनत नहीं करे, उत्पन्न समस्याओं से बाहर निकलने के लिए संघर्ष न करे, तो वह अपनी जिन्दगी बेहतर कैसे जी सकता है? जब कोई व्यक्ति दिन-रात कड़ी मेहनत करता है और उत्पन्न कठिनाई से संघर्ष कर मुकाम पर पहुँचता है तो हर व्यक्ति उसकी प्रशंसा करते नहीं थकता। लोग उसे कर्मठ एवं भाग्यशाली मानते हैं। ऐसा नहीं है कि आपको अपनी समस्याओं से बाहर निकलने हेतु दूसरा आपको साथ देगा। खुद संघर्ष करने होंगे। यह भी बात सही है कि आप जैसा संघर्ष करेंगे, वैसी ही परिणति प्राप्त होगी। जिस प्रकार दुख भोगे बिना आप सुख की अनुभूति प्राप्त नहीं कर सकते, उसी प्रकार संघर्ष किए बिना आप बेहतर फल की प्राप्ति नहीं कर सकते। बेहतर करने और बेहतर पाने के लिए संघर्ष करना अनिवार्य है।

याद रखें—

जीवन की नितान्त आवश्यकताओं की प्राप्ति एवं जीवन का इतिहास संघर्ष से ही सम्भव है।

किसी भी व्यक्ति की सफलता की कहानी उसके संघर्ष की परिणति है। ऐसा नहीं होता कि सफलता कहीं से टपक पड़ती है। इस दुनिया में जितने भी व्यक्ति सफल हुए हैं, उन्होंने सार्थक संघर्ष किया और संघर्ष के बल पर सफल हुए। किसी भी क्षेत्र में सफलता प्राप्त करने, खुद को सर्वश्रेष्ठ बनाने तथा विकट परिस्थितियों से बाहर निकलने के लिए संघर्ष अति आवश्यक है। बिना संघर्ष किए आप किसी भी क्षेत्र में सफल नहीं हो सकते और न ही अच्छा कर सकते हैं। जैसे—एक नाविक समुद्र में तब तक जहाज नहीं चला सकता, जब तक वह पतवार से जल की धारा एवं हवा की गति के विरुद्ध संघर्ष न करें। जिस समय वह जल की धारा एवं हवा से संघर्ष करना छोड़ देगा, जहाज पानी में डूब जाएगा। यही बात हमारी जिन्दगी में लागू होती है। जिन्दगी जीने के लिए संघर्ष करने होंगे। अगर हम संघर्ष नहीं करें तो

अनमोल जीवन भी नीरस एवं औचित्यहीन बनकर रह जाएगा।

इस प्रकार हम देखते हैं कि बेहतर जीवन जीने, स्वयं की पहचान स्थापित करने और खुद की श्रेष्ठता साबित करने के लिए संघर्ष करना होगा। हमें जीवन एक संघर्ष का अर्थ एवं मर्म समझना होगा। मेरा भी आपसे विनम्र अनुरोध है कि जीवन एक संघर्ष का मर्म समझें एवं जीवन का औचित्य साकार करें।

जीवन : एक सीख (Life is a Lesson)

सही मायने में जिन्दगी एक सीख है। आप सीखना चाहें तो हर पल, हर व्यक्ति, हर वस्तु से और हर उम्र में कुछ-न-कुछ सीख सकते हैं। खुद और दूसरों के जीवन में घटित घटना से भी बहुत कुछ सीख सकते हैं। सीखना जीवन की नियति है, परन्तु अच्छा सीखना, सकारात्मक सीखना, रचनात्मक सीखना, सार्थक सीखना, जीवन का सार है। सदैव सीखने की प्रवृत्ति रखें और नित्य दिन कुछ-न-कुछ सीखने की आदत डालें। सीखने के लिए संसाधनों की कमी, गरीबी या विपरीत हालात बाधक नहीं होते। बाधक है तो आपके अन्दर न सीखने की प्रवृत्ति। मेरा भी मानना है कि अभावग्रस्त जिन्दगी सीखने के लिए दुनिया का सबसे बड़ा विश्वविद्यालय है। यह हमें बहुत कुछ सिखाती है और बहुत कुछ सीखने के लिए बाध्य करती है। यह हमें न केवल जिन्दगी जीने का गुर सिखाती है, बल्कि खुद की सार्थकता भी समझाती है।

दोस्तो! प्रतिकूल हालात और विपरीत परिस्थितियाँ हमें बहुत कुछ सीखने को बाध्य करती हैं। ये हमें हालात से लड़ने और हालात से बाहर निकलने की सीख देती हैं। ये हालात का मुकाबला कर आगे बढ़ने की प्रेरणा भी देती हैं। यह सचाई है कि बेहतर करने और बेहतर पाने के लिए सीखना आवश्यक है। जीवन की सार्थकता एवं औचित्य साकार करने के लिए सीखना आवश्यक है। जिन्दगी को सजाने एवं सँवारने के लिए सीखना आवश्यक है। दु:खद हालात को सुखद हालात में बदलने तथा सफलता की ऊँचाइयों को छूने के लिए सीखना आवश्यक है। जीवन को सुन्दर एवं अनमोल बनाने के लिए सीखना आवश्यक है। अत:, सीखने की आदत डालें और सीखने की प्रवृत्ति रखें।

याद रखें—

> *सीखना जीवन की अमूल्य निधि है और बेहतर करने एवं बेहतर पाने के लिए सीखना आवश्यक है।*

अत: महत्त्वपूर्ण यह है कि हम जिन्दगी में आगत सुख-दुख, हर्ष-विषाद, संयोग-वियोग, संघर्ष-आनन्द, विलाप-दर्द से प्राप्त अनुभव से सीख लें। इस जहाँ में ऐसा कोई भी व्यक्ति नहीं है, जिसे जीवन में हर्ष-विषाद, सुख-दुख, मिलन-विरह जैसी स्थितियों का सामना न करना पड़ा हो। हर व्यक्ति को विभिन्न परिस्थितियों का सामना

करना पड़ता है, परन्तु जो व्यक्ति उत्पन्न हालात से सीख लेता है, वही जिन्दगी का औचित्य साकार कर पाता है। आप भी परिस्थितियों से सीख लें और उत्पन्न हालात का सामना करें। आपको स्वयं समझ में आ जाएगा कि जिन्दगी सीखने का नाम है और बेहतर जीने के लिए सीखना जरूरी है। जो व्यक्ति आगत परिस्थितियों से सीख नहीं लेते, वे ताउम्र पछताते रहते हैं।

मेरा भी आपसे अनुरोध है कि जीवन में घटित घटनाओं या विपरीत हालात को नियति मानकर बैठ न जाएँ, बल्कि घटित घटनाओं से सीख लें। धैर्य रखें और उत्पन्न हालात का मुकाबला साहसपूर्ण करें। चुनौतियाँ ही हमें आगे बढ़ने की प्रेरणा देती हैं। प्राप्त अनुभवों के आधार पर चुनौतियों का सामना करें और आगे बढ़ें।

याद रखें—

अनुभव वह नहीं है, जो मनुष्य के साथ घटता है, बल्कि अनुभव वह है, जो हम घटित घटनाओं के निचोड़ से सीखते हैं।

(Experience is not a matter of event, but it is a matter of learning that happens.)

इस दुनिया में हर व्यक्ति के देखने, सीखने एवं समझने का नजरिया अलग-अलग होता है। कुछ व्यक्ति खुद सीखते हैं और दूसरों को सिखाते हैं। कुछ व्यक्ति खुद अच्छा करते हैं और दूसरों को भी अच्छा करने में मदद करते हैं। कुछ व्यक्तियों की सोच खुद बेहतर करने की होती है। कुछ व्यक्तियों की सोच होती है कि कोई अच्छा करे या बुरा, इससे उनको कोई लेना-देना नहीं होता। कुछ व्यक्ति खुद अच्छा नहीं करते और न ही दूसरों को अच्छा करते देखना चाहते हैं। कुछ ऐसे व्यक्ति मिलेंगे जो खुद अच्छा नहीं करते और दूसरों को अच्छा करते देख, ईर्ष्या-द्वेष से भर जाते हैं। कुछ व्यक्ति आगे बढ़ने वाले के पैर खींचने में लगे रहते हैं। ऐसे व्यक्ति अपने दुख से दुखी नहीं, दूसरों के सुख से ज्यादा दुखी रहते हैं। वे कुछ करने एवं सीखने को तैयार नहीं होते, क्योंकि उनके जीवन का कोई लक्ष्य नहीं होता। ऐसे व्यक्ति कर्म से ज्यादा भाग्य पर विश्वास करते हैं और जब उनके हाथ कुछ नहीं लगता तो दूसरों पर दोषारोपण या भाग्य का रोना रोते हैं। ऐसे व्यक्तियों के लिए यह पंक्ति स्मरणीय है—

खुद पर रोना एक प्रकार का डरावना एवं विनाशक भाव है।

दोस्तो! दूसरों की उन्नति देखकर ईर्ष्या नहीं करें और न ही असफल होने पर भाग्य का रोना रोयें, अपितु उनकी उन्नति से सीख लें। खुद की असफलता या गरीबी के लिए भाग्य को दोष न दें और न ही गरीबी का रोना रोएँ, बल्कि असफलता एवं गरीबी से सीख लें। विपरीत परिस्थितियों से बाहर निकलने का साहस रखें और इसके लिए सफलता या विफलता को भाग्य के पल्लू में नहीं, कर्म के पल्लू में

बाँधें। हाथ पर हाथ रखकर बैठे न रहें, बल्कि कड़ी मेहनत करें। हालात से सीख लें और हालात से बाहर निकलने की सोच रखें। समय की महत्ता समझें और समय प्रबन्धन की कला सीखें। अगर कोई व्यक्ति सफल है तो उससे ईर्ष्या-द्वेष न करें, बल्कि उसकी सफलता और निहित गुणों से सीख लें। हमारे आस-पास और साथ रहने वाला व्यक्ति अगर अच्छा कर सकता है तो मैं क्यों नहीं? मैं भी अच्छा कर सकता हूँ, मैं भी सफल हो सकता हूँ, इस सोच को दृढ़ करें तथा सफल व्यक्तियों से सीख लें की उनमें वे कौन से गुण हैं, जो मुझमें नहीं हैं? उन गुणों की पहचान करें और अपने अन्दर उन गुणों को विकसित करें।

याद रखें—

ईर्ष्या-द्वेष एवं नकारात्मक सोच वाले व्यक्ति कदापि आगे नहीं बढ़ते, बल्कि सकारात्मक सोच, दृढ़ इच्छाशक्ति और कड़ी मेहनत, करनेवाले व्यक्ति आगे बढ़ते हैं।

आप उपर्युक्त पंक्ति से सीख लें और अभाव को, समस्या को, असफलता को आगे बढ़ने का मूलमंत्र बनाएँ। आप गौर करें तो पाएँगे कि अभाव में रहने वाला व्यक्तियों ने ऐसे-ऐसे कार्य कर दिखाए, जो अमीर व्यक्ति नहीं कर पाए। आपने लाल बहादुर शास्त्री, डॉ भीम राव आम्बेडकर, आइजक न्यूटन, अब्राहम लिंकन, धीरू भाई अंबानी, डॉ. ए.पी.जे. अब्दुल कलाम जैसी अनेक विभूतियों का नाम सुना होगा। ये सभी व्यक्ति अभाव में पले-बढे, फिर भी अपने-अपने क्षेत्र में सफल रहे, क्योंकि उन्होंने अभाव का रोना नहीं रोया, बल्कि अभाव से सीख ली। आपको ऐसे व्यक्ति भी मिलेंगे, जो अपंग थे, परन्तु उन्होंने इसे अभिशाप नहीं, वरदान माना। नतीजा, उन्होंने जीवन में अनेकों उत्कृष्ट कार्य कर दिखाए। ऐसे व्यक्तियों में फ्रेंकलीन डी रूजवेल्ट, मिल्टन, सूरदास, सुधा चन्द्रन, विल्मा रूडोल्फ, अष्टावक्र जैसे नाम स्मरण योग्य हैं। यदि ये लोग अपनी कमियों का रोना रोते रहते तो कदापि आगे नहीं बढ़ पाते। आप भी इन महापुरुषों की जीवनी से सीख लें और प्रतिदिन कुछ-न-कुछ बेहतर सीखें।

याद रखें—

सीखने का नाम ही जिन्दगी है।

दोस्तो! सीखना जीवन की नियति है। आगे बढ़ने एवं अच्छा करने के लिए सीखना जरूरी है। सीखने का कोई विकल्प नहीं है। आप सीखने की प्रवृत्ति रखें और सीखने को जीवन का मूलमंत्र बनाएँ। जीवन पर्यन्त कुछ-न-कुछ सीखने की आदत डालें और हर व्यक्ति, हर वस्तु, हर घटना से सीख लें। सीखने की ललक ही आपको आगे बढ़ाती है।

आइए! हम 'जीवन एक सीख' के सन्दर्भ में कुछ प्रसंगों की चर्चा करते हैं। आपने ग्रीष्म ऋतु की तपती गर्मी और शरद ऋतु की कंपकंपाती ठंड की अनुभूति की होगी। चिलचिलाती धूप और शीत लहर में आप अपने घरों में छुप जाते हैं। कूलर, पंखा, एयरकूलर का सहारा लेते हैं और ठंड से बचने के लिए कम्बल, हीटर, आग का उपयोग करते हैं। परन्तु आप प्रकृति में स्थित पेड़-पौधों को देखें। प्रचंड गर्मी में भी वे मुस्कराते हुए दूसरों को शीतलता प्रदान करते हैं। चिलचिलाती धूप और प्रचंड गर्मी में भी मुस्कराते रहते हैं। खुद कष्ट में रहकर भी दूसरों को शीतलता प्रदान करते हैं। खुद वायुमंडल से दूषित CO_2 लेकर शुद्ध O_2 उत्सर्जित करते हैं, जो अन्य प्राणियों के लिए लाभकारी होता है। वह फल-फूल भी अपने लिए नहीं, दूसरों के लिए देते हैं। फल से लद जाने पर भी अभिमान में सीना ताने खड़े नहीं रहते, बल्कि विनम्रता से झुक जाते हैं। सूख जाने पर भी उसकी डालियाँ, पत्तियाँ जलावन में एवं तने फर्नीचर इमारत बनाने के काम आते हैं। कहने का अभिप्राय है कि यदि हम पेड़-पौधों से सीखना चाहें, तो निम्न बातें सीख सकते हैं—

- यह जीवन नित्य कुछ-न-कुछ सीखने के लिए मिला है।
- यह जीवन दूसरों के कल्याण के लिए मिला है।
- यह जीवन अभिमान करने के लिए नहीं, विनम्र बने रहने के लिए मिला है।
- विकट परिस्थितियों में हिम्मत न हारें और धैर्य रखें।
- समस्या से सीख लें और बाहर निकलने की कला सीखें।
- विपरीत हालात से सीख लें और सदैव मुस्कराते रहें।
- धन, बल, पद की प्राप्ति होने पर अभिमानी नहीं, विनम्र बनें।
- खुद कष्ट में रहकर भी दूसरों का कल्याण करें।
- दूसरों की बुराई लेकर भी उन्हें अच्छाई देने का प्रयास करें।
- दूसरे बुरा भी करें, तो भी आप उनका भला करें।

आप प्रकृति में स्थित नदियों, झरनों, पहाड़ों, जंगलों से बहुत कुछ सीख सकते हैं। भेड़-बकरियाँ या अन्य जीव-जन्तु सभी एक ही घाट पर पानी पीते हैं। उसी घाट पर विभिन्न जाति, धर्म एवं सम्प्रदाय के लोग स्नान करते हैं, पानी पीते हैं, परन्तु वे किसी को मना नहीं करते और न ही किसी के साथ कोई विभेद करते हैं। तो फिर हम एक चेतनशील प्राणी होकर आपस में क्यों लड़ते-झगड़ते हैं? एक-दूसरे के साथ जाति, धर्म व वर्ण के आधार पर विभेद क्यों करते हैं? हम क्यों नहीं प्रकृति से सीख लेते हैं?

ध्यान रखें—

कोई भी जीव-जन्तु छोटा या बड़ा नहीं होता। हम सभी ईश्वर की कृति

हैं और उनके द्वारा रचित सृष्टि के अंग हैं। हमें मिल-जुलकर रहना तथा एक-दूसरे के कल्याण की बात करनी चाहिए।

परन्तु हम ऐसा नहीं करते और जाति, धर्म, वर्ग की उलझन में उलझे रहते हैं, अमीरी-गरीबी के बन्धन में बंधे रहते हैं। क्या ईश्वर ने हमें सर्वश्रेष्ठ प्राणी इसलिए बनाया है कि हम एक-दूसरे से विभेद करते रहें? खुद को श्रेष्ठ और दूसरों को तुच्छ समझें? क्या ऐसा कर हम अपनी श्रेष्ठता साबित कर पाएँगे? क्या ईश्वर ने हमें सोचने-समझने की शक्ति इसलिए दी है कि हम निरर्थक एवं बेतुकी बातों में उलझे रहें? हम खुद के हित में दूसरों का अहित करते रहें? आपका भी जवाब होगा—नहीं, तो हम प्रकृति से सीख क्यों नहीं लेते? हम अच्छे गुणों को क्यों नहीं ग्रहण करते? आप खुद सोचें—क्या प्रकृति में व्याप्त हवा, जल, पेड़-पौधे मानव प्राणी के साथ जाति, धर्म, अमीरी, गरीबी के आधार पर किसी प्रकार का कोई विभेद करता है? क्या प्रकृति में विभिन्न जाति एवं धर्म के लोगों के लिए अलग-अलग रंग की हवा बहती है? क्या अलग-अलग प्राणी के लिए अलग-अलग रंग का जल बहता है या विभिन्न प्राणियों के लिए अलग-अलग तरह के फल-फूल होते हैं? आपका भी जवाब होगा—नहीं! तो फिर हम व्यर्थ की बातों में उलझकर अपना कीमती समय क्यों जाया करते हैं?

प्रकृति में खिल रहे विविध फूलों को देखें। वे अपने लिए नहीं, दूसरों के लिए खुशबू बिखेरते हैं। फूलों में निहित सौन्दर्य दूसरों को प्रसन्नचित एवं अन्तर्मन में कुछ करने की प्रेरणा देता है। आप भी इन फूलों से सीख लें। आपके अन्दर भी ढेर सारी खुशबू हैं, जरूरत है उन खुशबू को बाहर निकालने तथा सर्वत्र सुगन्ध फैलाने की। क्या सूर्य अपनी जीवनप्रदायिनी रश्मियाँ किसी एक के लिए बिखेरता है या प्रकृति में अन्तर्निहित समस्त जीव-जन्तुओं के लिए बिखेरता है? क्या वह अपनी रश्मियाँ समस्त प्राणियों पर एक सी नहीं बिखेरता? क्या वह चतुर्दिक अँधेरे को दूर कर रोशनी नहीं फैलाता? यदि आपका उत्तर स्वीकारात्मक है तो आप प्रकृति से सीख लें और खुद के अन्दर निहित अँधेरे को दूर कर सर्वत्र प्रकाश फैलाएँ। जब चाँद अपनी शीतलता प्रदान करने में कोई भेदभाव नहीं करता तो आप भी दूसरों को शीतलता प्रदान करें। खुद प्रकाशमान बनें और दूसरों को प्रकाशित करें।

क्या आपने कभी बांस के पेड़ों को तूफान के झंझावात में टूटते देखा है? प्रायः लोगों का जवाब होगा—नहीं। इसका कारण है कि उसमें लोच होता है। वह हवा के झोंकों के साथ झुकता चला जाता है, जबकि शीशम, आम, बबूल के पेड़ आँधी के थपेड़ों में टूट जाते हैं, क्योंकि वे झुकना नहीं जानते। कहने का तात्पर्य है कि आप परिस्थिति विशेष के अनुरूप ढलना सीखें। यदि आप परिस्थिति से सीख नहीं लेंगे और सीना तानकर खड़े रहेंगे तो कोई भी बलशाली व्यक्ति आपका सीना चीरकर निकल जाएगा।

प्राय: लोगों का मानना है कि सीखने की एक उम्र होती है। हम प्रौढ़ावस्था या वृद्धावस्था में बहुत कुछ नहीं सीख सकते। इस उम्र में सीखने से कोई लाभ भी नहीं है। मित्रो! इस प्रकार की नकारात्मक सोच को बाहर निकालें। याद रखें—सीखने की कोई उम्र नहीं होती और न ही कोई निर्धारित समय होता है। सीखने के लिए जाति, मजहब, गरीबी या उम्र का कोई बन्धन बाधक नहीं होता है। अगर कोई बाधा है तो आपके अन्दर इच्छाशक्ति का अभाव, समर्पण एवं आत्मविश्वास की कमी।

याद रखें—

इस दुनिया में जितने भी व्यक्ति सफल हुए हैं, वे माँ के गर्भ से सीखकर नहीं आए। उन्होंने भी इसी पृथ्वी पर अपने-पराए और निहित परिस्थितियों से सीखा।

प्रकृति में निहित पेड़-पौधों, नदी, पहाड़, झरने, विभिन्न प्राणियों एवं घटित घटनाओं से सीखा। बेहतर करने एवं बेहतर पाने की ललक रखी और इसी ललक ने उन्हें बेहतर जिन्दगी जीने की चाहत एवं सीखने की प्रेरणा दी। सीखने की इच्छाशक्ति एवं उसकी सार्थकता ही मानव को सर्वश्रेष्ठ प्राणी होने का गौरव प्रदान करती है। अत: सीखने में किसी प्रकार की कोताही न बरतें।

विचारणीय हेतु महत्त्वपूर्ण प्रश्न ये है कि हम क्या सीखें और क्या नहीं सीखें? सीखने के सन्दर्भ पर आपके मन में किसी प्रकार का कोई संशय हो तो, खुद से निम्न प्रश्न पूछें—

- मनुष्य एक सर्वश्रेष्ठ प्राणी है, तो कैसे?
- इस जीवन का औचित्य क्या है?
- मनुष्य और पशु में क्या अन्तर है?
- इस जीवन का उद्देश्य क्या है?
- हम जो कार्य कर रहे हैं, उसका मूल्य क्या है?
- क्या हमारे अन्दर मानवीय गुण एवं नैतिकता है?
- क्या हम विविध मूल्यों पर खरा उतर पा रहे हैं?
- क्या हमें समय मूल्य की समझ है?
- क्या हम खुद की श्रेष्ठता एवं अनमोलता साबित कर पा रहे हैं?

यदि आपको इन प्रश्नों का उत्तर मालूम है तो आपके मन में सीखने के सन्दर्भ पर कोई संशय नहीं रहेगा। अगर आपको इन प्रश्नों का उत्तर नहीं मालूम है तो इसका उत्तर जानें एवं खुद और दूसरों की जिन्दगी से सीख लें। जिस दिन आप इन प्रश्नों का उत्तर जान जाएँगे, आपका भी नाम इतिहास के पन्नों पर न केवल पठनीय, बल्कि अनुकरणीय भी होगा।

इस प्रकार हम देखते हैं कि जिन्दगी सीखने का नाम है। यदि हम सीखना चाहें और सीखने की इच्छा रखें तो जिन्दगी में घटित प्रत्येक घटना, प्रत्येक कार्य, प्रत्येक वस्तु, प्रत्येक व्यक्ति से बहुत कुछ सीख सकते हैं। सीखने के लिए उम्र, जाति, धर्म और धन का कोई बन्धन नहीं होता और न ही संसाधन की कमी इसके मार्ग में बाधक होती है। सचाई यह है कि जिन्दगी के हालात में आगत परिस्थितियाँ हमें बहुत कुछ सीखने के लिए प्रेरित करती हैं। जो व्यक्ति जीवन में घटित घटना तथा खुद एवं दूसरों के कृत्य से कुछ न कुछ सीखने का प्रयत्न करते हैं, वे ही जीवन में सफल होते हैं। आप भी सफल होना चाहते हैं तो खुद एवं दूसरों से सीख लें, हर प्राणी और हर वस्तु से सीख लें, प्रकृति से सीख लें। यही जिन्दगी जीने का सार है। कभी-कभी एक आम व्यक्ति भी सामान्य व्यवहार में ऐसा कुछ बता देता है, जो आपके लिए एक बहुत बड़ी सीख बन जाता है।

याद रखें—

छोटी-छोटी सीख भी व्यक्ति की दिशा एवं दशा बदल देने में समर्थ है।

इसलिए आप प्रतिदिन कुछ-न-कुछ सीखें और खुद से पूछें—आज मैंने क्या सीखा? यदि आपका उत्तर हाँ में है तो आपका जीना सार्थक है। अत: सीखने को जीवन की नियति बनाएँ।

जीवन : एक खेल (Life is a Play)

दोस्तो! जीवन एक खेल है और हर व्यक्ति जिन्दगी में कुछ-न-कुछ खेलता है। यह सचाई है कि बिना खेले हम न तो कुछ सीख सकते हैं और न हीं कुछ पा सकते हैं। अर्थात् सीखने एवं पाने के लिए खेलना जरूरी है। इस दुनिया में जितने भी व्यक्ति सफल और महान बने हैं, वे जिन्दगी एक खेल को खेल कर ही बने हैं। आप भी इस खेल को जरूर खेलें और ससमय उत्कृष्ट ढंग से खेलें। बेहतर करने, बेहतर बनने और बेहतर पाने के लिए खेलना जरूरी है। अत: जीवन एक खेल का मर्म समझें। ध्यान रखें इस दुनिया में खेले जाने वाले सभी खेलों में सबसे उम्दा खेल स्वयं की जिन्दगी है। जिन्दगी एक खेल को खेलकर ही हम जीने का ढंग, रहने का ढंग, कार्य करने का ढंग, व्यवहार करने का ढंग सीख पाते हैं। जो व्यक्ति इस खेल को जितने बेहतर ढंग से ससमय और उत्कृष्ट रूप में खेलता है, वह उतना ही अच्छा आदमी बनता है और उतना ही नाम, धन, यश, अर्जित करता है। इस खेल को उत्कृष्ट रूप में खेलकर ही हम जीवन का औचित्य साकार कर पाते हैं, जीवन का सच्चा आनन्द ले पाते हैं, लेकिन दुख की बात यह है कि बहुधा लोग इस खेल को अच्छी तरह खेल नहीं पाते। इसका कारण है कि वे जिन्दगी एक खेल का अर्थ एवं मर्म नहीं समझते। विचारणीय प्रश्न यह है कि हम क्या खेलें? क्यों खेलें? कब खेलें और

कैसे खेलें? इन प्रश्नों पर गहनतापूर्वक विचार करें, तत्पश्चात् खेलने का निर्णय लें।

याद रखें—

खेलना जीवन की नियति है, परन्तु क्या खेलें? कब खेलें? क्यों खेलें और कैसे खेलें के सन्दर्भ में विचार करें। तदुपरान्त ससमय एवं उत्कृष्ट ढंग से खेलें। यही जीवन का सार है।

यदि आप उपर्युक्त प्रश्नों पर विचार कर खेलते हैं तो खेलने में बहुत आनन्द आएगा। मैं तो सिर्फ इतना कहूँगा कि आप क्या खेलना पसन्द करते हैं, कब और कैसे खेलना चाहते हैं? क्यों खेलना चाहते हैं? पहले इन प्रश्नों पर विचार करें, तदुपरान्त खेलने का निर्णय लें। निर्णीत खेल को ससमय और उत्कृष्ट ढंग से खेलने की कला सीखें, ताकि खेल की परिणति उत्कृष्ट हो। खेल की विशेषताओं को जानें और जीवन एक खेल की सार्थकता समझें। क्या आप जिन्दगी एक खेल की विशेषता जानते हैं? इस खेल की सबसे बड़ी विशेषता है कि इस खेल के खिलाड़ी, कप्तान, कोच, अम्पायर सब कुछ आप स्वयं होते हैं। यही कारण है कि जीत और हार का सेहरा भी आपको ही मिलता है। दूसरा इस खेल की परिणति भी आपको ही भुगतनी होती हैं। तीसरी विशेषता है कि आप क्या करना और क्या बनना चाहते हैं? इसका निर्णय 'जिन्दगी एक खेल' को खेलकर ही निर्णीत कर पाते हैं। चौथी विशेषता है कि इस खेल की परिणति इस जन्म में या अगले जन्म में भी मिल सकती है। इसलिए फल की नहीं, बेहतर खेलने की कला सीखें और उत्कृष्ट खेलने की इच्छाशक्ति रखें।

सही मायने में 'जिन्दगी एक खेल' एक प्रकार का एकल खेल है। भले ही इस खेल में दूसरा आपका मार्गदर्शन कर दें, लेकिन खेलना आपको ही होगा। इस खेल में टीम के अन्य खिलाड़ी अर्थात् आपके माता-पिता, भाई-बहन या दोस्त साथ नहीं होंगे। आपके साथ होंगे खुद की इच्छाशक्ति, संकल्प, सोच, कड़ी मेहनत और आत्मविश्वास। आप जैसा खेलेंगे, वैसी ही परिणति प्राप्त होगी। कहने का अभिप्राय है कि आप अच्छा खेलेंगे तो अच्छा परिणाम प्राप्त होगा और आपका जीवन सुखमय एवं आनन्दमय होगा। ठीक इसके विपरीत आप अच्छा नहीं खेलेंगे, तो आपका जीवन दुखमय होगा। अत: खेलना आपकी सोच, संगत एवं विवेक पर निर्भर करता है कि आप इस खेल को कैसे खेलना चाहते हैं?

ध्यान रखें—

आप संयुक्त टीम के खिलाड़ी नहीं हैं कि एक-दो खिलाड़ी उम्दा प्रदर्शन नहीं भी करें तो टीम का प्रदर्शन अच्छा हो सकता है।

इस खेल के आप एकल खिलाड़ी हैं, जिसमें आपको हमेशा अच्छा खेलना और उम्दा प्रदर्शन करना होगा। यदि आप उम्दा प्रदर्शन नहीं करेंगे तो कभी भी क्लीन बोल्ड हो जाएँगे। दोस्तो! यह खेल अन्य खेलों से अलग और अति महत्त्वपूर्ण है,

क्योंकि इस पर आपका वर्तमान एवं भविष्य टिका होता है। आप इस खेल को पूरे मनोयोग से ससमय एवं उत्कृष्ट रूप में खेलकर ही जीवन का सच्चा आनन्द ले सकते हैं, जीवन के विभिन्न आयामों को जान सकते हैं और जीवन का औचित्य साकार कर सकते हैं। आप जो चाहें बनकर दिखा सकते हैं और जो चाहें प्राप्त कर सकते हैं। परन्तु विडम्बना यह है कि अधिकांश लोग इस खेल का अर्थ एवं महत्त्व नहीं समझते। नतीजा वे अपनी पारी अच्छी तरह नहीं खेल पाते या वैसे खेलों को खेलने में मशगूल रहते हैं, जिनका औचित्य जीवन में महत्त्वपूर्ण नहीं होता है। मेरा भी आपसे विनम्र अनुरोध है कि आप जीवन एक खेल का मर्म समझें और इसे पूरे मनोयोग से खेलें।

इस खेल की सबसे बड़ी विशेषता यह है कि आप खेलना चाहें या न चाहें, आपको खेलना होगा। चाहें इस खेल को रोकर खेलें या हँसकर खेलें। मेरे विचार से जब इस खेल को खेलना ही है तो क्यों नहीं बेहतर रणनीति बनाकर खेलें? पूरे मनोयोग से और मुस्कराते हुए खेलें। मेरा भी आपसे अनुरोध है कि जिन्दगी एक खेल का मर्म समझें और अपनी पारी अच्छी तरह खेलें। जो व्यक्ति इस खेल का मर्म नहीं समझते, वे इस खेल को खेलने में पिछड़ जाते हैं। यही कारण है कि कुछ व्यक्ति अपनी पारी अच्छी तरह खेल पाते हैं और कुछ खराब। कहने का अभिप्राय है कि जिन व्यक्तियों ने जिन्दगी एक खेल का मर्म समझा, उन्होंने जीवन में आगत अवसरों को पहचाना, स्वयं के लिए अवसर का निर्माण किया तथा दूसरों के लिए अवसर बन गए। उन्होंने समय का समुचित प्रबन्धन किया तथा जिन्दगी एक खेल को अच्छी तरह खेलने में सफल रहे। उनके खेलने की रणनीति उम्दा और देखने का नजरिया अलग होता है। वे भाग्य पर नहीं, कर्म पर विश्वास करते हैं और कदापि पीछे मुड़कर नहीं देखते। वे सिर्फ उत्कृष्ट खेलने में लगे रहते हैं और खेलने के क्रम में जो गलती होती है, उसमें सुधार लाते हैं। वे दूसरों की खामियों को नहीं, अच्छाइयों को देखते हैं और अपने अन्दर की खामियों को दूर कर जिन्दगी के खेल को अच्छी तरह खेलते हैं। यही कारण है कि वे एक अच्छे खिलाड़ी के रूप में प्रसिद्धि पाते हैं। इस सन्दर्भ में विश्व प्रसिद्ध नाटककार शेक्सपियर की उक्ति अति प्रसांगिक है—

> *जिन्दगी रंगमंच पर खेला जाने वाला एक नाटक है, जिसमें हर व्यक्ति अपनी भूमिका अदा कर चला जाता है।*

सचमुच जिन्दगी के रंगमंच पर घटित हर घटना एक खेल है। आपका हर कृत्य एक खेल है। इस खेल में जो व्यक्ति अपनी भूमिका जितनी बेहतर निभाता है, वह उतना ही बेहतर खेल पाता है। ऐसे व्यक्ति को जीवन अनमोल, सौभाग्य एवं अवसर दिखाई देता है।

याद रखें—

जो व्यक्ति खेलेगा ही नहीं, वह जीत एवं हार की परिकल्पना कैसे कर सकता है? खेलने वाला व्यक्ति ही जीतता या हारता है।

यह सचाई है कि अगर कोई व्यक्ति हारेगा ही नहीं तो दूसरा जीतेगा कैसे? परन्तु जिन्दगी एक खेल की सबसे बड़ी विशेषता है कि इस खेल में हर व्यक्ति जीत सकता है। इस खेल को जीतने के लिए दूसरों को हराने की जरूरत नहीं है। इस खेल को हर व्यक्ति जीत सकता है, अगर उसे खेलने की कला आती है। परन्तु ध्यान रखें जीत मिलने पर खुश होने या हार मिलने पर दुखी होने की जरूरत नहीं है। बुद्धिमानी यह है कि आप जीत और हार दोनों से सीख लें। जीत से यह सीख लें कि इसे कैसे बनाए रखें और हार से यह सीख लें कि जीत में कैसे बदलें? विजयी व्यक्ति से सीख लें कि उसके अन्दर वे कौन सी खूबियाँ हैं, जो हममें नहीं हैं और हार से यह सीख लें कि किन कारणों से हार मिली। उन कारणों को दूर करें और अपने अन्दर निहित खामियों को खूबियों में बदलें। विजयी व्यक्ति के अन्दर निहित खूबियों को स्वीकार करें। खेलने में गलती होगी। गलती होना स्वाभाविक है, परन्तु इसके लिए चिन्तित न हों। कृत गलती को स्वीकार करें तथा गलती से सीख लें। गलती नहीं करने का संकल्प लें तथा आशा, उमंग एवं उत्साह को बनाए रखें। जीते हुए व्यक्ति के लिए महत्त्वपूर्ण है कि वह सफलता को बनाए रखने के लिए आगत हर चुनौती को स्वीकार करे। दोनों व्यक्तियों के लिए महत्त्वपूर्ण है कि सकारात्मक प्रतिस्पर्धा रखें और मन में ईष्या-द्वेष का भाव न आने दें।

आप जीवन के खेल को ससमय और उत्कृष्ट ढंग से खेलना चाहते हैं, तो सोच बदलें। सदैव सकारात्मक सोचें और रचनात्मक खेलें। दूर दृष्टि रखें और हर खेल को बेहतर ढंग से खेलें। आप किसी भी खेल को बेहतर ढंग से खेल सकते हैं, इतनी प्रतिभा आपके अन्दर है। आप अपने अन्दर छुपी प्रतिभा को पहचानें और नवीन ऊर्जा एवं उत्साह के साथ उमंगपूर्ण खेलें। आप ऐसा कर के देखें, आपको जिन्दगी एक खेल को खेलने में बहुत आनन्द आएगा। आप बेहतर खेलने में कामयाब होंगे और सर्वत्र आपकी प्रशंसा होगी। आपका जीवन सुखमय, आनन्दमय एवं प्रफुल्लित होगा।

आप गौर करें, तो पाएँगे कि इस दुनिया का हर व्यक्ति जन्म लेने के साथ ही खेलना शुरू कर देता है। वह बाल्यकाल में विभिन्न लीलाएँ करता है, जिन लीलाओं को देखकर उसके अपने खुश होते हैं। जब वह बड़ा होता है तो अपनी आवश्यकताओं की प्राप्ति हेतु अनेकों खेल खेलता है। युवावस्था में वह नाम, धन, यश अर्जन के लिए खेलता है। खुद को फिट रखने के लिए खेलता है। विभिन्न प्रकार की सुख-सुविधाओं को प्राप्त करने के लिए खेलता है। खेलने के प्रकरण में ही व्यक्ति बहुत कुछ खोता और पाता है और बहुत कुछ सीखता भी है। जैसे—कोई भी व्यक्ति बाल्यावस्था में चलना सीखता है और इस खेल में वह बार-बार गिरता और उठता है। इस खेल को

खेलकर ही वह चलना सीखता है। यदि माता-पिता इस डर से बच्चे को खेलने न दें कि उसे चोट लग जाएगी, उसका हाथ-पैर टूट जाएगा तो वह कभी भी चलना नहीं सीख पाएगा। नतीजा वह जिन्दगी की पारी खेलने के पूर्व ही अपाहिज बन जाएगा और खेलने के लिए उसे दूसरों की सहायता लेनी पड़ेगी। कहने का अभिप्राय है कि अगर बच्चा यह खेल नहीं खेले तो चलना नहीं सीख पाएगा। नतीजा उसकी जिन्दगी खुद और दूसरों के लिए बोझ बन जाएगी।

ऐसा नहीं है कि हम केवल बाल्यावस्था में ही जिन्दगी के खेल को खेलते हैं। इस खेल में हमें प्रतिदिन विभिन्न खेलों को खेलना पड़ता है। इनमें से कुछ खेल हम अपनी इच्छा से और कुछ दूसरों की इच्छा से खेलते हैं। बहुत सारे खेल हम अपनी जरूरतों और सपनों को पूरा करने के लिए खेलते हैं। कुछ खेल हम दूसरों को हँसने और हँसाने के लिए खेलते हैं। समस्त खेलों को खेलने में हमें समय देने होते हैं। अगर हम उन खेलों को खेलने में समय न दें और पूरे मनोयोग से नहीं खेलें तो हम जीवन एक खेल को बेहतर नहीं खेल पाएँगे। शायद आपको नहीं मालूम—सुखद एवं सफल जिन्दगी जीने तथा जीवन का औचित्य साकार करने के लिए खेलना आवश्यक है। हो सकता है, इस खेल में आपको कष्ट भी हो और आनन्द भी मिले। यह आपके खेलने की कला एवं खेल के चयन पर निर्भर करता है।

मैं तो सिर्फ इतना कहूँगा कि आप जो भी खेलें, ससमय खेलें, उम्दा खेलें और सार्थकता के साथ खेलें। कदापि निरर्थक और निरुदेश्य न खेलें। वैसा खेल भी न खेलें, जिसमें केवल भौतिक सुख-सुविधा या क्षणिक आनन्द की प्राप्ति हो। आप वैसा खेल खेलने का प्रयास करें, जिसमें आत्म-सुख एवं आत्म-आनन्द की प्राप्ति हो, खेल की परिणति खुद और दूसरों के लिए सार्थक एवं महत्त्वपूर्ण हो। जब हम सार्थक खेल का चयन करते हैं और खेल को मिशन के रूप में लेते हैं तो खेलने गें आनन्द आता है। नतीजा हम खेल को ससमय और उत्कृष्ट ढंग से खेल कर खुद गौरवान्वित होते हैं और राष्ट्र के लिए गौरव बन जाते हैं।

उदाहरण स्वरूप —सचिन तेंदुलकर, सुनील गावस्कर, कपिल देव, ब्रायन लारा, एलन बोर्डर, जैसे खिलाड़ियों की जीवनी से सीख ले सकते हैं, जिन्होंने क्रिकेट को एक मिशन के रूप में लिया। नतीजा वे दुनिया के रंगमंच पर छा गए। माइकल एंजेलो, लियोनार्दो द विंची, रवीन्द्र नाथ टैगोर जैसे चित्रकार, विथोवेन, रवीन्द्र जैन जैसे संगीतकार, मोहम्मद रफी, लता मंगेशकर जैसे गायकों ने अपने-अपने क्षेत्रों में उम्दा खेल का प्रदर्शन करते हुए अपना एवं अपने देश का नाम रौशन किया। इसी प्रकार आइजक न्यूटन, जे.सी. बोस, डॉ. सी.बी. रमन जैसे अनेक वैज्ञानिकों ने अपने क्षेत्र में उत्कृष्ट खेल खेलते हुए अनेकों आविष्कार कर डालें, जो हमारे लिए अत्यन्त उपयोगी एवं महत्त्वपूर्ण हैं। आप भी उन विभूतियों से सीख लें तथा जीवन के खेल को पूरे मनोयोग से खेलें।

कहने का आशय है कि जीवन के खेल को खेलने से पहले आप सार्थक खेल का चयन करें। खेलने की रणनीति बनाएँ और पूरे मनोयोग से खेलें। जब आप किसी खेल को सच्ची निष्ठा एवं समर्पण भाव से खेलते हैं तो जीत-हार के अतिरिक्त बहुत सारे ज्ञान एवं अनुभव प्राप्त करते हैं। आपने अनुभव किया होगा कि बहुत से बच्चे पढ़ने से कतराते हैं, क्योंकि उन्हें पढ़ना कष्टदायक लगता है। जबकि कुछ बच्चों को पढ़ने में बहुत आनन्द आता है। उन्हें मालूम होता है कि पढ़कर ही ज्ञानी बना जा सकता है। सुखद एवं सफल जिन्दगी जिया जा सकता है। यही कारण है कि वे इस खेल को बेहतर ढंग से खेलना चाहते हैं। अत: बच्चों के दिलो-दिमाग में यह बात बैठा दें कि पढ़ाई भी एक प्रकार का खेल है, जो अन्य खेलों से उत्कृष्ट, ज्ञानवर्धक, उत्साहवर्धक एवं आनन्ददायक है तो उन्हें खेलने में आनन्द आएगा। जब हम उन्हें यह बताएँगे कि पढ़ना जीवन का सबसे महत्त्वपूर्ण खेल है अर्थात् जब हम पढ़ने का महत्त्व समझते हैं और इसे मिशन के रूप में लेते हैं, तो पढ़ने में आनन्द आता है। हम इसकी सार्थकता जीवन में साकार कर पाते हैं। परन्तु, यह भी ध्यान रखें कि यदि बच्चे की अभिरुचि पढ़ने में न हो तो उसे जबरदस्ती नहीं पढ़ाये। उसकी अभिरुचि जिस क्षेत्र में हो, उसे उसी क्षेत्र में खेलने को प्रोत्साहित करें।

ध्यान रखें—

व्यक्ति केवल पढ़-लिखकर सफल नहीं होता, बल्कि जिस क्षेत्र में अभिरुचि हो, उसी क्षेत्र का चुनाव करें, ताकि हम जिन्दगी एक खेल में उम्दा प्रदर्शन कर सकें।

कहने का अभिप्राय है कि जब हम रुचि, अभिरुचि, मनोवृत्ति के अनुरूप खेल का चयन करते हैं तो खेलने में आनन्द आता है। इस दुनिया के रंगमंच पर आपने नाटक खेलते हुए विभिन्न कलाकारों को देखा होगा, जिसमें दया, करुणा, हिंसा, अच्छाई-बुराई, काल्पनिकता और वास्तविकता इत्यादि विशेषताओं से परिपूर्ण दृश्यों का समावेश होता है। विविध पात्रों द्वारा दृश्यों के अनुरूप अपनी-अपनी भूमिका अदा की जाती है, लेकिन हम उसी पात्र की प्रशंसा करते हैं, जो अपनी भूमिका को बेहतर खेलते हैं। किसी भी खेल में उसी खिलाड़ी को पुरस्कार या अवार्ड मिलता है, जो उत्कृष्ट खेलता है। आप भी जिन्दगी एक खेल में उत्कृष्ट प्रदर्शन करें और सबका प्यारा बनें। विचारणीय बिन्दु यह भी है कि नाटक खेलने में सभी कलाकारों ने बराबर समय दिया, पूरा अभ्यास किया और उनके कोच भी एक थे। परन्तु, सभी कलाकारों ने अच्छा प्रदर्शन नहीं किया। इसका कारण है कि जिस व्यक्ति के अन्दर इस बात की समझ और जुनून था कि मैं सबसे अच्छा खेलूँगा, उन्होंने बेहतर खेला और बेहतर कर दिखाया।

आप भी जीवन एक खेल का मर्म समझें और उम्दा प्रदर्शन के लिए तैयार रहें।

आप यह सोचें कि कोई व्यक्ति अपनी पारी अच्छी तरह खेल सकता है तो मैं क्यों नहीं? हमारे अन्दर भी वे सारी विशेषताएँ मौजूद हैं, जो एक सफल खिलाड़ी में हैं। आप जीवन एक खेल की महत्ता समझें और हालात से सीख लेकर आगे बढ़ें, सर्वश्रेष्ठ प्रदर्शन के लिए तैयार रहें और कड़ी मेहनत करें। आपकी भी गिनती अच्छे एवं सफल खिलाड़ी के रूप में होगी। आपके अन्दर इतनी क्षमता और प्रतिभा है कि आप श्रेष्ठ खिलाड़ी बन सकते हैं। अगर आप किसी खेल में अच्छा प्रदर्शन नहीं कर पा रहे हैं तो निराश न हों। निराशा जीवन जीने की चाह एवं उत्साह को समाप्त कर देती है। आप आशा बनाए रखें और उत्पन्न हालत एवं घटित घटना से सीख लें। जैसे ही आप उत्पन्न हालात को चुनौती के रूप में स्वीकार करेंगे, आप विपरीत हालात को भी हँसते-मुस्कराते काट लेंगे। आपको इसका एहसास भी नहीं होगा कि समय कैसे बीत गया और दुखद हालात सुखद हालात में कैसे बदल गए?

दोस्तो! मेरा मानना है कि उत्पन्न हालात एवं समस्या को परेशानी का कारण नहीं, जीवन एक खेल का हिस्सा मानें और इस खेल को पूरे उत्साह एवं आनन्द से खेलें। आपको हर हालात में अवसर दिखाई देगा। बोझिल जिन्दगी में भी सुख एवं आनन्द के फूल खिलते नजर आएँगे। जब आप जिन्दगी की पारी को हँसते-मुस्कराते खेलेंगे तो बहुत आनन्द आएगा। इस खेल में आपको खट्टा-मीठा, सुखद-दुःखद, जीत-हार हर प्रकार का अनुभव प्राप्त होगा, जिस अनुभव का लाभ उठाकर आप जिन्दगी के खेल को उत्कृष्ट रूप में खेल पाएँगे। अगर आप जिन्दगी की पारी नहीं खेलेंगे, तो भी कष्ट होगा, तो क्यों नहीं खेल कर देखा जाय कि खेलने में कष्ट है या आनन्द? इसकी अनुभूति खेलने पर ही प्राप्त होगी और खेलकर ही आप किसी निष्कर्ष पर पहुँचेंगे। बिना खेले किसी निष्कर्ष की उम्मीद नहीं की जा सकती। अत: जिन्दगी की पारी को जरूर खेलें और पूरे उमंग एवं उत्साह के साथ खेलें। जीवन को जानने-समझने तथा सपने को साकार करने के लिए इससे बेहतर विकल्प कुछ भी नहीं है।

विचारणीय बिन्दु यह है कि आप जो खेलना चाहते हैं, उसका औचित्य खुद और दूसरों के लिए कितना महत्त्वपूर्ण है? आप इस प्रश्न पर सोचें-विचारें तदुपरान्त खेलने का निर्णय लें। प्राय: व्यक्ति खेलने के सन्दर्भ पर अच्छी तरह सोच-विचार नहीं करते और वैसा खेल खेलना चाहते हैं, जिसमें केवल रोमांच और क्षणिक सुख एवं आनन्द की प्राप्ति हो। भले ही वे आनन्द का अर्थ एवं औचित्य नहीं समझते। जैसे—दिखावे का प्यार, झूठी शान-शौकत, भोग-विलास। हो सकता है इस प्रकार का खेल खेलने में आपको ज्यादा आनन्द आए, परन्तु इस आनन्द का औचित्य निरर्थक है। आप ऐसा खेल भूलकर न खेलें, जो निरर्थक, क्षणिक एवं मूल्यों से परे हो। ऐसा खेल खेलकर आप जीवन की अनमोलता, मानव प्राणी की श्रेष्ठता एवं चेतनशीलता पर प्रश्नचिन्ह खड़ा करते हैं। अत: कोई भी खेल खेलने के पूर्व उसके

औचित्य पर विचार करें और आनन्द का अर्थ समझें।

याद रखें—

जिन्दगी एक खेल है और इसे खेले बिना आप सुख-दुख की अनुभूति नहीं कर सकते और न ही खुद की श्रेष्ठता साबित कर सकते हैं।

दोस्तो! जिन्दगी खेलने का नाम है और इसे पूरे मनोयोग से खेलें। परन्तु कुछ ऐसे भी खेल हैं, जिन्हें हम खेलना नहीं चाहते, फिर भी खेलना पड़ता है। जैसे—कोई दुर्घटना घट जाना या किसी दुर्घटना में हाथ-पैर टूट जाना, प्राकृतिक आपदा जैसी विनाशकारी बाढ़ या भूकम्प की चपेट में आ जाना। कोई भी व्यक्ति यह नहीं चाहता कि उसके साथ कोई दु:खद घटना या दुघर्टना घटे, परन्तु जाने-अनजाने में ऐसी घटनाएँ घट जाती हैं जिन पर हमारा कोई वश नहीं होता और न ही हमारी कोई भूमिका होती है। फिर भी घटनाएँ घटती हैं। ऐसी स्थिति में महत्त्वपूर्ण है कि हम उत्पन्न हालात से बाहर निकलने के लिए रणनीति बनाएँ, तदुपरान्त समस्या समाधान के लिए खेलें।

याद रखें—

जीवन में खेल का रोमांच न हो तो जीने का क्या मजा? खेल जहाँ हमारे अन्दर रोमांच उत्पन्न कर जिन्दगी के कठिन हालातों से बाहर निकलना सिखाता है, वहीं दूसरी ओर आगे बढ़ने की प्रेरणा देता है। यह हमारे अन्दर अदम्य साहस, उत्साह एवं ऊर्जा का संचार कर कुछ नया कर दिखाने का जज्बा पैदा करता है।

जीवन : एक सौन्दर्य (Life is a Beauty)

जीवन सौन्दर्य की प्रतिमूर्ति है। अगर आप खुद और दूसरों के अन्दर छुपे दिव्य सौन्दर्य का दर्शन कर सकें, तो इस जीवन से सुन्दर कुछ भी नहीं है। इसके सौन्दर्य की तुलना किसी अन्य वस्तु से नहीं की जा सकती, क्योंकि ईश्वर ने इसे खुद अपने हाथों बनाया है। जो व्यक्ति इस दिव्य सौन्दर्य को अन्तर्मन से देख पाते हैं, उन्हीं के लिए जीवन सौन्दर्य है। प्राय: व्यक्ति को यह नहीं मालूम होता कि उसके अन्दर अद्भुत सौन्दर्य का खजाना छुपा है, जरूरत है अपने अन्दर छुपे सौन्दर्य को देखने एवं बाहर निकालने की। परन्तु, दुर्भाग्य की बात यह है कि प्राय: व्यक्ति अपने अन्दर छुपे दिव्य सौन्दर्य को देख नहीं पाता और बाह्य सुन्दरता को देखने और पाने में भटकता रहता है। वह सौन्दर्य जो क्षणिक एवं अस्थायी है, उसे पाने के लिए बेचैन रहता है। लेकिन जो स्थायी एवं दिव्य है, उसे देख नहीं पाता है। महत्त्वपूर्ण यह है कि आप अपने अन्दर छुपे दिव्य सौन्दर्य को देखें और उसे बाहर निकलने का प्रयास करें। शायद आपको यह एहसास नहीं कि—जीवन सत्यम् शिवम् सुन्दरम् की मूर्ति है।

सचमुच आप जीवन एक सौन्दर्य की गहराई को अन्तर्मन से छूना चाहते हैं, उस अद्‌भुत सौन्दर्य की दिव्यता का दर्शन करना चाहते हैं, तो पहले खुद को जानें। खुद का मूल्य समझें। सोच को बदलें और मन को सुन्दर बनाएँ। मन को अच्छे-अच्छे विचारों से पोषित करें। सौंदर्य का अर्थ एवं मर्म समझें और इसका औचित्य साकार करें। कहने का आशय स्पष्ट है कि आप बाह्य रूप-रंग में खो न जाएँ। बाह्य सौन्दर्य में भटक कर अन्तः सौन्दर्य को भूल ना जाएँ। खुद के अन्तर्मन को सुन्दर बनाएँ एवं दुनिया की सुन्दरता को अन्तर्मन से देखने का प्रयास करें, तब आपको समझ में आएगा कि यह जीवन कितना हसीन एवं सुन्दर है। उस अद्‌भुत सौन्दर्य की अनुभूति कर आप ईश्वर के स्वरूप का दर्शन कर सकते हैं।

आप प्रकृति को देखें, जिसके अन्दर सुन्दरता की कोई कमी नहीं है। इस दुनिया में एक नहीं अनेकों मनोरम स्थल हैं, जिन्हें देखने हम दूर-दूर तक जाते हैं। उस अद्‌भुत सौन्दर्य को देख कर हम प्रशंसा करते नहीं थकते, परन्तु उन सभी चीजों से ज्यादा सुन्दर हमारा खुद का जीवन है। दुख की बात यह है कि इसके अद्‌भुत सौन्दर्य को देखने का प्रयास हम सच्चे मन से नहीं करते। जिस दिन आप अपने अन्तःकरण में छुपे दिव्य सौन्दर्य को देख लेंगे, आपका जीवन सफल हो जाएगा। परन्तु, ध्यान रखें—स्व के अन्दर छुपे दिव्य सौन्दर्य को देखने के लिए आपका अन्तर्मन सुन्दर और विचार उन्नत होना चाहिए। आपके कृत्य रचनात्मक एवं परोपकारी होना चाहिए। कहने का अभिप्राय है कि खुद को जानना-पहचानना एवं जीवन का औचित्य साकार करना ही जीवन एक सौन्दर्य है। जिस दिन आप इस सौन्दर्य को अनुभूत कर लेंगे, उस दिन से आपको अन्य सौन्दर्य बेकार लगेगा। यह दुर्भाग्य की बात है कि हम अन्तःसौन्दर्य को नहीं देखते और बाह्य सौन्दर्य को देखकर कहते हैं—वाह! वह व्यक्ति कितना सुन्दर, आकर्षक एवं मनमोहक है। ईश्वर ने इसे फुरसत के क्षणों में बनाया होगा। इतना सुन्दर व्यक्ति पहले मैंने नहीं देखा है। परन्तु, उन्हें यह पता नहीं होता कि बाह्य सुन्दरता क्षणिक और नश्वर है। आप उस व्यक्ति के अन्तः सौन्दर्य को देखें कि उसके अन्दर छुपा सौन्दर्य कितना दिव्य और प्रकाशवान है।

याद रखें—

आप अपनी कमियों पर रोने की जगह अपने अन्दर निहित गुणों को निखारें तथा बाह्य सुन्दरता देखने की बजाय अन्तः सौन्दर्य को देखें।

जिस दिन आप उपर्युक्त पंक्तियों को आत्मसात् कर लेंगे, आप दुनिया के सबसे सुन्दर व्यक्ति होंगे। आपकी सुन्दरता की चर्चा सर्वत्र होगी। असली सुन्दरता व्यक्ति का गुण है, रंग नहीं। ऐसी बात नहीं होती तो इसी दुनिया में दिव्यांग और कुरूप व्यक्तियों ने बड़े-बड़े कारनामे कर दिखाए हैं, जिनकी कृति की सुन्दरता सर्वत्र प्रशंसनीय एवं अनुकरणीय है। इनके कृत्य शारीरिक रूप से सुन्दर व्यक्तियों के लिए सीख

एवं उदाहरण हैं। उदाहरण के तौर पर थामस अल्वा एडीसन बहरे थे, परन्तु उन्होंने सैकड़ों आविष्कार कर डाले। विथोवेन जन्म से अंधे थे, पर उन्होंने संगीत के क्षेत्र में अपना नाम इतिहास के पन्नों पर लिख डाला। मिल्टन, सूरदास जन्मांध थे, परन्तु इनकी रचना अद्वितीय है। अष्टावक्र के सभी अंग टेढ़े-मेढ़े थे, परन्तु उनकी विद्वत्ता का कोई मिसाल नहीं है। विल्मा रूडोल्फ लकवाग्रस्त थी, फिर भी उसने 1960 के ओलंपिक में तीन-तीन गोल्ड मेडल जीता। फ्रेंकलीन डी. रूजवेल्ट अपाहिज थे, फिर भी वे अमेरिका के सफल राष्ट्रपति बने। इस प्रकार के अनगिनत उदाहरण मिल जाएँगे, जो देखने में सुन्दर नहीं थे, परन्तु उनके कार्य सौन्दर्य के नजीर थे। ऐसे व्यक्तियों को दुनिया आज भी बड़े आदर के साथ याद करती है। इन विभूतियों की सबसे बड़ी विशेषता थी कि उन्होंने अपनी कमियों का रोना नहीं रोया और न ही दूसरों पर दोषारोपण किया बल्कि निहित गुणों को निखारा। बाह्य सौन्दर्य की बजाय, अपने अन्दर छुपे दिव्य सौंदर्य को देखा और खुद को सुन्दर बनाया। नतीजा वे दुनिया के सुन्दर व्यक्ति बन गए।

दुख की बात यह है कि प्रायः व्यक्ति सुन्दरता का अर्थ नहीं समझते और शारीरिक सुन्दरता को ही सौन्दर्य मान लेते हैं। अगर कोई व्यक्ति देखने में बहुत सुन्दर है, परन्तु उसके अन्दर विशिष्ट गुण नहीं हैं, मानवीय मूल्यों का अभाव है तो उसकी सुन्दरता किस काम की? आप बिना किसी गुण और कृत से नाम एवं यश नहीं कमा सकते। भले ही आप प्रथम दृष्टि में किसी को भा जाएँ, परन्तु दूसरी नजर में ही तिरस्कार के पात्र बन जाते हैं। आप भी नाम, धन एवं यश कमाना चाहते हैं, जीवन का औचित्य साकार करना चाहते हैं तो बाह्य सुन्दरता पर ध्यान देने की बजाय आन्तरिक सुन्दरता को निखारने पर ध्यान दें। दूसरों की कमजोरी पर हँसने को बजाय अपने गुणों को निखारने पर ध्यान दें, अन्यथा आप खुद हँसी के पात्र बन जाएँगे। इस सन्दर्भ में विद्वानों ने ठीक ही कहा है—

हँसो खूब हँसो, हँसना जीवन की अमूल्य निधि है,
परन्तु दूसरों की कमजोरी पर हँसना कायरता की निशानी है।

दोस्तो! आपका बाह्य रूप कितना भी सुन्दर क्यों न हो लेकिन आपके अन्दर कोई सद्गुण नहीं है तो आपकी सुन्दरता की खुशबू दूर-दूर तक नहीं फैल सकती। आप अपनी सुन्दरता की सुगन्ध दूर-दूर तक फैलाना चाहते हैं तो बाह्य सुन्दरता के साथ-साथ अन्तःकरण की सुन्दरता को निखारने पर ध्यान दें। आपका बाह्य रूप कुरूप क्यों न हो, परन्तु आप गुणी हैं, ज्ञानी हैं तो आपके गुण रूपी सौन्दर्य की खुशबू पूरी दुनिया में फैलेगी। लोग आपकी खुशबू पाने के लिए खिंचे चले आएँगे और आपकी संगत करने के लालायित रहेंगे। अतः बाह्य सौन्दर्य के सम्बन्ध में पनप रही हीन भावना को मन से बाहर निकाल फेंकें और अन्तः सौन्दर्य को निखारें।

आप अपने अन्त: सौन्दर्य को इतना सुन्दर बनाएँ कि पूरी दुनिया सुवासित हो सके। कहने का अभिप्राय है कि आपका बाह्य रूप सुन्दर नहीं है तो क्या हुआ? आपका अन्तर्मन सुन्दर होना चाहिए। आप अच्छे-अच्छे गुणों को धारण कर सुन्दर बनें, ताकि आपकी सुन्दरता की सुगंध दूर-दूर तक फैले। सभी जाति, धर्म, वर्ग के लोग आपके अन्त: सौन्दर्य का रसपान करने के लिए लालायित रहें। यही जीवन का वास्तविक सौन्दर्य है।

याद रखें—

गुण की पूजा सर्वत्र होती है, रूप की नहीं। आप रूपवान नहीं, गुणवान बनें।

आप अपनी छाप रूपवान बनकर नहीं, गुणवान बनकर छोड़ें, ताकि आपके सौन्दर्य की छाप अमिट रहे। इसके लिए महत्त्वपूर्ण है कि आप अपनी खामियों को ढूढ़ें और उन खामियों को दूर करें। अन्त:करण में छिपे मैल को बाहर निकालें और नकारात्मक सोच को सकारात्मक विचारों से साफ करते हुए सद्‌गुणों को ग्रहण करें। अज्ञान रूपी तिमिर को ज्ञान रूपी प्रकाश से दूर करें। जब आप सकारात्मक सोच के साथ रचनात्मक करते हैं और अच्छे-अच्छे गुणों को ग्रहण कर व्यक्तित्व में निखार लाते हैं तो आपकी सुन्दरता में चार चाँद लग जाता है। आपकी ओर लोग बरबस खिंचे चले आते हैं और आपकी प्रशंसा करते नहीं थकते।

याद रखें—

रूप की नहीं, गुण की प्रशंसा होती है। आप अपनी पहचान रूप से नहीं, गुण से बनाएँ।

आप रूपवान नहीं गुणवान बनें। रूपवान व्यक्ति को अपने बाह्य रूप पर घमंड होता है। वह रूप के दर्प में इस कदर चूर रहता है कि उसे अन्त:सौन्दर्य दिखता नहीं है। यही कारण है कि उसके व्यक्तित्व में बहुत सारे अवगुण जैसे—ईर्ष्या-द्वेष, अहंकार घर बना लेता है। नतीजा ऐसे व्यक्ति की संगति करने को कोई तैयार नहीं होता। आपसे मेरा विनम्र अनुरोध है कि आप अपनी छाप रूपवान होकर नहीं, गुणवान बनकर छोड़ें। अगर किसी रूपवान व्यक्ति को यह गुमान है कि लोग उसकी प्रशंसा करते हैं तो यह उसका भ्रम है। यह झूठी प्रशंसा है और वह आपके रूप जाल या किसी स्वार्थ में प्रशंसा करता है। ऐसी प्रशंसा से बचें। किसी ने ठीक ही कहा है—

अपनी झूठी तारीफ सुनकर खुश होना मूर्खता है।

कदापि झूठी प्रशंसा के चक्कर में न पड़ें। झूठी प्रशंसा आपको बददिमागी एवं अहंकारी बना देती है। झूठी प्रशंसा सुनने से बेहतर खुद की आलोचना सुनना है। हम आलोचना स्वीकार कर अपनी खामियों को दूर कर पाते हैं। जबकि झूठी प्रशंसा सुन

हम खामियों को दूर नहीं कर पाते। अतः, झूठी प्रशंसा से बचें। झूठी प्रशंसा व्यक्ति को इस स्तर तक गिरा देती है, जहाँ से ऊपर उठना मुश्किल होता है। विद्वानों ने ठीक ही कहा है—

मूर्खों से तारीफ सुनने की बजाय, बुद्धिमान व्यक्ति की फटकार सुनना ज्यादा अच्छा है।

बुद्धिमान व्यक्ति की फटकार भले ही आपको दुःखद लगे, परन्तु खुले मन से जब उसकी बातों पर मनन करेंगे तो आपके मन में बेहतर बनने की ललक पैदा होगी। बुद्धिमान व्यक्ति आपके अच्छे कार्यों की प्रशंसा और गलत कार्यों की निन्दा करता है। आप गलत करते हैं, तो तत्क्षण वह प्रतिरोध करता है, जिससे आपकी आँखें खुल जाती हैं और आप सही दिशा में आगे बढ़ते हैं। ध्यान रखें—झूठी प्रशंसा व्यक्ति को कमजोर एवं अकर्मण्य बना देती है। मूर्ख व्यक्ति को कुछ आता नहीं, इसलिए वह आपके हर सही-गलत कार्यों और बातों में हाँ में हाँ मिलाता रहता है। फलतः आप गलत कार्य एवं व्यवहार को भी अच्छा समझ बैठते हैं। भले ही आपको उसकी प्रशंसा आनन्ददायक लगे, लेकिन इसकी परिणति नुकसानदेह होती है। अतः झूठी प्रशंसा सुनने की बजाय, बुद्धिमान व्यक्ति की फटकार सुनना ज्यादा अच्छा है। यह आपको अच्छा करने और अच्छा बनने के लिए प्रेरित करती है। अतः झूठी प्रशंसा सुनने और दूसरों की झूठी प्रशंसा करने से बचें। अगर किसी व्यक्ति का कार्य प्रशंसा के योग्य हो, तो अवश्य उसकी प्रशंसा करें। ऐसा कृत्य कर्ता के मनोबल को बढ़ाता है। फलतः वे जीवन में और अच्छा करते हैं।

याद रखें—

अच्छी चीजों की प्रशंसा एवं गलत कार्यों की आलोचना जरूर करें, परन्तु भूलकर भी गलत कार्यों की प्रशंसा न करें और न ही झूठी प्रशंसा सुनें। झूठी प्रशंसा व्यक्ति को बददिमागी बना देती है, जबकि सही प्रशंसा बेहतर करने के लिए प्रेरित करती है।

जैसे—कोई व्यक्ति फूलों की सुन्दरता देख, उसकी प्रशंसा नहीं करे, किसी सुन्दर दृश्य, मनोरम स्थल या अच्छे कार्यों को देखकर प्रशंसा नहीं करे, तो इसका अभिप्राय है कि वह व्यक्ति हीन भावना से ग्रसित है। उसके अन्दर कोई संवेदनशीलता नहीं है और न ही उसके अन्दर जीने की चाह एवं उत्साह है। वह निराशा के गर्त में डूबा हुआ है। दूसरे शब्दों में हम कह सकते हैं कि वह दूसरों को खुश देखना नहीं चाहता। जैसे—सावन की घटा में नृत्य करते मयूर को देख मन में हिलोरें न उठे, किसी अप्सरा को देखकर मन में कोई उद्वेग न हो तो इसका अभिप्राय है कि उस व्यक्ति के जीवन में सौन्दर्य का कोई स्थान नहीं है। जिस व्यक्ति के मन में कुछ करने

की तमन्ना न हो, वह जिन्दगी से हताश एवं निराश हो चुका होता है। यही कारण है कि उसे यह अनमोल जीवन सौन्दर्य की मूर्ति नहीं, नीरस लगता है।

ध्यान रखें—

> *यदि आप जीवन से निराश और हताश हैं और आपके अन्दर जीने की चाह, उमंग एवं उत्साह नहीं है, तो यह अनमोल जीवन सुन्दर नहीं, बोझ लगेगा।*

ऐसा व्यक्ति नकारात्मक कुरूपता की हीनता में जीवन का सौन्दर्य नहीं देख पाता और न ही जीवन का औचित्य साकार कर पाता है। जिस दिन आप अपने अन्दर छुपे दिव्य सौंदर्य का दर्शन कर लेंगे, आपको जीवन एक सौन्दर्य की महत्ता समझ में आ जाएगी। आप खुद सुन्दर बनें और दूसरों की बाहरी सुन्दरता देखने के बजाय, उसके अन्दर की सुन्दरता को देखने का प्रयास करें। खुद की नकारात्मकता को बाहर निकालें और हर विषय को खुले मन से देखें। आपको सर्वत्र सुन्दरता ही दिखाई देगी। कहने का अभिप्राय है कि जब हम मन की सुन्दरता से प्रकृति या किसी व्यक्ति में निहित अन्तः सौन्दर्य की सुन्दरता को देखने का प्रयास करते हैं, तो जीवन अनमोल, खूबसूरत एवं हसीन दिखता है।

आप सुन्दरता का महत्त्व समझना चाहते हैं, तो प्रतिदिन गुलाब के बगीचे में एक घंटा रहकर देखें। आप खुद के अन्दर अद्‌भुत परिवर्तन महसूस करेंगे। उसी प्रकार झरनों या जलप्रपात से उठ रहे मधुर संगीत की धुन सुनें, निर्जन वन में कलरव करते पक्षियों की चहचहाहट सुनें, कोयल की मधुर तान सुनें। घाटियों में खिल रहे रंग-बिरंगे फूलों की सुन्दरता को देखें। इन दृश्यों को देखकर आपके मन में अजीब परिवर्तन महसूस होगा, जो आपको जीवन एक सौन्दर्य की पराकाष्ठा की ओर ले जाएगा। आपको खुद का जीवन सबसे हसीन एवं सुन्दर दिखेगा। ठीक इसके विपरीत आप किसी मरुभूमि में चले जाएँ, जहाँ सिर्फ कँटीली झाड़ियाँ मिलेंगी। किसी श्मशान घाट चले जाएँ, जहाँ दुखों का पहाड़ दिखेगा। आप किसी अस्पताल में चले जाएँ, आपको दुख ही दुख दिखाई देगा। ये जगह आपको आह्लादित नहीं, दुख एवं चिन्ता का भाव उत्पन्न करेगी। इन स्थानों पर भ्रमण उपरांत आपको दुनिया में केवल दुख ही दुख दिखाई देगा। आप क्या देखना चाहते हैं, यह आपकी दृष्टि एवं संकल्प पर निर्भर करता है।

कहने का अभिप्राय है कि जैसी आपकी दृष्टि होगी, वैसी ही आपको दुनिया दिखेगी। सही मायने में जीवन एक सौन्दर्य का अर्थ—अन्तः सौन्दर्य को देखना एवं अन्तः सौन्दर्य को निखारना है। आत्म-प्रेम, आत्म-आनन्द, आत्म-सुख, आत्म-शांति की खोज करना है। इन आनन्दों की खोज किसी व्यक्ति के शारीरिक सौन्दर्य में नहीं की जा सकती। आत्म सौन्दर्य अद्वितीय, अनुपम एवं अविस्मरणीय है। यदि किसी

व्यक्ति की नजर में सुन्दरता का मतलब भोग-विलास, शारीरिक सुख और क्षणिक आनन्द की प्राप्ति करना है तो बहुत बड़ी भूल है। यह आपको आगे ले जाने के बजाय पीछे ले जाएगा। ध्यान रखें—

शारीरिक सुख-सौन्दर्य की प्राप्ति क्षणिक, अस्थायी एवं मन का भ्रम है। ऐसे सौन्दर्य को प्राप्त करने के लिए व्यक्तित्व को गर्त में न गिराएँ।

खुद को सुन्दर बनाने के लिए व्यक्तित्व को सुन्दर बनाएँ और किसी व्यक्ति या वस्तु में उस अनुपम सौन्दर्य को देखने एवं महसूस करने का प्रयास करें, जो सदैव प्रशंसनीय एवं अनुकरणीय है।

याद रखें—

जिस दिन आप अपने अन्दर छुपे दिव्य सौन्दर्य को देख लेंगे और उसे बाहर निकाल लेंगे, आप सफलता की ऊँचाई पर होंगे और आपके पीछे होगा पूरा समाज एवं राष्ट्र।

दोस्तो! सौन्दर्य आपका व्यक्तित्व है, चरित्र है, स्वाभिमान है। आप शारीरिक सौन्दर्य पर नहीं, आत्म-सौन्दर्य को निखारने पर ध्यान दें। शारीरिक सौन्दर्य व्यक्ति के बाह्य रूप-रंग, नयन-नक्श इत्यादि पर निर्भर करता है, जबकि जीवन का सौन्दर्य व्यक्ति के कृत्य, आचरण एवं व्यवहार पर निर्भर करता है। कहने का अभिप्राय है कि आप अपनी सकारात्मक सोच एवं रचनात्मक कार्य तथा सद्‌गुणों को व्यक्तित्व में धारण कर खुद को सुन्दर बनाएँ। आप व्यक्तित्व को सुन्दर और आत्म गुणों को निखार कर अपनी सुन्दरता की अमिट छाप छोड़ें। ऐसा कर आप जीवन की कहानी को सुन्दर एवं शाश्वत बना सकते हैं। मेरा भी आपसे अनुरोध है कि आप जीवन के सौन्दर्य का मर्म समझें और खुद के जीवन को स्वर्ग से सुन्दर बनाएँ, ताकि आप अपने सौंदर्य की खुशबू से पूरी दुनिया को सुवासित कर सकें। ऐसा करना ही जीवन एक सौन्दर्य का सार तत्त्व है।

इस प्रकार हम देखते हैं कि जीवन सौन्दर्य की मूर्ति है। आप जीवन एक सौन्दर्य को किस नजरिए से देखते हैं? सुन्दरता का अर्थ एवं मर्म क्या समझते हैं? यह महत्त्वपूर्ण है। यह सचाई है कि इस दुनिया में सुन्दरता की कोई कमी नहीं है। यह हमारा नजरिया एवं सोच पर निर्भर करता है कि हम किन गुणों को धारण कर दुनिया की नजरों में सुन्दर बनना चाहते हैं एवं दुनिया हमारी नजर में। मेरा आपसे विनम्र अनुरोध है कि आप अपने अन्तःकरण में छुपे दिव्य सौन्दर्य का दर्शन करें तथा अच्छे-अच्छे गुणों को धारण कर एवं उत्कृष्ट कर्म कर सुन्दर बनें। आप उपर्युक्त बातों को जीवन में आत्मसात् करके देखें, आपको खुद समझ में आ जाएगा कि इस अनमोल जीवन से सुन्दर कुछ भी नहीं है। जीवन ही सौन्दर्य है और यही शाश्वत है।

जीवन : एक दर्द (Life is a Tragedy)

जीवन आनन्द है तो दर्द भी है। अगर जीवन में दर्द न हो तो जीने का आनन्द नहीं आएगा। दर्द ही हमें जीवन में बहुत सारी बातों का एहसास कराता है और बहुत कुछ करने के लिए बाध्य करता है। जब हमें ठेस लगती है तो दर्द होता है और यही दर्द हमें बहुत कुछ सिखाता है। दर्द शारीरिक एवं मानसिक कुछ भी हो सकता है। परन्तु याद रखें—

> *शारीरिक दर्द से भयावह मानसिक दर्द होता है। किसी साधन से चोट लगने पर जो दर्द होता है, उसका इलाज है।*

लेकिन बात की मार से जो दर्द होता है, उसका इलाज कठिन है क्योंकि इसका दर्द मन में होता है। दर्द की सबसे बड़ी विशेषता है कि यह हमें बहुत कुछ करने को बाध्य करता है। जो व्यक्ति उत्पन्न दर्द को दिल एवं दिमाग से अनुभूत करता है, वह जीवन में बेहतर करता है। स्मरणीय तथ्य यह है कि जो व्यक्ति सिर्फ अपने दर्द को अनुभूत करता है, वह केवल अपने दर्द में उलझ कर रह जाता है, जबकि दूसरों के दर्द की अनुभूति और दूर करनेवाला व्यक्ति महान बन जाता है।

आप सिर्फ अपने दर्द की अनुभूति न करें, बल्कि दूसरों के दर्द का भी एहसास करें। दूसरों का दर्द बाँटें और अपना सुख दूसरों को साझा करें। संवेदनशील व्यक्ति दूसरों के दर्द को अनुभूत करता है और उसके दर्द को बाँटता है, जबकि संवेदनहीन व्यक्ति दूसरों का दर्द क्या, खुद के दर्द का मर्म नहीं समझ पाता। संवेदनहीन व्यक्ति स्वभाव से निर्दयी, क्रूर एवं स्वार्थी होता है। उनकी नजर में मानवीय गुणों का कोई मूल्य नहीं होता और न ही अन्य मूल्यों से कोई लेना-देना होता है। ऐसा व्यक्ति खुद दर्द में तड़पता है और दूसरों को भी दर्द में तड़पाता है। इस दुनिया में ऐसा कोई व्यक्ति नहीं मिलेगा, जिसने दर्द का एहसास न किया हो। हर व्यक्ति किसी न किसी दर्द से परेशान रहता है। दर्द के अनेकों कारण हो सकते हैं। कुछ दर्द हमारे खुद का क्रोध, आलस्य, अहंकार, लालच, अकूत धन अर्जन की प्रवृत्ति एवं असीम इच्छा के कारण उत्पन्न होता है। कुछ दर्द दूसरों की कटु बातों और अशिष्ट व्यवहार से उत्पन्न होता है। कुछ दर्द माया-मोह के बन्धन में उलझने, विभिन्न प्राकृतिक एवं कृत्रिम आपदा तथा राष्ट्रीय एवं अन्तर्राष्ट्रीय समस्याओं के कारण भी उत्पन्न होता है। किसी व्यक्ति या वस्तु को सीमा से अधिक चाहने या मनचाही चीजों की प्राप्ति न होने पर भी दर्द होता है।

कहने का अभिप्राय है कि जीवन है, तो दर्द भी है। इसका मतलब यह नहीं है कि हम दर्द को जीवन की नियति मान लें या खुद दर्द का कारण बनें। महत्त्वपूर्ण यह है कि हम दर्द का कारण नहीं बनें, बल्कि खुद और दूसरों के दर्द से सीख लें और उससे बाहर निकलने का रास्ता ढूँढ़ें।

याद रखें—

जिन्दगी केवल सुख, आनन्द एवं रोमांच का नाम नहीं है, बल्कि यह दर्द भरी दास्तान भी है।

आइए! हम यह जानने का प्रयास करें कि जीवन एक दर्द है कैसे? चेतनशील और संवेदनशील होने के कारण हमें दर्द का एहसास होता है। इसकी शुरुआत जन्म से ही होती है और हर दर्द की अनुभूति भी अलग-अलग होती है। बच्चे के जन्म के समय माँ को होनेवाला दर्द और गर्भ से बाहर आने पर बच्चे के रोने का दर्द, दुख का नहीं, सुख का एहसास कराता है। जब बच्चा रोता है तो माँ उसे तुरन्त दूध पिलाती है। बच्चे के रोने पर माँ को दर्द की अद्‌भुत अनुभूति होती है। माँ समझ जाती है कि बच्चे को भूख लगी है और उसे दूध पिलाती है। यदि बच्चा दूध पीने के बाद भी चुप नहीं होता तो माता-पिता परेशान हो जाते हैं। उसे किसी डॉक्टर के पास ले जाते हैं। यदि डॉक्टर को सूई लगानी पड़ती है तो सूई बच्चे को लगती है, लेकिन चुभन माता-पिता को होती है। तदुपरान्त भी अगर बच्चे की तबीयत ठीक नहीं होती तो माता-पिता का दर्द कराह उठता है। वे बच्चे के स्वस्थ होने के लिए देवी-देवताओं की गुहार लगाते हैं, दूसरे-तीसरे डॉक्टर के पास ले जाते हैं। परेशानी बच्चे को होती है, परन्तु दर्द का एहसास माता-पिता को होता है। ऐसी स्थिति में उनका आर्थिक, शारीरिक एवं मानसिक दर्द बढ़ जाता है। उसी प्रकार माता-पिता को कुछ होता है तो बच्चे एवं परिवार के अन्य सदस्यों को दर्द की अनुभूति होती है। वे उदास एवं चिन्तित हो जाते हैं। उन्हें भूख-प्यास नहीं लगती और उनकी नींद उड़ जाती है।

ध्यान रखें—

जिस प्रकार आपके बच्चे या सगे-सम्बन्धियों को कुछ होता है, आपके अपनों के साथ कोई दुःखद घटना घटती है तो आप बेचैन हो उठते हैं, आपकी संवेदनशीलता बढ़ जाती है, उसी प्रकार आप दूसरे व्यक्तियों और अन्य प्राणियों के साथ घटित घटना में भी इसी संवेदनशीलता का परिचय दें।

दूसरों के दर्द को अपने दर्द की भाँति समझें और जो भी सम्भव हो, उनकी मदद करें। इस प्रकार की सोच एवं कृत्य आपको आम से खास बनाती है। आप लोगों के लिए आदर्श एवं उदाहरण बन जाते हैं। आप भी 'जीवन एक दर्द' का मर्म दिल से अनुभूत करना चाहते हैं तो मदर टेरेसा, जॉन हेनरी, फ्लोरेंस नाइटिंगल, महात्मा बुद्ध, भगवान महावीर, राजा राम मोहन राय, राष्ट्रपिता महात्मा गाँधी जैसे महान व्यक्तियों की जीवनी से सीख लें।

फ्लोरेंस नाइटिंगल के शब्दों में—

दुखियों की सेवा करना ही ईश्वर की सेवा है।
(Service to Manking is service to Gold)

सही मायने में जीवन एक दर्द का मर्म यही है कि आप अपने दर्द की तरह दूसरों के दर्द को समझें। दुखियों की सेवा करें और उनके दर्द को दूर करने का प्रयास करें। अहंकार एवं गम को मिटाने का सबसे अच्छा तरीका है दीन-दुखियों की सेवा करना। आप उनकी सेवा कर, उनके दर्द को कम कर जीवन के वास्तविक लक्ष्य को छूते हैं। दीन-दुखियों की सेवा करना और जरूरतमन्दों के काम आना ही जीवन का औचित्य और सभी धर्मों का सार है। इसी दुनिया में आपको ऐसे व्यक्ति मिल जाएँगे, जिन्होंने अपनी पूरी जिन्दगी दीन-दुखियों की सेवा में अर्पित कर दी। उदाहरण स्वरूप मदर टेरेसा। युगोस्लाविया के एक साधारण परिवार में जन्मीं, पली-बढ़ीं और भारत में आकर यहीं की हो गईं। उन्होंने 'मिशनरीज ऑफ चैरिटी' संस्था में एक नन के रूप में कार्य शुरू किया और कुष्ठ रोगियों की सेवा कर दुनिया के लिए उदाहरण बन गईं। इस रोग को समाज में घृणा के रूप में देखा जाता था और छूत की बीमारी माना जाता था। वैसे रोगियों की सेवा करने में कोई कसर नहीं छोड़ी और सेवा को मानव धर्म बताया। आगे चलकर उन्होंने 'निर्मल हृदय' नामक संस्था की स्थापना कोलकाता शहर में की। इस क्षेत्र में उल्लेखनीय कार्य करने हेतु इन्हें रेमन मैग्सेसे अवार्ड, नोबल पुरस्कार तथा भारत रत्न से नवाजा गया।

स्विस वैंकर जॉन हेनरी ड्यूनेट ने 24 जून, 1859 में रेडक्रॉस की स्थापना करते हुए दुनिया के लोगों से अपील की—

प्रत्येक व्यक्ति का यह परम कर्तव्य है कि युद्ध क्षेत्र में घायल व्यक्तियों की सहायता करे।

इस संस्था का मुख्य उद्देश्य जाति, धर्म, रंग एवं क्षेत्र विभेद से ऊपर उठकर घायल व्यक्तियों की सेवा करना है। आप भी संकल्प लें कि जिन्दगी का कुछ पल दीन-दुखियों की सेवा में देंगे। उनके दर्द को अपना दर्द समझ मानवीय मूल्यों पर खरा उतरेंगे और मानवता की मिसाल कायम करेंगे। यही जीवन का सार तत्त्व है।

आपने कभी सोचा है कि अगर आप किसी दुर्घटना के शिकार हो जाते हैं, दुर्घटना में आपका कोई अंग-भंग हो जाता है या गहरी चोट लग जाती है तो आप दर्द में तड़पते रहते हैं। उस स्थिति में आपको कोई-न-कोई दूसरा व्यक्ति अस्पताल ले जाता है, आपकी सेवा-सुश्रूषा करता है और आपके परिवारवालों को सूचित करता है। जरा कल्पना कीजिए—अगर कोई व्यक्ति इस तरह के हादसे में किसी की सहायता न करे तो परिणाम कितना भयावह होगा। इस हादसे में आपकी जान भी जा सकती है, परन्तु दूसरा आपको अस्पताल पहुँचाकर सेवा-सुश्रूषा करता है। आप ठीक हो जाते हैं तो कहते हैं कि ईश्वर का लाख-लाख शुक्र है कि उन्होंने मेरी मदद करने

के लिए अमुक व्यक्ति को भेज दिया। कुछ लोग मानते हैं कि जरूर मैंने इस जन्म में या पूर्वजन्म में अच्छा कार्य किया था, इस कारण मैं ठीक हो पाया। मुझे पुनर्जन्म मिल गया। जिस प्रकार दुख-दर्द होने पर आप तुरन्त समाधान चाहते हैं, उसी प्रकार आप भी दूसरे जीव-जन्तुओं के दर्द को समझें। उसके समाधान के लिए आगे बढ़ें। यही मानवता और मानवीय धर्म है।

हम सभी जानते हैं कि पशु-पक्षी निरीह प्राणी हैं। ये अपने दुख-दर्द दूसरों को नहीं बता सकते। अत: उनके मनोभाव एवं वेदना को अन्तर्मन से समझना होगा। प्राय: देखा जाता है कि मनुष्य झूठी शान-शौकत एवं शेखी बघारने में विविध प्रकार के पशु-पक्षियों का शिकार करते रहते हैं। उन्हें पिंजरे में कैद कर अपने घर की शोभा बढ़ाते हैं। क्या ऐसा करना मानवता के विरुद्ध नहीं है? आप दूसरों की आजादी छीनकर समाज को क्या सीख देना चाहते हैं? आप दूसरों का दर्द बढ़ाकर खुद को श्रेष्ठ प्राणी होने का दावा कैसे कर सकते हैं? आप किसी की निर्मम हत्या कर समाज को क्या सीख देना चाहते हैं? अगर आप किसी को जिन्दगी नहीं दे सकते तो दूसरों की जिन्दगी लेने का अधिकार आपको किसने दिया? आप उपर्युक्त पंक्तियों पर विचार करते हुए 'जीवन एक दर्द' का मर्म समझें।

जब आप अपनी आजादी में दूसरों की दखलअंदाजी पसंद नहीं करते तो फिर दूसरों की आजादी में दखल देने का अधिकार आपको किसने दिया? जब आप दर्द से छटपटाते हैं तो तुरन्त निजात चाहते हैं। तो फिर आपको दूसरों को दर्द देने का क्या अधिकार है? आप खुद के दर्द से सीख लें एवं दूसरों के दर्द की अनुभूति मन से करें। जीवन मूल्यों के प्रति संवेदनशील बनें एवं उसकी सार्थकता समझें। आप प्रकृति में उन्मुक्त विचरण कर रहे पशु-पक्षियों को देखें। वे कितना आनन्दित रहते हैं। आप उनके आनन्द पर कुठाराघात कर पिंजरे में बन्द कर देते हैं। यह कहाँ का न्याय है? आप खुद के दर्द की भाँति दूसरों का दर्द समझें। यदि आपको पशु-पक्षी पालने का इतना ही शौक है तो उन्हें दोस्त बनाकर पालें, पिंजरे में बन्द कर के नहीं। जरा सोचें—अगर आपको एक कमरे में बन्द कर समस्त सुविधाएँ उपलब्ध करा दी जाएँ, तो क्या आप उस कमरे में रहना पसन्द करेंगे? नि:सन्देह आपका जवाब होगा—नहीं। तो हम झूठी शान-शौकत एवं क्षणिक आनन्द की प्राप्ति हेतु दूसरे जीव-जन्तुओं को कमरे में बन्द रखना क्यों चाहते हैं? आपको इतना ही शौक है तो प्यार एवं सहानुभूति के बल उन्हें अपने वश में रखें और उनके साथ मित्रवत् व्यवहार करें। यही मानवता है और जीवन का मूल्य भी।

आप जानते है—ईश्वर रचित कृति में सर्वश्रेष्ठ कृति मनुष्य को माना गया है, जिसे सोचने-समझने की अपूर्व शक्ति प्राप्त है। देव प्रदत्त इस शक्ति को आप न केवल अपने बल्कि 'सर्वे भवन्तु सुखिन : सर्वे सन्तु निरामया' के सिद्धान्त पर चलकर अन्य प्राणियों के दुख निवारण में सहायक बनें। उनके जीवन में अमृत का रस घोलें और

सर्वदा उनके दुख को दूर करने में सहायक बनें, न कि दर्द बढ़ाने का कारण बनें। दर्द का स्वरूप शारीरिक, मानसिक एवं भावनात्मक कुछ भी हो सकता है। शारीरिक एवं मानसिक दर्द दूर करने के बहुत उपाय हो सकते हैं, लेकिन भावनात्मक दर्द की कोई दवा नहीं होती। जैसे—प्यार के विरह में उठ रहे दर्द, बचपन में माता-पिता का साया उठ जाने का दर्द, अपनों के वियोग का दर्द, माता-पिता से बच्चों के बिछुड़ जाने का दर्द। ये दर्द ऐसे हैं कि कल्पना मात्र से ही रोंगटे खड़े हो जाते हैं। मानसिक दर्द का इलाज है भी और नहीं भी। यह दर्द विषयवस्तु से तय होता है। जैसे—बच्चे के विरह से माँ के मन में उत्पन्न दर्द असहनीय एवं अवर्णनीय है। पति-पत्नी का प्यार, भाई-बहन का प्यार, पिता-पुत्र का प्यार, माँ-बेटे का प्यार, प्रेमी-प्रेमिका का प्यार। ऐसे प्यार में बिछोह का दर्द अत्यन्त ही पीड़ादायक होता है। अपनों की कटु बात दिल को छेद देती है। इसी प्रकार किसी से मिलन की अनुभूति जितनी सुखद होती है, विरह का दर्द भी उतना ही दुःखद होता है।

आज प्रायः व्यक्ति प्रेम का अर्थ नहीं समझते और न ही दर्द का मर्म समझते हैं, परन्तु लम्बा-चौड़ा भाषण देते रहते हैं। दोस्तो! प्रेम करना आम बात है, परन्तु उसका मर्म समझना खास। प्यार कोई गुड्डा-गुड्डी का खेल नहीं है, जब चाहा प्यार किया और जब चाहा छोड़ दिया। वास्तव में प्रेम वह आनन्द है, जिसमें मिलन की खुशी और विरह का दर्द दोनों की अद्भुत अनुभूति प्राप्त होती है। इस दर्द में सुख है, दुख है, मिलन है, तो विरह भी है, परन्तु इसमें कोई लोभ, लालच, स्वार्थ नहीं, केवल समर्पण है। सच्चा प्रेम, जीने की चाह, उमंग एवं पथ-पदर्शक है। यह ऐसा दर्द है, जो जीवन की दिशा एवं दशा बदल देता है तथा मूल्यों की महत्ता समझाता है।

आपने देखा या अनुभूत किया होगा कि आपके सगे-सम्बन्धी, पुत्र-पुत्री, भाई-बहन का अपहरण हो जाता है या किसी असाध्य बीमारी से ग्रसित हो जाता है तो आप व्यग्र हो उठते हैं। आपकी नींद उड़ जाती है और भूख-प्यास नहीं लगती। दुनिया की समस्त वस्तुएं आपको बेकार लगने लगती हैं। आप दिन-रात उसकी खोज में लगे रहते हैं। आपका दर्द असह्य हो जाता है। दूसरी ओर अपहरण करने वाले व्यक्ति या उसके सगे-सम्बन्धी को किसी प्रकार के दर्द की अनुभूति नहीं होती। उन्हें सिर्फ अपने स्वार्थ पूर्ति से मतलब होता है। अगर अपहरणकर्ता उस दर्द को महसूस करते तो शायद ऐसी घटना को अंजाम नहीं दे पाते। यदि हम दूसरों के दर्द की अनुभूति अन्तर्मन से करें तो कदापि कोई अप्रिय घटना नहीं घटेगी। परिवार और समाज में उत्पन्न समस्याएँ स्वतः समाप्त हो जाएँगी। भीड़-भाड़ अर्थात् मन्दिर, रेलवे स्टेशन, हाट-बाजार, मेला आदि स्थानों पर चोर-उचक्के किसी का पॉकेट नहीं मारते, किसी के गले का लॉकेट नहीं उड़ाते और न ही किसी की हत्या या अपहरण करते।

अगर आपके अन्दर 'जीवन एक दर्द' की अनुभूति नहीं है, इसका मतलब है कि आपकी संवेदनशीलता मर चुकी है और मानवता समाप्त है। ऐसी स्थिति में डकैती,

चोरी, लूट, हत्या, अपहरण जैसी घटनाएँ घटती रहेंगी और हम ऐसी घटनाओं के शिकार होते रहेंगे। अगर हम क्षणिक सुख की चाह में दूसरों को दुख देते रहें, मूल्यों से परे जाकर कार्य करें और दूसरों का अहित करें, तो दर्द बढ़ेगा ही। क्या यही मानवता है? और इस स्थिति में हम एक चेतनशील और सर्वश्रेष्ठ प्राणी कहलाने के काबिल हैं? चेतनशील प्राणी होने के नाते हमें जीवन एक दर्द का अर्थ एवं मर्म समझना होगा। हमें केवल अपना नहीं, दूसरों का भी दर्द समझना होगा। समझना ही नहीं, उनके दुखों को दूर करने का हर सम्भव प्रयास करना होगा। यही मानवता और मानवीय धर्म है। कहने का अभिप्राय है कि जिस प्रकार आप अपने सगे-सम्बन्धियों के साथ घटित दुर्घटना के कारण उत्पन्न दर्द की वेदना में असहज और असहाय महसूस करते हैं, वही दर्द आप दूसरों के साथ घटित घटनाओं में भी महसूस करें। आपको मानवीय मूल्य की कीमत एवं जिन्दगी जीने का उद्देश्य समझ में आ जाएगा।

क्या आपको मालूम है—

> *दीन-दुखियों की सेवा करने से हमारा अभिमान मिट जाता है, पाप कट जाता है, मन पवित्र हो जाता है और हमें आत्म-खुशी मिलती है।*

यथाशक्ति दूसरों के दुख-दर्द में काम आएँ और उनकी सेवा करें। यही सबसे बड़ा मानव धर्म है। दर्द के अनेकों कारण हो सकते हैं, परन्तु डंडे की मार से ज्यादा दर्द बात की मार का होता है। शब्द बाण की गति बहुत तेज होती है और यह दिल को छेद देती है। इस प्रकर का दर्द सकारात्मक भी हो सकता है और नकारात्मक भी। यह आप पर निर्भर करता है कि शब्दभेदी बाण से उत्पन्न दर्द को आप सकारात्मक लेते हैं कि नकारात्मक। शब्द बाण की मार के दर्द से रत्नाकर जैसे दुर्दान्त अपराधी सन्त वाल्मीकि बन गए। पत्नी की सच्ची एवं कड़वी बातों की मार से तुलसीदास ने रामचरित मानस महाकाव्य की रचना कर डाली। कर्ण द्वारा द्रौपदी को कहे गए शब्द 'वेश्या' और द्रौपदी द्वारा दुर्योधन को कहे गए शब्द 'अंधे का बेटा अंधा' महाभारत जैसे विनाशक युद्ध का कारण बना। गुरु द्रोण के शब्द ने एकलव्य को सर्वश्रेष्ठ धनुर्धर बनने की प्रेरणा दी। इस प्रकार हम देखते हैं कि किसी व्यक्ति की कही हुई बातों से उत्पन्न दर्द ने व्यक्ति के जीवन की दिशा एवं दशा बदलने के साथ-साथ इतिहास की धारा बदल दी। आप भी जीवन एक दर्द का महत्त्व समझें।

जीवन एक दर्द से सीख लें जो व्यक्ति स्वयं एवं दूसरों के जीवन में उत्पन्न दर्द से सीख लेते हैं, वे ही जीवन का इतिहास लिख पाते हैं। शेष व्यक्ति जीवन के दर्द में उलझ कर रह जाते हैं। ऐसे व्यक्ति दर्द से बाहर नहीं निकल पाते और खुद दूसरों के लिए दर्द बन जाते हैं। आप खुद सोचें—ऐसा व्यक्ति दूसरों का दुख कैसे दूर कर सकता है, जो खुद हताश एवं निराश हो? जिसका साहस एवं धैर्य जबाव दे गया हो। जो दर्द से सीख लेने को तैयार न हो और दर्द को जीवन की नियति मान

बैठा हो। ऐसा व्यक्ति जीवन में बेहतर कैसे कर सकता है?

याद रखें—

जीवन में दर्द और दर्द की अनुभूति न हो, तो जिन्दगी जीने का आनन्द नहीं ले पाएँगे।

दर्द में ही आनन्द छुपा होता है। अगर हम दर्द का मर्म समझें और दर्द को सकारात्मक लें। दर्द की अनुभूति हमारे जीने की चाह, उमंग एवं उत्साह को बढ़ाती है। किसी चीज की कमी का दर्द, चाहत की प्राप्ति न होने का दर्द ही हममें उन चीजों को प्राप्त करने की ललक पैदा करता है। जब हम दर्द का निवारण कर लेते हैं तो हमें गजब की खुशी मिलती है। याद रखें—

दर्द दुःखद है, तो प्रेरणा का स्रोत और सीखने का मार्ग भी है। दर्द केवल दुख का कारण नहीं, सुख का कारण भी है।

सचमुच कुछ ऐसे दर्द हैं, जिसकी पीड़ा असहनीय एवं अमिट होती है। जैसे—किसी व्यक्ति की अकाल मृत्यु। ऐसी घटनाओं को रोक पाना हमारे वश में नहीं होता और न ही हम अपने प्राणों की आहुति देकर उन्हें लौटा सकते हैं, फिर भी हम दर्द से कराहते रहते हैं। आप खुद सोचें—यदि हम उस दर्द से आजीवन तड़पते रहें तो क्या फायदा? यह जानते हुए भी कि जो व्यक्ति ईश्वर को प्यारा हो गया, वह वापस नहीं आ सकता, तो फिर आप जिन्दगी के दर्द को क्यों बढ़ा रहे हैं? दोस्तो! आप अपनी सोच बदलें। हालात से सीख लें और आगत दर्द में ही खुशी की तलाश करें। जब आप दूसरों के दुख-दर्द को अन्तर्मन से समझेंगे, तब आपको पता चलेगा कि इस दुनिया में आपके दर्द से भी ज्यादा दर्द दूसरों का है। आपसे ज्यादा दुखी, संसाधनविहीन एवं गरीब लोग इस दुनिया में हैं, तो फिर दर्द में तड़पने से क्या फायदा? दर्द से सीख लें तथा सुखद जिन्दगी जिएँ।

आपने ऐसे दम्पती को देखा होगा, जो निःसन्तान होते हैं। वे सन्तानोत्पत्ति के लिए मन्दिर, मस्जिद, गुरुद्वारा की खाक छानते रहते हैं, देवी-देवताओं से फरियाद करते रहते हैं। कभी इस चिकित्सक के यहाँ, कभी उस चिकित्सक के यहाँ तो कभी वैद्य-हकीम के दर पर गुहार लगाते रहते हैं। दूसरी ओर आपको कुछ ऐसे भी माता-पिता मिलेंगे, जो अपनी सन्तान की करतूत से परेशान रहते हैं। उनके बच्चे बात-बात में झगड़ा और मार-पीट करते हैं। वे माता-पिता की बातें भी नहीं मानते। ऐसे माता-पिता ईश्वर से प्रार्थना करते रहते हैं कि इससे अच्छा मुझे कोई सन्तान नहीं होती। यह कैसी विडम्बना है, जिनके पास बच्चे हैं, वे बच्चों के कारण दुखी हैं और जो निःसन्तान हैं, वे बच्चे न होने के दर्द से परेशान हैं। दर्द तो हर बात में और हर क्षेत्र में है। किसी बात को लेकर या किसी समस्या को लेकर दर्द होगा। सुख

से अनुभूत आनन्द एवं दुख से उत्पन्न दर्द जिन्दगी की दास्तान है। इसके बिना हम जिन्दगी के विभिन्न आयामों को नहीं जान पाएँगे। जिन्दगी में प्राप्त दर्द और दर्द की अनुभूति से सीख लेकर हमें दर्द निवारण का रास्ता ढूँढ़ना होगा।

जीवन है, तो दर्द होगा, परन्तु दर्द में प्रतिशोध की बू न आने दें। यदि कोई व्यक्ति आपके या सगे-सम्बन्धी के साथ किसी प्रकार का दुर्व्यवहार करता है, उनकी भावनाओं को ठेस पहुँचाता है या कोई गलत घटना घटित करता है तो निश्चित रूप से दर्द होगा। हो सकता है, यह दर्द असहनीय एवं अविस्मरणीय हो। परन्तु, इसका मतलब यह नहीं है कि आप उस व्यक्ति के साथ जैसा का तैसा वाली कहावत चरितार्थ करते हैं, तो यह दर्द नहीं आक्रोश है, बदले की भावना है। इस प्रकार का भाव आपके दर्द को कम नहीं करता और बढ़ाता है।

याद रखें—

प्रतिशोध का अर्थ बदला लेना नहीं होता, स्वयं को बदलकर देखना होता है।

प्रतिशोध की आग में उस व्यक्ति ने गलती की और खुद को मानव कहलाने के बिंदु पर प्रश्नचिह्न खड़ा कर दिया। दूसरी ओर आप प्रतिशोध की आग में जलकर दूसरों को बर्बाद करने का निर्णय लेकर खुद को नारकीय स्थिति में धकेलते हैं। इस स्थिति में उभय पक्ष एक-दूसरे को बर्बाद करने में लगे रहते हैं। नतीजा दर्द घटने के बजाय बढ़ता जाता है। जीवन में दर्द का होना आवश्यक है। इसका मतलब यह नहीं है कि हम व्यर्थ का दर्द मोल ले लें। इस बात से भी इनकार नहीं किया जा सकता है कि बिना दर्द का अनुभव किए, हम दूसरों का दर्द नहीं समझ पाएँगे। मानवीय गुणों पर खरा नहीं उतर पाएँगे और न ही मानवता की सेवा कर पाएँगे। जीवन एक दर्द-सीख है, वरदान है और अभिशाप भी है। किसी व्यक्ति के लिए जीवन का दर्द महान बनने का रास्ता दिखा जाता है और किसी के लिए दुख का पहाड़ बन जाता है।

अतः जीवन में प्राप्त दर्द की अनुभूति से सीख लें और सकारात्मक दिशा में आगे बढ़ें। मानवीय एवं जीवन मूल्यों पर खरा उतरें। जीवन के औचित्य को साकार करने के लिए इससे अच्छा मार्ग कोई नहीं है। सही मायने में जीवन एक दर्द है, जिसका कारण और निदान भी आप ही हैं। आप जीवन में उत्पन्न दर्द से नकारात्मक सीख लेकर जीवन को नरक बना सकते हैं और रचनात्मक सीख लेकर महान बन सकते हैं। अतः जीवन एक दर्द को सार्थक दिशा में लें और दर्द से बाहर निकलने के लिए रचनात्मक पहल करें।

जीवन : एक चुनौती (Life is a Challenge)

सचमुच जिन्दगी का हर पल एक चुनौती है। इसकी राह में फूलों की सेज है तो

काँटों भरा संघर्ष भी। जो व्यक्ति काँटे भरी राह को चुनौती के रूप में स्वीकर करते हैं और उसका मुकाबला साहसपूर्ण ढंग से करते हैं, वे ही सफल होते हैं। इसका कारण है कि चुनौतियाँ हमें आगे बढ़ने की ललक एवं अच्छा करने की प्रेरणा देती हैं। हमें बहुत कुछ सीखने का अवसर उपलब्ध कराती है। ठीक इसके विपरीत जो व्यक्ति चुनौतियों को स्वीकार नहीं करते और रण छोड़कर भाग जाते हैं, वे असफल होते हैं। कहने का अभिप्राय है कि जीवन का हर कदम चुनौतियों से भरा पड़ा है, जो हमें ललकार रहा होता है कि हिम्मत है तो आगे बढ़ो। जो व्यक्ति इस ललकार को सुन पाते हैं, वे ही इतिहास रचते हैं। अत: चुनौतियों को स्वीकार करें और उनका सामना पूरे धैर्य और हिम्मत से करें।

जिन्दगी जीने का अर्थ चुनौतियों को स्वीकार करना और उनका डटकर मुकाबला करना है। जब हम इस सन्दर्भ पर मनन करते हैं तो पाते हैं कि जीवन का प्रत्येक क्षण हमारे समक्ष चुनौती के रूप में खड़ा है, जो हमें ललकार रहा होता है कि—हिम्मत है तो आगे बढ़ो और मुकाबला करो। जो व्यक्ति इस ललकार को सुन पाता है और इसे स्वीकार कर आगे बढ़ता है, उसी के लिए जिन्दगी एक अवसर बन जाता है। ठीक इसके विपरीत जो व्यक्ति इस ललकार को नहीं सुन पाता, उसके लिए जिन्दगी बोझ बन जाती है। सही मायने में—जिन्दगी चुनौती का नाम है और चुनौतियाँ ही हमें बहुत कुछ सिखाती हैं और बहुत कुछ करने के लिए बाध्य करती हैं। हमारे जीवन से चुनौतियाँ कदापि समाप्त नहीं होतीं, इनका सामना हमें आजीवन करना पड़ता है। ये जन्म के साथ ही शुरू हो जाती हैं और आजीवन चलती रहती हैं। चुनौतियों का आना खुद को निखारने और दुनिया को समझने के लिए जरूरी है। अत: 'जीवन : एक चुनौती' का मर्म समझें।

दोस्तो! जीवन है तो सुख-दुख, हर्ष-विषाद, अनुकूल-प्रतिकूल परिस्थितियाँ आएंगी ही, इसके लिए चिन्ता नहीं, चिन्तन करने की जरूरत है। चुनौतियों को परखने, समझने एवं उससे निपटने के लिए रणनीति बनाने की जरूरत है। बुद्धिमानी यह है कि आप आगत चुनौतियों को सहर्ष स्वीकार करें और विपरीत हालात से बाहर निकल, कीर्तिमान स्थापित करें।

याद रखें—

जीवन में आगत चुनौतियों का डटकर मुकाबला करना और इन्हें स्वीकार कर आगे बढ़ना ही सफल व्यक्ति की पहचान है।

आपने देखा होगा कि जब किसी बच्चे का जन्म होता है तो वह रोता है। इसका कारण है कि उसे सर्दी, गर्मी, गुरुत्वाकर्षण बल, चुम्बकीय बल एवं अन्य विभिन्न चुनौतियों का सामना करना पड़ता है। यदि वह सामना नहीं कर पाता, तो मृत्यु की गोद में सो जाता है। आप अपने जीवन में जब कभी कोई नया कार्य शुरू करते हैं तो

अनेकों समस्याएँ आती हैं। जब आप समस्या को चुनौती के रूप में स्वीकार करते हैं और उसका मुकाबला करते हैं तो समस्या खुद किनारे हट जाती है। ठीक इसके विपरीत आप समस्या से डर जाते हैं या बीच में ही कार्य छोड़कर भाग जाते हैं तो व्यर्थ में ऊर्जा एवं समय की बर्बादी होती है। मन में उत्पन्न भय और बाधाएँ आपको लक्ष्य से विचलित कर देती हैं। नतीजा आप आजीवन भागते रहते हैं, परन्तु समस्या आपका पीछा नहीं छोड़ती। ऐसी स्थिति में आपका जीना दुष्कर हो जाता हैं। आप सुखद एवं सफल जिन्दगी जीना चाहते हैं तो चुनौतियों को स्वीकार करना सीखें।

याद रखें—

जो व्यक्ति मार्ग में आनेवाली बाधाओं का निराकरण कर नया मार्ग बना लेते हैं, वे विकट परिस्थितियों में भी हिम्मत नहीं हारते और विपरीत हालात को भी चुनौती के रूप में स्वीकार कर सफलता को गले लगाते हैं।

आप भी सफलता को गले लगाना चाहते हैं तो चुनौतियों को स्वीकार करना सीखें। जिन व्यक्तियों को यह मालूम होता है कि परिस्थितियाँ तुच्छ हैं, विपरीत परिस्थिति को अनुकूल बना सकते हैं और किसी भी हालत से बाहर निकल सकते हैं। वे विकट से विकट हालात में भी रण छोड़कर नहीं भागते। उन्हें मालूम होता है कि हालात का सामना कर के ही विजय अभियान जारी रखा जा सकता है। यही कारण है कि वे सफलता के मार्ग में आनेवाली हर चुनौती को स्वीकार करते हैं तथा एक के बाद दूसरी, तीसरा कामयाबी हासिल कर नाम, धन और यश कमाते हैं। मेरा भी मानना है कि हर व्यक्ति के अन्दर इतनी क्षमता है कि वह किसी भी हालत का सामना कर विजयी बन सकता है। यह सचाई है कि परिस्थितियाँ आती और जाती हैं, परन्तु अपना प्रभाव छोड़ जाती हैं। जो व्यक्ति इनकी चपेट में आ जाते हैं, वे हालात का रोना रोते हैं और जो उनकी चपेट से बाहर निकल जाते हैं, वे मुस्कराते हैं। आप भी हालात से बाहर निकलें और मुस्कराना सीखें।

किसी ने ठीक ही कहा है—

होते हैं जिनमें हौसले, मिलते हैं उनको रास्ते।
ये दुनिया नहीं है दोस्तो, बुजदिलों के वास्ते।

आप अपने हौसले को बुलन्द रखें। हिम्मत न हारें, धैर्य रखें और आगे बढ़ें। समस्या खुद-ब-खुद किनारे लग जाएगी और आपको रास्ते मिल जाएँगे। यह दुनिया उसी व्यक्तियों के लिए है, जिनके इरादे नेक और हौसले मजबूत होते हैं। उनके अन्दर कुछ कर दिखाने का जज्बा एवं जुनून होता है। ऐसे व्यक्ति खुद नई राह बना, दूसरों को नई राह दिखा जाते हैं। यह दुनिया चुनौती को स्वीकार करनेवालों के लिए है, कायर व्यक्तियों के लिए नहीं। कायर व्यक्तियों का समाज में होना या न

होना मायने नहीं रखता, क्योंकि उनकी जिन्दगी खुद बोझ होती है। वे जीवित होकर भी मृत तुल्य होते हैं। ऐसे व्यक्तियों को चुनौती से कोई लेना-देना नहीं होता। अगर आप कार्य की गुणवत्ता एवं परिणति की बात करें तो किसी भी कार्य की गुणवत्ता एवं परिणति इस बात पर निर्भर करती है कि आप उत्पन्न चुनौतियों को किस रूप में स्वीकार करते हैं। अगर आप कार्य को चुनौती के रूप में लेते हैं तो आपकी साहस, उत्साह, उमंग बढ़ जाता है। आप लक्ष्य के प्रति तन-मन से समर्पित रहते हैं। फलतः कार्य की परिणति बेहतर प्राप्त होती है। बेहतर परिणति प्राप्त होने से आपको हार्दिक खुशी एवं सन्तुष्टि मिलती है। दूसरे आपकी प्रशंसा करते हैं, जो आपको और बेहतर करने का उत्साह पैदा करता है।

याद रखें—

खुद को बेहतर साबित करने और कार्य को उत्कृष्ट रूप में सम्पादित करने के लिए चुनौतियों को स्वीकार करना होगा, उत्पन्न हालात का मुकाबला साहस एवं विवेक के साथ करना होगा।

परन्तु ध्यान रखें, चुनौती स्वीकार करने का मतलब यह नहीं है कि हम बिना सोचे-समझे चुनौती को स्वीकार करें। चुनौती स्वीकार करने के पूर्व उसके अंजाम एवं प्रभाव पर विचार करें। उत्पन्न हालात को परखें-समझें और हालात से बाहर निकलने की रणनीति बनाएँ। यह सचाई है कि साहसी व्यक्ति चुनौती को स्वीकार करता है, कायर व्यक्ति नहीं। निर्णय आप को लेना है कि आप साहसी बनना चाहते हैं कि कायर। मेरा भी आपसे अनुरोध है कि आप रण छोड़कर भागें नहीं। यह जीवन भागने के लिए नहीं, बल्कि आगत चुनौती को स्वीकार करने के लिए मिला है। जिन्दगी के सफर में आगे बढ़ने के लिए चुनौतियों को स्वीकार करने और डटकर मुकाबला करने से बेहतर कुछ भी नहीं है।

याद रखें—

खुद को बेहतर बनाए रखने का सफर इतना आसान नहीं, यह रुकावटों से भरा पड़ा है। आप इन रुकावटों से बाहर निकलने का प्रयास सच्चे मन से करें।

जीवन के हर मोड़ पर रुकावटें आएँगी। रुकावटों से घबराएँ नहीं, धैर्य रखें और सीख लें। रुकावटें कुछ देर के लिए भले ही आपको परेशान कर दें, परन्तु उनका मुकाबला करने पर आपको रास्ते जरूर मिल जाएँगे। आप उन व्यक्तियों से सीख लें, जिन्होंने चुनौती को स्वीकार कर नई राह बनाई और उसका मुकाबला कर सफलता के शिखर को छुआ। आप सफल व्यक्तियों की जिन्दगी से सीख लें कि उन्होंने कितनी कठिनाइयों का सामना किया, किन-किन चुनौतियों का मुकाबला

किया। दिन-रात कड़ी मेहनत की और खून-पसीने बहाये। उन्होंने दूसरों की नहीं, अपने मन की सुनी और जीवन में आनेवाली विविध रुकावटों को पार कर सफलता के मार्ग को प्रशस्त किया।

याद रखें—

आगत चुनौतियों को स्वीकार किए बिना, आप सफलता की ऊँचाइयों को नहीं छू सकते।

सफलता के मार्ग में अनेकों बाधाएँ आएँगी। आप उन बाधाओं को दूर करके ही सफल हो सकते हैं। इसका साक्षी इतिहास भी है। साहस का धनी व्यक्ति नेपोलियन आल्पस पर्वत जैसी दुर्गम पहाड़ियों को पार कर यूरोप का विजेता बना। साधारण परिवार में जन्मा चन्द्रगुप्त मौर्य विभिन्न चुनौतियों को स्वीकार कर मगध साम्राज्य का विजेता बना। महाराणा प्रताप ने घास की रोटी खाकर मुगलों के छक्के छुड़ाये। अब्राहम लिंकन सूखी लकड़ियाँ बेचकर और उधार की किताबें पढ़कर अमेरिका के राष्ट्रपति बनें। आप भी ऐसा कर सकते हैं। धैर्य रखें और हिम्मत से काम लें।

याद रखें—

विजेता के पास गिरकर उठने और दृढ़ इच्छाशक्ति के साथ नई शुरुआत करने की क्षमता होती है।

आप असफल व्यक्तियों को देखकर यह न सोचें कि वे सफलता के मार्ग में आनेवाली बाधाओं को पार नहीं कर सके, तो मैं कैसे पार कर पाऊँगा? ऐसा सोचना मूर्खता और कायरता है। आप सफल व्यक्तियों को देखें कि उन्होंने असम्भव को सम्भव कैसे कर दिखाया? उन्होंने मार्ग में आने वाली चुनौतियों का सामना कैसे किया? आगत समस्याओं का निराकरण किस शक्ति के बल पर किया? मेरे विचार से इसका एकमात्र कारण खुद का संकल्प है कि उन्होंने संघर्ष से मुँह नहीं मोड़ा। समस्याओं का रोना नहीं रोया और न ही दूसरों के आगे हाथ फैलाया। उन्होंने हर समस्या को चुनौती के रूप में स्वीकार किया और पूरे उत्साह एवं आत्मविश्वास के साथ उसका सामना किया। ऐसा नहीं है कि बैठे-बैठे उन्हें सफलता मिल गई या दूसरे व्यक्तियों ने उनके गले में सफलता का हार पहना दिया। उन्होंने खुद पहल की और अपनी शक्ति को पहचाना।

याद रखें—

सफलता बैठे-बिठाये नहीं मिलती, बल्कि उसके लिए कड़ी मेहनत, दृढ़ इच्छाशक्ति एवं हिम्मत के साथ चुनौती को स्वीकार करना होता है।

उदाहरण के तौर पर आप किसी भी क्षेत्र के सफल व्यक्ति को ले लें। इस

दुनिया में जितने भी व्यक्ति सफल हुए हैं या अपनी सफलता का डंका बजाया है, उन्होंने विभिन्न समस्याओं से संघर्ष किया और कड़ी मेहनत की। विपरीत हालात को चुनौती के रूप में स्वीकार किया और डटकर उनका मुकाबला किया। उन्होंने पीछे मुड़कर कभी नहीं देखा, बल्कि मार्ग में आनेवाले हर काँटे को बाहर निकाला और आगे बढ़ते रहने का संकल्प लिया, इसलिए वे सफल हुए। जैसे—कला के क्षेत्र में लियोनार्दो-द-विंची, माइकल एंजेलो, मकबूल फिदा हुसैन, रवीन्द्रनाथ टैगोर इत्यादि। ऐसा नहीं है कि इन महान विभूतियों ने जैसे-तैसे या आधे-अधूरे ढंग से कार्य को पूरा कर राष्ट्रीय एवं अन्तर्राष्ट्रीय स्तर पर अपनी पहचान बनाई। अपने नाम का डंका पूरी दुनिया में बजाया और ख्याति अर्जित की, बल्कि सैकड़ों-हजारों दिनों की कड़ी मेहनत और विविध चुनौतियों का सामना कर सफलता हासिल की। इसी प्रकार विज्ञान के क्षेत्र में आइजक न्यूटन, टी. ए. एडीसन, आर्कमिडीज, डॉ. सी.बी.रमण, जे.सी.बसु आदि महान वैज्ञानिकों ने अपने जीवन में आनेवाली विविध बाधाओं को चुनौती के रूप में स्वीकार किया। नतीजा, उन्होंने अनेकों आविष्कार एवं खोज कर डाले, जो आज भी मानव के लिए वरदान हैं। आप भी इन महान विभूतियों की श्रेणी में शामिल हो सकते हैं, जरूरत है केवल सफलता की राह में आनेवाली रुकावटों को चुनौती के रूप में स्वीकार करने और उसका साहसपूर्ण मुकाबला करने की। आइए हम यह जानने का प्रयास करें कि कार्य को चुनौती के रूप में स्वीकार करने से क्या-क्या फायदे हैं—

- कार्य को चुनौती के रूप में स्वीकार करने से हमारे अन्दर अतिरिक्त ऊर्जा, उमंग, उत्साह एवं साहस का संचार होता है।
- कार्य को ससमय एवं उत्कृष्ट रूप में करने की ललक पैदा होती है।
- हम कार्य को बेहतर ढंग से कर पाते हैं।
- कार्य की गुणवत्ता एवं परिणति बेहतर होने से हमारी ख्याति बढ़ती है।
- कार्य बेहतर होने से आत्म-सन्तुष्टि, खुशी एवं शांति मिलती है।
- भय, भ्रम एवं भटकाव जैसी दुष्प्रवृत्तियाँ समाप्त हो जाती हैं।
- हमें अपनी जिम्मेवारियों का एहसास होता है।
- हमारा स्वाभिमान ऊँचा होता है।
- हमारे व्यक्तित्व में निखार आता है।
- लोग हमें सम्मान की दृष्टि से देखते हैं।
- समाज के लोग हमें जानते-पहचानते हैं।
- कार्य को चुनौती के रूप में स्वीकार करने से हम दूसरों के लिए सीख एवं उदाहरण बन जाते हैं।
- आत्म-संयम, आत्म-धैर्य एवं आत्म-बल बढ़ता है।

ठीक इसके विपरीत कार्य को चुनौती के रूप में स्वीकार नहीं करने से निम्न नुकसान होते हैं—

- हम कार्य को जैसे-तैसे पूरा करते हैं।
- हम कार्य समय पर नहीं कर पाते हैं।
- कार्य की गुणवत्ता निम्न कोटि की होती है।
- हम अपने दायित्वों से दूर भागते हैं।
- हमसे कोई भी व्यक्ति कार्य लेना पसंद नहीं करता।
- हमारे अन्दर निराशा एवं भय व्याप्त हो जाता है।
- हम नकारात्मक सोच के शिकार हो जाते हैं।
- हमारी संगत करने को कोई तैयार नहीं होता है।
- हम निम्न व्यक्तित्व के मालिक बन जाते हैं।
- हम कर्म पर नहीं, भाग्य पर विश्वास करने लगते हैं।
- अवसर हमारे पास से गुजर जाता है, परन्तु अवसर हमें दिखाई नहीं देता।
- हम हालात का रोना रोते रहते हैं।
- कार्य बेहतर नहीं होने से हम हताश एवं निराश हो जाते हैं।

दोस्तो! याद रखें—

सफलता के शिखर पर पहुँचने के लिए चुनौतियों से मुँह न मोड़ें, बल्कि उत्पन्न चुनौतियों का मुँहतोड़ जवाब देने के लिए तैयार रहें।

खुद के अन्दर साहस एवं आत्मविश्वास विकसित करें, अन्यथा आप कहीं के न रह पाएँगे। चुनौतियाँ हमें नित्य नई-नई बातों को सीखने का अवसर उपलब्ध कराती हैं। आप चुनौतियों को स्वीकार किए बिना जीवन में अच्छा नहीं कर सकते। इस बात को याद रखें कि जीवन से चुनौतियाँ कदापि समाप्त नहीं होतीं, ये हमेशा मुँह बाये खड़ी रहती हैं। साहस के धनी व्यक्ति चुनौतियों का मुकाबला कर उसे अपने अन्दर समेट लेते हैं, जबकि कायर व्यक्ति चुनौतियों के गाल में समा जाते हैं। आप भी काल के गाल में समाहित होना चाहते हैं तथा सफल नहीं, असफल होना चाहते हैं तो मुझे कुछ नहीं कहना। परन्तु आप ऐसा नहीं चाहते, तो चुनौतियों को स्वीकार करना सीखें। भय के आवरण को चीर डालें और नकारात्मक सोच रूपी अँधेरे से बाहर निकल, जीवन में आनेवाली हर चुनौती का सामना करने के लिए तैयार रहें।

परन्तु दुख की बात है कि अधिकांश व्यक्ति सफलता के मार्ग में आनेवाली कठिनाइयों को चुनौती के रूप में स्वीकार करने को तैयार नहीं होते। वे धैर्य खो देते हैं और भाग्य का रोना रोते रहते हैं। खुद चुनौतियों को स्वीकार नहीं करते और दूसरों पर दोषारोपण करते रहते हैं। अगर आप चुनौतियों को स्वीकार नहीं करते और

असफल होने पर दोषारोपण करते हैं तो मूर्खता है। अपने दायित्व से मुँह मोड़ना तथा खुद की कमजोरी को छुपाना कायरता है। भूलकर भी ऐसी गलती न करें।

याद रखें—

यदि आप चुनौतियों का सामना करने के बजाय भागते रहेंगे, तो आजीवन भागते रह जाएँगे।

ध्यान रखें—भागने से चुनौतियाँ समाप्त नहीं हो जातीं, बल्कि और विकराल रूप ले लेती हैं। आप भागें नहीं, मुकाबला करें। आप भागने नहीं, दुनिया को बदलने आए हैं। भागने से काम भी नहीं चलनेवाला। आप भाग कर कहाँ जाएँगे? जहाँ जाएँगे, वहाँ भी चुनौतियाँ आपका पीछा नहीं छोड़ेंगी। आप खुद को पहचानें और खुद की शक्ति को निखार कर चुनौतियों को मुँहतोड़ जवाब दें। आप खुद का इतिहास रचें। इसी दुनिया में अनेकों व्यक्तियों ने अपने जीवन का इतिहास रचा है। आप भी इतिहास रच सकते हैं, इतनी शक्ति आपके अन्दर है। आप केवल चुनौतियों को स्वीकार करने की साहस रखें।

जीवन : एक खतरा (Life is a Threat)

दोस्तो! यह जीवन खतरों से भरा पड़ा है। इसका एक कदम भी खतरों से खाली नहीं है। अत: खतरों से खेलना और खतरों को चुनौती के रूप में स्वीकार करना ही जिन्दगी है। आप जहाँ खड़े हैं, वहीं खतरा है। हर क्षेत्र में खतरा है और हर कार्य में खतरा है। चलने में भी खतरा है और नहीं चलने में भी खतरा है। कार्य करने में भी खतरा है और नहीं करने में भी खतरा है। कहने का अभिप्राय है कि हर कदम पर और हर जगह खतरा है। इसका मतलब यह नहीं है कि हम खतरे के डर से चलना ही छोड़ दें। हम कोई कार्य ही नहीं करें और खतरे के डर से रण छोड़कर भाग जाएँ।

याद रखें—

खतरों से खेलना और उत्पन्न हालात को चुनौती के रूप में स्वीकार करना ही जिन्दगी है।

अगर खतरा है, तो व्यर्थ नहीं है, क्योंकि खतरों से खेलकर हम बहुत कुछ सीखते हैं और बहुत कुछ पाते हैं। यदि हम खतरे से खेलकर मनोनुकूल नहीं पाते तो भी ढेर सारे अनुभव प्राप्त करते हैं, जिनका लाभ उठाकर हम भविष्य में बेहतर कर सकते हैं और बेहतर पा सकते हैं। हम आगत खतरों से सचेष्ट रहते हैं और विवेकपूर्ण खतरों का सामना करते हैं तो बेहतर हम पाते हैं। अत: खतरों से भागें नहीं, उनका सामना साहस एवं आत्मविश्वास के साथ करें। आपके अन्दर इतनी प्रतिभा और क्षमता है कि आप हर खतरे का सामना सहजतापूर्वक कर सकते हैं। आप किसी भी खतरे

को टाल सकते हैं और हर खतरे से बाहर निकल सकते हैं। आप ऐसा कर के देखें, खतरा विपदा नहीं, अवसर दिखाई देगा।

याद रखें—

खतरों से खेलना और खतरों का सामना करना ही सफलता का द्वार खोलता है।

दूसरे शब्दों में हम कह सकते हैं कि खतरों से खेलना और उसका सामना करना ही जिन्दगी है। जो व्यक्ति खतरों का सामना नहीं करते और खतरों को देखकर ही भाग जाते हैं, वे नकारात्मक सोच, निरर्थक भय और भ्रम के उलझन में उलझे रहते हैं। नतीजा यह कि वे जीवन में कुछ भी नहीं कर पाते और असफलता को गले लगा लेते हैं।

याद रखें—

जिन्दगी के हर कदम और हर मोड़ पर खतरा है। आप खतरों से भागें नहीं, बल्कि विवेकपूर्ण ढंग से खतरों का सामना करना सीखें।

इस दुनिया में ऐसा कोई भी क्षेत्र, कोई भी दिन या कोई भी कार्य नहीं है, जो खतरे से मुक्त हो। हर जगह, हर क्षेत्र एवं हर कार्य में खतरा है। बुद्धिमानी यह है कि आप खतरों से खेलने की कला सीखें। जो व्यक्ति खतरों से खेलने की कला जानते हैं और खतरे को चुनौती के रूप में स्वीकार करते हैं, वे दृढ़ इच्छाशक्ति, आत्मविश्वास एवं साहस के साथ रणनीति बनाकर खेलते हैं, जिसमें उन्हें आनन्द भी आता है। आप भी आगत खतरे को सही निर्णय, उचित पहल, धैर्य एवं आत्मविश्वास के बल टाल सकते हैं। ठीक इसके विपरीत जो व्यक्ति खतरों के डर से रण छोड़कर भाग जाते हैं और व्यर्थ के भय से भयभीत रहते हैं, उनके अन्दर जीने की चाह, उमंग एवं उत्साह नहीं होता। नतीजा उन्हें अनमोल जीवन भी बोझ लगता है। ऐसे व्यक्ति जिस कार्य को सहजता से कर सकते हैं, उस कार्य में भी उन्हें डूबने का डर लगता है। यही कारण है कि वे जिस कार्य में हाथ डालते हैं, उन्हें असफलता ही हाथ लगती है।

क्या आप जानते हैं भय, भ्रम और भटकाव जीवन की ऐसी अवस्थाएँ हैं, जो हमारी योग्यता को दीमक की तरह चाट जाती हैं, क्षमता एवं निपुणता के बावजूद भी वे कहीं के नहीं रह पाते और खुद को कोसते रहते हैं। अतः मन में उठ रहे नकारात्मक विचारों को त्यागें और आगत खतरे को चुनौती के रूप में स्वीकार करें। अगर आप खतरे को चुनौती के रूप में स्वीकार नहीं करते, दृढ़तापूर्वक उसका मुकाबला नहीं करते तो दुखद स्थिति को खुद आमंत्रित करते हैं। अतः जीवन में बेहतर करने एवं बेहतर पाने के लिए खतरों से खेलना होगा। खतरों से उत्पन्न चुनौतियों को स्वीकार

कर आगे बढ़ना होगा। आप ऐसा कर दुर्भाग्य को सौभाग्य में तथा असफलता को सफलता में बदल सकते हैं।

याद रखें—

खतरे मोल न लेना ही सबसे बड़ा खतरा है।

यदि हम खतरा का सामना नहीं करते, तो आनेवाले दिनों में आगत खतरा जी का जंजाल बन जाता है। हम खतरे के डर से हर कार्य कल पर टालते रहते हैं, परन्तु वह कल हमारे जीवन में कभी नहीं आता। यदि हम खतरे को मोल नहीं लेते तो नई-नई बातें सीखने एवं जानने से वंचित रह जाते हैं। जैसे—हम सभी जानते हैं कि चलने का नाम जिन्दगी है, जबकि कुछ लोगों का मानना है कि चलने में बहुत खतरा है। ऐसे लोगों के मन में दुघर्टना होने का डर, पैर-हाथ टूट जाने का डर, मृत्यु हो जाने का डर बना रहता है। प्रतिदिन इस तरह की घटनाएँ बस, कार, ट्रक, टेंपो, ट्रेन, हवाई जहाज में घटित भी होती हैं। इसका मतलब यह नहीं है कि हम दुर्घटना के डर से चलना छोड़ दें। यदि हर व्यक्ति खतरे के डर से चलना छोड़ दे और घर में बैठा रहे तो स्थिति कैसी होगी? क्या आपने कभी इस प्रश्न पर सोचा है? क्या बैठे रहकर जिन्दगी गुजारी जा सकती है? आपका भी जवाब होगा—नहीं। हम बैठकर जिन्दगी नहीं जी सकते। हम अपाहिज बन कर रह जाएँगे और विकास का पहिया रुक जाएगा। जिन्दगी जीने तथा विकास की गाड़ी को आगे बढ़ाने के लिए चलना होगा तथा आगत खतरे का सामना करना होगा।

अगर आप खतरे का सामना नहीं करते और खतरे के डर से चलना छोड़ देते हैं या असफलता के डर से कार्य करना बन्द कर देते हैं तो जिन्दगी खुद खतरे में पड़ जाती है। अत: आप खतरे के डर से चलना नहीं छोड़ें, बल्कि विवेकपूर्ण तरीके से खतरे का सामना करना सीखें। चलने के पूर्व इस बात पर जरूर विचार करें कि हम कहाँ चलें, कैसे चलें, कब चलें और क्यों चलें? चलने का उद्देश्य क्या है? हमारा चलना खुद और दूसरों के लिए कितना महत्त्वपूर्ण है? आप इन प्रश्नों पर विचार करें और चलना जारी रखें। चलने में अगर खतरा है तो व्यर्थ नहीं है। यही खतरा आपको जिन्दगी जीने का गुर सिखाता है। आप किसी भी सवारी से यात्रा क्यों न करें सभी में खतरा है, परन्तु इन खतरों को टालने के लिए ही ईश्वर ने हमें दिमाग दिया है, सोचने-समझने की शक्ति दी है, जिसके सहारे हम खतरे को टाल सकते हैं। यदि हम खतरे के डर से चलना छोड़ दें तो खतरा कम नहीं होगा, बल्कि बढ़ेगा।

याद रखें—

चलने से ज्यादा खतरा न चलने में है।

अत: खतरे के डर से चलना न छोड़ें, बल्कि खतरे का सामना करना सीखें,

अन्यथा खतरा रूपी राक्षस आपको निगलने के लिए तैयार है। अगर आप चलेंगे तो सम्भव है कि मंजिल पर पहुँच जाएँगे, लेकिन नहीं चलेंगे तो भय रूपी राक्षस दबोच लेगा। महत्त्वपूर्ण यह है कि हम चलने का ढंग सीखें। खतरे को भाँपें और उत्पन्न खतरों को दूर करने की दिशा में कारगर पहल करें, ताकि हम अपने सपने को हकीकत में बदल सकें। जिन्दगी का हर कदम खतरों से भरा पड़ा है और इसी खतरे में जीवन का सुख-दुख, हर्ष-विषाद, जय-पराजय जैसे महत्त्वपूर्ण विषय का रहस्य छिपा है। जो व्यक्ति इस रहस्य को जानते हैं और खतरे को चुनौती के रूप में स्वीकार करते हैं, वे खतरे से बाहर निकल सुखद, आनन्दित एवं हर्षित जीवन जीते हैं।

अगर कोई व्यक्ति सोचता है कि खतरों का सामना किए बिना जिन्दगी को हसीन और रंगीन बनाया जा सकता है तो मूर्खता है। शायद ऐसे व्यक्तियों को यह नहीं मालूम कि दुनिया का कोई भी कोना खतरों से खाली नहीं है। हर पल, हर कदम पर खतरा है। हर कार्य एवं हर क्षेत्र में खतरा है। आप जहाँ खड़े हैं, वहाँ भी खतरा है। इसका मतलब यह नहीं है कि हम खतरों के डर से जिन्दगी जीना छोड़ दें या जिन्दगी से हार मान लें। आप खुद सोचें—यदि व्यक्ति खतरे के डर से चलना छोड़ दे, किसी गाड़ी की सवारी न करे या कोई गाड़ी न चलाए तो इस जहाँ की स्थिति क्या होगी? हम अपने गंतव्य पर कैसे पहुँचेंगे और गाड़ी कौन चलाएगा? गाड़ी निर्माताओं की स्थिति क्या होगी? हमारी अर्थव्यस्था एवं दैनिक जीवन पर क्या प्रभाव पड़ेगा? हमें देश-विदेश की चीजें, खाने, पढ़ने एवं पहनने को कैसे मिलेंगी? जन-जीवन अस्त-व्यस्त हो जाएगा, हम अपने सपने को हकीकत में कैसे बदल पाएँगे? अतः मन में छुपे भय और नकारात्मक सोच को बाहर निकालें और आगत खतरों को चुनौती के रूप में स्वीकार करें। इस बात का ध्यान रखें कि बिना सोचे-समझे खतरे के मुँह में हाथ न डालें। खतरे को परखें-समझें और उत्पन्न हालात की समीक्षा करें। उससे निपटने की तैयारी करें। जैसे—आप गाड़ी चलाना नहीं जानते और बीच रास्ते पर गाड़ी चलाते हैं तो जान—बूझकर खतरे को आमंत्रित करते हैं।

कहने का अभिप्राय है कि किसी वाहन को एक प्रशिक्षित व्यक्ति और एक अप्रशिक्षित व्यक्ति चलाये, दोनों के गाड़ी चलाने में खतरा है, परन्तु प्रशिक्षित व्यक्ति जान-बूझकर दुर्घटना नहीं करेगा। यदि ऐसी स्थिति आती भी है, तो वह अपने विवेक से उसे टालने का प्रयास करता है। इसी प्रकार शराब पीकर गाड़ी चलाना गलत है, फिर भी आप गाड़ी चलाते हैं, तो जानबूझ कर खतरे को आमंत्रित करते हैं।

याद रखें—

खतरा उठाने का मतलब सार्थक जोखिम को स्वीकार करना एवं विवेकपूर्ण तरीके से उसका समाधान ढूँढ़ना है।

इस दुनिया में बहुत सारे उद्योग-धंधों को चलाने के लिए कच्ची सामग्रियाँ जमीन के अन्दर से निकाली जाती हैं। इन खदानों में लाखों व्यक्ति कार्य करते हैं। जैसे—कोयला खदान, लौह अयस्क, अबरख, ताँबा, कच्चे पेट्रोलियम, तेल पदार्थ एवं ज्वलनशील गैस आदि। इन क्षेत्रों में काम करनेवाले लोगों की जान को खतरा हमेशा भू-स्खलन, भूकंप, आगजनी के कारण बना रहता है। सैकड़ों मजदूर भू-स्खलन एवं आगजनी में मर जाते हैं, फिर भी इन खदानों नें काम बन्द नहीं होता। क्योंकि इस दुनिया में साहसी व्यक्ति की कोई कमी नहीं है। हाँ, यह बात सही है कि जो व्यक्ति कायर होते हैं, वे इन खदानों में काम करना पसन्द नहीं करते। इसी प्रकार विद्युत उत्पादन एवं संचरण के क्षेत्र में लाखों व्यक्ति कार्य करते हैं। इनका कार्य बहुत ही जोखिम भरा होता है। थोड़ी सी गलती होने पर जान जा सकती है, फिर भी इन क्षेत्रों में हजारों लोग अपना भविष्य सँवारते हैं एवं देश के विकास में अपना योगदान देते हैं। आप खुद सोचें—अगर इस क्षेत्र में कार्य करनेवाला व्यक्ति खतरे के डर से काम करना बन्द कर दे तो क्या हालात होंगे? उत्पादन कार्य ठप पड़ जाएगा। सूचना और संचार-तंत्र बेकार हो जाएगा। पानी, रोशनी एवं अन्य आवश्यकताओं की पूर्ति न होने से हाहाकार मच जाएगा। विकास की गति ठप्प पड़ जाएगी और उन्नति के रास्ते बन्द हो जाएँगे।

इस प्रकार हम देखते हैं कि जिन्दगी का हर क्षेत्र और हर कार्य खतरों से भरा पड़ा है। फिर भी लोग उन क्षेत्रों में कार्य कर रहे हैं और कार्य निर्बाध गति से चल रहा है। इसका कारण है कि साहसी व्यक्ति की भी कोई कमी नहीं है। ऐसे व्यक्ति खतरे को मोल लेते हैं और खतरे को चुनौती के रूप में स्वीकार कर नए-नए अवसर की तलाश कर दूसरों के लिए अवसर बन जाते हैं। वे नया समाज एवं विकसित राष्ट्र निर्माण करने में सफल होते हैं। सही मायने में खतरा हमें जिन्दगी जीने का ढंग सिखाता है और बेहतर करने का अवसर देता है। जैसे ही हम खतरे को चुनौती के रूप में स्वीकार करते हैं, हमारे अन्दर का साहस, विश्वास, उत्साह एवं उमंग हिलोरें लेने लगता है और हम खतरे से बाहर निकलने में सफल होते हैं। ठीक इसके विपरीत जो व्यक्ति खतरों से खेलना पसंद नहीं करते और खतरे को देखकर ही भाग जाते हैं, वे आजीवन भागते रह जाते हैं। दोस्तो! याद रखो—यह जीवन भागने के लिए नहीं, खुद और दूसरों की जिन्दगी में रोशनी बिखेरने के लिए मिला है। आप खतरे से भागें नहीं, इसे चुनौती के रूप में स्वीकार करें और डटकर उसका मुकाबला करें।

याद रखें—

बहादुर एवं बुद्धिमान व्यक्ति वह है, जो खतरे के मुँह में हाथ डालकर खुद को सुरक्शित बाहर निकाल लेता है।

सही मायने में जिस व्यक्ति के अन्दर खतरा उठाने का जज्बा है, असल में वही सफल है। उसी व्यक्ति के लिए जिन्दगी एक अवसर है, शेष लोगों के लिए जिन्दगी एक बोझ। कहा भी गया है—जो डर गया सो मर गया। प्रत्येक व्यक्ति की मृत्यु तय है और यही सत्य है, तो फिर मरने से डर क्या? आप मरने के पूर्व कुछ ऐसा कर के जाएँ, जिसे लोग याद रखें। आप कायर नहीं, साहसी हैं। साहसी व्यक्ति ही खुद का इतिहास लिख पाते हैं, कायर व्यक्ति नहीं। कायर व्यक्ति खतरे के डर से भागने में इतना मशगूल रहते हैं कि उन्हें अवसर दिखाई ही नहीं देता। उन्हें लगता है कि भागने में ही भलाई है, नहीं भागने पर जिन्दगी खतरे की चपेट में आ जाएगी। शायद उन्हें यह नहीं पता कि जिस डर से वे भागना चाहते हैं, वह डर जिन्दगी भर उनका पीछा करता रहता है। इस क्रम में उनके हाथ से बहुत सारे अवसर छूट जाते हैं। इसलिए दोस्तो—खतरों के डर से भागें नहीं, ठहर कर सोचें और दुनिया को बदल डालें। इतनी शक्ति आपके अन्दर है। आप खुद को पहचानें एवं अनमोल जीवन के मूल्य को समझें। जो व्यक्ति खुद का मूल्य नहीं समझते, वे आलसी, कमजोर, कामचोर तथा भय, भ्रम और विभिन्न व्याधि से ग्रसित गुमनामी की जिन्दगी जीते हैं। ऐसे व्यक्ति को कोई जानने-पहचानने एवं याद रखनेवाला नहीं मिलता है।

इस प्रकार हम देखते हैं कि जीवन का एक कदम भी खतरों से खाली नहीं है। परन्तु जो व्यक्ति आगत खतरों को चुनौती के रूप में स्वीकार करते हैं और उसका समाधान विवेकपूर्ण तरीकों से साहस के साथ करते हैं, वे ही खतरे से बाहर निकल पाते हैं और ऐसे लोगों के लिए ही जीवन एक अवसर है। जिन्दगी को सुखद, सफल एवं रोमाचंक बनाने का रहस्य भी खतरों से खेलना है। इस खेल को खेलकर ही हम आश्चर्यजनक उपलब्ध्यिाँ हासिल कर पाते हैं। जीवन के रहस्य और रोमांच का आनन्द ले पाते हैं। अत: महत्त्वपूर्ण यह है कि हम 'जीवन एक खतरा' का मर्म समझें और आनेवाले खतरों का सामना सोच-समझ कर करें। जो व्यक्ति खतरे को मोल नहीं लेता, उसे सरल कार्य कठिन और सम्भव कार्य भी असम्भव लगता है। यही उसके दुख का कारण बनता है। इस दुनिया में ऐसा कोई भी प्राणी नहीं है, जिसके जीवन में खतरा न आया हो। सफलता की ऊँचाइयों को छूनेवाला व्यक्ति भी विभिन्न खतरों का सामना कर के ही आगे बढ़ा है। आप भी खतरों से खेलना सीखें और खतरे को ही खतरे में डालकर खुद को सुरक्षित बाहर निकालें। यही विवेक और सुखद जिन्दगी जीने का राज है।

जिन्दगी : एक चुनाव और समझौता (Life is a selection & Compromise)

आप जीवन के विभिन्न आयामों पर गौर करें, तो पाएँगे कि जिन्दगी का प्रत्येक क्षण एक चुनाव है और विशेष क्षण, जिसका चुनाव करना हमारे वश में नहीं, वह समझौता

है। यह भी सचाई है कि आप हर चुनाव अपने मनोनुकूल नहीं कर सकते। यदि ऐसा करते हैं तो आप बेहतर जिन्दगी नहीं जी सकते। बेहतर जिन्दगी जीने के लिए कब, क्या चुनाव करें और कब समझौता करें, इस बात का ध्यान रखें और चुनाव करने के योग्य बनें। चुनाव और समझौता दोनों आपके हाथ में हैं, परन्तु आप क्या चुनाव करते हैं और कब समझौता करते हैं, यह विचारण हेतु अति महत्त्वपूर्ण प्रश्न है।

आप जानते हैं—जीवन में सुख है, तो दुख भी है, हर्ष है तो विषाद भी है, शांति है, तो कोलाहल भी है। यह आपके विवेक पर निर्भर करता है कि आप इनमें से किसका चुनाव करना चाहते हैं? ध्यान रखें—

> *चुनाव करने का मतलब यह नहीं है कि जो मन करे, उसका चुनाव कर लें। चुनाव करने के पूर्व उसकी सार्थकता एवं औचित्य पर विचार करें।*

हर व्यक्ति बेहतर जिन्दगी जीना चाहता है, परन्तु बेहतर जिन्दगी कैसे जिएँ, इसका चुनाव स्वयं करना होता है। हम चुनाव करने के लिए स्वतंत्र हैं और चुनाव करने का अधिकार भी हमारा है, परन्तु हम क्या चुनाव करें और कैसे करें, इस सन्दर्भ पर विचार नहीं करते। महत्त्वपूर्ण यह है कि हम जो भी चुनाव करें, सोच-समझ कर करें। उसकी सार्थकता एवं औचित्य पर विचार कर चुनाव करें। स्थान, समय एवं परिस्थिति को ध्यान में रखकर चुनाव करें। ऐसा न हो कि हमारा चुनाव खुद और दूसरों के लिए काल बन जाय। अगर हमारा चुनाव अच्छा, सामयिक एवं सार्थक है, तो उसकी परिणति भी सुखद होगी। अगर हमारा चुनाव गलत है तो उसकी दुःखद परिणति भी हमें ही भुगतनी होगी।

ध्यान रखें—

> *आपका हर चुनाव आपको, आपके परिवार और समाज को प्रभावित करता है। आपके चुनाव की परिणति परिवार, समाज एवं राष्ट्र की उन्नति और अवनति को प्रभावित करती है। अतः चुनाव करने में कोई जल्दबाजी नहीं करें या जो मन में आए, वह चुनाव नहीं करें, बल्कि चुनाव की परिणति एवं प्रभाव की विवेचना करें और अच्छी तरह सोच-समझकर चुनाव करें।*

परिस्थितियों को परखें और उत्पन्न हालात पर विचार करें, तदुपरान्त सोच-समझकर निर्णय लें, जिसे आपको अपने चुनाव पर पश्चात्ताप नहीं करना पड़े। बेहतर जिन्दगी जीने तथा जीवन का औचित्य साकार करने के लिए हमारे जीवन में चुनाव का बहुत महत्त्व है। सार्थक चुनाव एक ओर जहाँ हमारी जिन्दगी को खुशहाल एवं आनन्दमय बनाता है, वहीं दूसरी ओर गलत चुनाव जिन्दगी को दुखद एवं कलंकित बना देता है। हमारा चुनाव कलंक का कारण नहीं, खुद के लिए आदर्श एवं दूसरों के लिए नजीर बने, इस बात का सदैव ध्यान रखें। अगर आप जाने-अनजाने में भी

कोई गलत चुनाव कर लेते हैं तो इसका खमियाजा जिन्दगी भर भुगतना पड़ता है।

आप ऐसा कोई भी चुनाव न करें, जो आपके लिए सरदर्द का कारण बने। अत: जो भी चुनाव करें, सोच-समझ कर करें और मूल्यों की कसौटी पर परख कर करें। किसी के दबाव में चुनाव न करें और न ही किसी लोभ-लालच में आकर चुनाव करें। मेरे विचार से चुनाव करने के योग्य बनें तथा समय, परिस्थिति, हालात, संस्कृति और मूल्यों को ध्यान में रखकर चुनाव करें। अगर आप उपर्युक्त बातों को ध्यान में रखकर चुनाव करते हैं, तो निश्चित रूप से आपका चुनाव बेहतर और सार्थक होगा।

क्या आप जानते हैं—

आपके द्वारा किया गया चुनाव जिन्दगी की दिशा एवं दशा बदलने में अहम भूमिका अदा करता है।

आपके हर एक चुनाव का व्यापक प्रभाव खुद एवं दूसरों पर पड़ता है। यह केवल आपके वर्तमान को नहीं, बल्कि भविष्य को भी प्रभावित करता है। यह आपकी जिन्दगी की दिशा एवं दशा बदलने में सक्षम है। सही चुनाव आपके जीवन की दशा बदल सकता है तो गलत चुनाव आपके जीवन को तबाह भी कर सकता है। अत: चुनाव करना एक सोची-समझी रणनीति है। यह केवल आपका ही नहीं, बल्कि आपके परिवार, समाज एवं राष्ट्र की उन्नति एवं अवनति में महत्त्वपूर्ण भूमिका अदा करता है।

आप अपनी जिन्दगी की तुलना उस कुम्हार एवं मूर्तिकार से कर सकते हैं, जो मिट्टी को विभिन्न साँचे में ढालकर अपने मनोनुकूल कलाकृतियों का निर्माण करता है। उनका चुनाव खुद और दूसरों के लिए सुखद एवं उपयोगी होता है। इस कला के माध्यम से वह धन, यश अर्जित करता है। एक दर्जी कपड़े को विभिन्न रूप देकर अपने ग्राहकों के मनोनुकूल डिजाइन बनाकर, धन एवं यश प्राप्त करता है तो हम इस अनमोल जीवन को सजाने एवं सँवारने के लिए बेहतर चुनाव क्यों नहीं करते? कोई व्यक्ति पेंटिंग, चित्रकारी, गीत, संगीत आदि का चुनाव कर लाखों-करोड़ों अर्जित कर नाम, धन, यश कमाता है। आप भी अपनी रुचि, अभिरुचि, मनोवृत्ति को ध्यान में रखकर चुनाव करें और खुद की जिन्दगी को सुखद एवं सफल बनाएँ। ऐसा व्यक्ति भाग्य रूपी कोरे कागज पर जो चाहे लिख जाता है। ठीक इसके विपरीत जो व्यक्ति 'जिन्दगी एक चुनाव' का अर्थ नहीं समझते और मन में जो आता है, चुनाव करते हैं, तो गलत परिणति भी खुद भुगतते हैं। जैसे—आज की युवा पीढ़ी जीवन का अर्थ एवं औचित्य नहीं समझती और कहती है जिन्दगी मेरी है, जैसा चाहूँ जीऊँ।

यह सही है कि जीवन आपका है और आप अपनी जिन्दगी कैसे जिएँ, इसका चुनाव करने के लिए स्वतंत्र भी हैं। चुनाव करने का अधिकार भी आपका है, परन्तु, इस अधिकार का उपयोग करने के लिए आपको योग्य बनना होगा। यदि आप इसके योग्य नहीं हैं और चुनाव का औचित्य मालूम नहीं है, उस स्थिति में आपका चुनाव

गलत हो सकता है। आपका चुनाव जीवन को दु:खद एवं बोझिल बना सकता है। आपका जीवन सौभाग्य की जगह दुर्भाग्य बन सकता है। चुनाव करने के लिए आप स्वतंत्र हैं, इसका मतलब यह नहीं है कि आप ऐसा चुनाव कर लें जो खुद की बर्बादी का कारण बन जाए। परिवार और समाज को कलंकित कर दे। ऐसा चुनाव भूलकर भी न करें। महत्त्वपूर्ण यह है कि आप चुनाव का अर्थ एवं मर्म समझें। चुनाव करने के योग्य बनें तथा सोच-समझकर चुनाव करें।

जैसे—हम लोकतांत्रिक देश में रहते हैं और लोकतांत्रिक देश का नागरिक होने के नाते हमारा जनप्रतिनिधि कैसा हो, यह चुनाव करने का अधिकार हमारा है। परन्तु इस अधिकार का उपयोग हम दूसरों के दबाव या किसी प्रलोभन में करते हैं तो बुरा परिणाम भी हमें ही भुगतना होगा। इसी प्रकार हम अपने स्वास्थ्य पर ध्यान नहीं देते तो विभिन्न बीमारियों का चुनाव खुद करते हैं। जरूरत से ज्यादा नशा करते हैं तो अगली सुबह सिर दर्द की परेशानी भी खुद चुनते हैं। यदि हम दूसरों के साथ बुरा बर्ताव करते हैं तो बदले में वैसा ही व्यवहार खुद चुनते हैं। यदि हम दूसरों की राह में काँटे बोते हैं तो चुभन भरे दर्द का चुनाव भी खुद करते हैं। यदि हम फूल लगाते हैं तो खुशबू एवं प्रशंसा पाने का चुनाव भी खुद करते हैं। जब हम सार्थक लक्ष्य का चुनाव करते हैं, लक्ष्य प्राप्ति हेतु कार्य एवं ससमय योजना बनाते हैं तो सफल व्यक्ति बनने का चुनाव भी खुद करते हैं। हम अच्छे लोगों की संगत में रहते हैं तो अच्छा बनने का चुनाव भी खुद करते हैं और गलत लोगों की संगत में रहते हैं तो बुरा बनने का चुनाव भी खुद करते हैं। कहने का अभिप्राय है कि आप क्या बनना और क्या पाना चाहते हैं, यह आपके चुनाव पर निर्भर करता है।

याद रखें—

आपका चुनाव ही आपको अच्छा-बुरा या सफल और असफल बनाता है।

अगर आपको यह मालूम है कि अच्छे चुनाव का परिणाम अच्छा और बुरे चुनाव का परिणाम बुरा होता है तो क्यों नहीं हम बेहतर चुनाव करें? हम जिन्दगी कैसे जीए, किस दिशा में चलें, कब, कहाँ और क्या बोलें, हम क्या नहीं करें और क्या करें, इसके लिए स्वतंत्र हैं। परन्तु इसका मतलब यह नहीं है कि जो मन में आए, वह करें। चुनाव सोची-समझी रणनीति है। हम अपनी जिन्दगी कैसे जीना और किस दिशा में जाना चाहते हैं, हम क्या और कैसा बनना चाहते हैं, खुद का औचित्य कैसे साबित करना चाहते हैं, ये समस्त बातें हमारे चुनाव से अभिधारित होती हैं। अत: चुनाव करते समय पूरी सावधानी बरतें तथा सोच-समझकर चुनाव करें, ताकि हमें अपने चुनाव पर पछताना न पड़े।

याद रखें—

जैसा चुनाव, वैसी परिणति।

कहने का अभिप्राय है कि आप अच्छा चुनाव कर अच्छे व्यक्ति बनते हैं कि बुरा चुनाव कर बुरे व्यक्ति, यह आपके विवेक पर निर्भर करता है कि आप क्या चुनाव करते हैं। आप चुनाव का महत्त्व एवं औचित्य क्या समझते हैं? अगर आप जिन्दगी को एक लक्ष्य, एक अवसर, एक सीख एवं चुनौती के रूप में स्वीकार नहीं करते तो दु:खद स्थिति का चुनाव खुद करते हैं। ठीक इसके विपरीत आप जिन्दगी को एक लक्ष्य, एक चुनौती, एक अवसर के रूप में स्वीकार करते हैं तो सुखद जिन्दगी जीने का चुनाव भी खुद करते हैं। उपर्युक्त बातों से स्पष्ट है कि आप सुखद जिन्दगी जीना चाहते हैं कि दु:खद जिन्दगी, यह आपके चुनाव पर निर्भर करता है।

आपने देखा होगा कि कभी-कभी माता-पिता अपना चुनाव बच्चों पर थोप देते हैं। यह सवर्था गलत नहीं तो सही भी नहीं है। अगर आपके द्वारा थोपा गया चुनाव बच्चे की रुचि, अभिरुचि, मनोवृत्ति एवं क्षमता के प्रतिकूल है तो इसका गलत प्रभाव बच्चे पर पड़ता है। अत: माता-पिता को चाहिए कि अगर बच्चा चुनाव करने के योग्य नहीं है तो उसकी रुचि, अभिरुचि, क्षमता, आई.क्यू., ई.क्यू., पी.क्यू. को ध्यान में रखकर चुनाव करें, ताकि आपका चुनाव बच्चे पर बोझ न बने। बच्चे सुखद एवं सफल जिन्दगी जीएं, इसके लिए बेहतर यह होगा कि आप उन्हें चुनाव करने के योग्य बनाएँ। उन्हें चुनाव की महत्ता समझाएँ ताकि वे अपना चुनाव खुद कर सकें। आप अपना चुनाव बच्चों के भविष्य के सन्दर्भ पर तब तक ही थोपें, जब तक वे सही-गलत का निर्णय लेने के योग्य न बन जाएँ। माता-पिता को जब लगे कि बच्चे अपना चुनाव खुद कर सकते हैं और वे चुनाव करने के योग्य हैं, उन्हें जीवन-मूल्यों की समझ है और सही-गलत का निर्णय खुद ले सकते हैं तो उन्हें खुद चुनाव करने दें। बच्चों के चुनाव पर अपनी सलाह जरूर दें, पर समुचित चुनाव करने में अवरोध न बनें और न ही अपना निर्णय बलात् बच्चों पर थोपें।

याद रखें—

जिन्दगी केवल चुनाव का नाम नहीं है या सिर्फ चुनाव करने से काम नहीं चलनेवाला है।

जीवन में कुछ ऐसी परिस्थितियाँ आती हैं, जिनका चुनाव हम नहीं करते, फिर भी उन्हें स्वीकार करना पड़ता है। कभी-कभी जीवन में ऐसी घटनाएँ घटित हो जाती हैं, जिन्हें हम नहीं चाहते फिर भी हमें उन्हें स्वीकार करना पड़ता है। ऐसी स्थिति में हमें चुनाव करने या न करने का अधिकार नहीं होता। जैसे—प्राकृतिक विपदा बाढ़, भूकम्प, तूफान या किसी प्रकार की दुर्घटना। किसी दुर्घटना में शरीर के किसी अंग का भंग हो जाना, किसी की असामयिक मृत्यु हो जाना या असाध्य रोग से ग्रसित हो जाना। इन हालातों का चुनाव हम नहीं करते और न ही इन्हें चुनना या न चुनना हमारे वश में होता है। लेकिन उत्पन्न हालात से बाहर निकलना हमारे वश में होता

है। इसी प्रकार बाल्यावस्था में माता-पिता का साया उठ जाना, किसी दुर्घटना में परिवार के किसी सदस्य या खुद का पैर-हाथ टूट जाना, किसी प्राकृतिक विपदा में फँस जाना इत्यादि हालातों का चुनाव कोई भी व्यक्ति नहीं करना चाहता फिर भी घटनाएँ घटित हो जाती हैं। इसे रोकना हमारे वश में नहीं होता और न ही हम इसे चुनने के लिए स्वतंत्र होते हैं। ऐसी परिस्थिति में उत्पन्न हालात से समझौता करना हमारे लिए बेहतर विकल्प होता है।

इस प्रकार हम देखते हैं कि जिन्दगी में आनेवाली कुछ परिस्थितियाँ ऐसी हैं, जिनका चुनाव हम नहीं करते और न ही उन्हें पसन्द करते हैं, फिर भी हमें उन्हें स्वीकार करना पड़ता है। ऐसी स्थिति में हमारे लिए चुनाव नहीं, समझौता महत्त्वपूर्ण होता है। क्योंकि उपर्युक्त स्थितियों को इनकार करना हमारे वश में नहीं, लेकिन हालात से समझौता करना हमारे वश में होता है। जैसे—दाम्पत्य जीवन में अनेकों बार ऐसी स्थितियाँ आती हैं, जब हमें दाम्पत्य जीवन को सुखद, सफल एवं हसीन बनाने के लिए मनोनुकूल चुनाव की बलि चढ़ाकर समझौता करना श्रेयष्कर होता है। अगर आप समझौता नहीं करते, तो दाम्पत्य जीवन में दरार पड़ जाता है। आप चिन्ता और तनाव में रहते हैं। धीरे-धीरे यह तनाव आपके जीवन में जहर घोल देता है। नतीजा, आपका जीवन दु:खद एवं बोझिल बन जाता है। अत: जिन्दगी में केवल चुनाव को महत्त्व न दें, बल्कि समझौता करना भी सीखें। महान व्यक्तियों की यही खासियत है कि—

> *वे हालात पर आँसू बहाने के बजाय हालात से समझौता कर जीवन में आगे बढ़ते हैं। व्यर्थ की चिन्ता में समय बर्बाद नहीं करते, बल्कि इसका सदुपयोग सार्थक दिशा में करते हैं।*

दोस्तो! याद रखो—जिन्दगी केवल चुनाव का नाम नहीं है, बल्कि उत्पन्न हालात पर काबू पाना और काबू न पाने की स्थिति में समझौता कर आगे बढ़ने का नाम है। जैसे—आप समुद्र मार्ग से अपने गंतव्य की ओर जा रहे हैं। बीच रास्ते में भयंकर तूफान आ जाता है। तूफान की दिशा जहाज की दिशा के विपरीत और गति इतनी तेज है कि कुछ भी हो सकता है। ऐसी स्थिति में आप जहाज की दिशा को तूफान की दिशा में नहीं मोड़ते तो भयंकर दुर्घटना घटित हो सकती है। आपकी जान भी जा सकती है। इस स्थिति में बुद्धिमानी यह है कि आप जहाज की दिशा बदल दें, क्योंकि तूफान की दिशा बदलना आपके वश में नहीं है। लेकिन जहाज की दिशा बदलना आपके वश में है। कहने का अभिप्राय है कि विपरीत परिस्थति में हालात से समझौता करते हुए जहाज की दिशा को तूफान की दिशा में मोड़ दें, ताकि अनुकूल स्थिति आने पर आप अपने गंतव्य पर पहुँच सकें। ऐसी हालत में गंतव्य पर पहुँचने से ज्यादा महत्त्वपूर्ण खुद को सुरक्षित रखना है।

आप हालात पर विजय पाना चाहते हैं कि हालात का शिकार होना चाहते हैं, इसका चुनाव भी आपको ही करना है। जिन्दगी की राह में अनेकों बार ऐसे हालात आते हैं, जहाँ समझौता करना ही श्रेयस्कर होता है। परन्तु ध्यान रखें—

समझौता करने का मतलब यह नहीं है कि मूल्यों से परे जाकर समझौता करें। ऐसा समझौता करना खुद और दूसरों के लिए घातक है।

जैसे—आप नौकरी की तलाश में हैं और नौकरी पाने के योग्य भी हैं। परन्तु नियोक्ता आपको नैतिक मूल्यों से परे किसी शर्त पर नौकरी देना चाहता है। उस स्थिति में आप समझौता न करें। इसी प्रकार आप बहुत गरीब हैं और गरीबी के कारण विभिन्न समस्याओं से परेशान हैं। इसका मतलब यह नहीं है कि आप गरीबी से बाहर निकलने के लिए मूल्यों से परे जाकर समझौता कर लें। ध्यान रखें—

किसी भी हालत में जीवन मूल्यों एवं नैतिकता से परे जाकर समझौता न करें। ऐसा करना कायरता और मूर्खता है।

समझौता करने का मतलब मानवता को गिरवी रखना या चरित्र बेचना नहीं होता। जीवन में विपरीत हालात आएँगे। विपरीत हालात में आत्मबल खोने की नहीं, धैर्य एवं विवेक का परिचय देने की जरूरत है।

दोस्तो! चुनाव करने के लिए आप स्वतंत्र हैं। इसका मतलब यह नहीं है कि आप गलत रास्ते पर चलकर अनैतिक तरीकों से धन-यश अर्जित करने का चुनाव करें। चुनाव आपका है, तो मूल्यों पर चलने का दायित्व भी आपका है। अतः चुनाव करते समय इस बात का जरूर ध्यान रखें कि आप जो भी चुनाव करें, जीवन-मूल्य, कार्य-मूल्य एवं नैतिक मूल्य को ध्यान में रखकर करें, ताकि मानवता कायम रहे। कदापि झूठ, मक्कारी, चोरी, जालसाजी, बेईमानी का मार्ग न चुनें। आप मूल्यों से परे जाकर ऐसा कोई चुनाव न करें, जो आपके लिए शर्मिंदगी का कारण बने। आप चुनाव करते समय उसकी परिणति एवं प्रभाव का विश्लेषण जरूर करें।

याद रखें—

चुनाव हमेशा सोची-समझी रणनीति है, जिसका मूल्य स्वयं, परिवार, समाज एवं राष्ट्र के लिए आदर्श बने तथा परिणति खुद एवं दूसरों के लिए सार्थक अनुकरणीय एवं प्रेरक हो।

जैसे—पति-पत्नी दोनों अपने मनोनुकूल सुख-सुविधाओं का चुनाव करते रहें, अपनी इच्छापूर्ति हेतु एक-दूसरे की कद्र न करें, उत्पन्न हालात से समझौता न करें। निहित संसाधन को ध्यान में न रखें और अपनी बात मनवाने के लिए दोनों अडिग रहें। बच्चों के लालन-पालन पर समुचित ध्यान न देकर आपस में लड़ते-झगड़ते रहें

तो पति-पत्नी के बीच सदैव कटुता एवं तनाव की स्थिति बनी रहेगी। एक ही घर में रहकर जिन्दगी जीना दूभर हो जाएगा। अगर आप दाम्पत्य जीवन खुशी-खुशी जीना चाहते हैं तो एक-दूसरे की भावनाओं का सम्मान और एक-दूसरे की सुविधाओं का ध्यान रखना होगा। कभी चुनाव और कभी समझौते के साथ सामंजस्य स्थापित करना होगा। विनम्रता, मधुरता, क्षमा, त्याग, प्यार, सहयोग को अपने व्यक्तित्व में शामिल करना होगा, अन्यथा दाम्पत्य को टूटने में समय न लगेगा।

याद रखें—

एक-दूसरे के बीच आपसी प्रेम, सहयोग, क्षमा, त्याग और सामंजस्य स्थापित करना ही दाम्पत्य जीवन का मूल सूत्र है।

आप यह कला सीखें और आनन्दमय जीवन जिएँ। यदि आप एक-दूसरे के साथ समझौता नहीं करते और केवल अपने मनोनुकूल चीजों का चुनाव करते रहें तो जीवन जीना दुष्कर हो जाएगा।

इस प्रकार हम देखते हैं कि जिन्दगी में ऐसे अनेकों मोड़ आते हैं, जहाँ हमारा चुनाव या समझौता जिन्दगी की दिशा बदल देता है। कोई चुनाव जिन्दगी की राह को आसान बना देता है और कोई उलझा देता है। कोई चुनाव हमें सफलता की ऊँचाइयों पर ले जाता है तो कोई असफलता के गर्त में। कहने का अभिप्राय है कि जिन्दगी में हर एक चुनाव का विशेष महत्त्व है। यह आप पर निर्भर करता है कि आप जिन्दगी कैसे जीना चाहते हैं और जीवन का अर्थ एवं औचित्य क्या समझते हैं। जिन्दगी की गाड़ी को सरपट दौड़ाने हेतु जीवन एक चुनाव और समझौता का मर्म समझें। इसमें कोई संशय नहीं है कि चुनाव करने का अधिकार आपका है तो परिस्थिति विशेष में समझौता करना भी आपका ही कर्तव्य है। यदि आप चुनाव करने के लिए स्वतंत्र हैं तो समझौता करने के लिए भी आजाद हैं। इसका मतलब यह नहीं है कि आप बिना सोचे-समझे चुनाव या समझौता कर लें। आप बेहतर जीवन जीना चाहते हैं, तो चुनाव और समझौता दोनों के लिए तैयार रहें और दोनों का औचित्य समझ, समुचित निर्णय लें।

उपर्युक्त तथ्यों से स्पष्ट है कि चुनाव और समझौता जिन्दगी का अहम हिस्सा है। जीवन के हर मोड़ पर इसकी जरूरत पड़ती है। यह हमारी क्षमता एवं सोच पर निर्भर करता है कि हम कब, क्या चुनाव करें और कब समझौता करें। मैं तो सिर्फ इतना कहूँगा कि जिन्दगी की गाड़ी को आगे बढ़ाने, सुखद एवं सफल जिन्दगी जीने तथा जीवन की सार्थकता सिद्ध करने के लिए चुनाव के योग्य बनें और सार्थक चुनाव करने हेतु बेहतर रणनीति बनाएँ, ताकि आप आनन्दमय जीवन जी सकें। इस अनमोल जीवन का औचित्य साकार कर सकें।

जीवन : एक रहस्य (Life is a Mystery)

सचमुच सृष्टि स्वयं एक रहस्य है और इस सृष्टि में जीवन का होना खुद एक रहस्य है। यह जीवन विभिन्न रहस्यों से भरा पड़ा है और इन रहस्यों को जानना-समझना एवं इनसे बाहर निकलना ही जीवन का उद्देश्य है। इन रहस्यों को जानने के लिए ईश्वर ने हमें चेतनशील बनाया है। इसके लिए हमें दर-दर भटकने या रहस्यों की उलझन में उलझने की आवश्यकता नहीं है, बल्कि रहस्यों से बाहर निकलने के लिए खुद को समझने और गुत्थी सुलझाने की जरूरत है, अन्यथा आप जिन्दगी एक रहस्य की उलझन में उलझकर रह जाएँगे। दोस्तो! यह जीवन रहस्यों में उलझने के लिए नहीं, रहस्यों से बाहर निकलने के लिए मिला है। इन रहस्यों से बाहर निकलने का रास्ता भी बाहर नहीं, आपके अन्दर है। यदि आप इसे अपने अन्दर ढूँढ़ेंगे तो रहस्य से बाहर निकलने में सफल होंगे। ठीक इसके विपरीत आप रास्ता नहीं ढूँढ़ेंगे तो जिन्दगी के रहस्यों में उलझते चले जाएँगे। अत: हमारे लिए महत्त्वपूर्ण यह है कि हम जिन्दगी एक रहस्य का मर्म समझें और इन रहस्यों से बाहर निकलें।

हम सभी जानते हैं कि इस जीवन में सुख-दुख, हर्ष-विषाद, ईमानदारी-बेईमानी, अच्छाई-बुराई, ईर्ष्या-द्वेष, लोभ-लालच, दया, क्षमा, त्याग आदि बातें सन्निहित हैं। ये समस्त बातें, हमारे अन्दर हैं बाहर नहीं। परन्तु दुख की बात है कि हम अपने अन्दर की बुराई को नहीं देख पाते हैं। जो व्यक्ति इसे देख पाते हैं और अपने अन्दर की बुराई को दूर कर पाते हैं, वे जीवन एक रहस्य से बाहर निकलने में सफल होते हैं। यही कारण है कि कुछ लोग सुखी एवं आनन्दमय जीवन जीते हैं तो कुछ लोग दुखी एवं कष्टमय जीवन। कुछ लोगों का व्यक्तित्व इतना आकर्षक एवं प्रभावशाली होता है कि लोग उनकी प्रशंसा करते नहीं थकते। दूसरी ओर कुछ लोग इतने बुरे होते हैं कि कोई उनकी संगत करने को तैयार नहीं होता। कुछ लोग इतने दुखी होते हैं कि उनका दुख देखा नहीं जाता। कोई लगातार सफल होता है तो कोई लगातार असफल। कुछ लोगों का जीवन अनमोल, सुन्दर एवं अमृतमय होता है तो कुछ लोगों का जीवन पहाड़। कुछ लोगों के लिए जीवन सौभाग्य और अवसर होता है तो कुछ लोगों के लिए दुर्भाग्य। आखिर इस रहस्य का अन्तर क्या है? जब आप इस प्रश्न पर मनन करेंगे तो पाएँगे कि अधिकांश व्यक्ति इस रहस्य में उलझकर रह जाते हैं। कुछ ही लोग जीवन एक रहस्य की गुत्थी को दृढ़-इच्छाशक्ति, आत्मविश्वास एवं कड़ी मेहनत के बल सुलझा पाते हैं। निर्णय आपको लेना है कि आप जिन्दगी के रहस्यों में उलझना चाहते हैं कि इन रहस्यों से बाहर निकल बेहतर जिन्दगी जीना चाहते हैं।

दोस्तो! यह दुनिया खुद एक रहस्य है। इस जीवन की उत्पत्ति भी एक रहस्य है। प्रकृति में घटित सभी घटनाएँ अपने आप में एक रहस्य हैं। हमें ऐसी भी घटनाएँ देखने और सुनने को मिलती हैं, जो कल तक रहस्य थीं, आज वे रहस्य नहीं हैं। इसका कारण है कि हम उन रहस्यों का उद्‌भेदन करने में सफल रहे। बहुत-सी

घटनाएँ आज भी हमारे लिए रहस्य बनी हुई हैं। इसका कारण है कि हम उन रहस्यों का उद्भेदन नहीं कर पाए। यह भी सचाई है कि हर रहस्य से बाहर निकलने का रास्ता हमारे अन्दर ही है। इस बात की समझ न होने के कारण हम इधर-उधर भटकते रहते हैं। कुछ ही लोग हैं, जो रहस्यों से बाहर निकल पाते हैं। अधिकांश व्यक्ति इन रहस्यों में उलझकर रह जाते हैं। मैं तो सिर्फ इतना कहूँगा कि जिन्दगी के रहस्यों से बाहर निकलने के लिए यत्र-तत्र भटकने के बजाय, स्वयं पर विश्वास रखें। अपने अन्दर छुपी शक्ति को पहचानें और निहित गुणों को निखारें। आप जिन्दगी के रहस्य से बाहर निकलने में सफल होंगे। यदि जीवन में उलझन है, तो इससे बाहर निकलने का रहस्य भी हमारे चेतन एवं अवचेतन मन में छुपा होता है। यदि हम इन भेदों को खुद के अन्दर उजागर करने का प्रयास करें तो जीवन एक रहस्य का मर्म समझ में आ जाएगा। अन्यथा हम मृगतृष्णा की भाँति भटकते रहेंगे परन्तु इस रहस्य से बाहर नहीं निकल पाएँगे। इस सन्दर्भ में सन्त कबीर दास की वाणी अति प्रसांगिक है—

कस्तूरी कुंडली बसै, मृग ढूँढ़ै बन माहि।
घट-घट में राम है, दुनिया देखत नाहिं॥

जिस प्रकार कस्तूरी मृग की नाभि में रहती है, लेकिन वह इस रहस्य को नहीं जानता इसलिए वह दर-दर भटकता है, पर उसे कस्तूरी नहीं मिलती। उसी प्रकार ईश्वर हर जगह और हर वस्तु में व्याप्त है, फिर भी हमें ईश्वर नहीं मिलते, क्योंकि हमें यह विश्वास नहीं होता। नतीजा हम ईश्वर की खोज में मन्दिर, मस्जिद, चर्च, गुरुद्वारे की खाक छानते रहते हैं। यही जीवन का सबसे बड़ा रहस्य है कि ईश्वर सर्वव्यापी है, फिर भी हम उन्हें नहीं ढूँढ़ पाते। इसका कारण है कि हम उन्हें अपने अन्दर नहीं, बाहर ढूँढ़ते हैं। कहने का अभिप्राय है कि आप ईश्वर की खोज में दुनिया की खाक न छानें, पूरे विश्वास, समर्पण एवं अर्न्तमन से अपने अन्दर ढूँढ़े। ईश्वर आपको जरूर मिलेंगे। हम सभी जानते हैं कि शांति पाने का रहस्य, प्यार, सहयोग, सद्भाव, क्षमा, त्याग में छुपा होता है। दुर्भावनाओं से ऊपर उठ कर दूसरों का कल्याण करने में छुपा होता है, परन्तु हम आपस में लड़ते-झगड़ते रहते हैं। ईर्ष्या-द्वेष, लोभ-लालच में लीन रहते हैं, खुद को श्रेष्ठ और दूसरों को नीचा दिखाने में लगे रहते हैं। इस स्थिति में हम शांति पाने के रहस्य को कैसे समझ पाएँगे? जब हम उपर्युक्त मार्ग पर नहीं चलेंगे, तो अशान्ति की उलझन में उलझते चले जाएँगे। हम बहुत सारे रहस्यों से बाहर निकल जीवन को सहज बना सकते हैं। परन्तु दुर्भाग्य की बात है कि हम नकारात्मक सोच, समय का दुरुपयोग, आत्मविश्वास की कमी एवं निरर्थक कर्मों में उलझे रहने के कारण उन रहस्यों से बाहर नहीं निकल पाते हैं।

याद रखें—

जिन्दगी रहस्यों में उलझने का नाम नहीं, रहस्यों से बाहर निकलने का नाम है।

जैसे—हमें मालूम है कि सफलता प्राप्ति का रहस्य लक्ष्य निर्धारण, दृढ़ इच्छाशक्ति, आत्मविश्वास, समय-प्रबन्धन एवं कड़ी मेहनत है। अगर हम इन बातों पर ध्यान न देकर भाग्य के भरोसे बैठे रहें तो असफलता से बाहर निकलने के रहस्य को कैसे सुलझा पाएँगे? हमें इस रहस्य को समझना होगा कि भाग्य के भरोसे बैठे रहने से सफलता नहीं मिलेगी। हमें सफलता मिलेगी कड़ी मेहनत, समर्पण एवं दृढ़ इच्छाशक्ति से। जो व्यक्ति इस रहस्य को जानते हैं, वे सफल होते हैं और जो नहीं जानते हैं, वे असफल। आपने देखा होगा कि आपके साथ रहनेवाला, खानेवाला, पढ़नेवाला कोई व्यक्ति सफलता की ऊँचाइयों को छूता है और आप जहाँ खड़े थे, वहीं रह जाते हैं। ध्यान रखें—अच्छा बनने एवं अच्छा करने का रहस्य सकारात्मक सोच और कड़ी मेहनत है। हम क्या खोएँ और क्या पाएँ? परमपिता परमेश्वर की खोज कैसे और कहाँ करें? हम जीवन को स्वर्ग बनाएँ कि नरक, इन बातों पर मनन नहीं करते और निरर्थक बातों में उलझे रहते हैं। यही कारण है कि हम जीवन एक रहस्य का सार तत्त्व नहीं समझ पाते।

याद रखें—

जो व्यक्ति 'जीवन : एक रहस्य' के सार तत्त्वों को समझ पाते हैं, वे ही जीवन का औचित्य साकार करने में सफल होते हैं।

कहने का आशय है कि सफल और असफल व्यक्ति के बीच अन्तर का मुख्य कारण जीवन एक रहस्य को समझने और नहीं समझने का है। जो व्यक्ति अपने विवेक, समय और ऊर्जा का सदुपयोग सफलता के रहस्य के साथ-साथ जीवन एक रहस्य को समझने में करते हैं, वे ही विभिन्न रहस्यों से पर्दा उठाने में सफल होते हैं। ऐसे व्यक्ति किसी भी कार्य को कल पर नहीं टालते, क्योंकि उन्हें मालूम होता है कि हमारे हाथ में कल नहीं, आज है। वे आज का सदुपयोग कर वर्तमान की नींव को मजबूत बनाते हैं तथा भविष्य सँवारने की रणनीति बनाते हैं। ऐसे व्यक्ति ही असफलता के रहस्य से बाहर निकल सुखद जिन्दगी जीने में सफल होते हैं। ठीक इसके विपरीत जो व्यक्ति समय की महत्ता नहीं समझते, अपने अन्दर निहित गुणों को नहीं निखारते, छुपी शक्तियों को नहीं पहचानते, वे संसाधनों की कमी एवं भाग्य का रोना रोते हैं। वे सफलता और असफलता के रहस्य में उलझ कर रह जाते हैं।

दोस्तो!—

सफलता प्राप्ति का रहस्य हमारे अन्दर है, बाहर नहीं।

जो व्यक्ति सफलता का रहस्य नहीं समझ पाते, वे सफलता की खोज में यत्र-

तत्र भटकते रहते हैं, फिर भी उन्हें सफलता नहीं मिलती। उन्हें इस बात का ज्ञान नहीं होता कि सफलता बाहर नहीं, व्यक्ति के अन्त:करण में छुपी होती है। आप इस रहस्य को समझें और इन रहस्यों से बाहर निकलें। यह जीवन रहस्यों से भरा पड़ा है। जैसे—मैं कौन हूँ? कहाँ से आया हूँ? क्यों आया हूँ? इस जीवन का उद्देश्य और औचित्य क्या है? जिस दिन हम इन प्रश्नों का उत्तर जान जाएँगे, जीवन एक रहस्य का मर्म समझ में आ जाएगा। परन्तु दुख की बात है कि हम इन प्रश्नों का उत्तर ढूँढ़ने में आजीवन भटकते रहते हैं, फिर भी इन प्रश्नों का उत्तर नहीं ढूंढ़ पाते। इसका कारण है कि हमारा मन इधर-उधर भटकता रहता है, डोलता और डगमगाता रहता है। हम जिन्दगी की सचाई और यथार्थ को स्वीकार नहीं करते और न ही इस अनमोल जीवन का मूल्य समझ पाते हैं। हमें खुद तथा ईश्वर प्रदत्त शक्तियों पर विश्वास नहीं होता। नतीजा, हम जीवन एक रहस्य की खोज में खुद को उलझा लेते हैं। यदि हम इन रहस्यों से बाहर निकलना चाहते हैं तो खुद तथा ईश्वर प्रदत्त शक्तियों पर विश्वास रखें, मन स्थिर करें, चित्त शांत रखें, विवेक जाग्रत करें और खुद का तार ईश्वर से जोड़े रखें। परिस्थितियों को परखें, चुनौतियों को स्वीकार करें और हर व्यक्ति एवं वस्तु से सीख लें। इस अनमोल जीवन का मूल्य, कार्य का मूल्य एवं समय का मूल्य समझें। अवसर की प्रतीक्षा नहीं, अवसर का निर्माण करें। आपको जीवन एक रहस्य का मर्म समझ में आ जाएगा। जीवन एक रहस्य के सन्दर्भ में सन्त कबीर जी की वाणी अति प्रसांगिक है—

मोको कहाँ तू ढूँढ़े रे बन्दे, मैं तो तेरे पास में।
न मैं काशी, न मैं मथुरा, न काबा कैलास में॥

हे बन्दे! तुम मुझे काशी, मथुरा, काबा या कैलाश में क्यों ढूँढ़ रहे हो? व्यर्थ में अपना कीमती समय क्यों बर्बाद कर रहे हो? दुनिया की खाक क्यों छान रहे हो? मैं तो तुम्हारे पास हूँ। यह जानते हुए भी कि मैं तुम्हारे पास और तुम्हारे साथ हूँ, फिर भी तुम मुझे ढूँढ़ने के लिए दर-दर भटक रहे हो। तुम इस रहस्य को समझो। जो तुम्हारे पास है, उसकी खोज दूर जाकर कर रहे हो और जो दूर है, उसे अपने पास खोज रहे हो। यही कारण है कि तुम इस रहस्य से पर्दा नहीं उठा पा रहे हो। जिस दिन तुम स्वयं को जान लोगे, इस रहस्य से पर्दा उठा दोगे, ईश्वर तुम्हें मिल जाएँगे।

इसी सन्दर्भ पर सन्त कबीर जी ने कहा है—

माला फेरत जुग गया, मिटा न मन का फेर।
कर का मनका छाड़के, मन का मनका फेर॥

हर व्यक्ति सुखद एवं सफल जिन्दगी जीना चाहता है, परन्तु इसके लिए कारगर प्रयास नहीं करता। उन्हें सुखद एवं सफल जिन्दगी जीने का रहस्य मालूम नहीं होता।

उनके जीवन का कोई लक्ष्य नहीं होता। उनका लक्ष्य आज कुछ और कल कुछ होता है। इसी प्रकार अधिकांश व्यक्ति का इष्टदेव आज कोई तो कल कोई और होता है। इसका कारण है कि वे खुद भ्रमित रहते हैं। उन्हें खुद और ईश्वर प्रदत्त शक्तियों पर विश्वास नहीं होता। यही कारण है कि वे जीवन के रहस्य को सुलझाने के बजाय उलझ कर रह जाते हैं। ध्यान रखें—जीवन के रहस्यों को जानना असम्भव नहीं, सम्भव है। परन्तु इसके लिए हमें खुद का मूल्य, जीवन का मूल्य, कर्म का मूल्य एवं समय का मूल्य समझना होगा, जिन्दगी जीने का गुर सीखना होगा। अपने मन पर काबू रखना होगा और आत्मविश्वास को जाग्रत कर निहित गुणों को निखारना होगा। दुर्भावनाओं से बाहर निकल, सदगुणों को धारण करना होगा। व्यक्तित्व को सुन्दर बनाना होगा। अनुशासन जैसे गुणों को विकसित कर दृढ़ इच्छाशक्ति एवं आत्मविश्वास के साथ आगे बढ़ेंगे तो जिन्दगी एक रहस्य से पर्दा उठाना आसान हो जाएगा।

हम सभी जानते हैं—जीवन में सुख-दुख, हर्ष-विषाद, मिलन-विरह, अमीरी-गरीबी अनेकों ऐसी अवस्थाएँ हैं, जिनका हमारे जीवन में अमिट महत्त्व है। इन अवस्थाओं से गुजरे बिना हम जीवन एक रहस्य का मर्म नहीं समझ पाएँगे। जिस प्रकार दिन-रात, सर्दी-गर्मी, शीत-बसन्त, शरद-पतझड़ का अपना महत्त्व है और इनका होना प्रकृति का रहस्य है, उसी प्रकार जीवन के विभिन्न रंग हैं और इन रंगों का आना-जाना भी एक रहस्य है। जो व्यक्ति इन रहस्यों को जानते और समझते हैं, वे विकट परिस्थिति में भी धैर्य नहीं खोते और न ही लक्ष्य से विचलित होते हैं। वे हमेशा खुद और दूसरों को अच्छे रंग में रंगने में लगे रहते हैं। जैसे—सुख और दुख जीवन की नियति है। यदि व्यक्ति के जीवन में केवल सुख ही सुख हो तो वह दुख का रहस्य एवं महत्त्व नहीं समझ पाएगा। इसी प्रकार किसी व्यक्ति के जीवन में केवल दुख ही दुख हो तो वह सुख का रहस्य नहीं समझ पाएगा। सुख और दुख का रहस्य समझने वाला व्यक्ति आम से खास बन जाता है। विभिन्न खोज एवं आविष्कार कर जाता है और विभिन्न रहस्यों की गुत्थी सुलझा जाता है। आप भी इन रहस्यों से सीख लें। प्रकृति में जितनी भी चीजें हैं, यथा—पेड़-पौधे, विविध जीव-जन्तु, खनिज सम्पदा, पहाड़, पठार, झील, झरने, नदियाँ सभी का होना अपने आप में एक रहस्य है। इन रहस्यों पर गौर करना और इन रहस्यों की खोज करना ही जीवन एक रहस्य है।

याद रखें—

जो व्यक्ति प्रकृति के इस रहस्य को समझ लेते हैं,
वे ही जीवन एक रहस्य का मर्म समझने में सफल होते हैं।

हमारे सन्तों एवं महात्माओं ने जीवन एवं प्रकृति के रहस्यों को समझा। ईर्ष्या-द्वेष, क्रोध, अहंकार जैसी दुष्प्रवृतियों से उपर उठे। यही कारण है कि सुख-दुख,

वैभव, विलासिता उन्हें छू नहीं पायी। उन्होंने हर परिस्थिति को समभाव से लिया तथा दुख की घड़ी को सुख की घड़ी से ज्यादा महत्त्वपूर्ण माना। उनके नजरिये में सुख की घड़ी में वैभव, विलासिता, आलस्य और अहं जैसी दुष्प्रवृत्तियाँ मनुष्य के अन्दर जन्म ले लेती हैं, जबकि दुख की घड़ी में ये दुष्प्रवृतियाँ न केवल समाप्त हो जाती हैं, बल्कि हमारी आँखों के पटल पर छाया तिमिर और अहंकार भी समाप्त हो जाता है। हमारे अन्दर, विनम्रता, सद्व्यहार, सहनशीलता, धैर्य, क्षमा, त्याग एवं साहस जैसे गुणों के साथ-साथ कुछ बेहतर करने की तमन्ना का उद्भव होता है, जो हमें जीवन के यथार्थ से परिचय कराता है।

याद रखें—

दुख आता है और चला जाता है,
मगर छोड़ जाता है, अनुभव की खूबसूरत कड़ियाँ।
सुख आता है और चला जाता है,
मगर छीन ले जाता है, सुख-चैन की घड़ियाँ॥

आप उक्त पंक्तियों के माध्यम से जीवन के रहस्यों को समझें। जीवन क्या है? सुख-दुख क्या है? यह जीवन हमें क्यों मिला? और इसका उद्देश्य क्या है? इन रहस्यों से बाहर निकलें तथा खुद का इतिहास रचें। ईश्वर ने हमें सोचने-समझने की शक्ति इसलिए दी है कि हम जीवन के रहस्यों को जानें-समझें और उत्पन्न हालातों पर विचार करें। सही-गलत, न्याय-अन्याय, उचित-अनुचित के सन्दर्भ पर विचार कर समुचित निर्णय लें। न्याय-अन्याय के बिन्दु पर न्याय का साथ दें और जीवन मूल्यों की कसौटी पर खरा उतरें। आप उपर्युक्त बातों को जीवन में आत्मसात् करके देखें, आपको जीवन एक रहस्य का मर्म समझ में आ जाएगा।

आप खुद सोचें और बताएँ—समस्त मानव को ईश्वर ने बनाया है, परन्तु हर व्यक्ति को ईश्वर ने अलग-अलग विशेषताओं से अलंकृत किया है। ऐसा भी नहीं है कि ईश्वर ने एक ही व्यक्ति में सारी विशेषताएँ भर दीं और ऐसा भी नहीं है कि सभी व्यक्तियों में एक जैसी ही विशेषताएँ भर दीं है। हर व्यक्ति को अलग-अलग विशेषताओं से परिपूर्ण करना भी सृष्टि का एक रहस्य है। अगर ईश्वर ने सभी व्यक्तियों में एक जैसी ही विशेषताएँ दी होतीं, तो स्थिति क्या होती? ऐसी स्थिति में हमारे समक्ष दो परिस्थितियाँ उत्पन्न हो सकती हैं।

पहली स्थिति : हमें एक-दूसरे की आवश्यकता महसूस नहीं होती और उस स्थिति में सृष्टि का शाश्वत नियम बेकार तथा सृष्टि का विकास रुक जाता।

दूसरी स्थिति : यदि सभी व्यक्तियों की आवश्यकता एक जैसी होती, तो आपसी विवाद एवं कलह उत्पन्न होता, जो सृष्टि के प्रलय का कारण बनता।

इस प्रकार दोनों स्थिति में सृष्टि के उद्भव एवं सन्तुलन का रहस्य समाप्त हो

जाता। अतः सृष्टि के शाश्वत नियम को कायम रखने के लिए जीवन के रहस्यों को जानना अति महत्त्वपूर्ण है, अन्यथा आप जीवन एक रहस्य के उलझन में उलझ कर रह जाएँगे।

आइए! इस सन्दर्भ पर मैं आपको एक रोचक प्रसंग सुनाता हूँ। एक दिन मेरी धर्मपत्नी ने कहा—कितना अच्छा होता कि ईश्वर ने मानव को पेट नहीं दिया होता। पेट नहीं दिया होता तो भूख नहीं लगती। भूख नहीं लगती तो खाना बनाना नहीं पड़ता और न ही कोई कार्य करना पड़ता। हमें जितने भी कार्य करने पड़ते हैं, पेट के चलते ही करने पड़ते हैं। बहुधा लोग ऐसा सोचते हैं, लेकिन ऐसा सोचना नकारात्मकता है। आप खुद सोचें यदि पेट नहीं होता, तो प्रायः व्यक्ति कोई कार्य नहीं करता। वे खुद की दुनिया में मशगूल रहते तथा दुनिया में विकास की गति रुक जाती। इस दुनिया में हमारे रहने का कोई औचित्य नहीं होता। हमें जीवन के रहस्यों को जानने-समझने की जरूरत नहीं होती और न ही जिन्दगी की बाजी जीतने या हारने का कोई अभिप्राय होता। मेरा मानना है कि आप जीवन की बाजी जीतना या हारी हुई बाजी को जीत में बदलना चाहते हैं, तो सफलता के गूढ़ रहस्यों को समझना होगा, जिन्दगी जीने की कला सीखनी होगी तथा इसके लिए निम्न कार्य करें—

- जीवन का सार्थक लक्ष्य निर्धारित करें।
- निर्धारित लक्ष्य के बारे में सोचें-विचारें।
- कार्य एवं समय योजना बनाएँ।
- व्यर्थ की बातों में उलझने के बजाये रचनात्मक बनें।
- सकारात्मक दृष्टिकोण अपनाएँ।
- जीवन मूल्यों को समझें।
- व्यक्तित्व को सुन्दर बनाएँ।
- कार्य एवं समय मूल्य की महत्ता समझें।
- रचनात्मक कार्यों में अपना समय एवं ऊर्जा लगाएँ।
- प्रकृति के नियमों से सीख लें।
- स्वयं के अन्दर निहित गुणों को निखारें।

यही जीवन का रहस्य है और इन रहस्यों को जानकर ही आप सुखद एवं सफल जिन्दगी जी सकते हैं। इसके लिए जरूरी है खुद को संयमित एवं नियंत्रित रखना। आत्म-सुख, आत्म-आनन्द एवं आत्म-शांति की प्राप्ति करते हुए जीवन का औचित्य साकार करना। जिस दिन आप मन में उठ रहे नकारात्मक विचारों को त्याग कर उत्पन्न झंझावातों एवं तूफान को वश में कर लेंगे, बाहरी तूफान आपका कुछ भी नहीं बिगाड़ पाएगा। आप चित्त को एकाग्र रखें और मधुर बन जाएँ। विनम्र रहें और झुकना सीखें। गिरे हुए को उठाने का प्रयास करें। धैर्य एवं संयम रखें और ज्ञान

को विवेक में बदलें। आप ऐसा करके देखें—आपको जिन्दगी का रहस्य सुलझता हुआ दिखाई देगा।

याद रखें—

उद्यम, तेज, साहस, विश्वास, शक्ति, पराक्रम और युक्ति जीवन को समझने के सात रहस्य हैं। जो व्यक्ति इन रहस्यों को जान लेते हैं, वे जिन्दगी की हर समस्या का निराकरण करने तथा जीवन एक रहस्य से परदा उठाने में सफल होते हैं।

स्मरण रहे—एक न एक दिन इस जीवन का अस्तित्व मिट जाना है। मृत्यु ध्रुव सत्य है, जो प्रतिक्षण आपका पीछा करती रहती है। आप जीवन के प्रत्येक क्षण का सदुपयोग रचनात्मक कार्यों में करें, इसी में सफलता का रहस्य छिपा है। आपके चारों ओर मायूसी, निराशा आलस्य, अर्कमण्यता, उत्साहहीनता एवं नकारात्मक नजरिया मंडरा रहा है, जो आपको अपने आगोश में लेने के लिए बेचैन है। आप इसे अपने पास फटकने न दें, नहीं तो नकारात्मक परिस्थितियाँ आपको अपने आगोश में ले लेंगी, आप जीवन के अर्थहीन रहस्य में उलझ कर रह जाएँगे। ध्यान रखें—

किसी भी समस्या का उद्‌भव हमारी दुर्बलता के कारण होता है, इसमें भाग्य का कोई दोष नहीं होता।

भाग्य भी इसी इंतजार में आपके आस-पास खड़ा रहता है कि आप कुछ करें। जब आप अच्छा करते हैं, तो भाग्य आपके गले में सफलता की माला डाल देता है और बुरा करते हैं तो भाग्य वहाँ से खिसक जाता है। अत: भाग्य की उलझन में उलझने के बजाय कर्मवीर बनें, अन्यथा सफलता आपके लिए रहस्य बन कर रह जाएगी।

याद रखें—

यह जीवन रहस्यों में उलझने के लिए नहीं, बाहर निकलने के लिए मिला है। आप इन रहस्यों को जानें-समझें और बाहर निकलने का मार्ग प्रशस्त करें।

दोस्तो! मेरा सुझाव है कि आप पृथ्वी पर आए हैं, तो 'जीवन एक रहस्य' का मर्म समझें। प्रकृति के रहस्यों से सीख लें और कुछ ऐसा करके जाएँ, जिसे पूरी दुनिया याद रखे। भारत की धरती पर बहुत सारे ऋषि-मुनि, सन्त-महात्मा अवतरित हुए हैं, जिन्होंने जीवन के विभिन्न रहस्यों को उजागर कर लोगों को नई राह दिखायी और अपना नाम इतिहास के पन्नों पर स्वर्णाक्षरों में लिख गए। आप भी ऐसा कर सकते हैं।

सुखद एवं आदर्श जीवन के सात सोपान

Seven Steps of Pleasant & Ideal Life

मानव जीवन विधाता प्रदत्त अनुपम उपहार है, जो दुनिया के समस्त प्राणियों में श्रेष्ठ, अद्‌भुत और अद्वितीय है। इसके अतिरिक्त अन्य सभी प्राणी खुद को पोषण, श्वसन, प्रजनन, संचरण जैसी क्रिया-कलाप तक सीमित रख पाते हैं। वहीं मनुष्य अपने बुद्धि और विवेक के सहारे जल-थल-नभ में अपनी अद्वितीयता और विशिष्टता का पताका फहराता दिखाई देता है। अपनी सकारात्मक ऊर्जा, प्रेम, सहिष्णुता, उदारता, क्षमा, त्याग, दया, करुणा और सेवा भाव जैसे गुणों से युक्त मनुष्य, देवताओं से भी श्रेष्ठ होने का अधिकारी होता है। वह समाज के लिए आदर्श का प्रतिमान स्थापित करता है तथा अनेक आश्यचर्यजनक एवं उत्कृष्ट कार्य कर राष्ट्र और विश्व के इतिहास में अनुकरणीय एवं अविस्मरणीय बन जाता है। इसके विपरीत नकारात्मक सोच एवं दुर्गुणों से युक्त मनुष्य पशु से भी काफी नीचे गिरकर घृणा एवं उपेक्षा का प्रतीक बन जाता है।

याद रखें—

मनुष्य के न उठने की सीमा है और न ही गिरने का अन्त। वह दुर्भावनाओं से ऊपर उठकर और सद्‌गुणों को धारण कर राम, कृष्ण, गौतम बुद्ध, गांधी, महावीर एवं ईसा मसीह बन सकता है, तो दुर्भावनाओं को धारण कर राक्षस का पर्याय बन जाता है।

मानव प्राणी को खुद की श्रेष्ठता तथा आदर्श का प्रतिमान स्थापित करने के लिए अपने जीवन में कतिपय विशिष्ट गुणों को धारण करना होता है। ये विशिष्ट गुण कहीं बाहर नहीं, उसके अन्दर होता है। जो व्यक्ति यह जान और पहचान लेते हैं, उसे बाहर निकाल लेते हैं, वे श्रेष्ठ बन जाते हैं। जन्म से सभी मनुष्य एक ही समान होते है—न कोई विद्वान होता है, न कोई मूर्ख। न कोई दयालु होता है, न कोई कृपण, न कोई श्रेष्ठ होता है और न कोई तुच्छ, किन्तु जन्मोपरान्त वह जिस परिवार, समाज, देश, परिस्थिति और संगत में परवरिश पाता है, धीरे-धीरे उसमें उन्हीं के गुण समाविष्ट होते जाते हैं। कवि रहीम का यह दोहा इस बात की गवाही देता है—

कदली, सीप, भुजंग-मुख, स्वाती एक गुण तीन।
जैसी संगति बैठिए, तैसोई फल दीन॥

कहने का अभिप्राय है कि जैसी संगत, वैसा गुण। यह जीवन अनमोल है और मही पर स्थित समस्त प्राणियों में श्रेष्ठ है, तो इसकी अनमोलता एवं श्रेष्ठता को बनाए रखने की जिम्मेवारी भी हमारी है। परन्तु दुख की बात है कि हम इसके लिए कारगर उपाय नहीं करते। खुद के कृत्यों एवं गुणों की समीक्षा नहीं करते। गलतियों को स्वीकार कर उसे दूर नहीं करते और अपनी श्रेष्ठता की बखान करते हैं। ऐसे व्यक्ति का अपना कोई आदर्श नहीं होता और न ही वह सफल व्यक्ति से सीख ले पाता है। अगर आप सफल एवं आदर्श जीवन जीना चाहते हैं तो खुद को पहचानें और जीवन की अनमोलता को साकार करें।

आइए, हम यह विचार करें कि हमारा जीवन अनमोल और श्रेष्ठ है तो कैसे? क्या हम इसकी अनमोलता एवं श्रेष्ठता को साकार कर पा रहे हैं? क्या हम खुद का औचित्य साबित कर पा रहे हैं? क्या हम मानवीय मूल्यों को जानते हैं और उन मूल्यों पर चलते हैं? क्या हमें जीवन मूल्य के साथ-साथ अन्य मूल्यों की समझ है? क्या हमारी जीवन-शैली दूसरों के लिए आदर्श एवं अनुकरणीय है? क्या हमें सफल एवं आदर्श जीवन का अर्थ एवं औचित्य मालूम है? क्या हम अपने कर्तव्यों एवं दायित्वों को जानते हैं और उसका निर्वहन ईमानदारीपूर्वक करते हैं? क्या हमें कर्म एवं समय का मूल्य मालूम है? क्या हमारा कृत्य सार्थक और मूल्यों के अनुरूप है? क्या हमारा कर्म निष्काम और अन्य प्राणियों के हितार्थ है? क्या हमने अपने जीवन का मापदंड निर्धारित किया है? क्या हमें जीवन जीने की कला आती है? अगर हमें उपर्युक्त बातों की समझ है तो हम अनमोल हैं। अगर नहीं है, तो हम अनमोल और अन्य प्राणियों से श्रेष्ठ नहीं हैं। ऐसी स्थिति में हमें खुद की अनमोलता एवं श्रेष्ठता साबित करने के लिए उपर्युक्त प्रश्नों पर गम्भीरतापूर्वक मनन करने की जरूरत है।

ईश्वर ने हमें चेतना इसलिए दी है कि उपर्युक्त सन्दर्भ पर हम सोचें-समझें, और खुद की सार्थकता साबित करें। सफल एवं आदर्श जीवन का पैरामीटर निर्धारित करें और उसे अमल में लाएँ। जब हम उपर्युक्त प्रश्नों पर सोच-समझकर लक्ष्य का निर्धारण करेंगे, क्या करें और क्या नहीं करें का निर्णय लेंगे, खुद तथा ईश्वर प्रदत्त शक्तियों पर विश्वास करेंगे, और निहित शक्तियों की परीक्षा लेंगे, तब हम जीवन को सुन्दर, सफल एवं आदर्श बना पाएँगे। अगर हम ऐसा नहीं करते तो जीवन की अनमोलता एवं श्रेष्ठता पर प्रश्नचिह्न खड़ा करते हैं। हमें महापुरुषों की जीवन-शैली से सीख लेने की जरूरत है कि उनके अन्दर वे कौन-कौन से गुण हैं, जो मेरे अन्दर नहीं है। हमें खुद के कृत्य एवं व्यवहार की समीक्षा करने की जरूरत है कि हमारे अन्दर खामियाँ क्या हैं? उन खामियों को दूर करके ही हम खुद को आदर्श स्थापित कर सकते हैं।

आप गौर करें, तो पाएँगे कि इस दुनिया में जितने भी व्यक्ति सन्त, महात्मा हुए हैं,

उन्हें मूल्यों की समझ थी, कर्तव्य एवं दायित्व का बोध था और जीवन का औचित्य मालूम था। वे खुद का और दूसरों का मूल्य समझते थे। आप भी महापुरुषों की श्रेणी में शामिल होना चाहते हैं तो खुद को जानें-पहचानें। मूल्यों की महत्ता समझें और खुद की सार्थकता साबित करें। इन बातों को जानकर और उसकी सार्थकता साबित करके ही आप सफल एवं आदर्श जीवन जी सकते हैं। परन्तु दुख की बात है कि अधिकांश व्यक्ति उपर्युक्त बातों पर विचार ही नहीं करते और जो मन में आता है, वही करते हैं। ऐसे व्यक्ति खुद के जीवन का पैरामीटर निर्धारित नहीं करते, लेकिन दूसरों का पैरामीटर निर्धारित करने में अपना समय एवं ऊर्जा बर्बाद करते रहते हैं।

जरा सोचें—जब हम दैनिक जरूरतों की चीजें अर्थात् आटा, सब्जी, कपड़ा वगैरह खरीदने बाजार जाते हैं तो उसकी क्वालिटी एवं क्वांटिटी की जाँच विभिन्न पैरामीटर पर करते हैं। तदुपरान्त उन वस्तुओं को खरीदते हैं। जब हम कोई भी वस्तु बिना जाँचे-परखे, समझे नहीं खरीदते तो इस जीवन की अनमोलता को बनाए रखने के लिए खुद का मापदंड क्यों नहीं निर्धारित करते? यदि हम खुद के बारे में नहीं सोचेंगे तो दूसरे हमारे बारे में क्यों सोचेंगे? सोचना हमारा धर्म एवं कर्म है। कहने का आशय स्पष्ट है कि जब हम अपनी जरूरत की छोटी-छोटी चीजें खरीदने में उसकी गुणवत्ता की जाँच विभिन्न पैरामीटर पर करते हैं तो यह अनमोल जीवन, जिसकी सार्थकता खुद और दूसरों के लिए महत्त्वपूर्ण है, जिसकी उपलब्धि युग-युगान्तर तक अमिट हो सकती है, जिसके आदर्श दूसरों के लिए उदाहरण बन सकते हैं तो फिर हम इस जीवन को सफल बनाने के लिए खुद का पैरामीटर क्यों नहीं निर्धारित करते? यह कितने आश्चर्य की बात है कि दुनिया की हर वस्तु का पैरामीटर हम तय करते हैं, लेकिन खुद सफल एवं आदर्श जीवन कैसे जिएँ? इसका पैरामीटर तय नहीं करते। इसका कारण है कि हम निरर्थक बातों में उलझे रहते हैं, और व्यर्थ में अपना कीमती समय एवं ऊर्जा जाया करते रहते हैं। ऐसे व्यक्ति कार्य करने में नहीं, होने में विश्वास रखते हैं। वे खुद का मूल्य नहीं समझते, फिर भी कहते हैं, मैं श्रेष्ठ हूँ।

दोस्तो! याद रखें—

श्रेष्ठ कहने से व्यक्ति श्रेष्ठ नहीं हो जाता, बल्कि श्रेष्ठ बनना होता है।

इसमें कोई सन्देह नहीं कि ईश्वर की इस सर्वश्रेष्ठ कृति के अन्दर अपरिमित शक्ति (Unlimited power) और प्रतिभा छुपी होती है, परन्तु इसे पहचानने एवं निखारने का कार्य आपका है। सुखद, सफल एवं आदर्श जीवन जीने तथा खुद की श्रेष्ठता साबित करने का कार्य आपका है, कीमती समय का सदुपयोग करने की जिम्मेवारी आपकी है। आपका हर कृत्य खुद, परिवार और समाज के लिए महत्त्वपूर्ण हो, इसका ध्यान आपको रखना है। क्या करना उचित और क्या करना अनुचित है, इसका निर्णय भी आपको लेना है। आपके अन्दर बेहतर करने, बेहतर पाने, समुचित

निर्णय लेने, असम्भव को सम्भव कर दिखाने की शक्ति निहित है। इन शक्तियों की परीक्षा आपको लेनी है और इसकी सार्थकता आपको ही सिद्ध करनी हैं। अगर आप ऐसा नहीं करते तो आप सुखद एवं आदर्श जीवन नहीं जी सकते। ऐसी स्थिति में यह अनमोल जीवन भी निरर्थक बन जाएगा। अतः मेरा आपसे विनम्र अनुरोध है कि खुद को जानें-पहचानें और ईश्वर प्रदत्त शक्तियों पर विश्वास रखते हुए वह कर डालें, जिसे दुनिया याद करें।

मेरे विचार से आप सुखद एवं आदर्श जीवन जीना चाहते हैं। दूसरों के लिए उदाहरण एवं उदात्त बनना चाहते हैं। सुन्दर व्यक्तित्व का मालिक और जीवन की सार्थकता साबित करना चाहते हैं तो खुद का पैरामीटर तय करें। जीवन का पैरामीटर निर्धारित करते समय निम्न प्रश्नों पर विचार करें—

- हम सुन्दर व्यक्तित्व का मालिक कैसे बनें?
- खुद की सार्थकता कैसे साबित करें?
- हमारी जीवन-शैली आदर्श एवं उन्नत कैसे हो?
- हमारा कृत्य, आचरण, व्यवहार, विचार उत्तम कैसे हो?
- हम क्या करें और क्या नहीं करें?
- हमारे कृत्य की प्रसांगिकता खुद और दूसरों के लिए महत्त्वपूर्ण कैसे हो?
- हमारे जीवन का उद्देश्य एवं औचित्य क्या हो?
- क्या हमें जीवन मूल्य, कार्य मूल्य एवं समय मूल्य की समझ है?
- क्या हम इन मूल्यों पर खरे उतर पा रहे हैं?

उपर्युक्त प्रश्नों पर गम्भीरतापूर्वक विचार करने की जरूरत है, ताकि हम खुद की श्रेष्ठता साबित कर सकें। हमें इन प्रश्नों का उत्तर जानने के लिए जीवन के पैरामीटर निर्धारित करने होंगे। निर्धारित पैरामीटर पर चलकर खुद की सार्थकता साबित करनी होगी, ताकि हमारी अलग पहचान हो। समुचित मान-सम्मान मिले और सर्वत्र हमारी प्रशंसा हो। ध्यान रखें

हम मानवीय मूल्यों पर खरे उतरकर ही एक अच्छे नागरिक बन सकते हैं।

हम अपनी जिन्दगी हर्ष, उल्लास एवं उमंग के साथ जी सकते हैं और दूसरों को खुशी एवं आनन्द दे सकते हैं। दोस्तो! यह जीवन बोझ नहीं, अनमोल है, खुशबू है, सुन्दर है। इसकी अनमोलता को जानें और छुपे सौन्दर्य को पहचानें। छुपी शक्तियों को बाहर निकालें। उसकी परीक्षा लें तथा खुद प्रकाशित होकर दूसरों को प्रकाशित करें। ऐसा करने के लिए आप खुद का पैरामीटर निर्धारित करें, ताकि आप खुद की श्रेष्ठता साबित कर सकें।

मेरे विचार से सुखद एव आदर्श जीवन जीने, खुद की सार्थकता साबित करने

तथा जीवन का औचित्य साकार करने के लिए सात सोपान निम्न हैं—

जीवन-शैली (Life Style)
शिक्षा (Education)
व्यक्तित्व निर्माण (Personality formation)
मूल्यों की समझ (Understanding of values)
व्यवसाय (Profession)
कर्तव्य एवं दायित्व (Duties & Responsibilities)
अतिरिक्त क्रियाकलाप (ExtraCurricular activities)

जीवन-शैली (Life Style)

सफल एवं आदर्श जीवन जीने का प्रथम सोपान जीवन-शैली है। यह हमारे बारे में बहुत कुछ कह जाता है। अत: विचारणीय बिन्दु यह है कि जीवन-शैली क्या है और हमारी जीवन-शैली कैसी हो? मेरे विचार से जीवन-शैली का तात्पर्य किसी व्यक्ति के जीने का ढंग, रहने का ढंग, चलने का ढंग, बोलने का ढंग, कार्य करने का ढंग और व्यवहार करने का ढंग है। वह खुद और दूसरों के प्रति कितना नियमित, संयमित एवं अनुशासित हैं, उसके कार्य करने का तरीका कितना उत्कृष्ट एवं आदर्श है। वह कितना व्यवहार कुशल है और वाणी कितनी संयमित एवं मिठास से परिपूर्ण है। उसका व्यक्तित्व कितना सुन्दर, सुशील एवं आकर्षक है। उसका आचरण कितना शालीन, शिष्ट एवं अनुकरणीय है, आदि बातें जीवन-शैली से प्रदर्श होती हैं। उपर्युक्त सन्दर्भ के आधार पर ही हम किसी व्यक्ति की जीवन-शैली की चर्चा करते हैं और कहते हैं—अमुक व्यक्ति की जीवन-शैली अच्छी है या बुरी है? उसे जीने और रहने का ढंग मालूम है या नहीं? उसका व्यवहार और कार्य करने का ढंग अच्छा है या बुरा? उसे बोलने की कला आती है या नहीं? उसे जीवन के विभिन्न क्रियाकलापों की जानकारी है या नहीं? यदि उसे उपर्युक्त बातों की समझ है तो हम कहते हैं कि उसे जीने का ढंग मालूम है और उपर्युक्त बातों की समझ जिनको नहीं है, उन्हें हम बेढंगा कहते हैं।

सही मायने में किसी व्यक्ति की जीवन-शैली उसके कुशल व्यवहार, उत्तम विचार, अच्छा रहन-सहन, सभ्यता एवं संस्कृति का ज्ञान है, जो समूह की संस्कृतियों, रुचियों, विचारों की अभिव्यक्ति का माध्यम है। यह मूर्त या अमूर्त कारकों को निर्धारित करने का एक संयोजन है। मूर्त कारक किसी व्यक्ति का चाल-चलन, रहन-सहन, पहनावा, भाषा इत्यादि है तो अमूर्त कारक व्यक्तिगत मूल्यों, प्राथमिकताओं का निर्धारण, नैतिकता और दृष्टिकोण है। हम किसी व्यक्ति की जीवन-शैली को देखकर ही उस व्यक्ति का दृष्टिकोण, जीने, रहने और बोलने का ढंग, आचरण, व्यवहार, समझदारी, मूल्यों की समझ तथा उसके कर्तव्य एवं दायित्व बोध की समझ होने

या न होने की जानकारी प्राप्त कर लेते हैं। यह खुद एवं दूसरों को जानने-समझने और सामाजिक, सांस्कृतिक पहचान बनाने का साधन है। परन्तु, दुख की बात है कि आधुनिक समाज में व्यक्ति की पहचान जीवन-शैली से नहीं, उत्पादों या सेवाओं में कौन कितना आगे है, से होती है।

अगर हम वर्तमान जीवन-शैली की बात करें, तो किसी व्यक्ति की जीवन-शैली के मानदंड निम्न अवधारणाओं पर निर्धारित किए जाते हैं—

- किसी व्यक्ति की आधुनिक संस्कृति के प्रति कितनी समझ है?
- उसके व्यवहार कैसे हैं?
- वह कौन कार्य करता है और कार्य-स्थल पर कैसे जाता है—पैदल, निजी वाहन, महँगी कार या बस से?
- उसके पास वैभव विलासिता के कितने साधन हैं?
- उसके पास कितने बड़े बंगले, कितनी मंहगी गाड़ियाँ और कितनी जायदाद है?
- उसके वैयक्तिक विचार, सामाजिक, धार्मिक, राजनीतिक और अध्यात्म के सन्दर्भ में कैसे हैं?
- वह क्या खाता है और उसका पहनावा कैसा है?
- उसका स्वास्थ्य स्तर कैसा है और फिटनेस के लिए क्या करता है?
- उसके शौक और रुचि कितनी महँगी है?

कहने का आशय है कि वर्तमान समय में किसी व्यक्ति की जीवन-शैली का आकलन उसकी शान-शौकत और सम्पन्नता से किया जाता है। जबकि जीवन-शैली का तात्पर्य उत्तम चरित्र, कुशल व्यवहार, शिष्ट आचरण, मूल्यों की समझ, कर्तव्य एवं दायित्वों का बोध है। अच्छी जीवन-शैली का मतलब कदापि विलासितापूर्ण जिन्दगी जीना, कार-हवाई जहाज से चलना या धन, बल एवं शक्ति का प्रदर्शन करना नहीं होता है। सही मायने में उत्तम जीवन-शैली जिन्दगी जीने की उत्कृष्ट कला है।

शायद आपको नहीं मालूम—सादा जीवन, उच्च विचार एवं सुन्दर व्यक्तित्व ही जीवन-शैली की पहचान है। यह जीवन प्रकृति का दुर्लभ, अतिसुन्दर तथा सर्वश्रेष्ठ उपहार है। इसे सत्यं शिवम् सुन्दरम् के आधार पर जीने का प्रयास करें। यह सर्वविदित है कि मनुष्य एक चेतनशील प्राणी है और चेतनशील प्राणी होने के नाते यह हमारा दायित्व है कि हम जिन्दगी बेहतर ढंग से जिएँ। हमारी जीवन-शैली खुद के लिए आदर्श एवं दूसरों के लिए अनुकरणीय हो। आइए, हम बेहतर जीवन-शैली के सन्दर्भ पर निम्न प्रश्नों की विवेचना करें—क्या हमें जिन्दगी जीने की कला आती है? क्या हमारी जीवन-शैली से दूसरे खुश हैं? क्या हमारी जीवन-शैली की प्रशंसा दूसरे करते हैं? क्या हमारी जीवन-शैली दूसरों के लिए आदर्श एवं अनुकरणीय है? अगर उपर्युक्त बातें

हमारे व्यक्तित्व में शामिल हैं तो हमारा जीवन-शैली बेहतर है। हमें जिन्दगी जीने की कला आती है। अगर हमें यह कला नहीं आती है तो जीवन-शैली में सुधार लाने की जरूरत है। यदि हम बेहतर जीवन-शैली जीना चाहते हैं तो खुद से निम्न प्रश्न पूछें—

- क्या हमें जीने का ढंग मालूम है?
- क्या हमें रहने का ढंग मालूम है?
- क्या हमें बोलने का ढंग मालूम है?
- क्या हमें चलने का ढंग मालूम है?
- क्या हमारी जीवन-शैली खुद और दूसरों के लिए आदर्श है?
- क्या हमारी जीवन-शैली दूसरों के लिए सीख एवं अनुकरणीय है?
- क्या हमारी जीवन-शैली की प्रशंसा दूसरे करते हैं?

यदि उपर्युक्त प्रश्नों का उत्तर स्वीकारात्मक है तो हमारी जीवन-शैली उत्कृष्ट है और उत्तर नकारात्मक है तो जीवन-शैली में सुधार लाने की जरूरत है। मेरे विचार से जिन्दगी कैसे जिएँ? इस सन्दर्भ पर हम वैसी जिन्दगी जिएँ, जो दूसरों के लिए आदर्श एवं अनुकरणीय हो। हमारी जीवन-शैली उत्कृष्ट, प्रशंसनीय एवं अनुकरणीय हो। हमारी जीवन-शैली खुद और दूसरों को आनन्दित एवं प्रकाशित करती हो तथा आत्म-सुख, आत्म-आनन्द एवं आत्म-शान्ति प्रदान करती हो। कदापि हमारी जीवन-शैली धन, पद एवं बल के अहंकार में झूठी शान-शौकत दिखाने वाली न हो। दूसरों को रुलाने वाली न हो। परन्तु, दुख की बात है कि वर्तमान समय में अधिकांश लोग झूठी शान-शौकत, महँगी कार, महँगी पोशाक, कीमती जवाहरात, आलीशान बंगले में रहने को बेहतर जीवन-शैली मानते हैं। वे सिर्फ मानते ही नहीं, बल्कि ऐसी जीवन-शैली की चर्चा अपने परिवार और समाज में करते हैं।

आप खुद सोचें—झूठी शान बधारना, पद और धन का प्रदर्शन करना, महँगे कपड़े पहनना, महँगी गाड़ियों से चलना एवं आलीशान बंगले में रहना उत्कृष्ट जीवन शैली है तो लाल बहादुर शास्त्री प्रधानमंत्री होकर भी सादगीपूर्ण जीवन क्यों जीते? महात्मा बुद्ध राजमहल का वैभव छोड़कर भिक्षु नहीं बनते, राष्ट्रपिता महात्मा गाँधी कोट-पैंट उतारकर धोती नहीं पहनते। हमारे सन्त, महात्मा आधी धोती या लंगोटी पहनकर दुनिया को ज्ञान नहीं देते। मेरे विचार से जीवन-शैली का अर्थ है—'सादा जीवन, उच्च विचार।' साधारण रहन-सहन और उत्कृष्ट विचारों से खुद को सुन्दर बनाना ही आदर्श जीवन-शैली है। सादगीपूर्ण जीवन जीना तथा निहित धन एवं संसाधन का सदुपयोग दूसरों के कल्याणार्थ करना, अपने व्यवहार से दूसरों का दिल जीतना, आचरण शिष्ट रखना, अपने कृत्य से दूसरों का अहित नहीं करना तथा खुद को नियमित, संयमित एवं अनुशासित रखते हुए उत्तम विचारों से सुशोभित करना ही उत्कृष्ट जीवन-शैली का मूल मंत्र है।

आप गौर करें, तो पाएँगे कि हमारे ऋषि-महर्षि बड़ी-बड़ी अट्टालिकाओं या बहुमंजिली इमारतों में नहीं रहते थे। वे निर्जन स्थलों या जंगलों में कुटिया बनाकर रहा करते थे। उत्तम विचारों से परिपूर्ण, साधारण कपड़े पहना करते थे, परन्तु उनकी जीवन-शैली सुन्दर, उत्कृष्ट, आदर्श एवं दूसरों के लिए अनुकरणीय थी। उनके विचार समृद्ध और उन्नत थे। वे झोंपड़ी में रहकर और कंद मूल, फल-फूल या भिक्षा में प्राप्त सामग्रियों को खाकर जीवन यापन करते थे। फिर भी उन्होंने अपनी सादगी और उन्नत विचारों से पूरी दुनिया में ज्ञान की लौ प्रदीप्त की, दूसरों के परोपकार में अपनी पूरी जिन्दगी न्योछावर कर दी। यही कारण है कि वे आज भी हमारे लिए आदर्श एवं अनुकरणीय हैं। कुटियों में रहकर और कंद-मूल खाकर, उन्होंने ज्ञान रूपी प्रकाश की दिव्य धारा समस्त विश्व कल्याण के लिए प्रवाहित की। उन्होंने समाज को आदर्श जीवन-शैली की जो शिक्षा दी, वह आज की बहुमंजिली इमारतों एवं विभिन्न सुख-सुविधाओं से परिपूर्ण शिक्षण संस्थाएं नहीं दे पा रही हैं। प्राचीन काल में चल रहे संसाधनविहीन गुरुकुल अपने शिष्यों को न केवल सैद्धान्तिक ज्ञान, बल्कि व्यावहारिक ज्ञान की शिक्षा देते थे, ताकि वे बेहतर जीवन जी सकें। खुद का मूल्य और जीवन का औचित्य साकार कर सकें। गुरुकुलों में मूल्यों पर आधारित शिक्षा दी जाती थी, ताकि वे खुद और दूसरों का मूल्य समझ सकें। यही कारण है कि आज भी हम समाज में मर्यादा पुरुषोत्तम श्रीराम एवं नारी शक्ति के रूप में सीता-सावित्री जैसी देवियों की पूजा करते हैं। उन्हें उदाहरण के रूप में प्रस्तुत करते हैं और अपना आदर्श एवं पूज्य मानते हैं।

याद रखें—

आपका मकान सुन्दर हो या न हो, आपके रहने का ढंग सुन्दर होना चाहिए। आपका वस्त्र महँगा हो या न हो, साफ़-सुथरा होना चाहिए। आप किस साधन से चलते हैं यह महत्त्वपूर्ण नहीं है। आप कैसे, कहाँ और क्यों चलते हैं, आपके बोलने का ढंग कैसा है, आपकी वाणी में कितना ओज, तेज और मिठास है, बोलने का सन्दर्भ एवं बोलने की शैली कितनी अच्छी है, यह महत्त्वपूर्ण हैं। आपका धन, पद और पहनावा महत्त्वपूर्ण नहीं, महत्त्वपूर्ण है आपके विचार, चाल-चलन और रहन-सहन कितना उन्नत, व्यापक एवं सार्थक है और व्यवहार कितना सभ्य, शालीन एवं कुशल है।

याद रखें—

जैसे-तैसे जीवन जीना जिन्दगी नहीं है। खुद मुस्कराना और दूसरों को हँसाना ही जीवन है। अगर आपकी जीवन-शैली देखकर लोग प्रशंसा नहीं

करें और यह न कहें कि वाह! कितनी सुन्दर, आकर्षक एवं मनमोहक जीवन-शैली है, तो फिर जीने का क्या आनन्द?

वर्तमान समय में हर व्यक्ति आधुनिक बनना चाहता है और आधुनिक जीवन-शैली की बात करता है। आज की युवा पीढ़ी जीवन-शैली के प्रति संवेदनशील भी है। परन्तु दुख की बात है कि उन्हें जीवन-शैली का अर्थ एवं औचित्य मालूम नहीं है। आइए, हम यह जानने का प्रयास करें कि हमारी युवा पीढ़ी किस प्रकार की जीवन-शैली की बात करती है। उसे कैसी जीवन-शैली पसन्द है। आज की युवा पीढ़ी चाहती है कि उसके पास आलीशान बंगले, महँगे लिबास और महँगी गाड़ियाँ हों। यही कारण है कि उन्होंने दूसरों को दिखाने के लिए ऊँचे-ऊँचे मकान बना लिये, लेकिन घर नहीं बना पाए। मकान साफ करने के लिए दो-चार नौकर रख लिये, पर खुद के मन को साफ नहीं कर पाए। कीमती एवं ब्रांडेड कपडे पहनकर तन को सुन्दर बना लिया, पर मन को सुन्दर नहीं बना पाए। वे दूसरों से अच्छा व्यवहार नहीं करते, लेकिन दूसरों से अच्छे व्यवहार की अपेक्षा करते हैं। आने-जाने के लिए चौड़े-चौड़े मार्ग बना लिये, पर विचारों को संकीर्ण बना लिया। दिन-रात पैसों के पीछे भाग रहे हैं, लेकिन सुख-शान्ति नहीं मिल रही है। ढेर सारी चीजें खरीद कर डायनिंग रूम की शोभा बढ़ा ली, पर उन चीजों का आनन्द नहीं ले पा रहे हैं। डिग्रियाँ बहुत ले लीं, परन्तु उनका सदुपयोग नहीं कर रहे हैं। ज्ञान भी बहुत अर्जित कर लिया, लेकिन सही निर्णय लेने की क्षमता नहीं है। विभिन्न क्षेत्रों में निपुणता हासिल कर ली, लेकिन समस्याओं के जंजाल में घिरे हुए हैं। भौतिक सुख-सुविधाओं का अम्बार लगा लिया, लेकिन सुख-चैन, शान्ति नहीं है।

आधुनिक सुख-सुविधा के पीछे भाग रहे हैं, परन्तु खुशी, शांति एवं सन्तुष्टि नहीं है। दवाइयों की कोई कमी नहीं है, लेकिन स्वास्थ्य खराब रहता है। खाने-पीने की चीजें बहुत हैं, परन्तु शक्ति नहीं है। उन्होंने सुविधाएँ बहुत बढ़ा लीं, लेकिन उपभोग नहीं कर पा रहे हैं। महँगे मेकअप एवं फेस-वाश लगा लिया, लेकिन चेहरे की रौनक गायब है। देर रात तक जागते हैं और सुबह थकान के साथ उठते हैं। रहने की साज-सज्जा बढ़ा ली, लेकिन जीने का ढंग नहीं आया। चाँद पर जाकर लौट आए, परन्तु पड़ोसी से मिलने का समय नहीं मिलता। वे दिखाने के लिए हँसते हैं, पर चेहरे से मुस्कराहट गायब है। बाहर से वे खुश हैं, पर भीतर से टूटे और हारे दिखते हैं। हमने परमाणु बम बनाने पर विजय प्राप्त कर ली, लेकिन अहंकार से हार गए। हम पढ़ते-लिखते अधिक हैं, पर समझते कम हैं। हमने बहुत सारी योजनाएँ बना लीं, पर पूर्ण कम ही करते हैं। हम दूसरों को पढ़ते रह गए, परन्तु खुद को नहीं पढ़ पाए। आधुनिक बनने की होड़ में हमने नई-नई आदतें विकसित कर लीं, पर अपनी सनातन संस्कृति भूल गए।

आधुनिक सुख-सुविधा पाने की होड़ और झूठी शान-शौकत दिखाने के फेर में हम अपनी जमीन एवं जमीर दोनों बेच रहे हैं। आधुनिक सुविधाओं की प्राप्ति नहीं होने पर युवा तनाव एवं अवसाद के शिकार हो रहे हैं और इससे बचने के लिए नशे के गिरफ्त में आ रहे हैं। इस प्रकार का कृत्य उन्हें नरक में ढकेल रहा है। आज के युवाओं की जीवन-शैली का मुख्य अवयव है—फास्ट फूड, फास्ट यात्रा और फास्ट सुविधा। इसके लिए वे अपनी आय दोगुनी-चौगुनी बढ़ाने के लिए कुछ भी करने को तैयार हैं, पर मूल्यों को समझने को तैयार नहीं हैं। उनके लिए मूल्यों की समझ और रिश्तों की अहमियत नहीं, पैसा सबसे महत्त्वपूर्ण है। पैसा कमाने के लिए दिन-रात हाय-हाय कर रहे हैं परन्तु अपनों के लिए समय नहीं है। इस होड़ में वे नाते-रिश्ते खोते जा रहे हैं, सांस्कृतिक विरासत और आध्यत्मिक उपलब्धि भूलते जा रहे हैं। भौतिक सुख-सुविधा पाने की होड़ में वे इतने मशगूल हैं कि उन्हें दूसरा कुछ दिखता ही नहीं। वे जिस आधुनिक जीवन-शैली की बात कर रहे हैं, उसके पीछे कितनी भारी कीमत चुकानी पड़ रही है, शायद इस बात का अंदाजा उन्हें नहीं है।

दोस्तो! उठो, जागो! खुद का मूल्य समझो। यह जीवन बड़े ही सौभाग्य से प्राप्त हुआ है। यह ईश्वर की सर्वश्रेष्ठ कृति और अनुपम उपहार है। इसकी श्रेष्ठता साबित करने के लिए हमें शिष्ट, सभ्य, सुसंस्कृत बनना होगा और जिन्दगी जीने की कला सीखनी होगी। हमें खुद का आदर्श प्रस्तुत करना होगा तथा दूसरों के लिए उदाहरण बनना होगा। मधुर वाणी, विनम्र स्वभाव, शिष्ट आचारण एवं व्यवहार कुशलता से दूसरों के दिल जीतने होंगे। नाते-रिश्ते की अहमियत समझनी होगी, मानवीय एवं जीवन मूल्यों पर चलना होगा, अन्यथा गलत राह पर चलने का खमियाजा भी हमें ही भुगतना होगा। आधुनिक बनने की होड़ में आज हमारी जीवन-शैली खुद को खुद से, खुद को अपनों से और खुद को प्रकृति से दूर करती जा रही है। हम जीवन की सचाई, रिश्तों की अहमियत और वास्तविकता समझने को तैयार नहीं हैं। नतीजा, हम सत्य, धर्म और न्याय के मार्ग से भटकते जा रहे हैं। भौतिक सुख-सुविधा पाने की होड़ में आत्म-सुख, आत्म-आनन्द, आत्म-शान्ति से दूर तथा तनाव, अवसाद एवं चिन्ता के शिकार होते जा रहे हैं। इस प्रकार की जीवन-शैली खुद के लिए ही नहीं, पूरी मानव जाति के लिए नुकसानदेह है।

विभिन्न अध्ययनों से पता चलता है कि विगत कुछ वर्षों से युवा पीढ़ी के रहन-सहन में तेजी से बदलाव आया है, जिस कारण उनके जीवन में तनाव बढ़ा है। उमंग, उत्साह एवं उल्लास में कमी आई है। चिड़चिड़ापन, निराशा, तनाव और खालीपन हावी होने की वजह से, उनकी जीवन-शैली पर नकारात्मक प्रभाव पड़ा है। एक तरफ कार्य-बोझ का अत्यधिक दबाव एवं धन अर्जन की प्रवृत्ति तो दूसरी ओर बेरोजगारी एवं विलासितापूर्ण जीवन जीने की चाह व्यक्ति की आशा, उमंग एवं उत्साह को कम कर रहा है। अत्यधिक सुख-सुविधा प्राप्ति की चाह जीवन-शैली का

हिस्सा बनती जा रही है, जो तनाव का मुख्य कारण है। इस प्रकार की चाह एवं राह युवा पीढ़ी के लिए घातक एवं जानलेवा साबित हो रही है। तकनीकी संसाधनों की भरमार, कामकाज का बढ़ता दबाव और जीवन के प्रति बदलते दृष्टिकोण का असर युवाओं पर साफ दिखता है। वे परम्परागत जीवन-शैली को छोड़कर आधुनिकता के नाम पर कुछ भी करने को तैयार हैं, जिसका असर उनकी सेहत और जीवनयापन पर पड़ रहा है। वे आत्मकेन्द्रिता के शिकार होते जा रहे हैं। हाथ में मोबाइल फोन, कान में इयर फोन और डिस्को डांस एवं तेज संगीत की धुन पर थिरकते पैर, देर रात की पार्टियाँ, शराब, अफीम, चरस, सिगरेट का सेवन तथा लिव-इन-रिलेशनशिप को एक टश् मानती हुई आज की युवा पीढ़ी आधुनिकता और तकनीक दोनों की गिरफ्त में जकड़ चुकी है।

फेसबुक, वाट्सऐप, इंस्टाग्राम, ट्विटर और ऐसे ही कई सोशल नेटवर्किंग साइटों की गुलाम बनती युवा पीढ़ी की जीवन-शैली और सोच में व्यापक बदलाव आए हैं। हर हाथ में तेजी से पहुँच रहे स्मार्ट फोन और लगभग मुफ्त इंटरनेट सेवा ने उनकी जीवन-शैली में अद्‌भुत परिवर्तन लाकर तूफान खड़ा कर दिया है। इन दिनों युवा नाते-रिश्ते और अपने परिवार को भूलकर मोबाइल फोन और सोशल मीडिया में इतने तल्लीन हैं कि वे यह भी भूल गए हैं कि इसके बाहर भी दुनिया है। मनोवैज्ञानिकों का मानना है कि आज का युवा स्वयं की छवि को लेकर बहुत चिन्तित है। वह सोशल मीडिया पर उन चीजों को दिखाना एवं बताना चाहता है, जो उसके पास है और नहीं भी है। वह यह भी बताना चाहता है कि उसकी जीवन-शैली दूसरों से बेहतर है। उसके पास आधुनिक सुख-सुविधाओं की भरमार है और वह खुश है। भले ही वह अन्दर से खुश नहीं है, लेकिन खुश होने का नाटक सोशल मीडिया पर करता है। वह पार्क में घूमने के बजाय जिम में कसरत करना, पैदल चलने के बजाय कार या बाइक से चलना और सीढ़ियों के बजाय लिफ्ट से चलना पसन्द करता है और इसे आधुनिक जीवन-शैली का पैमाना मानता है।

आज की युवा पीढ़ी की जीवन-शैली में बहुत बड़ा बदलाव आया है और बदलाव का एक बड़ा कारण आत्मकेन्द्रिता है। समाज में बदलाव का दौर चल रहा है। संयुक्त परिवार तेजी से टूट रहे हैं और एकल परिवार का प्रचलन बढ़ रहा है। आधुनिक तकनीक का प्रयोग और संचार माध्यम की तीव्रता ने एक ओर जहाँ विकास और सम्पर्क का दायरा बढ़ा दिया है, वहीं दूसरी ओर युवा आत्मकेन्द्रिता के शिकार होते जा रहे हैं। सिर्फ अपने और अपनों के बारे में सोचना एक चलन का रूप ले रहा है। नाते-रिष्तों को नकारने में भी उन्हें कोई गुरेज नहीं है। रहन-सहन की बात हो या खान-पान की, फिर उनके काम करने का तरीका या सोचने का तरीका हो, इनमें तेजी से बदलाव आया है। वे फास्ट लाइफ जीना और शार्ट कट रास्ते से कामयाबी हासिल करना चाहते हैं। ऐसा व्यक्ति खुद की बनाई दुनिया में जीना एवं

मरना चाहता है। इस प्रकार की जीवन-शैली ने युवाओं की सोच के साथ-साथ उनकी सहनशीलता एवं मॉरल वैल्यूज में भी सेंध लगाई है। घर के खाने की जगह पिज्जा, बर्गर, मोमोज आदि उनकी पसन्द बन गए हैं। इन बातों का असर यह हो रहा है कि युवा केवल शारीरिक रूप से ही कमजोर नहीं, मानसिक रोग के भी शिकार होते जा रहे हैं। हाईटेक जीवन-शैली ने सब कुछ बदलकर रख दिया है। एक ओर युवा विभिन्न बीमारियों यथा हाईपरटेंशन, डायबिटीज, हाई ब्लड प्रेशर जैसी बीमारियों की चपेट में हैं तो दूसरी ओर नशे की गिरफ्त में हैं।

जीवन-शैली में बदलाव लाना अच्छी बात है, परन्तु कैसा बदलाव? जो खुद और दूसरों के लिए महत्त्वपूर्ण हो। इस सन्दर्भ में युवा पीढ़ी को सोचना होगा और खुद में बदलाव लाना होगा। सकारात्मक बदलाव जिन्दगी को नया स्वरूप देता है। आप कुछ नया अनुभूत करते हैं और कुछ नया कर पाने में सफल होते हैं। परन्तु ध्यान रखें, बदलाव कैसा और किसलिए? इसका स्वरूप सकारात्मक है कि नकारात्मक और प्रभाव सार्थक है कि निरर्थक, इसका विवेचन करना आवश्यक है। स्वस्थ, सुन्दर एवं अनुशासित जीवन-शैली ही बेहतर जीने की बुनियाद है। इसके लिए तनाव लेने की नहीं, सक्रिय एवं सतर्क रहने की जरूरत है। कड़ी मेहनत के साथ-साथ मूल्यों को समझ की जरूरत है। वर्तमान समय में तेजी से भाग रही दुनिया, गला काट प्रतिस्पर्धा, शार्टकट रास्ते से सफलता पाने की होड़ और अमीर बनने की चाह ने मानव की व्यस्तता को अनावश्यक बढ़ा दिया है। जिस कारण वे अपने स्वास्थ्य पर ध्यान नहीं दे पा रहे हैं। आज के युवा दिन-रात कम्प्यूटर, मोबाइल पर कार्य करने, बर्गर पिज्जा खाने और देर रात पार्टियों में व्यस्त रहने से अस्वस्थ हो रहे हैं। समय कुप्रबन्धन के कारण उनका स्वास्थ्य गिरता जा रहा है। हमारे बुजुर्ग अक्सर समय पर सोने, समय पर जगने एवं समय पर कार्य करने की नसीहत देते हैं। पौष्टिक आहार लेने और खुद की फिटनेस पर ध्यान देने की बात कहते हैं। अनावश्यक वाहनों का उपयोग करने की जगह पैदल चलने की सलाह देते हैं। प्रतिदिन कुछ न कुछ शारीरिक श्रम एवं व्यायाम की बात करते हैं, परन्तु हममें से अधिकांश युवा उनकी सलाह की उपेक्षा कर देते हैं, जिसका नतीजा वे खुद भुगतते हैं।

इस प्रकार हम देखते हैं कि स्वस्थ जीवन जीने, खुद को नियमित एवं संयमित बनाने, प्रसन्नचित्त रहने, कार्य ससमय और बेहतर ढंग से निष्पादित करने तथा सुन्दर व्यक्तित्व निर्माण के लिए आदर्श जीवन-शैली का होना अनिवार्य है। अत: स्वस्थ और सुन्दर जीवन-शैली की महत्ता समझें और सुखद एवं सफल जिन्दगी जीएँ।

शिक्षा (Education)

सुखद एवं आदर्श जीवन जीने तथा खुद को बेहतर साबित करने के लिए शिक्षा का होना आवश्यक है। कोई भी व्यक्ति, समाज या देश, विभिन्न क्षेत्रों में विकास का

इतिहास रचा है तो वह शिक्षा के बल पर ही। शिक्षा ही व्यक्ति को सभ्य, सुसंस्कृत बनाती है एवं बेहतर समाज तथा सुदृढ़ राष्ट्र का निर्माण करती है। इसके अभाव में कोई भी व्यक्ति, समाज या देश आगे नहीं बढ़ सकता। यह हमारे अन्दर स्थित तिमिर को दूर कर प्रकाश की लौ जलाती है। खुद को जानने-पहचानने, मूल्यों को समझने, बेहतर करने और बेहतर पाने के लिए शिक्षा का महत्त्व सार्थक और अति प्रसांगिक है। ध्यान रखें—शिक्षित व्यक्ति ही खुद और दूसरों का पैरामीटर निर्धारित कर सकता है और इस बात की समीक्षा कर सकता है कि कोई व्यक्ति खुद और दूसरों के लिए कितनी सार्थक एवं उपयोगी है। जैसे—

- सफल एवं आदर्श जीवन का मायने क्या है?
- किसी व्यक्ति की सार्थकता खुद और दूसरों के लिए कितनी महत्त्वपूर्ण है?
- क्या वह परिवार, समाज एवं राष्ट्र द्वारा निर्धारित मापदंडों पर खरा उतर पा रहा है?
- क्या उसे खुद का मूल्य, जीवन का मूल्य, कर्म का मूल्य, समय का मूल्य एवं अन्य मूल्यों की समझ है?
- क्या वह विभिन्न मूल्यों की महत्ता जानता है और उन मूल्यों पर चलता है?
- क्या उसे जीवन जीने का औचित्य मालूम है?
- क्या उसे अपने कर्तव्यों एवं दायित्वों का बोध है तथा उनका निर्वहन कर रहा है?

उपर्युक्त प्रश्नों की समीक्षा करने की कसौटी शिक्षा ही है। अगर कोई व्यक्ति शिक्षित नहीं होगा, शिक्षा का अर्थ एवं औचित्य नहीं समझेगा तो खुद और दूसरों के लिए आदर्श का पैमाना कैसे तय करेगा? वह अच्छाई और बुराई के बीच विभेद कैसे कर पाएगा? मूल्य और कीमत में अन्तर कैसे समझ पाएगा? सही-गलत, उचित-अनुचित में विभेद कैसे कर पाएगा? धर्म-अधर्म, न्याय-अन्याय की महत्ता कैसे समझ पाएगा? उपर्युक्त सारे प्रश्नों को जानने-समझने और आत्मसात करने के लिए शिक्षा का होना आवश्यक है।

दोस्तो! किसी भी व्यक्ति या वस्तु का पैरामीटर निर्धारित करने में शिक्षा की भूमिका महत्त्वपूर्ण है। शिक्षा ही हमें खुद और दूसरों के अन्दर की अच्छाई, सचाई, आदर्श और यथार्थ का बोध कराता है। स्व के अन्दर स्थित अँधेरे को दूर कर प्रकाश की लौ जलाता है तथा अन्त:करण में छुपे दिव्य सौन्दर्य और ज्ञान का बोध कराता है। हम किसी व्यक्ति की जीवन-शैली, व्यक्तित्व, आदतें, मूल्यों इत्यादि का विश्लेषण शिक्षा के आधार पर ही करते हैं। सचमुच शिक्षा मानव के सर्वांगीण विकास का मूल साधन है, जिसके बिना मानव जाति के विकास की परिकल्पना नहीं की जा सकती। किसी भी व्यक्ति, समाज और देश के विकास का मूल आधार शिक्षा ही

है। शिक्षा प्राप्त कर के ही मनुष्य अपने ज्ञान में अभिवृद्धि लाता है तथा सोच को विकसित करता है। यह हमारी नकारात्मकता को सकारात्मकता में बदलता है तथा अपनी दृष्टि में परिवर्तन लाकर द्रष्टा बनता है। यह व्यक्तित्व का मायने समझता है तथा सुन्दर व्यक्तित्व-निर्माण में सहायक है। यह हमें जीवन जीने की कला सिखता है और आदर्श जीवन-शैली जीने का मायने समझाता है।

कहने का आशय स्पष्ट है कि—

> *शिक्षा ज्ञान के अर्जन, हस्तान्तरण और प्रशिक्षण का माध्यम है, जिसके द्वारा हम निहित अँधेरे को दूर कर सर्वत्र ज्ञान रूपी प्रकाश का दीप जलाते हैं।*

हम शिक्षित होकर ही सपने को साकार कर पाते हैं। देश-दुनिया के बारे में जान पाते हैं और दुनिया की भाषा समझ पाते हैं। यह हमारे अन्दर छुपी शक्तियों का एहसास कराती है तथा ज्ञान-कौशल, व्यवहार-कौशल, कला-कौशल, प्रबन्धन-कौशल में निपुण बनाती है। यह हमें विभिन्न क्षेत्रों में ज्ञान प्रदान कर जिन्दगी जीने का गुर सिखाती है। यह हमें खुद के कर्तव्यों एवं दायित्वों का बोध कराती है तथा घटित घटना एवं उत्पन्न हालात की समीक्षा कर आगे बढ़ने की सीख देती है। व्यक्ति, परिवार, समाज एवं राष्ट्र का विकास शिक्षा से ही सम्भव है, क्योंकि शिक्षित व्यक्ति किसी भी विषय पर सोच-समझकर उचित निर्णय लेने में सक्षम होते हैं। ऐसा व्यक्ति खुद आगे बढ़ता है और दूसरों को आगे बढ़ाने में मदद करता है। इस प्रकार हम देखते हैं कि खुद को जानने, दूसरों को समझने, बेहतर जीवन जीने तथा जीवन का औचित्य साकार करने में शिक्षा की भूमिका महत्त्वपूर्ण है। शिक्षा के अभाव में मानवीय गुणों पर खरा उतरना और खुद का औचित्य साकार करना सम्भव नहीं लगता।

शिक्षा का अर्थ है—सीखना और सिखाना, आगे बढ़ना तथा आंतरिक शक्तियों को बाहर की ओर प्रकटीकरण करना। अन्दर के अँधेरे को दूर कर प्रकाश फैलाना, स्व के अन्दर छुपी शक्तियों एवं प्रतिभा को बाहर निकालना और खामियों को खूबियों में बदलना। सचमुच शिक्षा हमारी संस्कृति के संवर्धन और संवहन का माध्यम है। यह हमारे ज्ञान में अभिवृद्धि लाकर विविध मूल्यों की महत्ता बतलाती है तथा सोच में परिवर्तन लाकर छुपी शक्तियों का एहसास कराती है। कहने का अभिप्राय है कि हमारी शिक्षा ऐसी होनी चाहिए, जिससे व्यक्तित्व का सर्वांगीण विकास हो। गुरु-शिष्य अपने-पराए से ऊपर उठकर पूरी दुनिया के लिए शान्ति संदेश का वाहक बनें, वाणी की मधुरता, मन की समग्रता और विचार को उन्नत बनाएँ, धर्मानुकूल, न्याय सम्मत तथा सत्य की राह पर चलने की प्रेरणा दें, संयमित जीवन-शैली, मानवीय गुणों से परिपूर्णता के साथ कौशल निपुणता तथा मृदुभाषी बनाएँ। वास्तव में वही शिक्षा है।

स्वामी विवेकानन्द के अनुसार—

शिक्षा वह है जो मनुष्य के अन्दर निहित शक्तियों को पहचानने एवं अनुभूति कराने के योग्य बना सके। सोच में अभिवृद्धि लाकर हमें सभ्य, सुसंस्कृत और चरित्रवान बना सके। नैतिक एवं आध्यात्मिक विकास के संवर्धन हेतु छात्रों को संस्कृति की शिक्षा दी जानी चाहिए। ताकि वे विभिन्न धर्मों की अच्छी बातों को ग्रहण कर अपने चरित्र का निर्माण कर सकें। देश के उत्थान में योगदान दे सकें और मानव कल्याण के लिए सदैव अग्रसर रहें। कहने का अभिप्राय है कि शिक्षा का अर्थ केवल ज्ञान अर्जन करना नहीं, बल्कि प्राप्त ज्ञान की सार्थकता खुद और जग कल्याणार्थ साबित करना है। अर्जित ज्ञान का सदुपयोग सकारात्मक दिशा एवं रचनात्मक कार्यों में करते हुए सुन्दर व्यक्तित्व का निर्माण करना है। जिन्दगी जीने की कला सीखना है। सही मायने में एक बेहतर इनसान बनना एवं जीवन का औचित्य साकार करना ही शिक्षा का मूल उद्देश्य है।

याद रखें—

शिक्षा ही हमें सद्दिशा एवं सद्गति देती है। यह हमारी सोच को व्यापक एवं दूरदर्शी बनाती है। शिक्षित व्यक्ति किसी विषय पर गहनतापूर्वक सोचता है, समझता है और विभिन्न क्षेत्रों में हो रही प्रगति की विवेचना करता है। यह हमें खुद के कार्यों की समीक्षा करने और गलती दूर करने की सीख देती है। यह खुद और दूसरों के कल्याण की बात करती है और जीने का उद्देश्य एवं औचित्य बतलाती है। यह हर कार्य सोच-समझकर करने की नसीहत देती है।

अतः बेहतर करने और बेहतर पाने के लिए शिक्षित होना जरूरी है। शिक्षित व्यक्ति इस बात की विवेचना करता है कि जीवन अनमोल है तो कैसे? वह जीवन की अनमोलता और श्रेष्ठता को साबित करने के लिए कड़ी मेहनत करता है। मूल्यों की महत्ता समझता है और हालात को परखता और समझता है। विपरीत हालात में भी नए अवसर की तलाश कर दूसरों के लिए अवसर बन जाता है। वह रण छोड़कर नहीं भागता, बल्कि हालात का मुकाबला पूरे साहस से करता है। ठीक इसके विपरीत अशिक्षित व्यक्ति विपरीत हालात में धैर्य खो देता है और उद्देश्य से भटक जाता है। इन्हें मूल्यों से कोई लेना-देना नहीं होता। उपर्युक्त तथ्यों से स्पष्ट है कि खुद और दूसरों का मूल्य समझने एवं बेहतर जीवन जीने के लिए शिक्षित होना जरूरी है। हम शिक्षित होकर ही सोच बदल सकते हैं, जीवन के विभिन्न आयामों को जान सकते हैं। अपने अन्दर छुपी शक्तियों को बाहर निकाल सकते हैं तथा अर्जित ज्ञान को विवेक में बदलकर बेहतर कर सकते हैं और बेहतर पा सकते हैं। हम खोने और पाने का मर्म समझ सकते हैं। व्यक्तित्व को सुन्दर बना सकते हैं।

दोस्तो! शिक्षित और अशिक्षित दोनों जीवन जीने के लिए संघर्ष करते हैं। परन्तु शिक्षित व्यक्ति सोच-समझकर संघर्ष करते हैं। संघर्ष की परिणति एवं प्रभाव की विवेचना करते हैं। फलतः उनके संघर्ष की परिणति बेहतर होती है। वे विकास का अर्थ एवं औचित्य समझते हैं। वे अवसर की प्रतीक्षा नहीं करते, बल्कि खुद नए अवसर का निर्माण करते हैं। खुद के लिए नई राह बनाते हैं और दूसरों को नई राह दिखा जाते हैं। ऐसे व्यक्ति भाग्य पर नहीं, कर्म पर विश्वास करते हैं। ठीक इसके विपरीत अशिक्षित व्यक्ति अवसर की खोज में दर-दर भटकते रहते हैं और असफल होने पर भाग्य का रोना रोते हैं।

शिक्षित व्यक्ति को मालूम होता है कि जीवन का औचित्य दूसरों का कल्याण करना है, दीन-दुखियों की सेवा करना है, जरूरतमन्दों के काम आना है। उन्हें मालूम होता है कि यह जीवन बार-बार नहीं मिलेगा, इसलिए कुछ ऐसा करें, जिसे पूरी दुनिया याद रखें। इन्हें कार्य मूल्य की समझ होती है और वे हरेक कार्य को ध्यानपूर्वक और विशिष्टता के साथ ससमय करते हैं। वे किसी भी कार्य को करने के पूर्व उसकी सार्थकता, परिणति एवं प्रभाव की समीक्षा करते हैं, तदुपरान्त कार्य करते हैं। यही कारण है कि उनका कार्य उत्कृष्ट होता है और वे जीवन में सफल होते हैं। उन्हें मालूम होता है कि कार्य ससमय एवं उत्कृष्ट रूप में निष्पादित करके ही महान बना जा सकता है। कहने का अभिप्राय है कि शिक्षित व्यक्ति साधारण कार्य को भी ससमय एवं उत्कृष्ट ढंग से निष्पादित कर असाधारण बन जाते हैं, जबकि अशिक्षित व्यक्ति साधारण कार्य भी समय पर नहीं कर पाते। वे इस आशा में बैठे रहते हैं कि भाग्य में लिखा होगा तो जरूर होगा। ऐसे व्यक्ति करते कुछ नहीं और होने की आशा में बैठे रहते हैं।

उपर्युक्त तथ्यों से स्पष्ट है कि बेहतर जीवन जीने, खुद की सार्थकता साबित करने, जीवन का औचित्य साकार करने, बेहतर जीवन-शैली तथा सुन्दर व्यक्तित्व निर्माण में शिक्षा की भूमिका महत्त्वपूर्ण है। सही-गलत, उचित-अनुचित, न्याय-अन्याय के बीच अन्तर समझने और समुचित निर्णय लेने के लिए शिक्षित होना आवश्यक है। सोच की दिशा एवं खुद की दशा बदलने के लिए भी शिक्षित होना जरूरी है। इस प्रकार हम देखते हैं कि शिक्षा हमारी सोच को व्यापक, उन्नत एवं दूरदर्शी बनाने में सहायक है। यह हमें जिन्दगी जीने की कला के साथ-साथ अन्य बहुत सी बातें सिखाती है, जो खुद का औचित्य साकार करने के लिए जरूरी है। आइए, हम यह जानने का प्रयास करें कि सफल एवं आदर्श जीवन जीने के लिए शिक्षा की भूमिका क्यों महत्त्वपूर्ण है? यह हमें क्या-क्या सिखाती है—

- यह हमें जिन्दगी जीने का गुर सिखाती है।
- यह हमें जिन्दगी जीने की कला सिखाती है।

- यह हमें खुद और दूसरों का मूल्य समझाती है।
- यह हमें जीवन का मूल्य, कर्म का मूल्य समझाती है।
- यह हमें जीवन के विभिन्न आयामों के बारे में बतलाती है।
- यह हमें जीवन का औचित्य बतलाती है।
- यह हमें समय का मूल्य समझाती है।
- यह सर्वांगीण विकास की बात करती है।
- यह हमें निर्णय लेने के योग्य बनाती है।
- यह हमारे सोचने-समझने की क्षमता को बढ़ाती है।
- यह हमें सभ्य, सुसंस्कृत एवं चरित्र बल को मजबूत बनाने की सीख देती है।
- यह हमें सौम्य, शान्त, विनम्र रहने की सीख देती है।
- यह हमें धैर्य, सहनशील बनने की सीख देती है।
- यह हमें दया, दान, क्षमा, त्याग का महत्त्व बतलाती है।
- यह हमें सदैव रचनात्मक बने रहने की सीख देती है।
- यह हमें कर्तव्य एवं दायित्व का बोध कराती है और सदैव कर्तव्य पथ पर चलने की सीख देती है।
- यह विकट परिस्थिति में धैर्य रखने तथा उत्पन्न हालात का विवकेपूर्ण मुकाबला करने की सीख देती है।
- यह हमें विविध मूल्यों की महत्ता बतलाती है और मूल्यों के साथ चलने की सीख देती है।
- यह खुद आगे बढ़ने और दूसरों को आगे बढ़ाने की सीख देती है।
- यह हमें परिस्थितियों को परखने एवं समझने की सीख देती है।
- यह सुन्दर व्यक्तित्व निर्माण की कला सिखाती है।
- यह समस्याओं की नहीं, समाधान की बात सिखाती है।
- यह दीन-दुखियों की सेवा और जरूरतमन्दों के काम आने की सीख देती है।
- यह सार्थक संघर्ष एवं कड़ी मेहनत के बल आगे बढ़ने की सीख देती है।
- यह सही-गलत में सही, उचित-अनुचित में उचित तथा न्याय-अन्याय में न्याय का साथ देने की बात सिखाती है।
- यह भाग्य के भरोसे नहीं, कर्म के बल आगे बढ़ने की सीख देती है।
- यह हमें सीख देती है कि कड़ी मेहनत का कोई विकल्प नहीं है।
- यह हमें सीख देती है कि ईमानदारी का कोई विकल्प नहीं है।
- यह हमें सीख देती है कि चरित्र निर्माण का कोई विकल्प नहीं है।
- यह हमें सीख देती है कि सकारात्मक सोच एवं रचनात्मक कृत्य को कोई विकल्प नहीं है।
- यह हमें सीख देती है कि सार्थक लक्ष्य निर्धारण का कोई विकल्प नहीं है।

- यह हमें ईर्ष्या, द्वेष, अहंकार, लोभ, लालच जैसी दुर्भावनाओं से ऊपर उठने की सीख देती है।
- यह हमें सीख देती है कि जिन्दगी जीना एक कला है। आप इस कला के मर्मज्ञ बनें और खुद को सुन्दर रंगों में रंगें।
- यह हमें सीख देती है कि जिन्दगी एक खेल है। आप इस खेल को पूरे मनोयोग से खेलें और खेलने के पूर्व उसकी सार्थकता एवं परिणति पर विचार करें।
- यह हमें सीख देती है कि बाह्य रूप-रंग से सुन्दर बनना सुन्दरता नहीं है, वास्तविक सुन्दरता अन्त: सौन्दर्य को निखारना है।
- यह खुद की समीक्षा करने और निहित खामियों को खूबियों में बदलने की सीख देती है।
- यह असफलता के कारणों की समीक्षा करने और उन कारणों को दूर करने की सीख देती है।
- यह गलती से सीख लेने एवं गलती दूर करने की सीख देती है।
- यह हमें सीख देती है कि हर व्यक्ति महान बन सकता है। अगर वह कार्य को ससमय एवं उत्कृष्ट रूप करने की कला जानता हो।

व्यक्तित्व निर्माण (Personality formation)

व्यक्तित्व क्या है?

किसी भी व्यक्ति का व्यक्तित्व उसके जीवन का दर्पण होता है, जिसमें उस व्यक्ति का कृत्य, शीलगुण, आचार-विचार और व्यवहार परिलक्षित होता है। यह है हमारा शील-गुण, स्वभाव, आदत, कृत्य, आचरण, व्यवहार, गुण और अवगुण। जैसा हमारा कृत्य, आचरण, व्यवहार एवं गुण होता है, वैसा ही हमारा व्यक्तित्व होता है। यदि हम सुखद, सफल एवं आदर्श जीवन जीना चाहते हैं तो व्यक्तित्व निर्माण पर शुरू से ही सजग एवं सतर्क रहने की जरूरत है, ताकि हमारा व्यक्तित्व सुन्दर, प्रभावशाली एवं आकर्षक बन सके। सुन्दर व्यक्तित्व निर्माण के लिए हमें खुद को जानने-पहचानने एवं स्व के अन्दर निहित नकारात्मकता को सकारात्मकता में बदलने की जरूरत है।

याद रखें—

> *खुद के माइनस प्वाइंट को प्लस प्वाइंट में बदलना ही व्यक्तित्व निर्माण की प्रक्रिया है।*

जैसे-जैसे हम खुद की नकारात्मकता को सकारात्मकता में तथा खामियों को खूबियों में बदलते जाते हैं, वैसे-वैसे हमारी जीवन-शैली सुन्दर, संयमित एवं अनुशासित होती जाती है। हमारे व्यवहार में शिष्टता, विनम्रता, वाणी में मधुरता और व्यक्तित्व

में निखार आने लगता है।

याद रखें—

व्यक्तित्व निर्माण एक दिन की प्रक्रिया नहीं है। यह नियमित, निरन्तर एवं सुधारात्मक प्रक्रिया है।

अतः व्यक्तित्व निर्माण पर शुरू से और प्रतिदिन ध्यान देने की जरूरत है। हम प्रतिदिन अपने कृत्य, आचरण एवं व्यवहार की समीक्षा करें और समीक्षोपरान्त जो खामियाँ दिखें, उन्हें दूर करें। ऐसा करके ही आप सुंदर व्यक्तित्व के मालिक बन सकते हैं। आप भी अपनी खामियों को खूबियों में बदलें तथा अवगुणों का त्याग कर अच्छे व्यक्तित्व का मालिक बनें। दोस्तो! आप अच्छा इनसान, अच्छी जिन्दगी, और दूसरों के लिए आदर्श एवं उदाहरण बनना चाहते हैं तो सुन्दर व्यक्तित्व के मालिक बनें। सुन्दर व्यक्तित्व का मालिक बनने से बेहतर कुछ भी नहीं है। अगर आप सुन्दर व्यक्तित्व का मालिक बनने में सफल होते हैं तो निश्चित रूप से आप एक अच्छे इनसान हैं। आपको जिन्दगी जीने की कला आती है और आप दूसरों के लिए आदर्श हैं।

शायद आप नहीं जानते—

- खुद के माइनस प्वाइंट को प्लस प्वाइंट में बदलना ही व्यक्तित्व निर्माण है।
- आपकी सोच ही आपके व्यक्तित्व का प्रतिबिम्ब है। अतः सोच को हमेशा सकारात्मक, रचनात्मक एवं दूरदर्शी बनाएँ।
- आपका कृत्य, आचरण और व्यवहार ही आपके व्यक्तित्व का मूर्त रूप है।
- आपके उत्कृष्ट कर्म और सुन्दर जीवन-शैली ही व्यक्तित्व का दर्पण है।
- सदगुणों को धारण करना और अवगुणों का त्याग करना ही व्यक्तित्व निर्माण है।
- अपनी खामियों को खूबियों में बदलना ही व्यक्तित्व निर्माण है।
- विनम्रता, सहनशीलता, समझदारी, दया, क्षमा, त्याग आदि सद्गुणों से विभूषित होना व्यक्तित्व के आभूषण है।

मैं तो सिर्फ इतना कहूँगा कि आप सुखद, सफल एवं आदर्श जीवन जीना चाहते हैं तो व्यक्तित्व निर्माण का अर्थ एवं मर्म समझें। परन्तु, दुख की बात है कि प्रायः लोग व्यक्तित्व का अर्थ एवं मर्म नहीं समझते तथा कीमती पोशाक, महँगे आभूषण एवं शान-शौकत को व्यक्तित्व मान लेते हैं। जबकि वास्तविकता कुछ और है। सही मायने में व्यक्तित्व का अर्थ आन्तरिक एवं व्यावहारिक पक्ष को सुन्दर बनाना है।

मेरे विचार से—किसी व्यक्ति का व्यक्तित्व उसका रूप-रंग नहीं, शीलगुण है।

आलपोर्ट के अनुसार—

व्यक्तित्व किसी व्यक्ति के शारीरिक तंत्रों का एक ऐसा गत्यात्मक संगठन है, जिनके द्वारा उसके विशिष्ट व्यवहार तथा विचार का निर्धारण होता है।

बुडवर्थ के अनुसार—

व्यक्तित्व एक व्यक्ति के सम्पूर्ण व्यवहार की विशिष्टता को व्यक्त करता है।

मार्टिन प्रिंस के शब्दों में—

व्यक्तित्व व्यक्ति के समस्त जैविक जन्मजात विन्यास, उद्वेग, रुझान, क्षुधाएँ, मूल प्रवृत्तियाँ, अर्जित विन्यास एवं प्रवृत्तियों का समूह है।

सेमफोर्ड के अनुसार—

व्यक्तित्व व्यक्ति के विशिष्ट एवं स्थायी गुणों का संगठन है।

आप अपने व्यक्तित्व को उस उपवन की भांति सुन्दर एवं समृद्ध बनाएँ, जिसकी प्रशंसा हर व्यक्ति करें। आप व्यक्तित्व को सुन्दर बनाने के लिए उस माली से भी सीख लें, जो प्रतिदिन अपने बगीचे से अनावश्यक खर-पतवार निकालता है। समय-समय पर उसमें खाद-पानी डालता है और उसकी निराई-गुड़ाई करता है, तब जाकर उपवन सुन्दर बन पाता है। उसी प्रकार हमें भी अपने मन में बैठे मैल को बाहर निकालने एवं गलत कृत्यों को स्वीकार कर दूर करने की जरूरत है। हमें तन को नहीं, मन को सुन्दर बनाने की जरूरत है। मन में पनप रहे नकारात्मक विचारों को सकारात्मक विचारों से ओत-प्रोत करने की जरूरत है। मन को साधने एवं सुदृढ़ बनाने की जरूरत है, मन को उन्नत विचारों से सिंचित करने की जरूरत है। जो व्यक्ति ऐसा करता है, उसी व्यक्ति का व्यक्तित्व सुन्दर, आकर्षक एवं सौम्य बन पाता है। ठीक इसके विपरीत जो व्यक्ति मन की सुन्दरता पर ध्यान देने के बजाय, तन की सुन्दरता पर ध्यान देते हैं और मन को यों ही छोड़ देते है, उनका मन बावला हो जाता है। उनके मन में बुरे विचारों का प्रादुर्भाव होने लगता है और अच्छे विचार दब जाते हैं। नतीजा वह व्यक्ति उद्दंड, अव्यावहारिक एवं अमर्यादित बन जाता है।

याद रखें—

विनम्रता, मधुरता, शिष्टता, व्यवहार कुशलता व्यक्तित्व का आभूषण हैं, जिस आभूषण से सुसज्जित होकर व्यक्ति खुद को सुन्दर, आकर्षक एवं मनमोहक बना पाता है।

व्यक्तित्व निर्माण से हमारा अभिप्राय आकर्षक, सुन्दर, आदर्श, श्रेष्ठ एवं प्रभावशाली व्यक्तित्व से है। शीलगुण, स्वभाव, शिष्ट आचरण एवं कुशल व्यवहार

से है। ऐसे व्यक्तित्व के धनी व्यक्ति सर्वत्र प्रशंसा के पात्र होते हैं। यह सम्भव है, जब आप मानवता की मिसाल और सद्गुणों से परिपूर्ण बनेंगे, जीवन मूल्यों की महत्ता समझेंगे और चरित्र बल से सुदृढ़ होंगे। ऐसे व्यक्ति का व्यक्तित्व सौम्य, शालीन, व्यवहार कुशल, आचरण शिष्ट, वाणी मृदुल, संयमित एवं ओजस्वी होता है। उनमें सहनशीलता, समझदारी, ईमानदारी के साथ-साथ निष्पक्षता, क्षमा, त्याग, दया, प्रेम, सहयोग, सद्भाव जैसे गुणों का समन्वयन होता है। ऐसे व्यक्ति का व्यक्तित्व इतना प्रभावशाली एवं आकर्षक होता है कि उससे हर व्यक्ति मिलने के लिए बेताब रहता है। आप भी चाहते हैं कि आपका व्यक्तित्व सुन्दर, आकर्षक एवं प्रभावशाली हो तथा दूसरा आपकी प्रशंसा करें, आपको मान-सम्मान दें तथा आपका इतिहास लिखा जाय तो उपर्युक्त गुणों को अपने व्यक्तित्व में शामिल करें।

याद रखें—

यह जीवन ईश्वर की अनुपम कृति है। इसके अन्दर दिव्य संभावनाएँ छुपी हैं। आप उन संभावनाओं को तलाशें, तरारों और अपने अन्दर छुपे गुणों को निखारें।

क्या आपको मालूम है—व्यक्तित्व में निहित मौलिक क्षमताओं के जागरण एवं विकास में ही व्यक्ति के जीवन की सार्थकता और सफलता का राज छुपा होता है, चरम सुख एवं परम आनन्द की अभिव्यक्ति में ही जीवन की पूर्णता निहित है। इसकी अनुभूति हमें गहन तृप्ति, सन्तुष्टि एवं शान्ति से आप्लावित करती है तथा परिवेश, समुदाय एवं समाज को धन्य कर देती है।

याद रखें—किसी भी व्यक्ति का व्यक्तित्व उसके जीवन का सबसे खूबसूरत एवं शक्तिशाली आयाम है। बौद्धिक, व्यावहारिक, भावनात्मक एवं आत्मिक गुण इसकी अन्तर्निहित शक्तियाँ हैं तो शीलगुण, कुशल व्यवहार, शिष्ट आचरण, मधुरवाणी, क्षमा, त्याग, दया भाव इसके आभूषण। चेहरे का तेज, आभा और होंठों की मधुर मुस्कान व्यक्तित्व के बारे में बहुत कुछ कह जाती है। यह एक प्रकार की उपासना है, जिसे तप और साधना से प्रगाढ़ किया जा सकता है। अपने इष्ट के साथ घुलने-मिलने, एकाकार होने की भावना और खुद के तार को उस शक्तिमान से जोड़े रखने की चाह से, हमारे अन्दर निहित अवगुण जैसे—लोभ, लालच, अहं, वासना एवं कामना आदि स्वत: ही इष्ट की दिव्याग्नि में विलीन होने लगते हैं। हमारा व्यक्तित्व परिष्कृत एव परिवर्धित होने लगता है। हमें अपने आराध्य की दिव्यसत्ता में एकाकार होने की अनुभूति क्रमश: श्रद्धा, प्रज्ञा और निष्ठा के रूप में होने लगती है। 'श्रद्धा' हमारा आदर्शों के प्रति असीम लगाव तथा प्रलोभन, भय एवं दबाव से बाहर निकलने की दृढ़ता है। 'प्रज्ञा' हमारी समझदारी, जिम्मेवारी और बहादुरी से युक्त मनोभूमि की श्रेष्ठता एवं दिव्यता के पक्ष में निर्णय लेने की समझ एवं साहस है। 'निष्ठा'

हमारे शौर्य, पराक्रम और साहस से ओत-प्रोत मनोभूमि है, जो बड़े से बड़े प्रलोभन एवं भय के बीच भी हमें कर्तव्य पथ पर अविचल भाव से गतिशील रखती है। यही व्यक्तित्व है और ऐसे ही व्यक्तित्व की चर्चा सर्वत्र होती है। दूसरे शब्दों में हम कह सकते हैं कि उपर्युक्त गुणों से परिपूर्ण व्यक्तित्व पवित्रता, प्रखरता एवं प्रतिभा के अनुदान वरदान से प्रदीप्त हो उठता है।

सुन्दर व्यक्तित्व निर्माण में ईर्ष्या, द्वेष, अहंकार तीन प्रबल शत्रु हैं। इन शत्रुओं पर विजय प्राप्त करना अति महत्त्वपूर्ण है। अगर व्यक्ति को सादगी का अर्थ, जीवन का औचित्य और मूल्यों की समझ हो, सही-गलत, उचित-अनुचित, धर्म-अधर्म का ज्ञान हो, तो स्वार्थ, लोभ, अहं जैसे दुर्गुणों से सहज ही निपटा जा सकता है। समय समय पर कुसंस्कारों का उफान, सकारात्मक जीवन-शैली के लिए गंभीर चुनौती है। काम, क्रोध, लोभ, ईर्ष्या, द्वेष आदि के प्रबल झोंकों से यदा-कदा साधक की क्षमता, स्थिरता एवं धीरता की जड़ें उखाड़ फेंकने पर आमादा हो जाती है। परन्तु, उदारता, सहनशीलता, श्रेष्ठ आचरण, सुदृढ़ चरित्र एवं दिव्य विचारों की शक्ति अन्ततः आधारहीन कुसंस्कारों पर भारी पड़ जाती है। साधक का संकल्प, साहस एवं जुझारूपन स्वभाव, अवगुणों के हर प्रहार को निरस्त कर देता है तथा संघर्षरत साधक को और अधिक पवित्र एवं प्रखर बनाकर उसकी पात्रता का संवर्धन करता जाता है। ऐसे व्यक्ति का व्यक्तित्व विभूतिवान, प्रतिभावान, संस्कारवान एवं सुन्दर बन जाता है।

हम इतने शक्तिशाली एवं बहुआयामी गुणों से सम्पन्न होने के बावजूद असहायता और असमर्थता का रोना रोते हैं। स्वयं को इस संसार का दुर्भाग्यशाली व्यक्ति मानते हैं। इसका कारण है कि हमने अपने अन्दर झाँकना नहीं सीखा। अपने व्यक्तित्व को सजाने-सँवारने की कला नहीं जानी, छुपी शक्तियों और निहित गुणों को ताकत के रूप में उपयोग करना नहीं सीखा और निराशा के कुएँ में गोता लगा-लगा कर इस अनमोल जीवन को भी बोझ बना बैठे हैं। इस अँधेरे कुहासे में आशा की किरण है—व्यक्तित्व निर्माण एवं व्यक्तित्व रूपी संसाधनों का सही उपयोग। व्यक्तित्व की चादर के अन्दर अनेकों अनमोल रत्न बिखरे पड़े हैं। हमें इन्हें सहेजकर, परखकर सही उपयोग करना आना चाहिए। संसारिक जीवन का सारा क्रिया-कलाप व्यवहार के उपयोग पर टिका होता है और हमें सही व्यवहार करना नहीं आता। भौतिक सफलता के लिए यह प्रवेश द्वार का काम करता है और बौद्धिक सम्पदा इस प्रक्रिया को अपनी मंजिल तक पहुँचाती है। बेहतर जीवन-शैली का लाभ हमें तब मिलता है, जब हमें व्यक्तित्व के विभिन्न आयामों का उपयोग करने की कला मालूम हो। यदि आप भी आकर्षक व्यक्तित्व का मालिक बनना चाहते हैं तो अपने व्यक्तित्व में निम्न गुणों को शामिल करें—

- सौम्यता।
- सहनशीलता।
- शिष्टाचार।
- व्यवहार कुशलता।
- सुदृढ़ चरित्र।
- मूल्यों की समझ।
- ईर्ष्या, द्वेष, अहंकार, क्रोध का त्याग।
- लोभ, लालच, मोह का परित्याग।
- धैर्य, संयम और संघर्ष।
- उत्कृष्ट जीवन-शैली।
- मृदुलता, विनम्रता, मधुरता।
- प्रसन्न चित्तवृति।
- सकारात्मक सोच।
- उत्तम विचार एवं
- सत्संग।

हमारे व्यक्तित्व की संरचना में कुछ तत्त्व दृश्य एवं कुछ अदृश्य होते हैं। जो दिखाई देता है, वह हमारा व्यवहार है और जो दिखाई नहीं देता वह है—हमारी आस्था, विश्वास, विचार एवं भाव। इन्हीं तत्त्वों के आधार पर हमारी छवि बनती है, जिसे सेल्फ इमेज कहते हैं। यदि हमारी छवि स्वच्छ एवं सुन्दर है तो हमारे व्यक्तित्व की सर्वत्र प्रशंसा होती है। आप भी सौम्य, शालीन एवं व्यवहार कुशल बनें तथा अपने व्यवहार में विनम्रता, शिष्टता एवं शालीनता जैसे गुणों को शामिल करें। नकारात्मकता को दूर करने के लिए तप और साधना करें तथा चिंतन को श्रेष्ठ बनाने के लिए स्वाध्याय की आदत डालें। रिश्ते की प्रगाढ़ता के लिए व्यवहार कुशल बनें और जीवन जीने की कला सीखें। इसकी सार्थकता के लिए कड़ी मेहनत करें एवं समय-प्रबन्धन का गुर सीखें। व्यवहार के माध्यम से व्यक्ति न केवल अपनी भावनाओं को अभिव्यक्त करता है, बल्कि अपने व्यक्तित्व को भी प्रस्तुत करता है। हमें स्थान, समय, व्यक्ति और परिस्थिति के अनुरूप समुचित व्यवहार करने की कला आनी चाहिए। यदि हमें यह कला आती है, तो हम व्यवहार कुशल हैं और नहीं आती है, तो व्यवहार में सुधार लाने की जरूरत है।

याद रखें—

व्यवहार कुशल व्यक्ति दूसरों का दिल जीतने और शत्रु को भी अपना मित्र बनाने में सफल होते हैं।

सही मायने में व्यवहार व्यक्तित्व का दर्पण है, जो हमारी सोच, क्रिया एवं चेहरे पर उत्पन्न विभिन्न भावों से परिलक्षित होता है। हम जैसे होते हैं, वैसा ही व्यवहार करते हैं और जैसा व्यवहार करते हैं, वैसी ही हमारी छवि बनती है। व्यवहार से ही हमारा कोई शत्रु या मित्र बनता है। व्यवहार कुशलता से हमारा बिगड़ा काम भी बन जाता है। यह हमें सफलता के करीब ले जाती है। ऐसे व्यक्ति की उपस्थिति मात्र से लोग खुश हो जाते हैं और दूसरे उनकी शिष्टता एवं विनम्रता से सीख लेते हैं। आप भी अपने व्यवहार में विनम्रता को शामिल करें और कठोरता का त्याग करें। कठोरता खुद के प्रति, अपने कार्यों के प्रति, अपने कर्तव्यों के प्रति, दायित्वों के निवर्हन के प्रति रखें, ताकि आप जीवन में बेहतर कर सकें। दूसरों के प्रति कठोर न बनें और न ही कठोरता को व्यवहार में शामिल करें। यदि आप दूसरों के साथ कठोरता बरतते हैं तो हो सकता है कि सामने वाला व्यक्ति अच्छा बनने के बजाय, टूट जाय या रूखा व्यवहार करे। अत: व्यवहार करने की कला सीखें। खुद व्यवहार कुशल बनें और दूसरों को भी व्यवहार कुशलता का महत्त्व समझाएँ। उन्हें गलत व्यवहार से उत्पन्न दुष्परिणामों से प्यारपूर्वक अवगत कराएँ। प्रबल संभावना है कि वह अपनी आदतों में सुधार लाए और गलत व्यवहार नहीं करने का संकल्प ले। आप भी अपने व्यवहार की प्रतिदिन समीक्षा करें और देखें कि हमारे व्यवहार में निम्न खामियाँ तो नहीं हैं।

- कहीं हमारे व्यवहार से दूसरों की भावनाओं को ठेस तो नहीं पहुँचती?
- क्या हमारे व्यवहार में मृदुलता, विनम्रता, शिष्टता एवं समझदारी शामिल है?
- कहीं हमारा व्यवहार केवल दिखावा तो नहीं है?
- क्या हमारा व्यवहार खुद और दूसरों को खुशी एवं शान्ति देता है?
- हम जिस व्यवहार की अपेक्षा दूसरों से करते हैं, क्या वैसा व्यवहार हम दूसरों के साथ करते हैं?

यदि आपको उपर्युक्त प्रश्नों का उत्तर मालूम है, तो आप व्यवहार कुशल हैं और आपको व्यवहार करने की कला आती है। ठीक इसके विपरीत आप बहुत ज्ञानी हैं, अमीर हैं, शक्तिशाली हैं, लेकिन आपके व्यवहार में मृदुलता, शिष्टता एवं शालीनता शामिल नहीं है। आपकी वाणी कटु और आचरण अशिष्ट है तो आपको व्यवहार करने की कला नहीं आती है। ऐसे व्यवहार से लोगों के मन में चुभन एवं पीड़ा की अनुभूति होती है। ऐसी स्थिति में आपको अपने व्यवहार में सुधार लाने की जरूरत है। व्यवहार कुशलता आपकी समस्या को न केवल सुलझा पाने में सक्षम होती है, अपितु वह समस्या को जटिल बनने से भी रोकती है। जबकि जिद एवं अहं के आवेश में किया गया व्यवहार सरल राह को भी कठिन बना देता है। अत: व्यवहार करने की कला सीखें।

व्यवहार का तात्पर्य—वाणी में मधुरता, शब्दों के चयन में संयम, समय की

पाबन्दी और शिष्ट आचरण से है। कहने का आशय है कि वही व्यवहार शोभा देता है, जिसमें विनम्रता, समझदारी एवं शिष्टाचार हो।

ध्यान रखें—

विनम्रता का अर्थ खुद को कमजोर समझते हुए गिड़गिड़ाना या गलत बातों पर मुहर लगाना नहीं, बल्कि आत्मसम्मान के साथ, दूसरों का सम्मान करना तथा खुद को सभ्य तरीके से प्रस्तुत करना है।

व्यक्तित्व निर्माण में शिष्टाचार की भूमिका महत्त्वपूर्ण है। मनुष्य, मनुष्य की तरह रहे और मानवता की मिसाल पेश करे, इसके लिए शिष्टाचार का होना आवश्यक है। शिष्टाचार मनुष्यता की सबसे बड़ी पहचान है, इसके अभाव में मनुष्य जानवर की तरह व्यवहार करता है। जो मनुष्य अपने शील-गुण, स्वभाव और आचरण को मानव के अनुरूप नहीं ढाल पाता, वह पशु से भी गया गुजरा है। पशु तो अविवेकी प्राणी है। उनमें ऐसी समझ नहीं होती कि वह अपने आचरण को सुन्दरता के साँचे में ढाल सके, शील-गुण को परख सके, स्वभाव को उन्नत बना सके और आचरण को शिष्ट बना सके। परन्तु मनुष्य तो चेतनशील प्राणी है और उसे शिष्टाचार की समझ होनी चाहिए। शिष्टाचार मानवता का दर्पण है, जिसमें हमारे सौम्य, शालीन व्यक्तित्व की झलक दिखाई देती है। इससे हमें दूसरों के सहयोग, सद्भाव और आत्मीयता की प्राप्ति होती है। इसके विपरीत अशिष्ट व्यक्ति समाज में घृणा एवं द्वेष पैदा करता है, जिस कारण उसे कोई आत्मीय सहयोग नहीं मिलता और उसके इस व्यवहार से अपने भी पराए हो जाते हैं।

याद रखें—

शिष्टाचार और सद्व्यवहार से विरोधियों को भी अपना बनाया जा सकता है। यह अमृत के समान है, जिसके प्रभाव से कटुता, ईर्ष्या-द्वेष और शत्रुता मोम की तरह पिघल जाते हैं।

शिष्टाचार व्यवहार की वह रीति-नीति है, जिसमें व्यक्ति और समाज की सभ्यता एवं संस्कृति के दर्शन होते हैं। परस्पर बातचीत, संबोधन, जीवन-शैली, कार्य-शैली, सेवा भाव, क्षमा भाव, त्याग, सहयोग आदि शिष्टाचार के अंग हैं। एक- दूसरे के प्रति समानता का भाव, निष्पक्षता का भाव, सद्भाव, सम्मान, सहानुभूति आदि शिष्टाचार के मूलाधार हैं। इन मूल भावनाओं से प्रेरित होकर हम दूसरों के प्रति विनयपूर्ण, आदरपूर्ण, उदार आचरण प्रदर्शित करते हैं। उसकी आवश्यकता हर समय, हर जगह और हर क्षेत्र में है, घर में छोटे एवं बड़ों के साथ और बाहर हर व्यक्ति के साथ। अत: शिष्टाचार प्रदर्शन करने में किसी प्रकार की कोताही न बरतें।

याद रखें—

शिक्षा, सम्पन्नता, पद एवं पावर से कोई भी व्यक्ति कितना भी बड़ा क्यों न हो, अगर वह हर्ष के अवसर पर हर्ष और शोक के अवसर पर शोक की बात न करे, तो व्यर्थ है।

शिष्टाचार मन, वचन, कर्म से किसी को हानि नहीं पहुँचाता और न ही किसी का बुरा चाहता है। विनम्रता, शिष्टता और व्यवहार-कुशलता ही जिन्दगी जीने की कला है। शिष्टाचार में अभिमान की कोई गुंजाइश नहीं होती। जिस तरह फलों के बोझ से वृक्ष नीचे झुक जाता है, उसी तरह व्यक्ति को धन एवं यश की वृद्धि होने पर विनम्रता से सराबोर होकर मधुर बनना चाहिए। शिष्टता हमारी सभ्यता और संस्कृति का दर्पण है, जबकि अशिष्टता निम्न व्यक्तित्व की पहचान। अगर हम इसके महत्त्व को अंगीकार कर लें तो निश्चित रूप से हमारा समाज एवं राष्ट्र सभ्य, सुसंस्कृत एवं समृद्ध होगा।

किसी विषयवस्तु पर अनावश्यक बोलना, अनुचित व्यवहार करना, ऊँची आवाज में बातें करना और अपशब्दों का प्रयोग करना अशिष्टता है। अपनी बातों को दूसरो के समक्ष ससम्मान, खुशगवार माहौल में, सारगर्भित तरीके से और संक्षिप्त रूप में विनम्रतापूर्वक रखना शिष्टाचार है। क्रोध और अहंकार के आगोश में न आना, सदैव होंठों पर मुस्कान बनाए रखना और दूसरों के साथ व्यवहार कुशल होना, सभ्य और शिष्ट व्यक्ति की पहचान है। मानवता के मिसाल को कायम रखने के लिए महत्त्वपूर्ण है कि हम खुद की पहचान को न खोएँ। ठीक इसके विपरीत अधिक बोलना, बेवजह बोलना, अनावश्यक बोलना, ऊँची आवाज में बोलना, असत्य बोलना तथा चुगली और चापलूसी करना दुर्गुणता और अशिष्टता भी है। अगर ये अवगुण आपके व्यक्तित्व में शामिल हैं तो इन्हें बाहर निकाल फेंकें और सद्‌गुणों को शामिल करें।

सुन्दर व्यक्तित्व का निर्माण कैसे करें

सुन्दर व्यक्तित्व का निर्माण कैसे करें? यह प्रश्न अति महत्त्वपूर्ण एवं विचारणीय है। व्यक्तित्व ही हमारी पहचान, आन, बान, शान और आभूषण है, जिससे सुशोभित होकर हमारी सुन्दरता में चार चाँद लग जाता है। व्यक्तित्व निर्माण से हमारा तात्पर्य—सुन्दर व्यक्तित्व, आकर्षक व्यक्तित्व, सौम्य व्यक्तित्व एवं सहनशील व्यक्तित्व से है। आकर्षक व्यक्तित्व का अभिप्राय रूपवान, गुणवान, मूल्यवान और व्यवहार कुशलता से है। जबकि सौम्य व्यक्तित्व का तात्पर्य—उत्कृष्ट कर्म, बेहतर जीवन-शैली, मूल्यों की समझ एवं अनुशासन है। सहनशील व्यक्तित्व से हमारा तात्पर्य—विनम्रता, मधुरता, शिष्टता, सहिष्णुता एवं धैर्यवान होना है तो सुन्दरता का अभिप्राय: अन्त: सौन्दर्य को निखारना है। परन्तु दुख की बात है कि प्राय: व्यक्ति सुन्दरता का अर्थ बाह्य रूप-रंग को समझ बैठते हैं, जबकि यह है हमारे अन्दर निहित अच्छे गुण, अच्छी आदतें, उत्तम विचार एवं सद्‌चरित्र। अत: शुरू से ही व्यक्तित्व निर्माण पर

ध्यान दें और इसके लिए सद्गुणों को ग्रहण करें, अच्छे लोगों की संगत करें, खुद और दूसरों की गलतियों से सीख लें, कार्य को समय पर करने की आदत डालें एवं समय का महत्त्व समझें। सोच की दिशा सकारात्मक, व्यापक एवं रचनात्मक रखें। प्रतिदिन कृत कार्यों एवं स्व के अन्दर स्थित गुणों एवं अवगुणों की समीक्षा करें। समीक्षोपरान्त निहित खामियों को खूबियों में बदलें। आप ऐसा कर के देखें, आप सुन्दर एवं आकर्षक व्यक्तित्व के मालिक होंगे।

यह भी सचाई है कि हर व्यक्ति प्रभावशाली एवं आकर्षक व्यक्तित्व का मालिक बनना चाहता है, परन्तु दुख की बात है कि अधिकांश व्यक्ति यह नहीं जानते कि सुन्दर व्यक्तित्व का निर्माण कैसे करें? इसके लिए हमें किन-किन बातों पर ध्यान देने की जरूरत है। मेरे विचार से सुन्दर व्यक्तित्व निर्माण के लिए हमें निम्न बातों को आत्मसात् करने की जरूरत है—

- सदैव सकारात्मक सोचें।
- सदैव रचनात्मक करें।
- अच्छे लोगों की संगत करें।
- विविध मूल्यों को जानें-समझें।
- खुद और दूसरों का मूल्य समझें।
- गलती स्वीकार करें और गलती से सीख लें।
- खुद के कृत्य, व्यवहार एवं गुणों की समीक्षा करें।
- कर्तव्य एवं दायित्वों का अनुपालन करें।

याद रखें—

जीवन की सार्थकता साबित करने के लिए व्यक्तित्व निर्माण पहले है और सफलता प्राप्ति बाद में।

व्यक्तित्व को सुन्दर बनाकर ही सफलता प्राप्त की जा सकती है। व्यक्तित्व को सुन्दर बनाने के लिए सद्गुणों को धारण करें। इसके लिए सत्संग, कुशल व्यवहार, शिष्ट आचरण, संयमित एवं मधुर वाणी का समायोजन तथा क्रियात्मक अभ्यास महत्त्वपूर्ण है। यह मन, वचन, कर्म से किसी को हानि नहीं पहुँचाता और न ही मन से किसी का बुरा चाहता है। इसमें अभिमान की कोई गुंजाइश नहीं होती और न ही कृत्रिमता को कोई स्थान होता है। यह हमारी सौम्यता एवं शालीनता की पहचान है।

चेहरे की मुद्रा, चेहरे का रंग, शरीर के विभिन्न अंगों का भाव, आपकी जीवन-शैली, व्यक्तित्व के बारे में बहुत कुछ कह जाता है। आप गौर करें तो पाएँगे कि जिस व्यक्ति का मुखमंडल खिला-खिला, होंठों पर मुस्कान, वाणी में मधुरता, बातों में समझदारी एवं व्यवहार में शिष्टता होती है तो उससे हर व्यक्ति मिलना और दोस्ती

करना चाहता है, हर व्यक्ति उसकी प्रशंसा करता है। ठीक इसके विपरीत जिस व्यक्ति के चेहरे पर शिकन, आँखों में सन्नाटा और निराशा का भाव हो, मानो उसने कभी मुस्कराना न सीखा हो और जब भी मिले दुखड़ा लेकर बैठ जाए। हमेशा रोता रहे और भाग्य पर दोषारोपण करे, वैसे व्यक्ति से कोई भी मिलना नहीं चाहता। मिलना तो दूर उसे देखकर ही लोग कन्नी काटने लगते हैं। ऐसा व्यक्ति स्वभाव से चिड़चिड़ा, अन्तर्मुखी, मन से निर्बल, कृतघ्न तथा वादे से मुकरने वाला होता है। फलतः वह जीवन के हर मोड़ पर असफल होता है। कहने का आशय है कि प्रसन्न रहना जिन्दगी जीने की कला है और प्रसन्नता का भाव अतिरिक्त ऊर्जा, उमंग, उत्साह एवं आशा का संचार। आप भी अपने व्यक्तित्व को सुन्दर बनाना चाहते हैं तो निम्न कार्य करें—

सकारात्मक सोचें

जैसी सोच, वैसा व्यक्तित्व। अतः, सुन्दर व्यक्तित्व-निर्माण के लिए हमेशा सकारात्मक सोचें। सकारात्मक सोच में इतनी शक्ति है कि आप जैसा चाहें बन सकते हैं और जो चाहे कर सकते हैं, अगर आपकी सोच सकारात्मक, रचनात्मक, दूरदर्शी, व्यापक, प्रगतिशील, उन्नत एवं कल्याणकारी है। ठीक इसके विपरीत अगर आपकी सोच संकीर्ण, नकारात्मक एवं अदूरदर्शी है तो आप सुन्दर व्यक्तित्व के मालिक नहीं बन पाएँगे। अतः नकारात्मक सोच को त्यागें और सकारात्मक सोचें। जैसे ही आप अपने अन्दर की नकारात्मकता को सकारात्मकता में बदल लेते हैं, आपके अन्दर अतिरिक्त ऊर्जा एवं उत्साह का संचार होता है। नतीजा आप जिस कार्य में हाथ डालते हैं, आपको सफलता मिलती है।

अच्छे लोगों की संगत करें

व्यक्तित्व-निर्माण में संगति की भूमिका महत्त्वपूर्ण है। अच्छे लोगों की संगत में रहकर ही आपको खुद की अच्छाई या बुराई का पता चलता है। स्व के अन्दर निहित अवगुणों को दूर करने तथा सद्गुणों को ग्रहण करने के लिए सत्संग की जरूरत है। सत्संग से जीवन में बदलाव आता है, पर बदलाव हमेशा अच्छा करने और अच्छा बनने के लिए करें।

याद रखें—

अच्छे लोगों की संगत हमारे अन्दर की बुराई दूर करने में सहायक है;
वहीं बुरे लोगों की संगत हमें बुरे बन्धन के जाल में जकड़ लेती है।

सुन्दर व्यक्तित्व-निर्माण के लिए वृहद् ज्ञान एवं ऊँची डिग्री की जरूरत नहीं, बल्कि सन्त, महासन्त या महापुरुषों के सत्संग की जरूरत है। अगर हम यह अनमोल जीवन पाकर भी सुन्दर एवं आकर्षक व्यक्तित्व का निर्माण नहीं कर सके तो यह

अनुपम जीवन बेकार है। अत: सुन्दर व्यक्तित्व निर्माण हेतु अच्छे लोगों की संगत करें।

मूल्यों को जीवन में उतारें

आप सुन्दर व्यक्तित्व का मालिक बनना चाहते हैं, तो मूल्यों को जानें। उसकी महत्ता समझें और जीवन में उतारें। अगर हम मूल्यों की बात करें तो सबसे महत्त्वपूर्ण मूल्य—जीवन-मूल्य, कार्य-मूल्य एवं समय-मूल्य है। जीवन-मूल्य का अर्थ है—जीवन की अहमियत एवं सचाई को स्वीकार करना, स्व के अन्दर छुपी शक्तियों को पहचानना एवं निहित गुणों को निखारना। कर्म-मूल्य का तात्पर्य—कृत कर्म की परिणति एवं प्रभाव पर मनन करना। जो कर्म हमें आत्म-सुख, आत्म-आनन्द एवं शान्ति दे, जिसको करने से खुद और दूसरों का कल्याण हो तथा परिणति रचनात्मक एवं प्रगतिशील हो, वैसे कार्यों को अवश्य करें। ध्यान रखें—कार्य का मूल्य रुपए-पैसों से नहीं, जीवन-मूल्यों की कसौटी पर कसा जाना चाहिए, ताकि सृष्टि का शाश्वत नियम कायम रहे। जीवन-मूल्य का तात्पर्य खुद की सार्थकता एवं औचित्य को साकार करना है। खुद को मूल्यवान, सामर्थ्यवान एवं श्रेष्ठ बनाना है। समय मूल्य से हमारा तात्पर्य समय के हर पल का सदुपयोग खुद बेहतर करने, बेहतर पाने एवं दूसरों का परोपकार करना है।

मूल्यों का अर्थ ऐश्वर्यिक साधनों की प्राप्ति हेतु नैतिक मूल्यों से समझौता करना नहीं होता, बल्कि खुद को मूल्यवान बनाना है। खुद की सार्थकता साबित करना है। समस्त जीव-जन्तुओं से प्यार करना और किसी के साथ कोई ईर्ष्या-द्वेष नहीं रखना, बल्कि खुद के कल्याण के साथ-साथ जग का कल्याण करना है। अत: व्यक्तित्व में निखार लाने के लिए मूल्यों की महत्ता समझें और मूल्यों के साथ चलें। परन्तु दुख की बात है कि प्राय: व्यक्ति मूल्यों की महत्ता नहीं समझते और खुद की बनाई दुनिया में इतना तल्लीन रहते हैं कि वे ईश्वर रचित सुन्दर दुनिया को भूल जाते हैं। अत: खुद को जानें-पहचानें और गलती को स्वीकार करें।

खरा बोलें पर कड़वा नहीं

ध्यान रखें—

> *वाणी आपके व्यक्तित्व की पहचान है। खरा बोलें पर कड़वा नहीं, क्योंकि खरी बातें खुद कड़वी होती हैं।*

यदि खरी बातों को कड़वे रूप में बोला जाए तो जहर बन जाती हैं। यही कारण है कि खरी बातें सार्थक होने के बावजूद भी लोगों को अच्छी नहीं लगतीं, पर इसका अर्थ यह नहीं है कि हम खरी बातें न बोलें। खरी बातें जरूर बोलें, पर शालीनतापूर्वक विनम्रता से बोलें। स्थान, समय और व्यक्ति विशेष को ध्यान में

रखकर बोलें जैसे—कोई बालक उद्दंड है और आप उसे दोस्तों के सामने डाँटें। उसे अनुशासन में रहने की हिदायत दें। वह आपके निर्देशों का अनुपालन न करे तो दंड दें। ऐसी स्थिति में वह अच्छा बनने के बजाय और उद्दंड बन जाएगा। लेकिन जब अकेले में उसे उद्दंडता से होने वाले नुकसान के बारे में प्यारपूर्वक बताएँ, उसे अनुशासन का महत्त्व समझाएँ तो ज्यादा संभावना है कि वह अपनी आदत में सुधार लाकर जीवन में बेहतर करे। अत: बोलना एक कला है और जो व्यक्ति इस कला को जानते हैं, वे कड़वी बातों को भी बड़ी ही शालीनता एवं सुरुचिपूर्ण ढंग से रखने में सफल होते हैं।

आप भी अच्छे व्यक्तित्व का मालिक बनना चाहते हैं, तो बोलने की कला सीखें। खरी बातों को भी शालीनतापूर्वक विनम्रता के साथ रखें। खरा बोलने का तात्पर्य—सच बोलना, ससमय बोलना और यथार्थ बोलना है। परन्तु इसका अर्थ यह नहीं है कि आप ऊँची आवाज में और असभ्य तरीके से बोलें। आपके बोलने की शैली सदैव मर्यादित, अनुशासित एवं संयमित होनी चाहिए, ताकि आपकी बातों से किसी को ठेस न पहुँचे।

याद रखें—

विनम्रतापूर्वक शालीनता के साथ कही गई खरी बातें भी मीठी लगती हैं।

शिष्टाचारी बनें

आप जानते हैं—शिष्टाचार व्यक्तित्व-निर्माण का एक महत्त्वपूर्ण घटक है। यह व्यक्तित्व का दर्पण है, जो हमें मानव होने का एहसास कराता है। मनुष्य को मनुष्य की तरह रहना ही शोभा देता है। जो व्यक्ति अपने व्यक्तित्व में शील-गुण, स्वभाव, मानवता के अनुरूप नहीं ढाल पाते हैं, वे पशु से भी गए गुजरे होते हैं।

याद रखें—

शिष्टाचार व्यक्ति का अनमोल दर्पण है, जिसमें व्यक्तित्व के विभिन्न स्वरूप दिखाई देती हैं।

शिष्टाचारी को दूसरों का प्यार, सहयोग, सद्भाव और मान-सम्मान मिलता है, जबकि अशिष्ट व्यक्ति को घृणा व द्वेष मिलता है। यह गुण किसी विद्यालय में प्रवेश लेकर नहीं आता, बल्कि खुद और परिवार से आता है।

याद रखें—

यदि आपके भीतर शिष्टाचार के गुण हैं, तो बहुत सारे गुण आपके व्यक्तित्व में स्वत: शामिल हो जाते हैं।

व्यवहार कुशल बनें

प्रभावशाली व्यक्तित्व-निर्माण का सबसे महत्त्वपूर्ण कारक व्यवहार कुशलता है। काल, समय और परिस्थिति के अनुरूप हमें व्यवहार करने की समझ और कला आनी चाहिए। समझदार होने के लिए जरूरी है कि हम अपनी सोच को व्यापक और रचनात्मक बनाएँ। ज्ञान को विवेक में बदलें। गलती को स्वीकार करें और गलती से सीख लें। व्यवहार कुशलता का तात्पर्य जिन्दगी जीने की कला है और कला का तात्पर्य उत्कृष्ट जीवन-शैली है। हमारा व्यवहार संयमित, शिष्ट एवं मर्यादित होना चाहिए, जो दूसरों को अच्छा लगे और मन में प्रसन्नता का भाव जागृत करे। खुद को सम्मान और दूसरों को खुशी मिले। अगर आपका व्यवहार उपर्युक्त बातों पर खरा उतरता है तो आप व्यवहार कुशल हैं। ठीक इसके विपरीत यदि आपका व्यवहार लोगों को दुख पहुँचाता है, मन में चुभन एवं पीड़ा उत्पन्न करता है तो ऐसे व्यवहार में बदलाव लाने की जरूरत है।

याद रखें—

> *व्यवहार ही व्यक्तित्व का दर्पण है। यदि आपके व्यवहार में समझदारी का पुट और कर्तव्यशीलता का सबल है तो किया गया व्यवहार न केवल व्यक्तित्व में निखार लाता है, बल्कि उद्देश्य प्राप्ति में भी सफल होता है।*

शायद आप नहीं जानते—जिद एवं अहंकार में किया गया व्यवहार सामान्य बात को भी राई का पहाड़ बना देता है। खुद को दुख और दूसरों को कष्ट पहुँचाता है, तनाव एवं अवसाद उत्पन्न करता है। ठीक इसके विपरीत विवेकपूर्ण और मधुर व्यवहार विकट समस्या को भी सरल तथा दुखमय जीवन को आनन्दमय बना देता है। जबकि कटु व्यवहार आनन्दमय जीवन को दुखमय बना देता है। अर्थात् व्यवहार वही शोभा देता है, जिसमें विनम्रता, समझदारी और शिष्टता हो।

हमारा व्यवहार ही हमारे व्यक्तित्व का परिचय दूसरों से कराता है और उससे अपना सम्बन्ध जोड़ता है। हम खुद भी दूसरों के व्यवहार से प्रभावित होते हैं और उसी अनुरूप उनके प्रति अपनी सोच बनाते हैं। कई बार हमें दूसरों के द्वारा किया गया व्यवहार अच्छा लगता है और कई बार बुरा भी लगता है। यही कारण है कि हमें कोई अच्छा और कोई बुरा लगता है। ऐसा नहीं है कि अच्छा व्यवहार करने वाला व्यक्ति हमेशा अच्छा व्यवहार करेगा और बुरा व्यवहार करने वाला व्यक्ति हमेशा बुरा व्यवहार ही करेगा। दूसरों के द्वारा किए गए व्यवहार पर हमारा नियंत्रण नहीं होता, लेकिन हम अपने व्यवहार, विचार एवं वाणी पर नियंत्रण रख सकते हैं। यही व्यवहार करने की कला और प्रभावशाली व्यक्तित्व बनाने का मूल मंत्र है।

मेरा मानना है कि कोई भी व्यक्ति बुरा नहीं होता। बुराई तो उसकी वृत्तियों में होती है। यदि कोई व्यक्ति आपको बुरा लगता है, तो इसका अर्थ है कि उसका

आचरण शिष्ट एवं व्यवहारकुशल नहीं है। हम ऐसे लोगों के प्रति भी अव्यावहारिक न बनें। खुद व्यवहार कुशल रहें और उनके व्यवहार में सुधार लाने का प्रयास करें।

याद रखें—

हमें व्यक्ति से नहीं, उसकी बुराई से नफरत करनी चाहिए, लेकिन व्यावहारिक जगत में होता यह है कि हम उसकी बुराई से नहीं, उस व्यक्ति से नफरत करने लगते हैं।

नतीजन, उस व्यक्ति की बुराई यथावत् रहती है और हम लगातार उसकी निन्दा कर खुद की वृत्तियों को दूषित कर लेते हैं। हम सकारात्मक सोच पाने की स्थिति में नहीं होते और निम्न व्यक्तित्व के मालिक बन बैठते हैं।

गलती स्वीकार करें

हर व्यक्ति गलती करता है और गलती करना मनुष्य की नियति है। ऐसा नहीं है कि गलती करने वाले व्यक्ति जीवन में अच्छा नहीं करते। वे भी अच्छा करते हैं, जब वे अपनी गलती स्वीकार करते हैं और गलती से सीख लेते हैं। कहने का अभिप्राय है कि—गलती से सीख लें और दुबारा गलती नहीं करने का संकल्प लें। गलती स्वीकार करने से नया सीखने एवं नया करने का अवसर मिलता है।

याद रखें—

गलती छोटी हो या बड़ी, छोटे के साथ हो या बड़ों के साथ, अकेले में हो या समुदाय में, अपनी गलती स्वीकार करें और गलती से सीख लें। गलती में सुधार लाएँ और कृत गलती के लिए खेद प्रकट करें और क्षमा माँगें।

ध्यान रखें—

क्षमा केवल बड़ों से नहीं, छोटों से भी माँगें। ऐसा करने से आप बड़ों की नजर में सम्मान के पात्र और छोटों की नजर में आदर्श बन जाते हैं।

ऐसी आदतें आपके व्यक्तित्व में निखार लाकर व्यक्तित्व को सुन्दर बनाती हैं और नई-नई बातें सीखने का अवसर उपलब्ध कराती हैं।

याद रखें—

गलती स्वीकार नहीं करना ही सबसे बड़ी गलती है।

- यह सुन्दर व्यक्तित्व-निर्माण में सबसे बड़ा अवरोध है।
- यह रिश्तों के निर्वहन में सबसे बड़ी रुकावट है।
- यह झूठा गर्व है, जिसकी परिणति हमेशा दुःखद होती है।

- अहंकारी व्यक्ति को नाते-रिश्ते, इनसानियत एवं मूल्यों से कोई लेना-देना नहीं होता।
- अहंकार क्रोध को जन्म देता है, जो व्यक्ति के समूल नाश का कारण बनता है।

लोभ एवं भय का त्याग करें

व्यक्तित्व-निर्माण में सबसे बड़ी बाधा लोभ एवं भय है। ये दोनों ऐसे अवगुण हैं, जो व्यक्ति को आजीवन किसी न किसी रूप में पीछे ढकेलते हैं। हममें से अधिकांश व्यक्ति किसी न किसी भय से भयभीत या भय के साये में जी रहे होते हैं। जीवन की वर्तमान समस्याएँ, भविष्य की चिंताएँ और अतीत की भूलें परेशान करती रहती हैं। हम इस भय से निकलने का निरन्तर प्रयास करते हैं, पर निकल नहीं पाते, क्योंकि हमारे मन में विभिन्न प्रकार का भय, जैसे—लोग क्या कहेंगे का भय, असफल होने का भय, किसी अनहोनी का भय आदि भयभीत करता रहता है। विविध भ्रमित भय के कारण मानसिक शान्ति, एकाग्रता व सृजनात्मकता में कमी आती है, जिस कारण वे अपने व्यक्तित्व को सुन्दर नहीं बना पाते। अतः भय को मन से बाहर निकाल फेंकें अन्यथा आप भय से जितना भयभीत रहेंगे, उतना ही कमजोर एवं आत्महीनता से घिरे रहेंगे।

आप गौर करें, तो पाएँगे कि एक ओर व्यक्ति विभिन्न भय से भयभीत रहता है तो दूसरी ओर वह लोभ का संवरण नहीं छोड़ पाता है। लोभ के कारण ही व्यक्ति जीवन में कभी सन्तुष्ट नहीं हो पाता और अधिक पाने की लालसा उसे जीवन मूल्यों से दूर ले जाती है। लोभ एक ऐसा आकर्षण है, जिसकी ओर जाने पर व्यक्ति सांसारिक दलदल में धँसता चला जाता है और इससे बाहर निकलने की छटपटाहट में परेशान रहता है। अतः, लोभ का संवरण भूलकर भी न करें। यह जानते हुए भी कि स्वार्थ की परिणति दुःखद और परमार्थ की परिणति सुखद होती है, फिर भी अधिकांश व्यक्ति परमार्थ का मार्ग छोड़कर स्वार्थ के मार्ग पर चल पड़ते हैं। यही उनके दुख और विनाश का कारण बनता है।

मन की दुर्बलताओं को त्यागें

अगर आप अपने व्यक्तित्व को सुन्दर एवं प्रभावशाली बनाना चाहते हैं, तो मन की दुर्बलता को त्यागें। असम्भव को सम्भव और कठिन को सरल बनाना आपके मन की दृढ़ता पर निर्भर करता है। आप मन को सबल बनाएँ और खुद पर विश्वास रखें। जीवन का जंग जीतने और सपने को साकार करने के लिए खुद की दुर्बलता के विरुद्ध युद्ध करना होगा, साहसी और वीर बनना होगा तथा दुर्भावनाओं से ऊपर उठना होगा।

याद रखें—

असफलता दुर्बलता नहीं, बल्कि सच्चे मन से सफलता प्राप्ति का प्रयास न करना दुर्बलता है।

दुर्बलता मन की कमजोरी है और कमजोर मन हमेशा संशय में रहता है। डोलता और डगमगाता रहता है, विश्वास खो बैठता है और पूछने पर कहता है—मैं अच्छा हूँ, पर अशान्त रहता हूँ। अशान्त रहने से जीवन का क्षय होता है। दूसरे की दुर्दशा देख, दूसरे की व्यथा देख, दूसरे की मृत्यु देख मन कमजोर पड़ जाता है। मन में निराशा, उदासी एवं अंधेरा छा जाता है, मन व्याकुल हो जाता है और रोने लगता है। इन स्थितियों के लिए हम स्वयं जिम्मेवार होते हैं। हम उत्पादों को चिर सुख और आनन्द का साधन मान लेते हैं। फलतः मूल्यों से भटक जाते हैं।

याद रखें—

जब हम वर्तमान को सँवारेंगे, खुद को मणिदीप्त बनाएँगे और जीवन का मूल्य समझेंगे, तब हम पशु भाव से ऊपर उठकर मानव बन पाएँगे।

यह सचाई है कि किसी भी व्यक्ति का व्यक्तित्व उसकी सोच, संगत एवं परिवेश पर निर्भर करता है। जिस व्यक्ति की सोच जितनी उन्नत, दूरदर्शी एवं व्यापक होती है, उसका व्यक्तित्व उतना ही आकर्षक एवं सुन्दर होता है। ठीक इसके विपरीत जिस व्यक्ति की सोच जितनी घटिया, संकीर्ण एवं निकृष्ट होती है, उसका व्यक्तित्व उतना ही निम्न होता है। अतः, व्यक्तित्व निर्माण के लिए सोच बदलें और अच्छे लोगों की संगत करें।

क्रोध एवं अहंकार का परित्याग

किसी व्यक्ति के व्यक्तित्व में निहित क्रोध एवं अहंकार ऐसे अवगुण हैं, जो उसका समूल नाश कर देते हैं। आपके व्यक्तित्व में अगर ये अवगुण शामिल हैं तो उनका परित्याग करें। यह अनल की तरह है, जो खुद को जलाकर समाप्त होता है। अगर कोई व्यक्ति अपने धन, ज्ञान एवं शक्ति पर गर्व करने के बजाय अहंकार करता है, तो वह खुद का विनाश करता है। ऐसे व्यक्तित्व की सर्वत्र आलोचना होती है। यह तो आपका सौभाग्य है कि ईश्वर ने आपको विशेष गुण, विलक्षण प्रतिभा, असीम शक्ति एवं धन-बल दिया है तो इन विशेष गुणों पर अहं नहीं, गर्व करें। क्रोध एवं अहंकार का परित्याग करने के लिए विनम्रता से दोस्ती करें और क्षमा-भाव रखें। अगर आप विलक्षण प्रतिभा एवं अथक परिश्रम से विशेष बन जाते हैं और विशेष बन खुद को सर्वश्रेष्ठ समझते हैं तो अहंकारी कहलाते हैं। ऐसा व्यक्ति अपनी प्रतिभा, क्षमता और उपलब्धियों का उपयोग रचनात्मक कार्यों में करने के बजाय नकारात्मक

कार्यों में करता है। वह अपनी बातों को मनवाने के लिए हिंसक एवं अड़ियल रवैया अपनाता है तथा खुद को श्रेष्ठ एवं दूसरों को तुच्छ समझता है। नतीजा वह निम्न व्यक्तित्व का मालिक बन बैठता है। ऐसे व्यक्ति के ऊपर किसी भी ज्ञान, उपदेश का कोई प्रभाव नहीं पड़ता।

इसका कारण है कि वह अहं के मद में इस कदर चूर रहता है कि उसे अच्छे-बुरे का ज्ञान नहीं रह जाता और न ही उसे दुष्परिणामों की चिंता होती है। यही कारण है कि वह लाख सुयोग्य और प्रतिभावान होने के बावजूद भी विवेकहीन एवं पथभ्रष्ट बन जाता है। उसी अन्तरात्मा में देवत्व की जगह दानवता अपना वर्चस्व कायम कर लेता है। कहने के लिए वह इनसान होता है, लेकिन उसके अन्दर इनसानियत नाम की कोई चीज नहीं होती। सचमुच अहं हमारे मन का वहम, नकारात्मक सोच एवं विध्वंसात्मक कृत्य है, जो कभी भी किसी का कल्याण नहीं करता। यह अन्दर ही अन्दर व्यक्ति को खोखला बना देता है। अत: अपने अन्दर के अहं को निकाल फेंकें और विनम्रता को अंगीकार करें।

ध्यान रखें—

किसी भी व्यक्ति की उपलब्धि कितनी भी बड़ी क्यों न हो, उसे बददिमागी करने का हक नहीं है।

दोस्तो—

अहंकार स्वयं में निहित ज्ञान, योग्यता एवं शक्ति का नकारात्मक प्रयोग है और यही उसके पतन का कारण बनता है।

याद रखें—

किसी व्यक्ति के व्यक्तित्व में निहित विनम्रता, दया, क्षमा, त्याग, सहनशीलता, शिष्टता ऐसे गुण हैं, जिनके माध्यम से अहंकार का क्षय होता है।

अहंकार एक प्रकार का नशा है। इस नशे में चूर व्यक्ति ऊपर उठने के बजाय नीचे गिरता चला जाता है। उसे लगता है कि अहंकार ही सर्वोपरि है और इसी कारण उसे मान-सम्मान मिल रहा है। लेकिन यह सच नहीं है। सच तो यह है कि अहंकारी व्यक्ति को हृदय से कोई भी पसन्द नहीं करता है। अन्दर ही अन्दर हर व्यक्ति उससे घृणा करता है।

ध्यान रखें—

व्यक्तित्व की सार्थकता खुद की सद्‍भावनाओं, सद्विचारों और कर्मों से है, अहंकार के पोषण से नहीं।

अनुशासित बनें

अनुशासन का शाब्दिक अर्थ है—शासन के पीछे अर्थात् खुद, परिवार, समाज और राष्ट्र द्वारा निर्मित नियम-कानून का पालन करना। हम जिस परिवार समाज और देश में रहते हैं, उसके द्वारा निर्धारित रीति-रिवाज और कायदे-कानून का अनुशरण करना ही अनुशासन है। खुद अच्छा बनने और दूसरों को अच्छा बनाने में अनुशासन की भूमिका महत्त्वपूर्ण है। यह हमें आजादी का सही अर्थ एवं जिन्दगी जीने का गुर सिखाता है। यह खुद को संयमित, नियमित एवं नियंत्रित रखने का नाम है। बेहतर जिन्दगी जीने तथा परिवार, समाज एवं राष्ट्र को खुशहाल बनाने में अनुशासन की भूमिका महत्त्वपूर्ण है।

आप गौर करें, तो पाएँगे कि प्रकृति ने भी खुद को अनुशासनबद्ध कर रखा है। प्रकृति का अनुशासन समस्त जीव-जन्तुओं पर समान रूप से लागू होता है, जबकि मानव जीवन का अनुशासन देश, काल, परिस्थिति के अनुसार बदलता रहता है। आज प्रकृति और मानव दोनों का अनुशासन गड़बड़ाया हुआ है। मनुष्य के अवांछनीय कार्यों के कारण ही प्रकृति के अनुशासन में बहुत सी गड़बड़ियाँ उत्पन्न होने लगी हैं, जिसका खमियाजा हम सभी को भुगतना पड़ रहा है। कहने का तात्पर्य है कि खुद के कर्तव्य एवं दायित्वों का अनुपालन करना ही अनुशासन है तथा खुद को अनुशासित रखना हमारा कर्तव्य।

याद रखें—

> *जब तक हम अनुशासन का अनुपालन नहीं करेंगे, तब तक प्रकृति हमें अनुशासनहीनता का दंड देती रहेगी।*

अनुशासित व्यक्ति खुद बेहतर करता है और दूसरों को भी बेहतर करने की सीख देता है। ठीक इसके विपरीत अनुशासनहीन व्यक्ति किसी भी कार्य को समय पर नहीं कर पाता है। कहने का आशय स्पष्ट है कि व्यक्तित्व ही हमारी पहचान है और व्यक्तित्व में निहित गुणों-अवगुणों के आधार पर ही हमें मान-सम्मान या दुत्कार मिलता है। हम सम्मान के पात्र बनना चाहते हैं कि घृणा का पात्र, यह हमारे व्यक्तित्व पर निर्भर करता है। अतः, प्रभावशाली व्यक्तित्व का मालिक बनने के लिए स्व के अन्दर निहित गुणों को पहचानें, निखारें और उन गुणों को आत्मसात् करें।

याद रखें—

> *किसी भी क्षेत्र में बेहतर करने, खुद की सार्थकता साबित करने, सफलता के शिखर को छूने तथा जीवन का औचित्य साकार करने में अनुशासन की भूमिका महत्त्वपूर्ण है।*

मूल्यों की समझ (Understanding of values)

सफल एवं आदर्श जीवन जीने के विभिन्न सोपान हैं। इन सोपानों में सबसे महत्त्वपूर्ण सोपान—मूल्यों की समझ है। यदि आपको मूल्यों की समझ है और जीवन जीने की कला आती है तो आपकी जीवन-शैली उत्कृष्ट, सोच सकारात्मक, कृत्य रचनात्मक और व्यक्तित्व सुन्दर है। आपको अपने दायित्वों एवं कर्तव्यों का बोध है। खुद और दूसरों की महत्ता की समझ है तो आपका जीवन सफल एवं आदर्श है। ठीक इसके विपरीत यदि आपको मूल्यों की समझ नहीं है तो प्राप्त शिक्षा, संचित धन एवं पद व्यर्थ है। ज्ञानवान, धनवान एवं शक्तिमान होने के बावजूद भी आप सुखद, सन्तुष्ट एवं आदर्श जीवन नहीं जी पाएँगे अत: विविध मूल्यों की महत्ता समझने के लिए पहले खुद का मूल्य समझें। मूल्य और कीमत में अन्तर है, लेकिन प्राय: लोग मूल्य का अर्थ एवं औचित्य नहीं समझते। वे मूल्य का तात्पर्य कीमत समझ बैठते है। कुछ ही लोग मूल्य और कीमत में अन्तर समझ पाते है।

याद रखें—

जो व्यक्ति खुद का मूल्य नहीं समझते, उनका मूल्य दूसरे नहीं समझते।

इस दुनिया में जितने भी प्राणी हैं, उनका मूल्य और कीमत है। लेकिन मानव ही एक ऐसा प्राणी है, जिसकी कोई कीमत नहीं, सिर्फ मूल्य होता है। यह जीवन अनमोल और प्रकृति प्रदत्त अदभुत उपहार है, जिसे पग-पग पर सजाने एवं सँवारने की जरूरत है। इसके अन्दर अच्छाई और बुराई दोनों है, परन्तु मूल्यों की समझ रखनेवाला व्यक्ति अच्छाई को बाहर निकालने और दूसरों की अच्छाई को धारण करने में सफल होता है। आप भी मानवीय मूल्यों पर खरा उतरना चाहते हैं, सुन्दर व्यक्तित्व का मालिक बनना चाहते हैं तो मूल्यों की महत्ता समझें। हमारी जीवन शैली बेहतर हो, हमारी पहचान एक अच्छे व्यक्ति के रूप में हो, हम इस अनमोल जीवन की अनमोलता एवं श्रेष्ठता साबित कर सकें, सर्वत्र हमें मान-सम्मान मिले, इसके लिए मूल्यों की समझ आवश्यक है। प्राय: लोग मूल्य का अर्थ—क्रय-विक्रय समझते हैं, जबकि यह है हमारा आदर्श, चरित्र और पुरुषार्थ।

दोस्तो! सचमुच यह जीवन अनमोल है, सुन्दर है, श्रेष्ठ है। इसके अन्दर अपरिमित शक्ति और विविध गुणों का खजाना छुपा है। इसके अन्दर सोचने-समझने की शक्ति और कुछ कर दिखाने का जज्बा है। निर्णय लेने की शक्ति और चुनौती को स्वीकार करने का साहस है। असम्भव को सम्भव में बदलने की क्षमता एवं विपरीत हालात से बाहर निकलने की सूझ-बूझ है। गरीब से अमीर बनने की शक्ति और दुर्भावनाओं से बाहर निकलने की क्षमता है। आप इन शक्तियों का सदुपयोग सकारात्मक दिशा एवं रचनात्मक कार्यो में करके साधारण से असाधारण और मानव से महामानव बन सकते हैं। परन्तु यह तब सम्भव है, जब आप जीवन का मूल्य समझेंगे। खुद

और ईश्वर प्रदत्त शक्तियों पर विश्वास करेंगे। जो व्यक्ति जीवन का मूल्य समझते हैं, उन्हें यह जीवन अनमोल, अमृत, अवसर, आनन्द दिखाई देता है और जो नहीं समझ पाते, उन्हें दुख, दर्द और बोझ।

आप खुद सोचें—

ईश्वर ने मात्र मानव को ही सोचने-समझने की शक्ति दी है, जिसके सहारे वह जो चाहे प्राप्त कर सकता है और जैसा चाहे कर सकता है।

वह खुद को और जीवन का औचित्य साकार कर सकता है और जैसा चाहे बनकर दिखा सकता है। परन्तु दुख की बात है कि अपरिमित शक्तियों के परिपूर्ण होने के वावजूद भी मानव प्राणी खुद को मूल्यहीन एवं निर्बल मानता है। खुद को दीनहीन, शक्तिहीन और भाग्यहीन मानता है। इसका कारण है कि उसे खुद का मूल्य मालूम नहीं होता तथा ईश्वर प्रदत्त शक्तियों पर विश्वास नही होता। आप खुद सोचें—जिस व्यक्ति को खुद और ईश्वर प्रदत्त शक्तियों पर विश्वास नहीं हो, वह सुन्दर व्यक्तित्व का मालिक कैसे बन सकता है? सफल एवं आदर्श जीवन कैसे जी सकता है?

आपका यह अनमोल जीवन सबसे बड़ा अवसर और सौभाग्य है। इसके अन्दर सौन्दर्य का अद्‌भुत खजाना है। जिस सौन्दर्य को निखार कर आप दुनिया के लिए सुन्दर बन सकते हैं। आप केवल इस जीवन का मूल्य समझें और इसका औचित्य साकार करें। अपने अन्दर छुपी शक्तियों को पहचानें और गुणों को निखारें। ऐसा करके ही आप प्रभावशाली व्यक्तित्व के मालिक बन सकते हैं।

याद रखें—

जीवन मूल्यों को जानने-समझने एवं आत्मसात करनेवाला व्यक्ति ही महान बनता है और ऐसे व्यक्तित्व की प्रशंसा सर्वत्र होती है।

आपको यह जीवन बड़े ही सौभाग्य से प्राप्त हुआ है। यह आपकी नैतिक जिम्मेवारी है कि आप इसके मूल्यों को जानें, इसकी महत्ता समझें और उसे जीवन में उतारें। आप दुर्भावनाओं से ऊपर उठकर तथा मानवीय मूल्यों पर खरा उतरकर ही सुन्दर व्यक्तित्व का निर्माण कर सकते हैं। आप किसी भी व्यक्ति के साथ ईर्ष्या-द्वेष न रखें और लोभ-लालच का संवरण न करें। जातिवाद, धर्मवाद, नक्सलवाद से ऊपर उठें और व्यवहार कुशल बनें। वाणी में संयम, मधुरता एवं आचरण में शिष्टता रखें। खुद को नियमित एवं सयंमित रखें तथा भूलकर भी ईर्ष्या, क्रोध एवं अहंकार के आवेश में न आएँ। दीन-दुखियों की सेवा करें, जरूरतमन्दों के काम आएँ और परोपकार करें। यही जीवन का मूल्य है।

याद रखें—

आप दूसरों का भला करेंगे, तो ईश्वर भी आपका भला करेगा।

समस्त प्राणी ईश्वर की रचना है। अतः किसी भी व्यक्ति से घृणा न करें। अन्यथा आप खुद घृणा के पात्र बन जाएँगे। सदैव अच्छा करने एवं अच्छा पाने की बात करें। आप अच्छा करेंगे तो अच्छा पाएँगे और बुरा करेंगे तो बुरा पाएँगे। आप अपने सद्व्यवहार, समझदारी एवं प्रेम से शत्रु को मित्र और पराए को अपना बना सकते हैं। अगर आपके व्यक्तित्व में ये गुण शामिल हैं तो आपका व्यक्तित्व सुन्दर है। जीवन जीने तथा जीवन का औचित्य साकार करने के लिए कार्य करना महत्त्वपूर्ण है। पर हम क्या करें और क्या नहीं करें के सन्दर्भ पर विचार नहीं करते और जो मन में आता है, वो करते हैं। इसका कारण है कि हमें कार्य-मूल्य की समझ नहीं होती है। कार्य-मूल्य से हमारा तात्पर्य कृत कार्य का औचित्य, परिणति एवं प्रभाव का विश्लेषण करना और यह विचार करना कि—

- कृत्य कार्य का औचित्य क्या है?
- कृत्य कार्य खुद और दूसरों के लिए कितना महत्त्वपूर्ण है?
- कृत्य कार्य खुद और दूसरों के लिए कितना सार्थक है?
- क्या हमारा कृत्य मानवीय मूल्यों का आईना होने के साथ-साथ जीवन मूल्यों पर खरा उतरता है?
- क्या हमारा कृत्य व्यक्तित्व को निखारने में सहायक है?
- क्या हमारा कृत्य जीवन मूल्यों के सुसंगत है?
- क्या हमारा कृत्य खुद और दूसरों को आगे बढ़ाने में सहायक है?

यदि उपर्युक्त प्रश्नों का उत्तर स्वीकारात्मक है, तो इसका अर्थ है कि आपको कर्म मूल्य की समझ है। आपका कृत्य खुद और दूसरों के लिए आदर्श, अनुकरणीय एवं सारगर्भित है। आप भूलकर भी ऐसा कोई कार्य न करें, जिसे खुद हँसी के पात्र बन जाएँ।

याद रखें—

कर्म ही हमारी पहचान है और हम जैसा करेंगे, वैसा ही बनेंगे।

कर्म ही व्यक्ति को ऊपर उठाता है और कर्म ही व्यक्ति को नीचे गिराता है। कर्म ही बन्धन में बँधता है और कर्म ही मोक्ष दिलाता है। कहने का अभिप्राय है—कर्म ही व्यक्ति को महान बनाता है और कर्म ही व्यक्ति को हैवान। अतः आप जो भी कार्य करें, उसे मूल्यों की कसौटी पर कसें। यह भी ध्यान रखें कि कार्य का मूल्य रुपए-पैसों से नहीं, जीवन-मूल्यों के सर्वांगीण विकास से तय करें। कहने का आशय स्पष्ट है कि जो व्यक्ति मूल्यों की समझ रखते हैं, वे ही बेहतर करते है, बेहतर बनते हैं और बेहतर पाते हैं। ऐसे व्यक्ति के कृत्य एवं व्यक्तित्व ही चर्चा सर्वत्र होती है।

याद रखें—

निन्दा और प्रशंसा दोनो आपके हाथ में है।

मूल्यों के विरुद्ध कार्य करनेवाले व्यक्ति की प्रशंसा नहीं, निन्दा होती है। आप निन्दा के नहीं, प्रशंसा के पात्र बनें। आप अधर्म नहीं, धर्म का साथ दें। सत्य और न्याय के मार्ग पर चलें। आप कैसा बनना चाहते हैं—अच्छा या बुरा, सही या गलत, ऊँचे व्यक्तित्व का मालिक या निम्न व्यक्तित्व का मालिक? आप क्या करना चाहते हैं—अच्छा या बुरा? सब कुछ आपके कर्म पर निर्भर करता है। अत: कर्म का मूल्य समझें और ऊँचे व्यक्तित्व के मालिक बनें। याद रखें—बिना कार्य मूल्य समझे आप जीवन में बेहतर नहीं कर सकते और न ही बेहतर पा सकते हैं। अत: बेहतर करने एवं बेहतर पाने के लिए कर्म मूल्य की समझ आवश्यक है। आपका कार्य आपकी पहचान है तो मूल्यों की समझ आपका चरित्र। आपका कृत्य न केवल चरित्र को, बल्कि पूरे समाज एवं दुनिया को प्रभावित करता है। अत:, हमेशा यह सोचें कि आपके कार्य का मूल्य न केवल आपके लिए, बल्कि दूसरों के लिए भी महत्त्वपूर्ण हो।

याद रखें—

मूल्यों की समझ एवं उत्कृष्ट कर्म ही आपको महानता की राह पर ले जाता है।

•ध्यान रखें—

किसी भी कार्य को ससमय और उत्कृष्ट रूप में करने तथा कार्य की परिणति बेहतर प्राप्त करने के लिए समय मूल्य की समझ आवश्यक है।

दुनिया का ऐसा कोई भी कार्य नहीं है, जो बिना समय दिए पूरा हो सके। कार्य निष्पादन के लिए समय देना होगा और जितना समय देंगे, उतना ही कार्य होगा। अत: कार्य समय पर और बेहतर हो, इसके लिए समय का मूल्य समझें। समय के अनुरूप और समय पर कार्य करने की महत्ता है। समयोपरान्त कार्य करने का महत्त्व नहीं रहता है। अत: समय का महत्त्व समझें और हर कार्य समय पर करने की आदत डालें। जो व्यक्ति समय का मूल्य समझते हैं, वे समय के हर पल का सदुपयोग बेहतर पाने में करते हैं। उन्हें यह मालूम होता है कि जो समय हाथ से निकल जाएगा, पुन : वापस नहीं आएगा। अत: वे समय के हर पल का सदुपयोग रचनात्मक करने तथा व्यक्तित्व को सँवारने में करते हैं। यही कारण है कि समय का मूल्य समझनेवाले व्यक्ति हर कार्य ससमय निष्पादित कर कार्य की सार्थकता एवं खुद का औचित्य साकार करने में सफल होते हैं।

याद रखें—

जो व्यक्ति समय का कीमत समझते हैं, वे ही समय का समुचित प्रबन्धन कर जीवन में सफल होते हैं।

आप भी जीवन में सफल होना चाहते हैं, तो समय का मूल्य समझें और समय का समुचित प्रबन्धन करें। समय ही सबसे कीमती संसाधन है, जिसका आप समुचित प्रबन्धन कर बेहतर करते हैं। धन, यश, समृद्धि प्राप्त करते हैं। समय का मूल्य समझने वाले व्यक्ति पंक्चुअल, अनुशासित एवं संयमित होते हैं। उनका हर कार्य समय पर होता है। ठीक इसके विपरीत, जो व्यक्ति समय का मूल्य नहीं समझते, वे किसी भी कार्य को समय पर नहीं कर पाते। ऐसे व्यक्ति आलसी एवं कामचोर होते हैं। वे खुद में खोये-खोये रहते हैं और कार्य ससमय नहीं होने से चिड़चिड़े हो जाते हैं। वे अपनी जरूरतों के लिए दूसरों के आगे हाथ फैलाते रहते हैं। नतीजा वे खुद और दूसरों के लिए बोझ बन जाते हैं।

उपर्युक्त तथ्यों से स्पष्ट है कि जो व्यक्ति समय का मूल्य नहीं समझते, उन्हें खुद का मूल्य मालूम नहीं होता। ऐसा व्यक्ति हर कार्य कल पर टालते रहते हैं और उनके जीवन में वह कल कभी नहीं आता जिसकी दु:खद परिणति उन्हें खुद भुगतनी होती है। ऐसे व्यक्ति खुद समय पर कोई कार्य नहीं करते और खराब परिणति प्राप्त होने पर भाग्य, ग्रह, नक्षत्र और समय का रोना रोते है। फलत: उनके व्यक्तित्व में आलस्य, प्रमाद, बहानेबाजी आदि जैसे अवगुण शामिल हो जाते हैं। मेरा आपसे विनम्र अनुरोध है कि कर्म का मूल्य समझें और नियत कार्य को कल पर नहीं टालें, आज का आज ही कर डालें।

ध्यान रखें—

आपके हाथ में कल नहीं, केवल आज है। आप अपने आज को सँवारें और वर्तमान से प्यार करें।

वर्तमान से अच्छा मित्र कोई नहीं है। आपका आज अच्छा होगा तो कल भी अच्छा होगा। अत: कोई भी कार्य कल पर नहीं टालें, क्योंकि आने वाला कल आपके हाथ में नहीं है। आपके हाथ में केवल आज है। आपने यह लोकोक्ति सुनी होगी—

काल करे सो आज कर, आज करे सो अब।
पल में प्रलय होत है, बहुरी करोगे कब॥

समय पर कार्य करने से आपके व्यक्तित्व में अनुशासन, पंक्चुएलिटी, सीखने की प्रवृत्ति, कुछ कर दिखाने का जज्बा एवं बेहतर पाने की चाहत बनी रहती है। समय का समुचित प्रबन्धन कर आप जीवन में बहुत सारी बाते सीखते हैं। जैसे—जिन्दगी जीने का गुर, बेहतर करने का गुर, खुद को नियमित बनाने का गुर। ससमय कार्य करने से आपको धन, यश एवं समृद्धि प्राप्त होती है।

याद रखें—

समय के साथ चलना बुद्धिमानी है। जो व्यक्ति पीछे छूट जाते हैं, वे पीछे ही रह जाते हैं। अत: समय के साथ चलना सीखें।

समय प्रबन्धन में सोच की भूमिका महत्त्वपूर्ण है। आप किस समय क्या सोचते हे और क्या करते है, यह बहुत ही महत्त्वपूर्ण है। आप जितना बेहतर सोचेंगे, उतना बेहतर समय का प्रबन्धन करेंगे और जितना बेहतर समय का प्रबन्धन करेंगे, उतना बेहतर पाएँगे। अत: अच्छा बनने, अच्छा करने एवं अच्छा पाने के लिए समय का मूल्य समझना आवश्यक है। सकारात्मक सोच वाले व्यक्ति समय का मूल्य समझते हैं, जबकि नकारात्मक सोच वाले व्यक्ति समय का मूल्य नहीं समझते। वे अपने कीमती समय को यूँ ही बर्बाद करते रहते हैं। समय का मूल्य समझकर ही आप समय को धन और पूंजी में परिवर्तित कर सकते हैं। समय का बेहतर निवेश कर जो चाहें, प्राप्त कर सकते हैं। समय निवेश से बेहतर कार्य कुछ भी नहीं है। आप समय का निवेश करना सीखें और इसका निवेश रचानात्मक कार्यों में करते हुए बेहतर पाने में करें। आप समय का निवेश सार्थक एवं रचानात्मक कार्यों में करके ही नाम, धन, यश अर्जित कर सकते हैं। दूसरों के लिए आदर्श एवं उदाहरण बन सकते हैं।

याद रखें—

> *इस जीवन का उद्‌देश्य बेहतर करना और बेहतर पाना है। सुन्दर व्यक्तित्व का मालिक बनना और दूसरों के काम आना है।*

अगर आप बेहतर नहीं करते और दूसरों के काम नहीं आते, तो इसमें दूसरों का क्या दोष? दोष तो आपका है कि आपने समय का महत्त्व नहीं समझा और न ही खुद या दूसरों का मूल्य समझा। जब आप विविध मूल्यों की महत्ता नहीं समझेंगे, तो बेहतर कैसे कर पाएँगे? जब आप कार्य और समय का मूल्य समझते हैं तो कार्य केवल अपने हित में नहीं, दूसरों के हित में करते है। कार्य उत्कृष्ट रूप में और ससमय करते हैं। नतीजा आपके कृत्य की प्रंशसा सर्वत्र होती है। अत: चर्चा में बने रहने लिए भी मूल्यों को समझें।

मानवीय मूल्य

दोस्तो! हमारा जन्म मानव योनि में हुआ है। मानव एक चेतनशील प्राणी है और चेतनशील प्राणी होने के नाते यह हमारा कर्तव्य है कि हम मानवीय मूल्यों को समझें। मानवीय मूल्य से हमारा तात्पर्य आपसी प्यार, सहयोग, सद्‌भाव, कुशल व्यवहार, दया, क्षमा, त्याग, सहिष्णुता, सहनशीलता, विनम्रता और समझदारी जैसे गुणों से है। यदि हमारे अन्दर उपर्युक्त गुण हैं तो हमें मानवीय मूल्यों की समझ है और नहीं हैं तो हम मानव कहलाने के योग्य नहीं हैं। ऐसी स्थिति में हम मानव होते हुए भी पशु सदृश्य हैं। आप दुनिया के सबसे अमीर या बलशाली व्यक्ति क्यों न हों, आप कितने भी बड़े पद पर क्यों न आसीन हों, आप अपने अभिरुचि के क्षेत्र में सफलता की ऊँचाइयों को क्यों न छू रहे हों, आपके पास समस्त सुख-सुविधाएँ क्यों न हों,

परन्तु आपके अन्दर मानवता नहीं है, अर्थात् मानवीय मूल्यों की समझ नहीं है तो सब व्यर्थ है।

याद रखें—

पहले हम एक इनसान है , तब हमारा पद और धन है।

इनसानियत ही हमारी पहचान है और यही हमें अन्य जीव-जन्तुओं से अलग करती है। इनसानियत के मूल्यों पर चलकर ही हम अपनी पहचान और श्रेष्ठता साबित कर पाते हैं। ईर्ष्या, द्वेष, अंहकार, क्रोध से ऊपर उठकर ही हम देवत्व के गुणों को धारण करते हैं। आप भी इनसानियत का मूल्य समझें और अपने व्यक्तित्व में विनम्रता, सहनशीलता, क्षमा, त्याग जैसे गुणों को शामिल करें। आप मानवीय मूल्यों पर चलकर खुद के लिए आदर्श एवं दूसरों के लिए आईकॉन बनें। विकवेशील प्राणी होने के नाते यह हमारा कर्तव्य एवं दायित्व है कि हम मानवीय मूल्यों को जाने-समझें और उन मूल्यों पर चलें। यदि मानवता ही जिन्दा नहीं रहेगी, तो हम जीकर क्या करेंगे? हम मानवीय मूल्यों पर खरा उतरकर ही नाते-रिश्ते का निर्वहन कर सकते हैं। अपने कर्तव्यों एवं दायित्वों को पूरा कर, सकते हैं। परिवार, समाज एवं राष्ट्र के विकास में बहुमूल्य योगदान दे सकते हैं। जीवन का औचित्य समझ सकते हैं। सकारात्मक सोच के धनी व्यक्ति इनसानियत का मूल्य और नाते-रिश्ते की अहमियत समझते हैं और खुद का इतिहास रच डालते हैं। ऐसे व्यक्ति की नजर में दीन-दुखियों की सेवा करना ही मानवता है। यदि आप ऐसा नहीं करते और जरूरतमन्दों के काम नहीं आते तो आप मानव नहीं, पशु हैं।

दोस्तो! मानवीय मूल्यों की अहमियत समझने वाला व्यक्ति सहानुभूति की नहीं, समानुभूति की बात करता है। वह सेवा भाव को सबसे बड़ा धर्म मानता है। वह अपने धन और पद का अभिमान नहीं करता, बल्कि इसका सदुपायोग जन कल्याण में करता है। वे ईश्वर से हमेशा प्रार्थना करते रहते हैं कि हे ईश्वर मुझमें इतनी शक्ति दे कि मैं दूसरों के काम आ सकूँ। ठीक इसके विपरीत जिन व्यक्तियों को मूल्यों की समझ नहीं होती, उन्हें इनसानियत से कोई लेना-देना नहीं होता। वे हर चीज की कीमत पैसों से लगाते हैं और हर चीज पैसे से खरीदना चाहते हैं। वे खुद और दूसरों के सम्मान की नहीं, अपने शक्ति प्रदर्शन की बात करते हैं तथा खुद को इनसानियत से ऊपर मानते हैं।

दोस्तो!

जब इनसानियत ही नहीं रहेगी, तो हम जी कर क्या करेंगे?

इनसानियत ही तो हमें अन्य जीव-जन्तुओं से अलग करती है। यह खुद का स्वाभिमान और मूल्यों की समझ है। इसकी समझ न होने के कारण हम उल्टे-सीधे

कार्य करते हैं। ऐसा व्यक्ति जवानी के जोश में, धन एवं बल के दर्प में होश खो देते हैं, क्योंकि उन्हें यह मालूम नहीं होता कि होश खोने की चीज नहीं, दर्प खोने की चीज है। ऐसे व्यक्तियों की जब जवानी ढलती है और बुढ़ापा आता है तो वे विभिन्न समस्याओं से गुजरते हैं, तब उन्हें इनसानियत की कीमत समझ में आती है। उन्हें जवानी की जोश में की गई गलती का एहसास होता है, तब उन्हें समझ में आता है कि ऐसा हमें नहीं करना चाहिए। मैंने जो गलती की है, वे बच्चे न करें। इसकी वे सीख बच्चों को देते हैं और उन्हें इनसानियत का मूल्य समझाते हैं।

इस दुनिया में ऐसे अनेकों लोग मिल जाएँगे, जो दो पैसे क्या कमा लेते हैं, इनसानियत को ही भूल जाते हैं और धन के नशे में चूर रहकर खुद को चूर कर लेते है। जब उन्हें इनसानियत का महत्त्व समझ में आता है, तब तक बहुत देर हो चुकी होती है। उस स्थिति में वे दूसरों को समझाते हैं कि धन, बल या पद के दर्प में चूर रहने की जरूरत नहीं, कुछ रचनात्मक करने की जरूरत है। दूसरों की मदद करने एवं इनसानियत के राह पर चलने की जरूरत है।

याद रखें—

उन्नति तभी उन्नति है, जब मानवता कायम रहे। जब मानवता ही कायम नहीं रहेगा तो विकास की गाथा लिखकर हम क्या करेंगे?

मेरा मानना है कि यदि आपको मूल्यों की समझ है और आप इन मूल्यों पर चलते हैं तो आपको अन्य मूल्यों की समझ स्वत: हो जाती है। जैसे—नैतिक मूल्य, सामाजिक मूल्य, सांस्कृतिक मूल्य। नैतिक मूल्यों को समझने के लिए हमें जीवन मूल्य, कर्म मूल्य, मानवीय मूल्य एवं समय मूल्य की समझ आवश्यक है। प्राय: व्यक्ति इन मूल्यों की महत्ता नहीं समझते और बात-बात में नैतिकता की दुहाई देते हैं। वे खुद नैतिक नहीं होते, परन्तु दूसरों को नैतिकता की राह पर चलने की सीख देते हैं।

आप गौर करें, तो पाएँगे कि नैतिकता का पैमाना जीवन-मूल्य, कार्य-मूल्य, समय मूल्य एवं इनसानियत की समझ है। अगर आपको इन मूल्यों की समझ है और इन मूल्यों पर चलते हैं तो आपको अलग से नैतिक मूल्य को समझने की जरूरत नहीं है। नैतिकता आपकी ईमानदारी, कर्तव्यनिष्ठा, समय की पाबन्दी, कमिटमेंट को पूरा करने का संकल्प और चरित्र है। नैतिकता का मतलब ही है मानवीय मूल्यों पर खरा उतरना, खुद को पारदर्शी बनाना, परिवार और समाज में आदर्श स्थापित करना, ईमानदारी की राह पर चलना, चरित्र बल को मजबूत रखना तथा ईर्ष्या-द्वेष, क्रोध, अहंकार को पास फटकने न देना।

याद रखें—

नैतिक मूल्य स्थान, समय और परिस्थिति के अनुसार बदलते रहते हैं,

लेकिन जीवन मूल्य, कर्म मूल्य, समय मूल्य और मानवीय मूल्य कभी नहीं बदलते। ये शाश्वत होते हैं।

अतः मूल्यों की महत्ता समझें। प्रायः व्यक्ति मूल्यों के विरुद्ध कार्य करना नहीं चाहते। वे यह भी नहीं चाहते कि उनके बच्चे मूल्यों के विरुद्ध कोई कार्य करें। हर व्यक्ति चाहता है कि उसके बच्चे मूल्यों को जानें-समझें और मूल्यों पर चलें। यदि वे जाने-अनजाने में कोई गलती करते हैं तो माता-पिता चाहते हैं कि बच्चे उस गलती को न दोहराएं। वे मूल्यवान और समझदार बनें। अच्छा करें और अच्छा सीखें, ताकि सुखद एवं सफल जीवन जी सके। दूसरों के लिए आदर्श एवं उदाहरण बन सकें। कोई भी व्यक्ति अपने बच्चे को गलत मार्ग पर चलना नही सिखाता। सदैव उसे नैतिकता की पाठ पढ़ाता है और नैतिक बने रहने की सीख देता है।

शायद आपको नहीं मालूम—किसी भी व्यक्ति के व्यक्तित्व की तुलना उसकी धन-दौलत से नहीं, उसके अन्दर निहित मूल्यों के आधार पर की जाती है। मूल्यों की समझ खुद को बेहतर बनाने, जीवन का औचित्य साकार करने तथा सफलता प्राप्ति के लिए जरूरी है। ईसा पूर्व से लेकर आज तक गौतम बुद्ध, महावीर, गुरु गोविन्द सिंह, सन्त कबीर, तुलसीदास आदि अनेकों महापुरुषों ने मूल्यों की महत्ता समझी एवं मूल्यों पर चले। यही कारण है कि आज भी वे हमारे आदर्श एवं उदाहरण हैं।

याद रखें—

मूल्यों की समझ ही व्यक्ति को सकारात्मक, रचनात्मक एवं आम से खास बनाती है। जबकि मूल्यहीन व्यक्ति समाज के लिए बोझ है, और निठल्ले व्यक्ति कदाचित समाज का मार्गदर्शन नहीं कर सकते।

अतः मूल्यों पर चलना सीखें। मूल्य ही तो है, जो हमें मूल्यवान और श्रेष्ठ बनाता है। मूल्यहीन व्यक्ति खुद पंगु होते हैं, उनमें कोई गति एवं निरन्तरता नहीं होती। सिद्धान्त के अभाव में ऐसे लोग महत्त्वहीन, अनुपयोगी और समाज के लिए बोझ बनकर रह जाते हैं। सिद्धान्त और मूल्य ही जीवन को गति देते हैं। परिवार की बात हो या समाज और देश की, सबका संचालन कुछ आदर्शों और सिद्धान्तों पर होता है। यदि कोई समाज आदर्शहीन, सिद्धान्तहीन और मूल्यहीन है तो वह समाज गर्त में चला जाता है। सिद्धान्त एवं मूल्य पर आधारित समाज ही विकास और संस्कृति की नई कहानी लिख पाता है। जिस समाज में रहने वाले लोग मूल्यहीन होते हैं, उस समाज का ढाँचा गड़बड़ाने लगता है। नतीजा, व्यक्ति और समाज दोनों का पतन हो जाता है। मूल्यों की समझ ही इनसानियत को जिन्दा रखती है। अनियमित और मूल्यहीन व्यक्ति जीवन के किसी भी क्षेत्र में सफल नहीं होते, क्योंकि उन्हें आदर्शों एवं मूल्यों से कोई लेना-देना नहीं होता। इन्हें यह मालूम नहीं होता कि जीवन सत्य की राह पर चलने से फलीभूत होता है, असत्य की राह पर चलने से नहीं।

इस दुनिया में जितने भी सफल और महान व्यक्ति हुए हैं, ऊँचे आदर्शों और मूल्यों की राह पर चलकर ही महान और समाज के लिए उदाहरण बने हैं। समाज भी ऐसे लोगों का आदर करता है और उनके आदर्शों का अनुकरण कर नई पीढ़ी को बेहतर करने की सीख देता है। सिद्धान्तविहीन और मूल्यहीन व्यक्ति कभी भी सम्मान के पात्र नहीं होते और ऐसे व्यक्ति सदैव आलोचना और निन्दा के पात्र होते हैं। निस्सन्देह मूल्यों का निर्धारण एवं मूल्यों पर चलने में अनेकों कठिनाइयाँ का समना करना पड़ता है, परन्तु उन कठिनाइयों से बाहर निकलना ही तो सफल एवं सुखद जिन्दगी का राज है। यह भी सचाई है कि जीवन मूल्य की समझ सहज नहीं हो जाती, इसके लिए क्षमा, त्याग, दया, विनम्रता सेवा भाव की जरूरत होती है। इसकी परीक्षा देनी होती है। यदि हम सन्त, महासन्त, महात्मा और महापुरुषों की जीवनी का अध्ययन करें, तो पाते हैं कि इन लोगों के जीवन में मूल्य ही सर्वोपरि थे। किसी भी इनसान के जीवन में मूल्यों का योगदान अहम है, क्योंकि इन्हीं के आधार पर अच्छा-बुरा, सही-गलत की पहचान होती है।

प्राचीन काल में सैद्धान्तिक शिक्षा के साथ-साथ व्यावहारिक शिक्षा एवं मूल्यों की शिक्षा दी जाती थी, लेकिन वैश्वीकरण के इस युग में मूल्य आधारित शिक्षा की भागीदारी लगातार घटती जा रही है। साम्प्रदायिकता, असहिष्णुता, जातिवाद और अनैतिकता की बढ़ती प्रवृत्ति मूल्यों के ह्रास के मुख्य कारण है। अतः वर्तमान समय में यह आवश्यक हो गया है कि पाठ्य पुस्तकों में मूल्यों की शिक्षा को शामिल किया जाए। शिक्षक खुद मूल्यों का महत्त्व समझें और उन्हें जीवन व्यवहार का हिस्सा बनाएँ। बच्चों को विविध मूल्यों की महत्ता समझाएँ। अगर स्कूलों में बच्चों को जीवन, कर्म और समय मूल्यों की शिक्षा नहीं दी गई, उन्हें मानवता का पाठ नहीं पढ़ाया गया तो कहीं-न-कहीं हम समाज और राष्ट्र के प्रति अपनी नैतिक जिम्मेवारी एवं कर्तव्य से चूक जाएँगे। हम नाम, धन, यश अर्जन करने की धुन में मानवता के नाम पर कलंक बनकर रह जाएँगे। हम खुद का औचित्य साकार नहीं कर पाएँगे और न ही ईश्वर रचित सर्वश्रेष्ठ कृति ही सार्थकता सिद्ध कर पाएँगे।

मानव-समाज ने सभ्यता, संस्कृति और विकास के क्षेत्र में प्रगति का जो इतिहास रचा है, उसकी आधारशिला मानवीय मूल्य एवं कर्म मूल्य है। मूल्यों का अन्वेशण करना युग विशेष का कार्य नहीं है। यह अनवरत चलने वाली प्रक्रिया है, जो मानव की सोच एवं विवेक पर निर्भर करती है। मूल्य ही संस्कृति को वैशिष्ट्य प्रदान करता है। ऋग्वैदिक मूल्यों में ऋग के विचार का अत्यधिक महत्त्व है। ऋग सदाचार के मानदंड को प्रस्तुत करता है। संहिता काल में धार्मिक भावना प्रधान थी। परन्तु वैदिक काल में कर्मकांड को अधिक महत्त्व दिया जाने लगा। उपनिषद काल में कर्मकांड की अपेक्षा ज्ञान को अधिक महत्त्वपूर्ण माना गया। भारतीय चिंतकों ने जीवन-काल के प्रत्येक क्षेत्र में मनुष्य के उत्थान के लिए एक अनुकरणीय पथ दिया, जो व्यक्ति

तथा समाज के समग्र विकास के लिए आदर्श है। यदि हम जीवन-मूल्यों के आदर्श की बात करें तो यह क्षमा, त्याग, परोपकार आदि क्रियाओं द्वारा व्यक्त किया जाता है। वाणी द्वारा नहीं। वाणी के द्वारा किया गया प्रेम अपनी गरिमा से च्युत हो जाता है। अत: खुद को बेहतर साबित करने के लिए निम्न बातों पर ध्यान दें—

अच्छा इनसान बनें— मानवीय मूल्यों पर चलें। हृदय एक पवित्र मन्दिर है। एक बार इसमें जिस देवता की मूर्ति स्थापित कर ली जाती है, पुजारी हर स्थिति में उसकी ही पूजा करता है।

मित्र— मित्र धनी हो या गरीब, सुखी या दुखी, निर्दोष हो या सदोष, एक-दूसरे के लिए सबसे बड़ा सहायक होता है।

दुष्टता— दुष्ट व्यक्ति ओले के समान होता है, जो फसल को नष्ट करके स्वयं भी नष्ट हो जाता है।

विचार— निषेधात्मक विचार व्यक्ति की शक्ति को क्षीण करता है, जबकि सकारात्मक विचार शक्ति को बढ़ाता है। अत: सदैव उच्च विचार रखें।

जीवन— साधारण लोग सोचते हैं कि जन्म और मृत्यु के बीच जो है, उसी का नाम जीवन है। लेकिन जीवन वह है, जिसके मध्य में जन्म और मृत्यु बार-बार घटते हैं और घटते रहेंगे। यह घटना तब तक घटित होती रहेगी, जब तक आप जीवन को पहचान न लें। जिस दिन आप जीवन को पहचान लेंगे, उस दिन आपके अन्दर अन्तर्दीप जल उठेगा।

सत्य बोलो— गुरु वाणी में कहा गया है—सच सबसे ऊपर है। यदि उसके ऊपर कुछ है, तो वह भी सच ही है। सच का आचरण, दान, यज्ञ, तप, होम और वेद है और इन सब का आधार सत्य है।

भारत माता—पूरे विश्व में एक ही देश है, जिसे माता का दर्जा प्राप्त है 'भारत माता'। यह भारत-भूमि हमारी माँ है तो भारत में जन्म लेने वाले हम सभी भाई-बहन हैं। हम सब एक परिवार की तरह रहें और अपनी माँ का सम्मान और नाम ऊँचा रखें।

भगवान का प्यारा होना— जब कोई व्यक्ति मरता है, तो कहते हैं कि वह भगवान को प्यारा हो गया। परन्तु यह ज्यादा महत्त्वपूर्ण है कि व्यक्ति जीते जी भगवान का प्यारा हो जाय।

दुख में काम आने वाले को न भूलें—दुख में किसी भी व्यक्ति ने पानी पिला दिया हो तो उसे भी न भूलें। दुख में साथ देने वाला व्यक्ति ही आपका सच्चा मित्र है।

आनन्द की अनुभूति— परमानन्द आध्यात्मिक चेतना की प्राप्ति जागृति से ही सम्भव है। भौतिक सुख अस्थायी आनन्द की अनुभूति है, परम आनन्द की नहीं। परम आनन्द स्थायी है और यह आनन्द चाहिए तो मूल्यों की महत्ता समझें तथा सन्तों की कठिन तपस्या एवं लम्बे अनुभवों से सीख लें।

वाणी— वाणी संयमित एवं माधुर्य रखें। भूलकर भी अशिष्ट शब्दों का प्रयोग

न करे और न ही संयम खोयें। जो बात सिद्धान्त से गलत है, वह व्यवहार में कभी उचित नहीं हो सकती।

आदर्श—प्रेम सबसे करो, पर विश्वास खुद पर करो। भूलकर भी किसी का बुरा मत करो।

माता-पिता का सम्मान करो—जिस घर में माँ-बाप, बहू और बेटियों का सम्मान नहीं होता, वहाँ नारायण और लक्ष्मी नहीं आते हैं। माँ, पृथ्वी पर प्रथम पूजनीया होती है। माता-पिता के आशीष के बिना पुत्र आगे नही बढ़ सकता।

पवित्रता—जीवन गंगा की तरह पवित्र है जो कभी इधर मुड़ती है और कभी उधर। फिर भी पवित्र है।

आप अपने जीवन का उद्‌देश्य जो भी बनाएँ, वह जीवन मूल्यों पर आधारित हो। जीवन मूल्यों से परे जाकर उद्‌देश्य की प्राप्ति करना गलत है। यदि आप अतुल सम्पदा के मालिक हैं तो निहित धन का उपयोग जीवन मूल्यों के रक्षार्थ करें। ऐसा न हो कि आप धन, बल, पद के अहं में चूर रहकर जीवन-मूल्यों को हानि पहुँचाएँ। अपने को सृष्टि के नियमों से ऊपर समझें। ऐसे अनेकों उदाहरण मिल जाएँगे, जिन्होंने धन एवं बल के दर्प में चूर रहकर अपने को सर्वशक्तिमान समझा। नतीजा वे मूल से नष्ट हो गए। यदि आपके पास विद्या है, धन है, शासन है, शक्ति है, तो इसका दुरुपयोग नहीं, सदुपयोग मूल्यों के रथार्थ करें। दीन-दुखियों की सेवा और जग कल्याण में करें। सृष्टि के शाश्वत नियमों से सीख लें और सकारात्मक सोच के साथ रचनात्मक कार्यों में अपने समय एवं ऊर्जा का सदुपयोग करें। अगर मूल्यों को समझने में कोई संशय हो, तो खुद से निम्न प्रश्न पूछें—

- क्या आपको मूल्यों की समझ है?
- क्या आप मूल्यों पर खरा उतरने में सफल हैं?
- आपने इस दुनिया को क्या दिया?
- क्या आप खुद की श्रेष्ठता साबित कर पा रहे हैं?
- परिवार, समाज और राष्ट्र को आपकी देन क्या हैं?
- क्या आप दुनिया में रहने लायक बेहतर जगह बना पाए हैं?
- क्या आपके अन्दर मानवीय गुण हैं?

यदि आप इन प्रश्नों पर खरा उतरते हैं, तो आपको खुद पर गर्व होता है और दूसरे आप पर गौरवान्वित होते हैं। ठीक इसके विपरीत यदि कोई व्यक्ति मूल्यों को गिरवी रखकर सुख-सुविधाएँ प्राप्त कर लेता है तो व्यर्थ है। यह दर्द में छिपा सुख है, जो क्षणभंगुर एवं दुख को आमंत्रित करने वाला है। अनैतिक तरीके से सुख प्राप्त करने वाले व्यक्ति को भले ही, उस समय यथार्थ का पता न चले, लेकिन जब उसे इस बात का एहसास होता है, तो वह पश्चात्ताप की अग्नि में जलता रहता है। ऐसा व्यक्ति केवल

दुनिया की नजरों में नहीं, बल्कि खुद की नजरों में भी गिर जाता है। थोड़ी देर के लिए भले ही उसे लगे कि मैंने मनचाही चीजें प्राप्त कर लीं, पर वह आजीवन आत्म-ग्लानि महसूस करता है। ऐसा व्यक्ति भले ही बाहर से सुखी दिखता है, लेकिन भीतर से अशान्त रहता है और चाहकर भी इस दर्द से बाहर नहीं निकल पाता। दूसरी ओर जीवन-मूल्यों के विरुद्ध जाकर लालच देने वाला व्यक्ति भी चैन से नहीं रह पाता। इस तरह जीवन मूल्यों से परे जाकर सौदा करने वाला और बेचने वाला दोनों का चारित्रिक पतन इस स्तर तक हो चुका होता है कि चाहकर भी वे ऊपर नहीं उठ पाते।

याद रखें—

जैसे ही मूल्यों की कोई कीमत लग जाती है, मूल्य अपनी कीमत खो बैठते हैं।

कहने का अभिप्राय है कि—हम किसी व्यक्ति का जमीर खरीदकर खुद चैन से नहीं रह सकते। दूसरों का ज़मीर खरीदने वाला व्यक्ति खुद का जमीर बेच चुका होता है। अगर कोई व्यक्ति कहता है कि दुनिया की हर चीज बिकाऊ है, तो इसका अभिप्राय है कि वह खुद बिकाऊ है। ऐसा व्यक्ति कुविचारों से ग्रसित निरा मूर्ख या पैसे के दर्प में इस कदर चूर रहता है कि उसे पैसे के अतिरिक्त कुछ दिखता ही नहीं। ऐसे व्यक्ति को खुद का मूल्य मालूम नहीं होता और जिसे खुद का मूल्य मालूम न हो, वह दूसरों का मूल्य क्या खाक समझेगा? शायद ऐसे व्यक्तियों को यह नहीं मालूम कि पैसा खरीद सकता है—

- हँसी मगर, खुशी नहीं।
- बिस्तर मगर, नींद नही।
- किताबें मगर, ज्ञान नहीं।
- चमक-दमक मगर, खूबसूरती नहीं।
- मकान मगर, घर नहीं।
- दवा मगर, सेहत नहीं।
- अँगूठी मगर, जीवनसाथी नहीं एवं
- घड़ी मगर, समय नहीं।

प्रायः लोगों का मानना है कि समय के अनुरूप जीवन मूल्य बदलते हैं, पर मेरे विचार से इस प्रकार की बातें करना संकीर्ण मानसिकता का परिचायक है। अगर आप ऐसा सोचते हैं, इसका मतलब है कि आपको जीवन मूल्य की समझ नहीं है। मेरा मानना है कि जीवन मूल्य शाश्वत हैं और ये कभी नहीं बदलते। बदलता है तो देखने का नजरिया, सोच और संगत। प्रायः लोग क्षणिक सुख-सुविधाएँ एवं मनचाही चीजों को पाने की चाह में मूल्यों से परे जाकर गलतियों को दोहराते रहते हैं। कुछ लोग

किसी मजबूरी में तो कुछ किसी बाह्य दबाब में और कुछ विलासितापूर्ण जिन्दगी जीने की चाह में, गलत कार्यों को अंजाम दे रहे होते हैं। जिसे खुद की आत्मा धिक्कारती है और समाज भी स्वीकार करने को तैयार नहीं होता है। फिर भी वे करते रहते हैं, क्योंकि उन्हें मूल्यों की समझ नहीं होती है। आज चारों ओर बेईमानी, भ्रष्टाचार एवं अनैतिक कार्यों का बोलबाला बढ़ता जा रहा है, फिर भी हम चुप हैं और इस आशा में बैठे हैं कि एक-न-एक दिन सिस्टम में सुधार होगा। इस प्रकार की सोच हमें बर्बादी के कगार पर पहुँचा सकती है।

याद रखें—

गलत कार्यों की परिणति हमेशा गलत एवं दुःखद होती है।

दूसरी ओर अच्छे एवं उत्कृष्ट कार्य करने वालों के बीच में निराशा जन्म लेती हैं। अतः लालची एवं स्वार्थी व्यक्ति जो मूल्यों से परे जाकर गलत कार्य करते हैं, उन पर नैतिक चरित्र वाले लोगों द्वारा अंकुश लगाना जरूरी है, जिससे परिवार-समाज में समरसता और शान्ति कायम रहे।

याद रखें—

जीवन मूल्यों से भटककर स्वस्थ समाज एवं राष्ट्र का निर्माण नहीं कर सकते। कोई भी समाज जिसने अपना सिद्धान्त एवं मूल्य खो दिया, वह विनाश के गर्त में समा जाता है। इतिहास भी इस इस बात का साक्षी है कि जब-जब मूल्यों और सिद्धान्तों का ह्रास हुआ है, तब-तब समाज का पतन हुआ है।

नैतिकता को शब्दों की परिभाषा में नहीं बाँधा जा सकता, फिर भी हम इसकी महत्ता जानने एवं समझने का प्रयास कर सकते हैं। यह जीने की तहजीब अर्थात् रहने, चलने, बोलने का ढंग, जीवन, कर्म एवं समय मूल्य के साथ अन्य मूल्यों की समझ है। इसे समझने के लिए हमें प्रकृति से सीख लेने की जरूरत है। यह प्रकृति का सन्देश है कि समस्त प्राणी परस्पर सहयोग, सद्भाव, सहिष्णुता से रहे और एक-दूसरे की महता समझे। चेतनशील प्राणी होने के नाते, सृष्टि के शाश्वत नियमों का अनुपालन करना, रिश्तों की अहमियत समझना, अनुशासन का महत्त्व समझना, मूल्यों पर खरा उतरना नैतिकता है। हमारा हर कार्य, आचरण, चरित्र एवं व्यक्तित्व का पैमाना नैतिक मूल्यों की कसौटी पर ही परखा जाता है।

जैसे—जीवन को बनाए रखने के लिए संघर्ष करना महत्त्वपूर्ण है। परन्तु इसका मतलब यह नहीं है कि हम अपने से कमजोर को सताते रहें। निर्दोष प्राणी की बली चढ़ाते रहें, स्वार्थ पूर्ति और ऐश्वर्यिक साधनों की प्राप्ति हेतु नैतिक मूल्यों को ताख पर रख दें। संघर्ष जरूर करें, परन्तु हमारा संघर्ष सार्थक, गतिशील, रचनात्मक तथा

मानवीय एवं जीवन मूल्यों पर खरा उतरनेवाला हो। यह कभी दूसरों के हितों की बलि चढ़ाकर, दूसरे की भावनाओं को ठेस पहुँचाकर अपने मकसद को पूरा करने की सीख नहीं देता। हमें जीने का अधिकार है तो दूसरों को भी जीने का अधिकार है। हम अपने लिए दूसरों से जैसा बर्ताव चाहते हैं, वैसा ही बर्ताव करना हमारा नैतिक कर्तव्य है। अपनी उन्नति और सुख-सुविधा के साथ-साथ दूसरों की उन्नति एवं सुख-सुविधा का ख्याल रखना हमारा नैतिक मूल्य है।

हम नैतिक मूल्यों की बात इसलिए करते हैं कि हम एक चेतनशील प्राणी हैं। हमें सही-गलत, उचित-अनुचित, न्याय-अन्याय का बोध है। इस सन्दर्भ में राष्ट्रपिता महात्मा गाँधी के सन्देश अति प्रसांगिक हैं—

- मेहनत के बिना धन।
- अन्तरात्मा के बिना आनन्द।
- नैतिक मूल्यों के बिना व्यापार।
- इनसानियत के बिना विज्ञान।
- त्याग के बिना धर्म।
- सिद्धान्त के बिना राजनीति एवं
- चरित्र के बिना ज्ञान बेकार है।

नैतिकता हमारा स्वयं का आचरण है, मूल्यों की समझ है, खुद और दूसरों को सही दिशा में ले जाने की सोच है। यह कोई कानून नहीं है, जिसका अनुपालन नहीं करने पर दंड का प्रावधान किया जाए, परन्तु यह कानून से ज्यादा महत्त्वपूर्ण है। आज हम बात-बात में दूसरों की नैतिकता पर प्रश्न उठाते हैं, परन्तु स्वयं के अन्दर नैतिक मूल्यों का विकास हो रहा है या ह्रास, इस ओर हमारा ध्यान नहीं जाता।

याद रखें—

गलत फैसले और दुःखद स्थिति के लिए केवल खराब हालात को दोषी नहीं ठहराया जा सकता, बल्कि नैतिकता की कमी इसके लिए दोषी है।

नैतिक मूल्य और सिद्धान्त सिर्फ अच्छे दिनों के लिए नहीं बने हैं। ये हमें बुरे दिनों से भी बचाते हैं। यदि हम नैतिकता के पैमानों की बात करें, तो इसे मापने का पैमाना निम्न है—

- इनसानियत की समझ।
- मूल्यों की समझ।
- समानता का भाव।
- निष्पक्षता का भाव।
- परोपकार का भाव।
- सचाई, निष्ठा और ईमानदारी।

- चरित्र एवं
- स्वाभिमान।

जिस तरह अनुशासन के बिना आजादी का कोई महत्त्व नहीं होता, उसी तरह मूल्यों और सिद्धान्तों के बिना नैतिकता का कोई मायने नहीं होता। मूल्यों के बिना हम झूठे एवं फरेबी बन जाते हैं। किसी भी समाज का अच्छा या बुरा होना, उस समाज में रह रहे लोगों के नैतिक मूल्यों से तय होता है। नौतिकता खुद और समाज को सही दिशा, सही गति एवं सही रोशनी देता है। वर्तमान दौड़ में हम विज्ञान एवं विकास के क्षेत्र में तेजी से आगे बढ़ रहे हैं, पर नैतिकता का ह्रास हुआ है, जो स्पष्ट दिखता है। आज नाते-रिश्ते की अहमियत समाप्त और मानवता तार-तार हो रही है। समाज तिल-तिल जल रहा है। आपसी वैमनस्यता, ईर्ष्या-द्वेष, कटुता फैल रही है पर कोई देखने वाला नहीं है।

वर्तमान परिवेश में नैतिक शिक्षा पर बल देना और मूल्यों को जानना-समझना एवं उन मूल्यों पर चलना बहुत जरूरी है। बदलते परिवेश में एक ओर हम तीव्रतर विकास की बात करते हैं तो दूसरी ओर नैतिक शिक्षा एवं मूल्यों के अभाव में पतन की ओर बढ़ रहे हैं। हमारे अन्दर स्वार्थ, लोलुपता, विलासिता जैसी दुष्प्रवृत्तियाँ तीव्रता से बढ़ती जा रही हैं। किसी भी विधि से हम मनोनुकूल सुख-सुविधा पाने के लिए बेचैन हैं। खुद का जमीर बेचकर भी हमें उन चीजों को पाने में कोई गुरेज नहीं है। दोस्तो! हम ऐसा करके भले ही मनोनुकूल सुख-सुविधा प्राप्त कर लें, पर मन की शान्ति खो देते हैं और मानव हो कर भी हम मानव नही रह जाते।

याद रखें—

नैतिकता कोई धर्म या कानून नहीं है। यह हमारी सूझ-बूझ, अच्छे व्यवहार, शिष्टता, शालीनता एवं विविध मूल्यों की समझ है, जिसकी जरूरत हर शान्तिप्रिय नागरिक एवं समाज को है।

व्यवसाय (Profession)

व्यवसाय का अर्थ

व्यवसाय का अर्थ है—धनोपार्जन करना या आर्थिक क्रियाकलापों में व्यस्त रहना। अर्थात् खुद को किसी न किसी आर्थिक क्रिया-कलाप से जोड़े रखना व्यवसाय है। आपने टाटा कम्पनी या अन्य कम्पनी का नाम सुना होगा। टाटा कम्पनी नमक से लेकर ट्रक, बस या अन्य बहुत सारी वस्तुओं का उत्पादन करती है और उत्पादों को आम लोगों को बेचती है। प्राय: कम्पनी अपना उत्पाद थोक विक्रेता को बेचती है और थोक विक्रेता उसे फुटकर विक्रेता को और फुटकर विक्रेता आम लोगों को बेचते हैं। इस प्रक्रिया में उत्पादक और विक्रेता सभी धन कमाते हैं। अत: व्यवसाय

की सही परिभाषा आर्थिक क्रिया-कलाप है, जिसके तहत लाभ कमाने के उद्देश्य से वस्तुओं एवं सेवाओं का नियमित उत्पादन, क्रय-विक्रय, हस्तान्तरण एवं विनिमय आदि क्रियाएँ सम्मिलित हैं। अत: व्यवसाय की प्रमुख विशेषताएँ निम्न हैं—

ऐसा कार्य जिसमें व्यक्ति या व्यक्तियों का समूह, विभिन्न वस्तुओं के उत्पादन, क्रय-विक्रय तथा सेवा क्षेत्र विस्तार से जुड़कर धन अर्जन करता है। सेवा और उपभोग की वस्तुएँ अथवा पूंजीगत वस्तुएँ आदि कार्यों को व्यवसाय के रूप में करता है जो व्यवसाय कहलाता है। ये क्रियाएँ नियमित रूप से और विभिन्न स्तर पर की जाती हैं। परन्तु ध्यान रखें; अकेला लेन-देन या अपनों के बीच लेन-देन व्यवसाय नहीं कहलाता, जब तक उससे कोई आर्थिक लाभ प्राप्त न हो। उदाहरण स्वरूप—यदि कोई व्यक्ति अपनी पुरानी कार लाभ पर बेचता है तो इसे हम व्यवासायिक क्रिया नही कहेंगे। लेकिन यदि वही व्यक्ति नियमित रूप से पुरानी कारों का क्रय-विक्रय करता है तो वह व्यवसाय कहलाता है।

याद रखें—

व्यवसाय का एकमात्र उद्देश्य धन अर्जन या लाभ कमाना है।

व्यवसाय से हमारा तात्पर्य रोजी-रोटी से है। हर व्यक्ति रोजी-रोटी के लिए अर्थात् अपने और अपने परिवार के भरण-पोषण के लिए कोई-न-कोई कार्य करता है। कार्य करना जीवन की नियति है और हर व्यक्ति को खुद तथा परिवार के भरण-पोषण के लिए कार्य करना चाहिए। हम सभी जानते हैं कि जीवित रहने के लिए भोजन एवं अन्य चीजों की जरूरत होती है, ताकि हम बेहतर जीवन जी सकें। कहने का आशय स्पष्ट है कि जीवन जीने, सपने को साकार करने तथा आवश्यकताओं की पूर्ति हेतु हमें धन की जरूरत होती है और धन प्राप्ति के लिए, हमें किसी न किसी व्यवसाय से जुड़ना होता है। इस प्रकार हम देखते हैं कि व्यवसाय का शाब्दिक अर्थ किसी न किसी आर्थिक क्रिया-कलाप से जुड़कर धनोपार्जन करना है, ताकि हम अपनी जरूरतों को पूरा कर सकें।

सही मायने में व्यवसाय एक आर्थिक गतिविधि है, जिसका उद्देश्य मानवीय इच्छाओं को सन्तुष्ट करने के लिए माल व सेवाओं का नियमित और निरन्तर उत्पादन, विनिमय, हस्तान्तरण, और क्रय-विक्रय द्वारा उचित लाभ प्राप्त करना है। यह खुद की जरूरतों तथा समाज की आवश्यकताओं की पूर्ति करने का माध्यम है। इसके लिए हर व्यक्ति किसी न किसी कार्य में संलग्न भी है। अध्यापक विद्यालय में, किसान खेतों में, मजदूर कारखानों में, चालक गाड़ी चलाने में, डॉक्टर रोगी देखने में, दुकानदार सामान बेचने के काम में लगा हुआ है। हम सभी कोई-न-कोई कार्य इसलिए करते हैं कि हम अपनी आवश्यकताओं की पूर्ति एवं उत्तरदायित्व निवर्हन के लिए धन अर्जन कर सकें।

दोस्तो! कार्य करना जीवन की नियति है और हर व्यक्ति को कार्य करना चाहिए। कार्य ही हमें अनुभवी, सफल एवं महान बनाता है। कार्य ही हमें पहचान दिलाता है और आवश्यकताओं की पूर्ति में सहायक है। अत: जो भी व्यवसाय करें, पूरी ईमानदारी के साथ निष्पक्ष होकर, समय और उत्कृष्ट रूप में करें। इस दुनिया में जितने भी व्यक्ति सफल हुए हैं या सफलता की ऊँचाइयों को छुआ है, उन महानुभावों ने व्यवसाय का अर्थ और मूल्य समझा तथा अपने कर्तव्यों का निर्वहन किया। आप भी जीवन बेहतर जीना चाहते हैं, जीवन की सार्थकता साबित करना चाहते हैं तो किसी-न-किसी व्यवसाय से खुद को जोड़ें। मैं तो सिर्फ इतना कहूँगा कि आप वैसे व्यवसाय से जुड़ें, जो खुद और दूसरों के लिए मूल्यवान हो। उन कार्यों को करें, जो जीवन मूल्यों पर आधारित हों तथा खुद और दूसरों की नजर में नैतिक हों।

ध्यान रखें—

व्यवसाय का मतलब सिर्फ बड़ी-बड़ी कम्पनियाँ और कल कारखाने खोलना या सरकारी नौकरी करना नहीं होता, बल्कि हर मूल्यवान एवं प्रगति प्रदान करने वाले कार्यों को पूरी तन्मयता से निष्पादित करना है।

व्यवसाय खुद का भी हो सकता है और दूसरों का भी हो सकता है। सरकारी, अर्द्धसरकारी, गैर सरकारी कुछ भी हो सकता है। ऐसा नहीं है कि बड़ी-बड़ी कम्पनियाँ खोलना या बडे पदों पर कार्य करना ही व्यवसाय है। एक रिक्शा चालक, खेतों में कार्य करनेवाला मजदूर और किसान, विविध क्षेत्रों में कार्य करने वाले मजदूर, इंजीनियर, डॉक्टर या हवाई जहाज चलाने वाला व्यक्ति सभी इस फोरम पर व्यवसायी है। क्योंकि हर व्यक्ति अपनी जरूरतों को पूरा करने के लिए धन अर्जित करता है। परन्तु व्यवसाय का अर्थ केवल पैसे कमाना नहीं, बल्कि मानवीय मूल्यों पर खरा उतरते हुए खुद की श्रेष्ठता साबित करना है। हम केवल धन-दौलत हासिल करने के लिए कार्य नहीं करें, बल्कि जीवन का औचित्य साकार करने के लिए आर्थिक क्रिया-कलाप से जुड़ें, ताकि हम अपनी श्रेष्ठता एवं अनमोलता को साकार कर सकें। अन्यथा हम चेतनशील प्राणी होकर भी खुद के चैतन्य होने पर प्रश्नचिह्न खड़ा करेंगे।

आप गौर करें, तो पाएँगे कि समाज में विभिन्न प्रकार के लोग रहते हैं—गरीब, अमीर, भूमिहीन, भूपति, शिक्षित और अशिक्षित। हर व्यक्ति जीविकोपार्जन और निहित संसाधनों की वृद्धि हेतु कोई न कोई कार्य करता है। कोई खुद की जमीन पर, तो कोई दूसरे की जमीन पर खेती करता है, कोई खुद का रिक्शा, टेंपो, ठेला चलाकर जीवनयापन करता है, तो कोई बस, ट्रक, हवाई-जहाज चलाकर। संसाधन उसका खुद का या भाड़े का हो सकता है, परन्तु कार्य की सार्थकता खुद, परिवार, समाज एवं राष्ट्रहित में होना महत्त्वपूर्ण है। मेरा मानना है कि आप खुद का कार्य करें या दूसरे के यहाँ कार्य करें, सरकारी नौकरी करें या प्राइवेट नौकरी करें, मजदूर के रूप

में कार्य करें या मालिक के रूप में करें, आप अपने कार्य को पूरी तन्मयता से और ससमय करें, ताकि कार्य की परिणति बेहतर हो। खुद और समाज को आगे बढ़ाने में सहायक हो तथा दूसरों को सही दिशा एवं गति देने में कारगर हो।

समाज में रह रहे हर वर्ग, हर जाति, हर कोटि के लोगों की सार्थकता है। हर व्यक्ति और हर वर्ग के द्वारा किए गए कार्यों की भूमिका एक-दूसरे के विकास में महत्त्वपूर्ण है। कोई भी व्यक्ति चाहे कितना भी अमीर या विद्वान क्यों न हो, कितने भी ऊँचे पदों पर क्यों न आसीन हो, वह अकेले विकास की कहानी नहीं लिख सकता। विकास की कहानी लिखने में हर व्यक्ति और हर तबके का योगदान होता है। भले ही जिन व्यक्तियों की सोच संकीर्ण एवं मानसिकता निम्न होती है, वे मजदूरी को तुच्छ मानते हैं और मजदूरों को हेय दृष्टि से देखते हैं। शायद ऐसे व्यक्तियों को यह नहीं पता कि मजदूरी करने वाला व्यक्ति भी इनसान है और विकास की इबादत लिखने में उनका भी अहम योगदान है। वह भी किसी का बेटा और किसी का भाई है। वह भी देश का नागरिक है और देश की सम्पदा पर उसका भी उतना ही अधिकार है, जितना अमीर या बड़े पद पर कार्यरत व्यक्ति का है। उसे भी ईश्वर ने ही बनाया है और बड़े पद या बड़ी कम्पनी में काम करने वाले व्यक्ति को भी ईश्वर ने ही बनाया है। उसके अन्दर भी संवेदना है और हमारे अन्दर भी संवेदना है। वह भी अपनी जरूरतों की प्राप्ति के लिए पसीना बहाता है और राष्ट्र के विकास में उसका भी अहम योगदान है। अतः किसी भी व्यवसाय से जुड़े हर व्यक्ति के साथ निष्पक्षता और मानवता कायम रखें। यह ज्यादा महत्त्वपूर्ण है।

आप खुद सोचें—

यदि कोई व्यक्ति बहुत बड़ी कम्पनी खोलता है तो वह कम्पनी चलाने के लिए इंजीनियर एवं मैनेजर की बहाली करता है, लेकिन उसकी कम्पनी में कोई मजदूर कार्य न करे, तो क्या कम्पनी चल पाएगी?

इसी प्रकार आवागमन के क्षेत्र में बड़े-बड़े पुल-पुलिया बनाने की जरूरत होती है। निश्चित रूप से पुल का डिजाइन एवं नक्शा इंजीनियर बनाता है, लेकिन धरातल पर पुल बनाने में उन मजदूरों का अहम योगदान है, जो दिन-रात कड़ी मेहनत कर अपना खून-पसीना बहाते हैं। ऐसा नहीं है कि सिर्फ बड़े-बड़े पद पर कार्य करने वाले व्यक्ति और पूंजीपति का ही देश के विकास में अहम योगदान है या उनके व्यवसाय से ही देश का विकास होता है। विकास सभी के सामूहिक प्रयास से होता है। जरा सोचें—यदि किसी संस्था या कम्पनी में संगठित या गैर संगठित क्षेत्र में कार्य करने वाले मजदूर मजदूरी करना छोड़ दें तो उस देश का हाल क्या होगा? जीवन अस्त-व्यस्त हो जाएगा और विकास की गति रुक जाएगी।

विभिन्न संस्थानों, कार्यालयों, कंपनियों में शौच त्याग करने हेतु शौचालय बने होते

हैं। शौचालय की सफाई एवं परिसर में फैली गन्दगी साफ करने के लिए सफाईकर्मी होते हैं। जरा सोचें—यदि सफाईकर्मी काम करना छोड़ दें, तो क्या आप गन्दगी में रह पाएँगे? सफाई नहीं होने से विभिन्न प्रकार की बीमारियाँ फैलेंगी और जीवन जीना नरक बन जाएगा। आप ही बताएँ—यह कार्य कितना महान है, जो व्यक्ति खुद और दूसरों की गन्दगी साफ कर, समाज को स्वस्थ रखने का कार्य करता है। अत: यह कहना कि सरकारी या गैर सरकारी क्षेत्र में कार्य करने वाला व्यक्ति व्यवसायी है या बड़े पैमाने पर उत्पादन करना व्यवसाय है, मजदूरी करने वाले व्यक्ति व्यवसायी नहीं है, तो यह संकीर्ण सोच है। हर व्यक्ति इनसान है और हर व्यक्ति का जीवन अनमोल है। हम इनसानियत की तुलना पैसों से नहीं कर सकते हैं। और यह भी नहीं कह सकते हैं कि जिस व्यक्ति को कार्य के बदले ज्यादा पैसा मिलता है, वह अच्छा है। उसकी जीवन-शैली उत्कृष्ट एवं व्यक्तित्व सुन्दर है। व्यक्तित्व और जीवन-शैली की तुलना अमीर या ज्यादा माहवारी मिलने से नही की जा सकती। ऐसा सम्भव है कि कम वेतन पाने वाले व्यक्ति का व्यक्तित्व और जीवन शैली ज्यादा वेतन या धन अर्जन करने वाले से बेहतर हो। उसमें इनसानियत एवं मूल्यों की बेहतर समझ हो। सही मायने में इनसानियत और मूल्यों की समझ रखनेवाला व्यक्ति ही श्रेष्ठ है और वही व्यक्ति जीवन का सच्चा आनन्द ले पाता है। ऐसा व्यक्ति अपना जीवन पूरे उमंग, उत्साह एवं खुशी से जीता है और ऐसे व्यक्ति के लिए जीवन उत्सव है।

रिक्शा चलाने वाला व्यक्ति, खेतों में मजदूरी करनेवाला व्यक्ति, पत्थर तोड़ने वाला मजदूर किसी करोड़पति एवं ऊँचे पद पर आसीन व्यक्ति से व्यवहार, विचार एवं व्यक्तित्व में बेहतर हो सकता है। यदि उसे मूल्यों की समझ और व्यवसाय का अर्थ मालूम हो। वह जीवन-शैली का मायने समझता हो और उसकी जीवन-शैली बेहतर हो। उसका व्यक्तित्व सुन्दर एवं आकर्षक हो और मानवीय मूल्यों पर खरा उतरता हो। यह जरूरी नहीं कि अमीर व्यक्ति या बड़े पद पर आसीन व्यक्ति की जीवन-शैली अच्छी हो और समाज में उसी का नाम, यश हो। बहुत सारे पैरामीटर पर अमीर व्यक्ति गरीब आदमी से बुरा हो सकता है, यदि उसे इनसानियत की समझ और मूल्यों का ज्ञान न हो।

साधारणत: लोगों की नजर में व्यवसाय का एकमात्र उद्देश्य धन की प्राप्ति करना है। परन्तु धन-प्राप्ति हेतु कोई भी व्यवसायी अपने कर्मचारियों, ग्राहकों तथा समग्र समाज के हितों की अनदेखी नही कर सकता। प्रत्येक व्यवसायी समाज का हिस्सा है और एक सामाजिक प्राणी होने के नाते समाज के प्रति भी उसका कुछ कर्तव्य एवं दायित्व है। अत: व्यवसाय का उद्देश्य केवल व्यक्तिगत लाभ अर्जन करना नहीं, बल्कि सामाजिक, राष्ट्रीय एवं वैश्विक हितों को ध्यान में रखना है। अगर किसी व्यवसाय से व्यक्ति या समाज का अहित होता है तो वह व्यवसाय नहीं हो सकता है। कहने का अभिप्राय है कि जिस व्यवसाय से व्यक्ति, समाज या प्रकृति

का अहित हो, वह व्यवसाय नहीं है। अत: व्यवसाय का उद्देश्य केवल व्यक्तिगत आर्थिक लाभ की प्राप्ति नहीं है। इसका उद्देश्य सामाजिक, राजनीतिक, वैज्ञानिक, राष्ट्रीय उद्देश्यों की प्राप्ति करना एवं मानवीय मूल्यों पर खरा उतरना है।

यदि हम व्यवसाय की उपयोगिता एवं महत्त्व पर प्रकाश डालें, तो किसी भी राष्ट्र की प्रगति का मेरुदंड लोगों को प्राप्त होने वाली प्रतिदिन की आय है। इसका महत्त्व जीवन के विभिन्न क्षेत्रों में है। व्यवसाय की उपलब्धि खुद और दूसरों के लिए महत्त्वपूर्ण है और इसकी महत्ता निम्न स्तर पर है—

- जीवन स्तर में सुधार लाने,
- रोजगार का अवसर उपलब्ध कराने,
- प्राकृतिक संसाधनों का सीमित एवं बेहतर सदुपयोग में,
- श्रेष्ठ वस्तुओं के उत्पादन में।
- सामाजिक एवं राष्ट्रीय एकता को बढ़ाने में,
- अन्तर्राष्ट्रीय सम्बन्धों में प्रगाढ़ता लाने,
- नवीन सेवाओं का विस्तार करने और
- मानवीय संवेदनाओं को मजबूत करने में।

प्राय: लोग नौकरी, कैरियर और व्यवसाय में अन्तर नहीं समझ पाते हैं। प्राय: व्यक्ति इन सबका अर्थ पैसा कमाना और जरूरतों की पूर्ति करना मानते हैं। किसी भी प्राइवेट या सरकारी संस्थान में नौकरी करना एक प्रकार की मजदूरी है, जो व्यक्ति अपने एवं अपने परिवार के भरणपोषण के लिए करता है। कैरियर का अर्थ अपनी रुचि के क्षेत्र में कुछ विशेष करने की तमन्ना है। इसका अर्थ सिर्फ नौकरी करने तक सीमित नहीं रहता, बल्कि अपनी रुचि के प्रति एक प्रकार का जुनून है, जिसमें व्यक्ति अपने ज्ञान कौशल, शिक्षा और दक्षता को नियोजित करता है। यह खुद को बेहतर करने का जज्बा है। नौकरी में व्यक्ति एक निश्चित समय के लिए निर्धारित कार्य करता है, जबकि कैरियर में व्यक्ति सुबह, शाम, दोपहर, देर रात्रि तक अपनी अभिरुचि को निखारने तथा नाम, धन, यश कमाने के लिए करता है। नौकरी के लिए डिग्री और ज्ञान कौशल की आवश्यकता होती है, जबकि कैरियर के लिए उस क्षेत्र में शिक्षण-प्रशिक्षण एवं विशेषज्ञता प्राप्त करने का जुनून होता है। जहाँ तक व्यवसाय की बात है, इसमें अधिक से अधिक पैसा कमाना, उत्पादों एवं सेवाओं का विस्तार के साथ-साथ रोजगार सृजन करना है।

वर्तमान समय में बेरोजगारों की भीड़ बढ़ती जा रही है। इसका कारण है कि वे कार्य का मूल्य और खुद का मूल्य नहीं समझते हैं। वे खुद का रोजगार नहीं करना चाहते और कार्य नहीं मिलने का बहाना बनाते हैं। ये सिर्फ सरकारी, अर्द्धसरकारी या बड़ी-बड़ी कम्पनियों में नौकरी करना चाहते हैं, लेकिन खुद के खेतों में पसीना

नहीं बहाना चाहते। ऐसे व्यक्तियों को यह नहीं मालूम कि जीवन का उद्देश्य नौकरी करना नहीं, बल्कि दूसरों को नौकरी देने के योग्य बनना है।

याद रखें—

खुद का व्यवसाय और खुद का रोजगार, दूसरों की गुलामी बजाने से ज्यादा बेहतर है।

आप खुद को पहचानें और अपने अन्दर छुपी प्रतिभा को निखार कर जीवन का औचित्य साकार करें।

कर्तव्य एवं दायित्व (Duties & Responsibilities)

आप सफल एवं आदर्श जीवन जीना चाहते हैं, तो खुद का कर्तव्य एवं दायित्व को जानें। मानव एक चेतनशील प्राणी है और चेतनशील प्राणी होने के नाते यह हमारी जिम्मेवारी है कि हम अपने कर्तव्यों एवं दायित्वों को जानें। हम खुद के बारे में, समाज के बारे में और दुनिया के बारे में जानें। जीवन-मूल्य, कार्य-मूल्य, समय-मूल्य एवं अन्य मूल्यों के बारे में जानें और उन मूल्यों पर चलें। खुद के कृत्य की समीक्षा करें और यह जानने का प्रयास करें कि हमारा कृत्य कितना सही और सार्थक है? हमारा कृत्य खुद और दूसरों के लिए कितना महत्त्वपूर्ण है? उपर्युक्त बातों को जानना-समझना एवं उसे आत्मसात् करना हमारा कर्तव्य है। एक अनमोल प्राणी के नाते हमारा यह भी कर्तव्य है कि हम खुद की अनमोलता को साकार करें और इसकी सार्थकता सिद्ध करें। मनुष्य अन्य प्राणियों से श्रेष्ठ है तो खुद की श्रेष्ठता साबित करना भी हमारा कर्तव्य है।

ध्यान रखें—

हमारा कर्तव्य केवल खुद के प्रति ही नहीं, परिवार, समाज एवं राष्ट्र के प्रति भी है। प्रकृति एवं अन्य जीव-जन्तुओं के प्रति भी है।

हमारा कर्तव्य सार्थक कर्म करना, धर्म और संस्कृति की रक्षा करना तथा जग का कल्याण करना है। हम क्या करें और क्या नहीं करें का विश्लेषण धर्म, संस्कृति एवं मूल्यों के परिप्रेक्ष्य में करें, यह भी हमारा कर्तव्य है। हम ऐसा कर के ही आदर्श जीवन जी सकते हैं। हम एक सामाजिक प्राणी हैं और समाज में हम एक-दूसरे से विभिन्न रिश्तों से जुड़े होते हैं तो यह हमारा कर्तव्य है कि हम नाते-रिश्ते को जानें और इसकी अहमियत समझें। हम कर्तव्यों का निर्वहन करके ही रिश्तों की डोर को मजबूत बना सकते हैं।

यह हमारा कर्तव्य है कि हम खुद को जानें, निहित गुणों को निखारें, खुद को पहचानें, अपने अन्दर छुपी शक्ति को बाहर निकालें। दुर्गुणों से उपर उठें और सद्गुणों

को धारण करें। यह हमारा कर्तव्य है कि हम मानवीय मूल्यों को जानें और उन मूल्यों पर खरा उतर मानवता की मिसाल पेश करें। यह हमारा कर्तव्य है कि हम खुद बेहतर करें और दूसरों को बेहतर करने में मदद करें। अर्थात् हमारा जीवन सदैव कर्तव्यों की डोर से बंधा हुआ है। जो व्यक्ति कर्तव्यों को जानता है और उनका अनुपालन करता है, वही सुखद एवं सफल जीवन जीता है। ऐसा व्यक्ति दूसरों के लिए आदर्श एवं उदाहरण बन जाता है। कहने का अभिप्राय है कि सफल एवं आदर्श जीवन जीने के लिए कर्तव्यों को जानना और उनका अनुपालन करना महत्त्वपूर्ण है।

मेरे विचार से हमारा 'कर्तव्य'—कर्म, धर्म, संस्कृति एवं विविध मूल्यों से जुड़ा है और 'दायित्व' कर्म की परिणति से जुड़ा है। यह खुद की संवेदना है, आदर्श है, संस्कार है, कौशल है, जो हमारी अलग पहचान और श्रेष्ठ प्राणी होने का एहसास कराता है। कर्तव्य की डोर से बँधे रहना अनुशासन है, तो खुद को अनुशासनबद्ध रखना हमारा दायित्व। जिन व्यक्तियों को अपने कर्तव्य एवं दायित्व की समझ होती है, उनके व्यक्तित्व में सद्‌गुणों का समावेश होता है और वे जो भी कार्य करते हैं, सोच-समझकर करते हैं। नतीजा उनके कर्म की परिणति सार्थक होती है। ठीक इसके विपरीत जिन व्यक्तियों को कर्तव्य की समझ नहीं होती, उनके कर्म की परिणति भी अच्छी नहीं होती। नतीजा उनके व्यक्तित्व में बहुत सारे अवगुण समाहित हो जाते हैं। जहाँ तक कर्तव्य एवं दायित्व का सवाल है, ये एक-दूसरे के पूरक है और दोनों के बीच अन्योन्याश्रय सम्बन्ध है। एक के बिना दूसरे की कल्पना नहीं की जा सकती।

आप गौर करें, तो पाएँगे कि जो व्यक्ति अपने कर्तव्यों को जानते हैं और दायित्वों को समझते हैं, वे अपने कर्तव्यों व दायित्वों का निवर्हन ससमय करते हैं। सदैव कर्तव्य पथ पर चलते हैं और दायित्वों का निर्वहन कर सफल जिन्दगी जीते हैं। ऐसे व्यक्ति दूसरों के लिए आदर्श एवं उदाहरण बन जाते हैं। आइए, हम यह जानने का प्रयास करें कि कर्तव्य-बोध क्या है?

कर्तव्य बोध

हमारा जन्म मानव-योनि में हुआ है, तो यह हमारा कर्तव्य है कि हम मानवीय मूल्यों को जानें-समझें और उन मूल्यों पर खरा उतरें। हमारा जन्म किसी-न-किसी परिवार में हुआ है, तो यह हमारा कर्तव्य है कि हम परिवार के बारे में, माता-पिता के बारे में और नाते-रिश्ते के बारे में जानें। इनके प्रति हमारा कर्तव्य क्या है, उसे जानें। परिवार समाज का एक अंग है, तो हमारा यह भी कर्तव्य है कि हम समाज के गठन एवं उद्‌देश्यों के बारे में जानें। हम अपने कर्तव्यों का अनुपालन सही ढंग से कर पा रहे हैं कि नहीं इसकी समीक्षा करना भी हमारा ही कर्तव्य है। समाज के रीति-रिवाज एवं नियम-कानून को जानना और उनका अनुपालन करना हमारा कर्तव्य है। उपर्युक्त

बातों की समीक्षा करना भी हमारा कर्तव्य है कि हमें खुद, परिवार, समाज के प्रति अपने कर्तव्यों का बोध है कि नहीं। मनुष्य एक सामाजिक प्राणी है और समाज के प्रति अपने कर्तव्यों को जानकर और उनका अनुपालन करके ही हम बेहतर समाज का निर्माण कर सकते हैं। कहने का अभिप्राय है कि कर्तव्यबोध खुद को बेहतर बनाने तथा परिवार एवं समाज के बीच सामंजस्य स्थापित करने के लिए महत्त्वपूर्ण है।

हम किसी न किसी देश के नागरिक होते हैं। अत: राष्ट्र के प्रति हमारा क्या कर्तव्य है? क्या हम अपने कर्तव्यों को जानते हैं और उनका अनुसरण करते हैं? इन बातों को जानकर ही हम बेहतर राष्ट्र का निर्माण कर सकते हैं। कहने का अभिप्राय है कि खुद के प्रति, परिवार के प्रति, समाज के प्रति, राष्ट्र के प्रति हमारा कर्तव्य क्या है? क्या हमें इन कर्तव्यों का बोध है और बोध है तो क्या हम उनका अनुसरण करते हैं? इत्यादि बातों को जानकर-समझकर और उसे जीवन में आत्मसात् करके ही हम एक अच्छा नागरिक बन सकते हैं। हम एक बेहतर समाज एवं राष्ट्र का निर्माण कर सकते हैं। किसी भी समाज की समरसता और राष्ट्र की समृद्धि इस बात पर निर्भर करती है कि उसके नागरिक अपने कर्तव्य के प्रति कितने संवेदनशील हैं। वे अपने कर्तव्यों का पालन कितने बेहतर ढंग से और ससमय करते हैं। चेतनशील प्राणी होने के नाते प्रकृति तथा अन्य प्राणियों के प्रति भी हमारा कुछ कर्तव्य बनता है। उनकी सुरक्षा एवं संवर्धन की जिम्मेवारी हमारी है। हम प्रकृति प्रदत्त विभिन्न संसाधनों का उपयोग करते हैं, तो यह हमारा कर्तव्य है कि हम उन संसाधनों का दुरुपयोग नहीं, सदुपयोग करें। हम प्रकृति को स्वच्छ एवं सुरक्षित रखें। उसकी समुचित देखभाल करें और उसके संरक्षण एवं संवर्धन के लिए सदैव अपने कर्तव्यों का अनुपालन करें।

कहने का अभिप्राय है कि खुद के प्रति, परिवार के प्रति, समाज के प्रति, राष्ट्र के प्रति, प्रकृति के प्रति हमारा कर्तव्य क्या है उसे जाने और उसका निवर्हन करें। मेरा भी आपसे अनुरोध है कि आप एक बेहतर इनसान बनना चाहते हैं, सुखद एवं सफल जिन्दगी जीना चाहते हैं, रिश्तों की अहमियत समझना चाहते हैं, बेहतर समाज एवं राष्ट्र का निर्माण करना चाहते हैं तो अपने कर्तव्यों को जाने और कर्तव्य पथ पर चलें। अगर समाज में रह रहा हर व्यक्ति अपने कर्तव्यों एवं दायित्वों को जाने-समझे और उसका निवर्हन ससमय करें तो हमारा समाज स्वर्ग से सुन्दर बन जाएगा। आइए, हम उन कर्तव्यों को जानने का प्रयास करें, जो आदर्श जीवन जीने के लिए अति महत्त्वपूर्ण है।

खुद के प्रति कर्तव्य

खुद के प्रति हमारा कर्तव्य क्या है, इसे जानना आवश्यक है। हम खुद के बारे में जाने कि हम कौन हैं, कहाँ से आए हैं और क्यों आए हैं? हमारे आने का उद्देश्य क्या है? हमें यह जीवन क्यों मिला है और इस जीवन की सार्थकता एवं औचित्य

क्या है? हमारा जन्म मानव योनि में हुआ है तो—

- क्या हमें अपने कर्तव्य का बोध है और हम उसका अनुसरण करते हैं?
- क्या हम खुद की सार्थकता साबित कर पा रहे हैं?
- एक चेतनशील प्राणी होने के नाते क्या हम अपनी चेतन-शक्ति का सदुपयोग जग-कल्याणार्थ कर पा रहे हैं?
- क्या हम खुद और दूसरों के प्रति संवेदनशील हैं?
- क्या हम खुद को जानते हैं और मन को पवित्र बना पा रहे हैं?
- हम अन्य प्राणियों से श्रेष्ठ हैं तो क्या हम अपनी श्रेष्ठता साबित कर पा रहे हैं?
- क्या हम सफल एवं आदर्श जीवन-शैली जी रहे हैं?
- क्या हम खुद और दूसरों के प्रति नियमित, संयमित एवं अनुशासित हैं?

यदि हम उपर्युक्त बातों को जानते हैं और उन बातों पर खरा उतरते हैं, तो इसका मतलब है कि हमें अपने कर्तव्यों की जानकारी है। यदि हमें इन बातों की जानकारी नहीं है तो इसका मतलब है कि हमें कर्तव्य का बोध नहीं है। हमें खुद का मूल्य एवं औचित्य मालूम नहीं है। अगर आप सफल एवं आदर्श जीवन जीना चाहते हैं तो अपने कर्तव्यों को जाने। इसकी महत्ता समझें और कर्तव्य पथ पर चलने का संकल्प लें।

ध्यान रखें—यदि आप अपने कर्तव्यों को नहीं जानते या जानते हैं, परन्तु उनका अनुपालन नहीं करते तो आप खुद की सार्थकता कैसे साबित करेंगे? आप बेहतर इनसान कैसे बनेंगे? सफल एवं आदर्श जीवन कैसे जीयेंगे? बेहतर इनसान बनने तथा सुखद एवं सफल जीवन जीने के लिए आपको अपने कर्तव्यों को जानना होगा और कर्तव्य पथ पर चलना होगा। मेरे विचार से खुद के प्रति आपका यह कर्तव्य है कि आप सुन्दर एवं आकर्षक व्यक्तित्व का मालिक बनें। एक अच्छा इनसान बनें, खुद को सद्गुणों से सजाएँ। विनम्रता, शिष्टता एवं समझदारी से दोस्ती करें और व्यवहार कुशल बनें। अच्छी आदतें ग्रहण करें तथा सोच को सकारात्मक, रचनात्मक एवं व्यापक बनाएँ। तन और मन दोनों को स्वच्छ एव स्वस्थ्य रखें। दुर्भावनाओं से ऊपर उठें और अवगुणों को दूर करें। दया, क्षमा, त्याग का भाव रखें तथा अहंकार, क्रोध, ईर्ष्या-द्वेष एवं लालच का त्याग करें। जीवन का मूल्य समझें, कर्म का मूल्य जानें, समय की महत्ता समझें और जीवन की अनमोलता को साकार करें।

परिवार के प्रति कर्तव्य

हमारा जन्म किसी-न-किसी परिवार में हुआ है। हमारा लालन-पालन परिवार में ही होता है और परिवार में ही हम बहुत सी बातें सीखते हैं। परिवार का हर सदस्य यदि परिवार के प्रति अपने कर्तव्यों एवं दायित्वों को जानता है, उनका निर्वहन करता है

तो परिवार में खुशहाली बनी रहती है। परिवार के सदस्यों के बीच शांति, सहयोग, प्रेम और सद्भाव का माहौल रहता है। सभी सदस्य एक-दूसरे से अथाह प्रेम करते हैं और एक दूसरे के सुख-दुख का ख्याल रखते हैं। उनके अन्दर एक-दूसरे के प्रति क्षमा, त्याग, दया, प्रेम, कूट-कूट कर भरा होता है। एक-दूसरे के प्रति किसी प्रकार का कोई ईर्ष्या-द्वेष नहीं होता और हमेशा आगे बढ़ने, अच्छा करने की बात सोचते हैं। मेरे विचार से परिवार के सदस्यों के एक-दूसरे के प्रति निम्न कर्तव्य हैं—

- एक-दूसरे की बातों को गम्भीरतापूर्वक सुनना एवं मनन करना।
- सदैव नियमित, संयमित एवं अनुशासित रहना।
- बड़ों के बताए मार्ग पर चलना।
- परिवार के रीति-रिवाज एवं नियमों को मानना।
- एक दूसरे के सुख-दुख में मदद करना।
- बड़ों का सेवा-सत्कार करना।
- एक-दूसरे के कार्यों में हाथ बँटाना।
- खुद के हित में नहीं, परिवार के हित में कार्य करना।
- किसी बात को लेकर मतभेद हो, पर मनभेद नहीं रखना।
- प्रेम, सहयोग, सद्भाव एवं शान्ति बनाए रखना।
- एक-दूसरे का सम्मान करना।
- परिवारिक मामलों को बाहर नहीं, मिल-जुलकर आपस में सुलझाना।
- किसी के साथ कोई ईर्ष्या-द्वेष न रखना एवं
- एक-दूसरे की गलती को क्षमा करना और गलती में सुधार लाना।

समाज के प्रति कर्तव्य

हम सभी जानते हैं कि मनुष्य एक सामाजिक प्राणी है और हर व्यक्ति किसी न किसी समाज में रहता है। वह समाज में ही बहुत-सी बातें सीखता है और उन बातों को जीवन में उतार कर आगे बढ़ता है। वह समाज में रहकर ही बहुत सारी आवश्यकताओं की पूर्ति करता है। समाज का गठन भी एक-दूसरे के लिए हुआ है। समाज के लोगों ने ही पढ़ने के लिए स्कूल, खेलने के लिए मैदान, शादी-विवाह एवं धार्मिक आयोजन के लिए सामुदायिक भवन आदि की व्यवस्था की। आप खुद सोचें—यह समाज नहीं होता, तो क्या होता?—

- क्या हम अपनी समस्त आवश्यकताओं की पूर्ति अकेले कर पाते?
- क्या हम अपने बच्चों को पढ़ाने के लिए स्कूल/कॉलेज खोल पाते?
- क्या हम अकेले मूलभूत संरचनाओं का निर्माण कर पाते?
- क्या हम अपने इतिहास एवं संस्कृति के बारे में जान पाते?
- क्या हम हर कार्य अकेले कर पाते?

आपका भी जबाब होगा—नहीं। हम कुछ कार्य अकेले करने में सक्षम हैं, तो बहुत सारे कार्यों को करने के लिए समाज की जरूरत है। समाज में रह रहे लोगों का सहयोग एवं समाज द्वारा प्रदत्त सुविधाओं का उपयोग करके ही हम जीवन में बेहतर करते हैं। समाज में रहकर ही हम जिन्दगी जीने का गुर सीखते हैं और खुद को सँवारते हैं। समाज गठन का उद्देश्य ही है—मिलजुल कर रहना, एक-दूसरे की मदद करना, एक-दूसरे की आवश्यकताओं की पूर्ति करना और एक-दूसरे के काम आना। समान विचारधारा, समान संस्कृति एवं रीति-रिवाज वाले लोगों ने एकसाथ रहने का निर्णय लिया तथा समाज को चलाने के लिए कुछ नियम-कानून बनाए, जिनका अनुपालन करना हमारा कर्तव्य हैं। यह सचाई है कि हमारा घर पहली पाठशाला है, जहाँ हम खुद के बारे में जानते हैं। दूसरी पाठशाला हमारा समाज है, जहाँ हम जिन्दगी जीने की कला सीखते हैं। तीसरी पाठशाला विद्यालय और महाविद्यालय है, जहाँ हम समाज द्वारा स्थापित स्कूल/कॉलेज में ज्ञान अर्जन कर खुद और दुनिया के बारे में जानते हैं। ज्ञान और सत्संग से हम समाज और राष्ट्र के विकास एवं प्रगति की बात करते हैं और खुद का भूमिका तय करते हैं।

हम समाज में रहकर ही अच्छा या बुरा बनते हैं। सही-गलत उचित-अनुचित की पहचान करना सीखते हैं। नाते-रिश्ते की अहमियत समझते हैं। आप खुद सोचें—जिस समाज में रहकर हम जिन्दगी जीने का गुर सीखते हैं, खुद को सजाते एवं सँवारते हैं, विविध आवश्यकताओं की प्राप्ति करते हैं तो क्या उस समाज के प्रति हमारा कोई कर्तव्य नहीं है? यह कितनी दुःखद बात है कि हम जिस समाज में रहकर बाल्यावस्था, किशोरावस्था या युवावस्था का समय गुजारते हैं, जिन्दगी जीने का गुर सीखते हैं और जब बेहतर करते हैं तो उसी समाज को भूल जाते हैं, जिसने हमें बेहतर करना सिखाया। ऐसे व्यक्तियों को लगता है कि हमने जो उपलब्धि हासिल की है, वह खुद के बलबूते की है। इसमें समाज का कोई योगदान नहीं है। समाज में रह रहे लोग अच्छे नहीं है। उन्हें जीने, रहने, चलने एवं बोलने का ढंग मालूम नहीं है। उनकी सोच अच्छी नहीं हैं। वे संकीर्ण एवं नकारात्मक मानसिकता के शिकार हैं। अगर समाज में कुछ कुरीतियाँ हैं, तो उन कुरीतियों को दूर करने की जिम्मेवारी भी हमारी है। लोगों की संकीर्ण सोच को बदलने की जिम्मेवारी हमारी है। हम अपनी जिम्मेवारियों से भाग कर समाज की कुरीतियों को दूर नहीं कर सकते और न ही लोगों की सोच को रचानात्मक एवं उन्नत बना सकते हैं। दुर्भाग्य की बात यह है कि हम पढ़-लिखकर और अच्छा बनकर उसी समाज के प्रति अपने कर्तव्य को भूल जाते हैं। खुद की जिम्मेवारियों को नहीं समझते और समाज पर दोषारोपण करते हैं। मेरे विचार से समाज में रह रहे प्रत्येक व्यक्ति का यह कर्तव्य है कि वह—

- समाज की बेहतरी के लिए सोचे।

- समाज के लिए कुछ बेहतर करे।
- कमजोर वर्गों के उत्थान के लिए पहल करे।
- एक-दूसरे का आदर एवं सम्मान करे।
- जाति, धर्म, वर्ग विभेद से ऊपर उठकर सभी के विकास की बात करे।
- अर्जित आय का कुछ अंश समाज में रह रहे नि:सहाय गरीबों के लिए दान करे।
- समाज में व्याप्त कुरीतियों को दूर करने के लिए आगे बढ़े।
- समाज के विकास के लिए श्रमदान, विद्यादान, अंशदान एवं समयदान करे।
- समाज में व्याप्त कुरीतियों को दूर करने के लिए आगे बढ़े।
- समाज के रीति-रिवाजों की समीक्षा करे और जो रिवाज वर्तमान समय में प्रसांगिक नहीं हैं, उन्हें लोगों को विश्वास में लेकर दूर करे एवं
- लोगों की सोच बदले।

दोस्तो! ध्यान रखें—

जब समाज ही नहीं रहेगा तो हम जी कर क्या करेंगे?

समाज हमें जीना सिखाता है और बेहतर करने एवं बेहतर बनने की सीख देता है। मानवीय मूल्यों की महत्ता एवं नाते-रिश्ते की अहमियत समझाता है। उपर्युक्त बातें हम समाज में ही रहकर सीख पाते हैं।

राष्ट्र के प्रति कर्तव्य

हर व्यक्ति किसी-न-किसी राष्ट्र का नागरिक होता है, जहाँ हम खुली हवा में साँस लेते हैं। अपनी आवाज बुलन्द करते हैं। प्रत्येक राष्ट्र अपने नागरिकों के लिए कुछ अधिकार एवं कर्तव्य निर्धारित करता है। अपने नागरिकों को मूलभूत सुविधाएँ, अच्छी शिक्षा, अच्छा स्वास्थ्य एवं अन्य सुविधाएँ उपलब्ध कराता है तो हमारा भी नैतिक कर्तव्य एवं दायित्व है कि हम राष्ट्रीय सुविधाओं एवं अधिकारों का उपभोग स्वहित के साथ-साथ जनहित में करें। परन्तु दुख की बात है कि हम स्वहित में राष्ट्रहित की बातें भूल जाते हैं।

याद रखें—

राष्ट्रहित पहले और स्वहित बाद में है।

हमें इस बात का एहसास होना चाहिए कि जब राष्ट्र ही नहीं रहेगा, तो हमारी पहचान कैसे होगी? सबल, सुदृढ़, सुसंस्कृत एवं सम्पन्न राष्ट्र बनाने की जिम्मेवारी उस राष्ट्र में रह रहे समस्त नागरिकों की है। हम कर्तव्य पथ पर चलकर ही अपने अधिकारों की रक्षा कर सकते हैं। अत: राष्ट्र के प्रति हम अपने कर्तव्यों को जानें एवं

कर्तव्य पथ पर चलें। लेकिन दुख की बात है कि हम अधिकार की बात तो करते हैं, पर कर्तव्य भूल जाते हैं। मेरा मानना है कि यदि व्यक्ति अपने कर्तव्यों को जाने और ईमानदारीपूर्वक कर्तव्यों का पालन करे तो अधिकार स्वतः मिल जाएँगे। यदि हम चाहते हैं कि हमारा राष्ट्र सुदृढ़, सम्पन्न एवं विकसित हो, तो पहले हमें अपने कर्तव्यों को जानने समझने और कर्तव्य पथ पर चलने की जरूरत है। अधिकार पाने के लिए हमें अपने कर्तव्य का अनुसरण करना होगा। इस बात पर गम्भीरतापूर्वक विचार करने की जरूरत है कि उसके नागरिक स्वहित में राष्ट्र को हानि तो नहीं पहुँचाते हैं? क्या वे राष्ट्र के प्रति अपने कर्तव्यों को जानते हैं और कर्तव्यों के निवर्हन के प्रति संवेदनशील है? यदि हम राष्ट्र के प्रति संवेदनशील हैं और हमें राष्ट्रीय एकता एवं अखंडता की समझ है तो निश्चित रूप से हमें अपने कर्तव्यों का बोध है। ऐसा राष्ट्र ही सुदृढ़, सम्पन्न एवं विकसित होता है।

जिस राष्ट्र के नागरिक उपर्युक्त बातों को जानते हैं और अपने दायित्वों एवं कर्तव्यों का निर्वहन करते हैं, वह राष्ट्र निश्चित रूप से विकास की राह पर आगे बढ़ता है और उसके नागरिक खुशहाल होते हैं। सबल राष्ट्र की विशेषता है कि उनके नागरिक सभ्य-सुसंस्कृत एवं रचनात्मक होते हैं तथा राष्ट्रहित को सर्वोपरि मानते हैं।

याद रखें—

किसी भी राष्ट्र की सुदृढ़ता, सम्पन्नता उसके सुसंस्कृत नागरिक की सूझ-बूझ एवं कर्तव्य परायणता पर निर्भर करती है।

मेरे विचार से राष्ट्र के प्रति नागरिकों के निम्न कर्तव्य हैं—

- राष्ट्र की महत्ता एवं औचित्य समझें।
- राष्ट्र के प्रति अपनी भूमिका जानें।
- राष्ट्रीय संविधान को जानें और उसका अनुपालन करें।
- राष्ट्रीय सम्पत्ति की सुरक्षा के लिए तत्पर रहें।
- राष्ट्र के संवर्धन के लिए श्रमदान, समयदान, विद्यादान, अंशदान करें।
- जाति, धर्म, वर्ग विभेद से ऊपर उठकर सोचें।
- निहित संसाधन का दुरुपयोग न करें, क्योंकि राष्ट्र के संसाधन पर समस्त देशवासियों का अधिकार होता है एवं
- खुद का नुकसान सहकर भी राष्ट्रहित की बात करें।

श्रीमद्‌भागवद् गीता में भगवान कृष्ण ने कहा है—"कर्म ही पूजा है और कर्म ही धर्म है।" कर्म को ससमय एवं उत्कृष्ट रूप में निष्पादित करना हमारा कर्तव्य है। हमें यह बोध होना चाहिए कि हम अपने कर्तव्य के प्रति कितने संवेदनशील है। अगर हमें कर्तव्य का बोध नहीं है तो हम खुद की सार्थकता साबित नहीं कर पाएँगे।

अत: कर्तव्य को जानना एवं कर्तव्य पथ पर चलना महत्त्वपूर्ण है। हमें यह समझना होगा कि जीवन है तो आप हैं, परन्तु आप अकेले नहीं, आपका परिवार, समाज और देश है। आपको इस बात का बोध होना चाहिए कि आपका कर्तव्य परिवार, समाज और देश के प्रति क्या है? क्या आप अपने कर्तव्यों का अनुपालन कर पा रहे हैं? कहने का आशय है कि यदि आपको अपने कर्तव्यों का बोध है और आप कर्तव्यों का अनुपालन कर रहे हैं तो आप एक अच्छा पुत्र, अच्छा भाई, अच्छा पति एवं अच्छा नागरिक हैं। आप खुद खुशहाल रहकर परिवार, समाज एवं राष्ट्र को खुशहाल बना सकते हैं।

याद रखें—

खुद को बेहतर साबित करने, रिश्तों की प्रगाढता को मजबूत बनाने एवं अच्छा नागरिक बनने के लिए कर्तव्य का बोध महत्त्वपूर्ण है।

कर्तव्यबोध से परिचित व्यक्ति खुद का मूल्य और कार्य का मूल्य समझते हैं। वे भलीभाँति जानते हैं कि क्या करना सही है और क्या करना गलत है। यह हमें नैतिकता का पाठ पढ़ाता है और मूल्यों की महत्ता समझाता है। कर्तव्य बोध से अनभिज्ञ व्यक्ति यह नहीं समझ पाता कि गलत क्या है और सही क्या है? उसके कृत्य का मूल्य क्या है और कर्तव्य पथ पर नहीं चलने से नुकसान क्या है? जैसे—कोई बच्चा यह भूल जाए कि उनके माता-पिता ने उसके लालन-पालन में कितने कष्ट उठाये हैं। किन-किन परेशानियों को झेला है और कितनी कठिनाइयों का सामना किया है। माता-पिता के प्रति उनका भी कुछ कर्तव्य है। अगर बच्चे अपने कर्तव्यों का पालन नहीं करें तो अच्छे पुत्र होने का गौरव कैसे प्राप्त करेंगे? वह मातृ और पितृ ऋण से कैसे मुक्त हो पाएँगे? जब हमें अपने कर्तव्य का बोध ही नहीं होगा तो जीवन में अच्छा नहीं कर पाएंगे। अत: कर्तव्य का बोध होना अति आवश्यक है।

याद रखें—

कर्तव्य-बोध ही हमें सही राह पर चलने की सीख देता है।

हमारे बड़े-बुजुर्गों एवं सन्त-महात्माओं ने भी कर्तव्य-पथ पर चलने की सीख दी है। उन्होंने बताया है कि कर्तव्य-पथ पर चलना हमारा कर्म और धर्म है। खुद को जानना-पहचानना, अच्छा कर्म करना और अच्छा बनना हमारा कर्तव्य है। दूसरों का सम्मान करना, शिष्ट एवं सौम्य बने रहना, उत्कृष्ट जीवन शैली जीना हमारा कर्म है और खुद की सार्थकता सिद्ध करना हमारा कर्तव्य है। यदि हमें कर्तव्य का बोध, मूल्यों की समझ और धर्म का मर्म मालूम नहीं हो, तो आत्म-चिंतन किस बात का करेंगे? हम आदर्श परिवार एवं आदर्श समाज का निर्माण कैसे कर पाएँगे?

याद रखें—

जिन व्यक्तियों को अपने कर्तव्य का बोध होता है, वे ही अपने दायित्वों को समझते हैं और ससमय दायित्वों का निवर्हन कर दूसरों के लिए आदर्श एवं उदाहरण बन जाते हैं।

दायित्व-बोध

कर्तव्य-पथ पर चलने, अच्छा आदमी बनने, रिश्ते की डोर को मजबूत बनाने, मूल्यों को समझने, मानवीय गुणों पर खरा उतरने के लिए दायित्व बोध का होना आवश्यक है। दायित्व-बोध ही हमें अपने कर्तव्यों का बोध कराता है और अन्य जीव-जन्तुओं से अलग करता है। यह हमारी अलग पहचान बनाता है। यदि हमें दायित्व का बोध नहीं है तो निश्चित रूप से हम कोई भी कार्य समय पर नहीं कर पाएँगे। हम हर कार्य कल पर टालते रहेंगे और वह कल हमारे जीवन में कभी नहीं आएगा। आप खुद सोचें—अगर हमें यह बोध न हो कि हम क्या करें और क्या नहीं करें, तो बेहतर कैसे करेंगे? जब हमें यह समझ नहीं हो कि रिश्तों के निर्वहन में किन-किन बातों पर ध्यान देने की जरूरत है, तो रिश्तों का निर्वहन कैस कर पाएँगे? यह हमारा दायित्व है कि हम जो कर रहे हैं, उसकी परिणति एवं प्रभाव का विश्लेषण करें। अत: अच्छा आदमी बनने का दायित्व, कर्तव्य पथ पर चलने का दायित्व, खुद को जानने एवं पहचानने का दायित्व, विविध मूल्यों को जानने-समझने एवं उसे आत्मसात् करने का दायित्व हमारा है। जब हम अपने दायित्वों को स्वीकार नहीं करेंगे और उसका निर्वहन नहीं करेंगे, तो अच्छा आदमी कैसे बन पाएँगे? सुखद एवं सफल जिन्दगी कैसे जिएँगे? जीवन का आदर्श कैसे स्थापित करेंगे? अच्छा आदमी बनने, अच्छा करने, रिश्तों की अहमियत समझने और बेहतर पाने की जिम्मेवारी हमारी खुद की है। अत: खुद का दायित्व समझें और उसका निर्वहन पूरी ईमानदारी से करें।

याद रखें—

हर व्यक्ति को परिवार, समाज, राष्ट्र द्वारा प्रदत्त सुविधाओं का उपभोग करने का अधिकार है, तो इन संसाधनों के संरक्षण एवं सवर्धन का दायित्व भी हमारा है।

आप एक विवेकशील प्राणी हैं। आप अपने दायित्वों को समझें और उसका निर्वहन ससमय करें। दायित्वों से भागें नहीं, उसे स्वीकार करें। अपने दायित्वों को स्वीकार कर तथा उनका निर्वहन कर के ही आप अच्छा इनसान बन सकते हैं। दायित्वों से मुँह मोड़ना कायरता है। आप कायर नहीं, साहसी हैं। यह तो आपका सौभाग्य है कि आपको दायित्वों के निर्वहन का मौका मिला है। आप दायित्वों को स्वीकार कर बहुत सारी बातें सीखते हैं। अगर आप दायित्वों का स्वीकार नहीं करते, इसका मतलब है कि आप अपनी जिम्मेवारियों से दूर भागते हैं तथा खुद और दूसरों

के लिए समस्या आमंत्रित करते हैं।

याद रखें—

दायित्वों से मुँह मोड़ना कायरता और खुद के लिए समस्या को आमंत्रित करना है।

आप दायित्वों से भागें नहीं, उसे स्वीकार करें। दायित्वों से भागकर आप अच्छा इनसान नहीं बन सकते और न ही उत्पन्न समस्या का निराकरण कर सकते हैं। यदि आप एक अच्छा इनसान बनना और इनसानियत को साकार करना चाहते हैं, परिवार एवं समाज में अलग पहचान बनाना चाहते हैं तो दायित्वों को स्वीकार करें। यह आपको सबल बनाता है तथा खुद और दूसरों का मूल्य समझाता है। जीवन मूल्य, कर्म मूल्य, समय मूल्य एवं मानवीय मूल्य ही महत्ता समझाता है। यह हमें मूल्यों पर चलने की सीख देता है और जो व्यक्ति ऐसा करता है, वही सफल एवं आदर्श जीवन जी पाता है। दायित्व बोध के अभाव में हम कर्तव्य को भूल जाते हैं। मूल्यों से भटक जाते हैं। अपनी गलती स्वीकार नहीं कर पाते और गलत को ही सही मान बैठते हैं और खुद की गलतियों के लिए दूसरों पर दोषारोपण करते हैं।

दोस्तो! याद रखें—दूसरों पर दोषारोपण करके आप अपने दायित्वों से नहीं भाग सकते। आप अपने दायित्वों से जितना भागेंगे, समस्या उतनी ही विकराल होती जाएगी। आनेवाली पीढ़ी आपको धिक्कारेगी तथा कायर, दब्बू, अर्कमण्य जैसे शब्दों से नवाजेगी। इस सन्दर्भ में आपको कोई भ्रम है, तो इतिहास का अध्ययन करके देखें, जिन व्यक्तियों ने दायित्वों को स्वीकार किया, वे समाज को नई राह दिखा गए। उनका नाम इतिहास के पन्नों में दर्ज हुआ। ठीक इसके विपरीत जिन लोगों ने दायित्वों को स्वीकार नहीं किया और भागते रहे, समाज आज भी उन्हें धिक्कारता है और उनकी आलोचना करता है।

याद रखें—

आप अपने दायित्वों से मुँह मोड़कर बेहतर जिन्दगी नहीं जी सकते और न ही बेहतर समाज का निर्माण कर सकते हैं।

जरा सोचें—अगर आप अपनी जिम्मेवारी से भागते हैं तो भागकर कहाँ जाएँगे? आप जहाँ भी जाएँगे, जिम्मेवारियाँ आपका पीछा नहीं छोड़ेंगी। आप घर से भागकर समाज में जाएँगे, वहाँ भी समाज आपको कमजोर, कामचोर, नालायक, कहेगा। आपको यह अनमोल जीवन भागने के लिए नहीं, दायित्वों को स्वीकार करने के लिए मिला है। कर्तव्य पथ पर चलने के लिए मिला है। खुद और दुनिया को बदलने के लिए मिला है। आइए हम यह जानने का प्रयास करें कि दायित्व कितने प्रकार के होते हैं। मेरे विचार से हर व्यक्ति के मुख्यतः चार दायित्व है—

- व्यक्तिगत दायित्व (Personal Responsibility)
- पारिवारिक दायित्व (Familiar Responsibility)
- सामाजिक दायित्व (Social Responsibility)
- राष्ट्रीय दायित्व (National Responsibility)

अगर आपको उपर्युक्त दायित्वों का बोध है और आप उन दायित्वों का निवर्हन पूरी ईमानदारी से करते हैं तो निश्चित रूप से आप संवदेनशील हैं। आप अपने दायित्वों के प्रति सचेष्ट हैं और आपके मन में एक जिम्मेदार नागरिक बनने की अभिलाषा है। आपके अन्दर कुछ कर दिखाने का जज्बा है। ठीक इसके विपरीत अगर आपको अपने दायित्वों को बोध नहीं है या दायित्वों से जी चुराते हैं तो इसका मतलब है कि आप अपने दायित्वों के प्रति संवेदशील नहीं हैं और आपको मूल्यों से कोई लेना-देना नहीं है। आइए हम उपर्युक्त दायित्वों की चर्चा करें।

व्यक्तिगत दायित्व

यह हमारी व्यक्तिगत जिम्मेवारी है कि हम खुद को जानें, खुद को पहचानें और खुद को सँवारें। अपने अन्दर छुपी प्रतिभा को बाहर निकालें और निहित गुणों को निखारें। अच्छे गुणों, अच्छी आदतों एवं उन्नत विचारों से खुद को सँवारें। विनम्रता, मधुरता एवं शिष्टता से दोस्ती करें। यह हमारा दायित्व है कि हम खुद और दूसरों के बारे में जानें। परिवार, समाज एवं राष्ट्र के बारे में जानें, मूल्यों और कर्तव्यों के बारे में जानें। खुद के दायित्वों को जानना-समझना एवं उनका ससमय निर्वहन करना हमारा व्यक्तिगत दायित्व है। सुन्दर व्यक्तित्व का निर्माण करना, अच्छी जीवन शैली जीना तथा नाते-रिश्ते की डोर को मजबूत बनाने की जिम्मेवारी भी हमारी है। अपने कर्तव्यों को जानना और उन्हें स्वीकार कर आगे बढ़ने का दायित्व भी हमारा है।

पारिवारिक दायित्व

हमारा लालन-पालन किसी-न-किसी परिवार में होता है। परिवार के प्रति हमारा दायित्व क्या है? क्या हम उन दायित्वों को जानते हैं और उसका निर्वहन ससमय करते हैं? इन बातों को जानना हमारा कर्तव्य है। परिवार का गठन ही आपसी प्यार, सहयोग, सद्‌भाव, विश्वास, क्षमा, त्याग की बुनियाद पर हुआ है। जब बुनियाद कमजोर होती है, तो परिवार टूटने और बिखरने लगता है। रिश्ते की इस डोर को हम प्यार, सहयोग, सद्‌भाव, क्षमा, त्याग और दया रूपी बन्धन से ही बाँध सकते हैं। अत: रिश्ते की डोर को मजबूत बनाने का दायित्व भी हमारा है।

विचारणीय बिन्दु यह है कि क्या हम परिवार की गाड़ी को आगे बढ़ाने और सदस्यों के बीच सामंजस्य बनाए रखने के लिए खुद के दायित्वों को जानते हैं? उन दायित्वों का निर्वहन ठीक से करते हैं? अगर आप दायित्वों को जानते हैं और उनका

निर्वहन करते हैं, तो आप खुद और परिवार के प्रति संवेदनशील हैं। मेरा मानना है कि अगर परिवार का हर सदस्य अपने-अपने कर्तव्यों का पालन एवं दायित्वों का निर्वहन करे, तो कदापि कलह की स्थिति नहीं बनेगी और सदैव सुख, शान्ति बनी रहेगी।

सामाजिक दायित्व

मनुष्य एक सामाजिक प्राणी है और हर व्यक्ति समाज प्रदत्त सुविधाओं का उपभोग करता है। समाज में रहकर वह बेहतर करता है और जिन्दगी जीने की कला सीखता है। परन्तु दुख की बात है कि अधिकांश व्यक्ति पढ़-लिखकर जब आर्थिक रूप से सम्पन्न बन जाता है, तो उसी समाज को भूल जाता है; जहाँ उसने जिन्दगी जीने की कला सीखी। ऐसा व्यक्ति खुद को सभ्य, सुसंस्कृत तथा समाज को पिछड़ा मानने लगता है। नतीजा, समाज के प्रति वह अपने दायित्वों को भूल जाता है।

अत: समाज के दबे, कुचले, पिछड़े लोगों के कल्याणार्थ एवं समाज में समरसता स्थापित करने के लिए अपने दायित्वों को समझें तथा उन दायित्वों का निर्वहन करें, ताकि विकसित समाज का निर्माण हो सके।

राष्ट्रीय दायित्व

राष्ट्र अपने नागरिकों के उत्थान एवं जन कल्याण के लिए बहुत सारे कार्य करता है, जिन संसाधनों का उपयोग कर वे आगे बढ़ते हैं। विभिन्न क्षेत्रों से संबंधित ज्ञान, विज्ञान तकनीक और विविध कौशल का ज्ञान हमें राष्ट्र द्वारा उपलब्ध कराये गए संसाधनों से ही होती है, लेकिन जब हम कुछ बन जाते हैं और आर्थिक रूप से समृद्ध हो जाते हैं, तो अपने समाज एवं राष्ट्र को ही भूल जाते हैं। यदि हम चाहते हैं कि हमारा राष्ट्र आगे बढ़े, प्रगति के क्षेत्र में नया इतिहास रचे, विकसित राष्ट्रों की पंक्ति में खड़ा हो, तो राष्ट्र के प्रति खुद के दायित्वों को जानें और उनका निर्वहन करें। यह हमारी नैतिक जिम्मेवारी है कि हम एक अच्छा नागरिक बनें। कुशल नागरिक ही अपने दायित्वों को समझता है और उनका निर्वहन कर एक सुदृढ़, सम्पन्न राष्ट्र का निर्माण कर पाता है।

दायित्व बोध ही हमें अन्य जीव-जन्तुओं से अलग पहचान दिलाता है। एक अच्छा नागरिक बनने में मदद करता है। बेहतर करने एवं बेहतर पाने की सीख देता है। यदि हमें अपने दायित्वों का बोध नहीं है और हम अपने दायित्वों का निर्वहन नहीं करते हैं तो हममें और अन्य प्राणियों में कोई अन्तर नहीं रह जाएगा। यदि हम इस अन्तर को बनाए रखना और जीवन का औचित्य साकार करना चाहते हैं, तो दायित्वों से मुँह नहीं मोड़ें। दायित्वों को स्वीकार करें और इनका निवर्हन परिवार, समाज और देशहित में करें, ताकि हम एक बेहतर नागरिक बन सुव्यवस्थित राष्ट्र का निर्माण कर सकें। दुख की बात यह है कि अधिकांश व्यक्ति अपने दायित्वों को नहीं जानते और जानते भी हैं, तो स्वीकार नहीं करते। यदि स्वीकार भी करते हैं, तो

उनका निर्वहन नहीं करते। ऐसी स्थिति में परिवार, समाज और देश के पिछड़ेपन और उत्पन्न दु:खद हालात के लिए हम खुद जिम्मेवार होते हैं।

हर व्यक्ति का यह व्यक्तिगत दायित्व है कि वह अपने कर्तव्यों को जाने एवं दायित्वों को समझे और इसकी महत्ता बच्चों को समझाए। यदि आप ऐसा करते हैं तो सुख-शान्ति बनी रहती है। आप बेहतर जिन्दगी जीते हैं और दूसरों के लिए आदर्श एवं उदाहरण बन जाते हैं। यह परिवार, समाज और देश आपका है और इस संस्था से आप लाभान्वित होते हैं तो निश्चित रूप से इस व्यवस्था को समृद्ध एवं उन्नत बनाने की जिम्मेवारी भी आपकी है। आप अपनी जिम्मेवारियों से मुँह मोड़कर खुद को, परिवार को, समाज को, देश को बेहतर नहीं बना सकते। अत: अपने दायित्वों एवं कर्तव्यों को जाने-समझें, तथा प्रकृति के संरक्षण तथा समाज एवं देश को उन्नति की राह पर ले जाने हेतु अपने दायित्वों का निर्वहन करें।

कर्तव्य एवं दायित्व एक-दूसरे के पूरक हैं

कर्तव्य एवं दायित्व में अन्योन्याश्रय सम्बन्ध है, जो व्यक्ति अपने कर्तव्य को जानते हैं, वे अपने दायित्वों को अच्छी तरह समझते हैं। ठीक इसके विपरीत जो व्यक्ति कर्तव्य को नहीं जानते, वे अपने दायित्वों का निर्वहन नहीं करते। कर्तव्य को जानना हमारी जिम्मेवारी है, तो कर्तव्य-पथ पर चलना हमारा दायित्व। कार्य करना हमारा कर्तव्य है, तो दायित्व उसकी प्रतिबद्धता। यदि हमें अपने कर्तव्यों का बोध और मूल्यों की समझ हैं तो उनका अनुपालन करना एवं मूल्यों को आत्मसात् करने की जिम्मेवारी भी हमारी है। आइए हम इसे विभिन्न उदाहरणों से समझने का प्रयास करते हैं—

प्रत्येक माता-पिता का यह कर्तव्य है कि वे अपने बच्चों का लालन-पालन समुचित ढंग से करें। उन्हें अच्छी शिक्षा दें और सुसंस्कृत बनाए। उनके शारीरिक एवं मानसिक विकास पर समुचित ध्यान दें। उनका समुचित विकास हो रहा है कि नहीं, उन्हें अच्छी शिक्षा मिल रही है कि नहीं, उनके दिमाग में केवल कचड़ा तो नहीं जा रहा है, सही संस्कार मिल रहा है कि नहीं, इत्यादि बातों को जानने का दायित्व माता-पिता का ही है। शिक्षा प्राप्त करने के लिए बच्चों का स्कूल में नामांकन कराना उनका कर्तव्य है तो यह देखना कि बच्चे स्कूल जा रहे हैं कि नहीं यह दायित्व माता-पिता का है। वे पढ़ने का अर्थ एवं औचित्य समझते हैं कि नहीं, उनकी संगत कैसे बच्चों के साथ है। स्कूल में जो शिक्षा मिल रही है, वह औचित्यपूर्ण है कि नहीं, इत्यादि बातों का अनुश्रवण करने का दायित्व माता-पिता का है। इसी प्रकार माता-पिता जब बूढ़े हो जाते हैं, किसी व्याधि से ग्रसित हो जाते हैं, तो उनकी सेवा करना और समुचित इलाज कराना बच्चों का कर्तव्य है। इसके साथ ही मेडिसिन उन्हें समय पर मिल रही है कि नहीं, उनका समुचित ईलाज हो पा रहा है कि नहीं, इन बातों का खयाल रखना, समुचित मान-सम्मान देना, समुचित सेवा तथा इलाज कराने का दायित्व भी बच्चों का

है। अगर आप ऐसा करते हैं तो आपको अपने कर्तव्य एवं दायित्व का बोध है और आप ऊँचे व्यक्तित्व के मालिक हैं। यदि आप ऐसा नहीं करते हैं, तो इसका मतलब है कि आपको अपने कर्तव्य एवं दायित्व का बोध नहीं है।

याद रखें—

हम कर्तव्य-पथ पर चलकर खुद अच्छे इनसान बनते हैं, और दायित्वों का निर्वहन कर समाज के लिए आदर्श बन जाते है।

बड़े-बुजुर्गों की बातों को मानना और सम्मान करना हमारा कर्तव्य है, तो उन्हें समुचित सम्मान मिल रहा है कि नहीं यह देखना हमारा दायित्व। नियम-कानून की जानकारी रखना हमारा कर्तव्य है, तो उसका अनुपालन करना हमारा दायित्व। कर्म करना हमारा कर्तव्य है, तो कर्म का मूल्य समझना हमारा दायित्व। माता-पिता की सेवा करना हमारा कर्तव्य है ,तो उनकी जरूरतों को पूरा करना हमारा दायित्व। पढ़ना-लिखना हमारा कर्तव्य है, तो अर्जित ज्ञान का सदुपयोग जनहित में करना हमारा दायित्व। अच्छा इनसान बनना हमारा कर्तव्य है, तो उसके औचित्य को साकार करना हमारा दायित्व। कहने का अभिप्राय है कि दायित्वों के निर्वहन हेतु कर्तव्य को जानना जरूरी है। दूसरे शब्दों में हम कह सकते हैं कि कर्तव्य को जानकर ही हम अपने दायित्वों को पूरा कर सकते हैं।

अतिरिक्त क्रिया-कलाप (Extra Curricular)

एक्स्ट्रा करिकुलर का शाब्दिक अर्थ है—अतिरिक्त क्रिया-कलाप अर्थात् मुख्य कार्य के अतिरिक्त अन्य कार्य, जो आपकी रुचि, अभिरुचि के अनुरूप हो। मुख्य कार्य से हमारा तात्पर्य भरण-पोषण एवं सुख-सुविधा की प्राप्ति है, जबकि अतिरिक्त क्रिया-कलाप का तात्पर्य खुद की रुचि, अभिरुचि, आत्म-सुख एवं आत्म-शांति की प्राप्ति करना है। यह आपके अन्दर की चाह, उत्साह एवं उमंग है। सुख, शांति एवं समृद्धि प्राप्ति का माध्यम है। एक्स्ट्रा करिकुलर का अर्थ केवल फाइन आर्ट्स, खेल, संगीत-नृत्य नहीं होता, बल्कि विभिन्न प्रकार की सामाजिक, सांस्कृतिक, आर्थिक एवं रचनात्मक गतिविधियों से खुद को जोड़े रखना है। यह आपके सुन्दर व्यक्तित्व, सुखद जीवन एवं प्रसन्नचित रहने की नींव है, जिसकी सार्थकता हमारे जीवन में निम्न है—

- व्यक्तित्व में निखार लाने हेतु।
- अच्छा कैरियर बनाने हेतु।
- अकाडेमिक एवं अन्य कार्यों में बेहतर प्रदर्शन करने हेतु।
- सुख, शांति एवं समृद्धि प्राप्ति हेतु।
- शौक एवं जोश का पता लगाने हेतु।

- टीम भावना को जाग्रत करने हेतु।
- सम्पर्क सूत्र बढ़ाने हेतु।
- मन की थकान को दूर करने एवं तरोताजा बने रहने हेतु एवं
- विषम परिस्थितियों में भी बेहतर प्रदर्शन हेतु अतिरिक्त क्रिया-कलाप का होना आवश्यक है।

मेरा मानना है कि खुशहाल, आनन्दमय, उमंग और उत्साह से परिपूर्ण जीवन जीने के लिए हमारे अन्दर मुख्य क्रिया के अतिरिक्त अन्य कोई क्रिया-कलाप होना चाहिए, जो हमें तरोताजा, स्वस्थ एवं प्रसन्नचित्त रहने में मदद करे। अतिरिक्त क्रिया-कलाप हमारी रुचि, अभिरुचि एवं मनोवृत्ति के अनुरूप होना चाहिए, ताकि हम अपने अन्दर छुपी प्रतिभा को बाहर निकाल सकें और उसमें निखार लाकर खुद को बेहतर बना सकें। आप गौर करें, तो पाएँगे कि अधिकांश व्यक्तियों के अन्दर बहुत सी प्रतिभाएं दबी रह जाती हैं, जो बाहर निकलने के लिए हिलोरें मारती रहती हैं, परन्तु हम विभिन्न कारणों से, उन्हें बाहर नहीं निकाल पाते। आपको जब भी मौका मिले, अपने अन्दर छुपी प्रतिभा को पहचानें और समय निकाल कर उसे बाहर निकालने का प्रयास करें। कहने का अभिप्राय है कि जिस क्षेत्र में आपकी रुचि एवं अभिरुचि हो, उसी क्षेत्र में बेहतर करने की बात सोचें। उसी क्षेत्र का चुनाव करें और उसी क्षेत्र में बड़े-बड़े सपने देखें, ताकि आप जीवन में बेहतर कर सकें और अपनी अलग पहचान बना सकें।

यह सचाई है कि हर व्यक्ति अपने और अपने परिवार के भरण-पोषण के लिए रोजी रोटी की तलाश करता है। उसे जिस क्षेत्र में रोजी-रोटी का अवसर मिलता है, उसी क्षेत्र से जुड़ जाता है और अपने परिवार का भरण-पोषण करता है। भले ही उस क्षेत्र में उनकी रुचि हो या न हो। रोजी-रोटी का प्रबन्ध करना, उसकी मजबूरी है, लेकिन अभिरुचि उसका शौक और जुनून है। आप रोजी-रोटी का जुगाड़ अवश्य करें, लेकिन अपने शौक को जीवन्त रखें। इसे बाहर निकालने का हर सम्भव प्रयास करें। इस प्रकार की सोच आपको ऊँचाइयों पर ले जाएगी और जीवन को सुखमय एवं आनन्दमय बनाएगी। आपके चेहरे से चिन्ता एवं थकान को मिटाएगी, जिससे आपको अद्‌भुत खुशी एवं आत्म-सन्तुष्टि मिलेगी।

याद रखें—

जिस कार्य में आनन्द आए, वह आपको शिखर पर ले जाता है और आपकी अलग पहचान दिलाता है।

आप वैसे कार्यों को अवश्य करें, जिसमें आपको आनन्द मिले। आपकी अलग पहचान बने। परन्तु होता यह है कि अधिकांश व्यक्ति अपनी जरूरतों को पूरा करने में

परेशान रहते हैं। यही चिन्ता उन्हें खाई जाती है। नतीजा, उन्हें अपनी रुचि, अभिरुचि एवं अपने अन्दर छुपी प्रतिभा को निखारने पर ध्यान नहीं दे पाते है। उनकी प्रतिभा अन्दर-की-अन्दर दबी रह जाती है। रोजी-रोटी से सम्बन्धित एक ही कार्य दिन-रात करते-करते, उनका तन और मन दोनों थक जाता है। जरूरतें पूरी नहीं होने पर बेचैन रहता है। नतीजा वे चिड़चिड़े, तनावग्रस्त एवं जीवन से निराश हो जाते हैं और उन्हें खुद का जीवन बोझ लगने लगता है। ठीक इसके विपरीत जो व्यक्ति मुख्य क्रिया-कलाप के अतिरिक्त अपनी रुचि से सम्बन्धित क्रिया-कलापों से जुड़े रहते हैं, उनका मन नहीं थकता। अगर थकता भी है, तो अपनी थकान अन्य क्रिया-कलाप से दूर कर लेते हैं। यही कारण है कि वे हमेशा तरोताजा रहते हैं और तन एवं मन दोनों से स्वस्थ रहते हैं। बेकार की बातों में उनका मन नहीं भटकता और न ही समय बर्बाद होता है। फलत: उन्हें आत्म-सुख, आत्म-आनन्द एवं आत्म-शांति की प्राप्ति होती है।

मुख्य क्रिया-कलाप से हमारा तात्पर्य खुद तथा परिवार के भरण-पोषण के लिए किया जाने वाला कार्य है। यह खुद का व्यवसाय हो सकता है, सरकारी या गैर सरकारी नौकरी हो सकती है। यह हमारी इच्छा के अनुरूप या प्रतिकूल हो सकता है। जीवन जीने तथा जरूरतों की पूर्ति के लिए इन कार्यों को करना हमारी मजबूरी हो सकती है। परन्तु शौक और अभिरुचि सम्बन्धी कार्य हमारी मजबूरी नहीं आनन्द है। अगर हमें अपनी क्षमता और प्रतिभा के अनुरूप मनोनुकूल नौकरी नहीं मिलती, लेकिन हम भरण-पोषण सम्बन्धित कार्य करते हुए, अपने अन्दर की अभिरुचि को निखारने के लिए समय निकाल लेते हैं, तो हमारा उमंग, उत्साह एवं चाहत बनी रहती है। स्फूर्ति बनी रहती है और जीवन को नई गति मिल जाती है। इसकी महत्ता हमारे जीवन में निम्न है—

- हम अपने अन्दर छुपी प्रतिभा को बाहर निकाल, अलग पहचान बनाने में सफल होते हैं।
- हम अपने व्यक्तित्व में निखार लाते हैं।
- हमारा नाम होता है और धन, यश की प्राप्ति होती है।
- हम समय का समुचित प्रबन्धन कर जीवन में बेहतर करते हैं।
- छुपी प्रतिभा को बाहर निकालने से हमारा मन प्रफुल्लित एवं तन स्वस्थ्य रहता है।
- हमें शान्ति एवं सन्तुष्टि मिलती है।
- हम नियमित एवं संयमित होते हैं।
- हमारा उमंग, उत्साह एवं आनन्द बढ़ जाता है।
- हमारी लोकप्रियता बढ़ती है और हम लोगों के चहेता बन जाते हैं।
- हम चिन्ता, तनाव एवं अवसाद से बाहर निकल, सुखद एवं आनन्दमय जीवन जीते हैं।

ध्यान रखें—

यदि आप अतिरिक्त क्रिया-कलाप में रुचि नहीं रखते, अपने शौक अर्थात् रुचि, अभिरुचि को बाहर निकालने के लिए समय नहीं देते, तो मन अशान्त रहता है।

आपके अन्दर की प्रतिभा बाहर निकालने के लिए छटपटाती रहती है। परन्तु आप उसे बाहर नहीं निकाल पाते, तो दबी रह जाती है और ज्ञान कुंठित हो जाता है। भले ही आप मुख्य क्रिया-कलापों से बहुत पैसे प्राप्त कर लें, विलासिता की बहुत सारी चीजें खरीद लें, फिर भी आपका मन भीतर से अशान्त रहता है। आप भौतिक सुख-सुविधाओं की प्राप्ति में उलझे रहते हैं। परन्तु अन्तःसुख को नहीं ढूँढ़ पाते। यही कारण है कि आप बाहर से खुश दिखते हैं, पर अन्दर से बेचैन रहते हैं।

मेरा भी मानना है कि आप अपनी आवश्यकताओं की प्राप्ति के लिए मुख्य क्रिया-कलाप से अवश्य जुड़ें। धनार्जन भी करें, परन्तु प्राप्त धन की सार्थकता खुद को सुन्दर, स्वस्थ एवं आनन्दमय बनाने के लिए करें। दूसरों के कल्याण के लिए श्रमदान, विद्यादान, अंशदान, समयदान करें। अपने अन्दर छुपी प्रतिभा जैसे—संगीत, नृत्य, गीत, नाटक, पेंटिंग, चित्रकारी, आउटडोर-इंडोर गेम, साहित्य लेखन, प्राणायाम, योग आदि जिस क्षेत्र में रुचि हो, उसी क्षेत्र में अपनी अभिरुचि को निखारें और उत्कृष्ट प्रदर्शन करें। ऐसा करने से आपकी अलग पहचान बनेगी। आपके अन्दर कुछ नया कर दिखाने की उमंग एवं उत्साह पैदा होगा। मन को शांति मिलेगी और आत्म-सुख, आत्म-आनन्द की प्राप्ति होगी।

आप गौर करें, तो हर व्यक्ति के अन्दर कोई-न-कोई विशिष्ट प्रतिभा छुपी होती है। परन्तु दुख की बात है कि अधिकांश व्यक्ति उसे पहचान नहीं पाते। वे अपनी रुचि को निखार नहीं पाते और उनकी प्रतिभा दबी रह जाती है। वे अशांत एवं बेचैन होने पर हालात का रोना रोते हैं। कुछ ही व्यक्तियों भाग्यशाली और कर्मयोगी होते हैं, जो अपने अन्दर छुपी प्रतिभा को पहचान पाते हैं और समय मिलते ही बाहर निकाल पाते हैं। अधिकांश व्यक्ति की प्रतिभा छुपी रह जाती है, क्योंकि वे अपनी अभिरुचि को निखारने पर ध्यान नहीं देते और पूछने पर कहते हैं—क्या करूँ? समय नहीं मिलता। वे समयाभाव, विपरीत परिस्थिति एवं संसाधनों की कमी का बहाना बनाते हैं। इसके पीछे कुछ मजबूरियाँ हो सकती हैं, लेकिन उनके अन्दर छुपी प्रतिभा बाहर निकालने के लिए हिलोरें मारती रहती है, जो व्यक्ति इसे पहचान लेते हैं, वे जीविकोपार्जन का कार्य करते हुए भी अपनी अभिरुचि को निखारने के लिए समय निकाल लेते हैं। यह जुनून उन्हें सुख, शांति, समृद्धि के साथ-साथ नई पहचान दिलाता है।

दोस्तो! याद रखें—

अतिरिक्त क्रिया-कलाप आपके मुख्य क्रिया-कलाप में व्यवधान उत्पन्न नहीं करता, बल्कि आपको और बेहतर करने में मदद करता है।

यह आपकी कार्यक्षमता में अभिवृद्धि करता है और व्यक्तित्व में निखार लाता है। जो व्यक्ति अपनी अभिरुचि को नहीं पहचान पाते, उसे बाहर नहीं निकाल पाते, वे कुंठित और चिड़चिड़े हो जाते हैं। वे खुद में खोये-खोये रहते हैं और मुख्य क्रिया-कलाप में भी बेहतर नही कर पाते। मेरा आपसे अनुरोध है कि आप अपनी अभिरुचि को दबाएँ नहीं, उसे बाहर निकालने का हर सम्भव प्रयास करें।

इस प्रकार हम देखते हैं कि अतिरिक्त क्रिया-कलाप हमारे लिए बहुत ही महत्त्वपूर्ण है। यह हमें केवल किताबी ज्ञान तक सीमित नहीं रखता, बल्कि व्यावहारिक भी बनाता है। यह सिर्फ पैसा कमाने या सुख-सुविधाओं की प्राप्ति की बात नहीं करता, बल्कि छुपी प्रतिभा को बाहर निकालने और उसमें निखार लाने की बात करता है। यह नाम, शोहरत के साथ व्यक्तित्व में निखार लाने तथा कैरियर को सँवारने की बात करता है। यह खुद को प्रेरित करता है तथा अपने कार्यों में उत्कृष्ट प्रदर्शन के लिए उमंग एवं उत्साह भरता है। यह हमें तरोताजा रखता है तथा मन को अद्‌भुत शान्ति एवं खुशी देता है। यह स्वयं और दूसरों के बीच सामंजस्य एवं समन्वय स्थापित करने की सीख देता है तथा प्रोफेशन में बेहतर करने में मदद करता है। आप किसी भी क्षेत्र, किसी भी संस्था या कम्पनी में क्यों न कार्य कर रहे हों, आपको टीम के साथ काम करना होता है। टीम में विभिन्न मानसिकता के लोग होते हैं, जिनके सोचने का ढंग, रहने का ढंग, जीने का ढंग तथा कार्य करने का ढंग अलग-अलग होता है। उनके बीच समन्वय स्थापित करने, बेहतर सम्बन्ध बनाने तथा खुद की अलग पहचान बनाने में अतिरिक्त क्रिया-कलाप की भूमिका अति महत्त्वपूर्ण है। अगर आपके व्यक्तित्व में अतिरिक्त क्रिया-कलाप शामिल है तो निम्न फायदे हैं।

तन और मन स्वस्थ्य रहता है

आप प्रतिदिन एक ही कार्य करते-करते थक जाते हैं। आपका मन उबाऊ हो जाता है, आप तरोताजा महसूस नहीं करते। लेकिन आपके अन्दर अतिरिक्त क्रिया-कलाप का कोई शौक है, तो आप अपनी अभिरुचि के क्षेत्र में कुछ समय देकर मन को हलका कर लेते हैं। अपने अन्दर की नकारात्मकता को दूर कर थकान खत्म करने में सफल होते हैं। आप अपने समय का बेहतर सदुपयोग कर, खुद को तरोजाता महसूस करते हैं। फलतः आप मुख्य कार्य को भी प्रसन्नचित्त मुद्रा में बेहतर कर पाते हैं। एक्स्ट्रा करिकुलर में भाग लेने से आप का सम्पर्क सूत्र बढ़ता है और आप व्यवहार को समझ पाते हैं। आप समय प्रबन्धन के साथ-साथ, समाज प्रबन्धन का गुर और खुद को खुश रखने की कला सीखते हैं। आपके अकाडेमिक और प्रोफेशनल परफॉरमेंस में भी निखार आता है। आप हर कार्य पूरी तन्मयता एवं लगन से करते हैं,

जिससे आपको खुशी मिलती है और आपका तन स्वस्थ्य और मन प्रसन्न रहता है।

शौक और जोश का पता चलता है

एक्स्ट्रा करिकुलर ऐक्टिविटीज से आपके शौक और जोश का पता चलता है कि आप अपने शौक को लेकर कितना जुनून रखते हैं। जीवन को समझने और खुश रहने के लिए, आपके अन्दर कितना जोश है। आपको किसी चीज का शौक है तो शौक पूरा करने के प्रति आप कितना उत्साहित एवं आह्लादित हैं? यदि आप कोई शौक रखते हैं और उसे पूरा करते हैं तो नया स्किल सीखते हैं। यह आपको नौकरी तलाशने में दूसरे उम्मीदवार से बेहतर साबित करता है। यही स्किल आपको नौकरी में आने के बाद भी नई पहचान दिलाता है। जैसे—आप मातृभाषा के अतिरिक्त कोई अन्य विदेशी भाषा सीख लेते हैं तो आपके रिज्यूम में बहुत सकारात्मक प्रभाव पड़ता है। आपको किसी मल्टीनेशनल कम्पनी में जॉब प्राप्त करने में मदद मिलती है। इसी प्रकार आपको म्यूजिक, कोई खेल या कहानी कविता लिखने का शौक है तो यह शौक आपको भीड़ में भी खास बनाता है। आपको अलग पहचान दिलाता है। अगर आप अच्छे ओरेटर है, मोटिवेटर है तो आपको एकंरिंग करने तथा अपनी बातों को दूसरों के समक्ष रखने का अवसर मिलता है। आप दूसरे को बेहतर करने के लिए प्रेरित करते हैं, जिससे आपकी अलग पहचान बनती है।

समूह के साथ काम करने में मदद

अगर आप समूह का हिस्सा होते हैं या समूह को लीड कर रहे होते हैं, चाहे आप समाज में रह रहे हों या किसी संस्था में कार्य कर रहे हों, आपके व्यक्तित्व में अतिरिक्त क्रिया-कलाप का शौक है, तो आपको अपने हुनर दिखाने का मौका मिलता है। टीम के सदस्यों की सोच, मानसिकता और विभिन्न क्षेत्रों में कार्य करने का तजुर्बा अलग-अलग होता है, जिससे आपके दृष्टिकोण का पता चलता है। एक-दूसरे के अनुभव एवं ज्ञान का लाभ उठाकर पूरी टीम बेहतर करती है। इस प्रकार की क्रियाशीलता टीम को आगे बढ़ाने मे मदद करती है। समूह में कार्य कर रहे विभिन्न डिग्री होल्डर अलग-अलग सोच और विभिन्न भाषा के जानकार होते हैं, जिससे एक-दूसरे की सोच और अभिरुचि में निखार आता है। आपको अपनी प्रतिभा को जागृत करने का अवसर मिलता है। समूह में काम करने से हर व्यक्ति एक-दूसरे के अनुभव का लाभ उठाकर बेहतर करते हैं और अपनी अभिरुचि को बाहर निकालने में सफल होते हैं।

सम्पर्क बनाने में मददगार

अतिरिक्त क्रिया-कलाप अन्य लोगों से सम्पर्क बढ़ाने में मददगार है। आप जिस क्षेत्र या जिस संस्था में कार्य कर रहे होते हैं, उस क्षेत्र या संस्था के लोग आपके सम्पर्क

में होते ही हैं, लेकिन आपके अन्दर अगर कोई अतिरिक्त विद्या है, तो सम्बन्धित क्षेत्र से बाहर के लोग भी आपके सम्पर्क में आते हैं। जैसे—आप सरकारी या प्राइवेट नौकरी में हैं और आपको कहानी-कविता लिखने का शौक है। आप इस शौक को जीवन्त रखते हैं और आपकी कविताएँ या कहानी किसी पत्रिका या समाचार-पत्र में छपती हैं, तो आपकी रचनाएँ पढ़कर बहुत सारे लोग आपके सम्पर्क में आते हैं। आपको अपनी शुभकामनाएँ एवं प्रशंसा भेजते हैं, जिससे आपको हार्दिक खुशी होती है। नतीजा, आप कार्य को और बेहतर ढंग से कर पाते हैं। इसी प्रकार आप कवि हैं और आपके कार्यक्षेत्र या संस्था में कवि-सम्मेलन होता है। आपको उस कार्यक्रम में भाग लेने का अवसर मिलता है। आप अपनी कविताएँ लोगों को सुनाते हैं और लोग तालियाँ बजाते हैं, तो आपका उत्साह एवं उमंग बढ़ता है। नतीजा, आप उस क्षेत्र में और बेहतर करते हैं। आपकी ख्याति बढ़ती है और नए-नए लोग आपके सम्पर्क में जुड़ते चले जाते हैं, जो जिन्दगी के किसी मोड़ पर आपके लिए सार्थक हो सकते हैं।

विषम परिस्थितियों में बेहतर प्रदर्शन

अगर आप अपने प्रोफेशन के अतिरिक्त अन्य ऐक्टिविटीज में संलग्न हैं, तो आप विषम परिस्थिति में भी बेहतर प्रदर्शन करते हैं। इसका कारण है कि आप थकते नहीं और चेहरे पर तनाव भी नहीं आता और न ही चिन्ता होती है। आप अपने समय का बेहतर सदुपयोग करते हैं, जिससे कार्य ससमय एवं उत्कृष्ट रूप में सम्पादित होता है। आप मुख्य कार्य एवं अतिरिक्त कार्य के बीच सन्तुलन स्थापित करना सीख जाते हैं। आपके अन्दर हमेशा कुछ नया करने की चाह एवं उत्साह होता है। नतीजा, आप अपनी जिन्दगी मजे में जीते हैं।

ध्यान रखें—

कार्य करना आपकी मजबूरी और रोजी-रोटी का साधन हो सकता है, परन्तु शौक आपकी मजबूरी नहीं है। यह अंतस्थ की भूख है, जो आपको अपनी रुचि के क्षेत्र में हमेशा बेहतर करने की प्रेरणा देती है।

आपके अन्दर छुपी प्रतिभा को निखारने की अभिरुचि ही बेहतर करने का जज्बा पैदा करती है। जो छात्र एक्स्ट्रा करिकुलर में भाग लेते हैं, वे शुरू से ही पढ़ाई और शौक के बीच सन्तुलन स्थापित करना सीख जाते हैं। अपने शौक को जिन्दा रखने के लिए समय निकाल लेते हैं। ऐसे व्यक्ति परिस्थिति या कार्य-बोझ से घबड़ाते नहीं, बल्कि मुस्कराते हुए उत्पन्न हालात का मुकाबला करते हैं। ये शांत, धैर्यवान एवं सहनशील होते हैं और दूसरों की व्यर्थ बातों पर ध्यान नहीं देते। यही कारण है कि इनका व्यक्तित्व सुन्दर होता है। वे जीवन में खुश रहते हैं और दूसरों की भी मदद कर जीवन का औचित्य साकार करते हैं।

तनाव से बाहर निकलने में सहायक

आप अपने जीवन में कितना भी चिन्तित एवं तनावग्रस्त क्यों न हों, अतिरिक्त क्रिया-कलाप आपको तनाव से बाहर निकालने मे सहायक होता है। आप अपने शौक को पूरा कर तनाव से बाहर निकलने में सफल होते हैं। जिस व्यक्ति के अन्दर कोई शौक नहीं होता या किसी अतिरिक्त क्रिया-कलाप से जुड़े नहीं होते, वे विपरीत परिस्थिति में चिन्ता और तनाव के आगोश में आ जाते हैं। धीरे-धीरे उनकी चिन्ता अवसाद का रूप ले लेती है और वे डिप्रेशन के शिकार हो जाते हैं। ठीक इसके विपरीत किसी भी क्षेत्र में यथा कला, संगीत, नृत्य, पेंटिग, खेल, साहित्य इत्यादि में अभिरुचि रखने वाले व्यक्ति विपरीत हालात से खुद को बाहर निकालने में सफल होते हैं। वे निहित शौक से अपने तनाव और थकान को दूर कर लेते हैं और पुन: तरोताजा होकर नई ऊर्जा, उत्साह एवं उमंग के साथ अपने ध्येय में लग जाते हैं।

इस प्रकार हम देखते हैं कि अतिरिक्त क्रिया-कलाप जीवन को सुन्दर आकर्षक बनाने, व्यक्तित्व में निखार लाने, नाम, धन, यश प्राप्त करने तथा अलग पहचान स्थापित करने में सहायक है। यह हमें आत्म-सुख, आत्म-आनन्द, आत्म-शांति देता है। मेरा आपसे अनुरोध है कि सुखद, सफल एवं आदर्श जीवन जीने के लिए आप किसी-न-किसी अतिरिक्त क्रिया-कलाप से जुड़ें। आप वैसे क्रिया-कलाप से जुड़े, जिसमें आपकी रुचि, अभिरुचि और बेहतर कर दिखाने का जज्बा हो, ताकि आप व्यर्थ की चिन्ता, तनाव एवं थकान से बाहर निकल सुखद एवं सफल जिन्दगी जी सकें।

आभार

सर्वप्रथम मैं 'जीवन-दर्शन' पुस्तक को लिपिबद्ध करने में प्रेरणा स्रोत उन महान सन्तों के प्रति श्रद्धा-सुमन अर्पित करता हूँ, जिनके आत्म-तत्त्व को पढ़कर, सुनकर, समझकर इस पुस्तक को लिखने की उत्सुकता हुई। मैं भारत माता की पावन भूमि को शत-शत नमन करता हूँ कि मेरा जन्म इस पवित्र भूमि पर हुआ, जहाँ से विभिन्न सन्तों, महात्माओं, सदगुरुओं ने विश्व को नई राह दिखाने का कार्य किया। मैं अपने पूज्य माता-पिता का आभारी हूँ, जिनके आदर्श एवं व्यक्तित्व ने खुद को जानने एवं समझने का अवसर प्रदान किया। मैं अपनी जीवनसंगिनी आरती उर्फ लभली का शुक्रगुजार हूँ, जो भारतीय संस्कृति एवं उच्च स्तरीय संवेदना की अनुभूति करा जीवन का दिग्दर्शन कराने में सफल रहीं।

मैं सर्वराधा मोहन प्रसाद, विशेष सचिव, से. नि., प्रो. डॉ. आर. के रमण, कुलपति बी. एन. मंडल विश्वविधालय, मधेपुरा, प्रो. डॉ. भूपेन्द्र नारायण यादव मधेपुरी, पूर्व विभागाध्यक्ष भौतिकी, साहित्यकार, प्रो. डॉ. परमेश्वर भक्त, पूर्व विभागाध्यक्ष हिन्दी, एम. जे. के. कॉलेज, बेतिया, प्रो. डॉ. एस. के. शुक्ला, विभागाध्यक्ष अंग्रेजी, एम. जे. के. कॉलेज बेतिया, प्रो. डॉ. ओ. पी. राय, प्राचार्य लंगट सिंह महाविधालय, मुजफ्फरपुर का आभारी हूँ, जिन्होंने अपना बहुमूल्य समय एवं सुझाव देकर इस पुस्तक को लिपिबद्ध करने में महत्त्वपूर्ण भूमिका अदा की। एक दोस्त एवं मार्गदर्शक के रूप में इन सबका सहयोग प्रशंसनीय है।

मैं पूर्व मुख्य सचिव, बिहार सरकार अंजनी कुमार सिंह, भा.प्र. से., दीपक कुमार, भा.प्र.से. के साथ-साथ अरविन्द चौधरी, भा.प्र. से., प्रधान सचिव ग्रामीण विकास विभाग, मयंक बरबडे, भा.प्र.से., डॉ. नीलेश देवरे, भा.प्र.से., कुन्दन कुमार, भा.प्र.से., सावन कुमार एवं विशाल राज, भा.प्र.से. का आभारी हूँ, जिनके व्यक्तित्व एवं उदात्त सोच से बहुत कुछ सीखने एवं लिखने का अवसर प्राप्त हुआ।

मैं तमाम अग्रजों, दोस्तों, शुभचिन्तकों के प्रति आभार प्रकट करता हूँ, जिनके सान्निध्य में रहकर जीवन दर्शन का मर्म समझने का अवसर प्राप्त हुआ। कम्प्यूटर ऑपरेटर अखिलेश आनन्द, मधपुेरा एवं रूपेश पटेल का बहुत-बहुत आभार।

बाबा सिंहेश्वर नाथ की पावन भूमि को कोटि-कोटि नमन, जिनकी स्नेहिल छाया एवं आशीष तले जीवन का मर्म समझा तथा जीवात्मा, आत्मा, परमात्मा के बारे में जानने की प्रेरणा मिली।

अन्त में मैं जीवन के सफर में मुलाकात होनेवाली समस्त पवित्र आत्माओं का वन्दन करता हूँ, जिनकी कृपा से जीवन का दिग्दर्शन हुआ।